Salgado, doce, defumado

Frutas e vegetais em conserva
Carnes e peixes curados

Diana Henry

PubliFolha

sumário

introdução 6

geleia 8
um banho de sol: a história da compota

geleias finas, curds e doces de frutas 42

molhos, pastas, mostardas e vinagres 66
paciência e vinho velho: como se faz vinagre

conservas no azeite 96

defumados 112

licores, bebidas, xaropes e compotas 128
um toque francês: a arte do aperitivo

sharbats e chá de hortelã: prazeres do oriente médio

salgados, curados e confits 166
no frio das sombras silenciosas: peixe curado no sal à moda escandinava

chutneys, relishes e picles 206
parceiros perfeitos: possibilidades surpreendentes de uma tábua de queijos

é de pequenino que se torce o pepino: conservas norte-americanas

da rússia, com amor: alegrias de uma mesa de zakuski

as conservas na índia e na grã-bretanha: freixos e mangas no telhado

tabela de validade e índice 268

agradecimentos 270

introdução

Amores da vida inteira nascem logo cedo. Minha mãe assava muitos pães, bolos e biscoitos enquanto a gente crescia, e eu tenho a memória nítida de sentar na bancada da nossa pequena cozinha em forma de corredor enquanto ela fatiava um pão de trigo quente e passava geleia de framboesa em um pedaço para mim. A geleia era feita pela tia Sissy, que na verdade não era tia coisa nenhuma, mas sim uma amiga da família, idosa e talentosíssima nas conservas e geleias. Aquele condimento era melhor do que qualquer fruta fresca que eu já tivesse provado. As geleias da tia Sissy tinham a consistência perfeita e escorriam do pão. Eram tão gostosas que a gente só as comia com pão caseiro ou com pão de ló. Lá em casa adorávamos ganhar aqueles potes e parecíamos rodeados de mulheres muito talentosas na preparação de geleias e chutney, muitas delas membros gloriosos de uma instituição britânica criada em 1915 para engajar as mulheres a produzirem alimentos durante a guerra.

Então eu sempre gostei de conservas, e tenho feito isso de muitas maneiras — seja chutney, gravlax ou rillettes de porco — desde praticamente os tempos de adolescência. Mas conservas são o tipo de comida que a gente sempre considera "coisa de especialista". Para mim era preciso uma espécie de curso intensivo: passar, como a tia Sissy, todos os dias do verão com as panelas no fogo. Decidi fazer isso muitos anos atrás. Queria melhorar as habilidades que eu já tinha, entender por que eu seguia certas regras, criar minhas próprias receitas, me sentir confiante para salgar arenque e pato. *Salgado, doce, defumado* é o resultado de uma investigação rigorosa e de uma longa jornada. Durante três anos preparei conservas todos os dias, muitas vezes o dia inteiro e até bem tarde da noite. Minha lavanderia ficou lotada de potes. A geladeira virou o lar de pedaços enormes de toucinho e carne mergulhados em salmoura. Também descobri que eu podia fazer minhas próprias regras. Pode ser uma tradição britânica usar quantidades iguais de açúcar e frutas para fazer geleias firmes e doces, mas as feitas na França são mais fluidas, e as escandinavas têm muito menos açúcar, então comecei a fazer as geleias como eu mais gostava: fluidas e com relativamente pouco açúcar.

Eu cozinho em casa. Não tenho muitos utensílios especiais e não faço coisas em grande escala. Boa parte da literatura que existia sobre conservas era desencorajante. Eu não queria transformar meu quintal em um defumadouro. Jamais conseguiria — nem precisaria — curar um porco inteiro. Parecia que fazer conservas era coisa ou para velhinhas com aventais floridos, ou para comunidades rurais com veículos grandes o suficiente para transportar vários animais abatidos. Eu não estava em nenhuma dessas categorias. Fiz tudo o que está neste livro de uma maneira simples e não gastei muito com utensílios novos. Comprei mais uma panela grande, de fundo grosso e aço inoxidável, mais algumas colheres de pau, um funil grande para despejar as geleias, várias canecas de medida, um recipiente plástico bem grande para fazer salmoura e uma panela defumadora.

E então comecei a minha jornada. Como diz aquela expressão, eu me esbaldei. Descobri que fazer conservas dá a sensação de ser algo mais do que apenas um cozinheiro. Certos dias me lembrava da fazenda dos meus avós. Eu sentia como se presenciasse um processo natural com ritmo próprio, mas comigo no comando. O peixe e o porco, por exemplo, se transformavam devido ao sal, e eu supervisionava tudo e encaminhava para a fase seguinte. Há uma emoção enorme em produzir comida que é algo mais do que uma refeição. Quando eu era criança, adorava um programa de televisão que ensinava a construir várias coisas, e fazer conservas e defumados gerava aquele mesmo sentimento, mas cem vezes mais forte. E a comida era simplesmente deliciosa. As pessoas sempre produziram conservas porque era preciso, era uma questão de sobrevivência, mas a razão pela qual ainda nos damos o trabalho hoje em dia é porque o resultado é fabuloso.

Meus pratos do dia a dia mudaram um pouco. Havia tantos acepipes disponíveis que eu preparei muitas refeições usando essas iguarias: arroz e legumes com chutney, assados com relish, bolos simples com recheios extravagantes de geleias incomuns. Sempre achei que a culinária caseira — especialmente aquela bem rápida, que fazemos muito hoje em dia — é uma questão de bons acompanhamentos. Temos de pensar em algo bem gostoso para complementar uma costelinha de porco ou uma cavalinha grelhada.

Gostaria que ao ler este livro você se sentisse capaz de preparar conservas e curas básicas, mas para aproveitar tudo ao máximo leia as introduções dos capítulos antes de partir para as receitas. Elas fornecem o conhecimento e a técnica e estão ali como referência. Tentei mantê-las simples, explicando os pontos mais importantes. Atenção para a higiene — é imprescindível ao fazer conservas. Esteja ciente de que você está fazendo alimentos que podem estragar, então use sua percepção para saber quando jogar algo fora. Coloque uma etiqueta com nome e data em tudo o que fizer... depois de vinte potes de alguma coisa, a gente sempre acha que vai lembrar o que há neles, mas não. Lembre que algumas receitas não são exatas, então tenha sempre mais açúcar à mão ao fazer geleias, por exemplo, caso as frutas deem mais suco a você do que deram a mim.

Hoje, muitos livros são escritos sobre como pensar a alimentação de um modo mais cuidadoso. As conservas, de certa forma, alinham-se a esse pensamento, pois são em parte uma questão de como usar bem a abundância, e não desperdiçá-la. Mas este livro não é um manifesto. Esse tipo de preparação requer tempo e está fora da correria diária de preparar o que vai para a mesa. Não acho que todo mundo vá se dedicar a isso. Mas, se gosta de cozinhar ou tem tendência a fazer tudo sozinho, elaborar conservas proporciona uma satisfação enorme.

Pode parecer exagero falar do que faz a vida valer a pena em um livro de receitas, mas, para mim, uma das razões que fazem a vida valer é ter prazer nas pequenas coisas. Uma boa geleia na torrada de manhã. Um chutney feito com maçãs que você colheu no outono passado. Cortar uma carne-seca que você preparou e que dá para alimentar uma dezena de amigos. Parecem coisas sem importância e que não vão mudar o mundo, mas as alegrias que temos na vida geralmente vêm de detalhes assim. Você pode ter qualquer pote de geleia sobre a sua mesa. Mas se é uma geleia feita com carinho, com frutas que você colheu, se é deliciosa e ajuda a começar bem o seu dia, então é muito mais do que apenas uma geleia. E, acredite em mim, você pode fazê-la.

"Há riquezas por lá, rapaz, fortuna suficiente para todo o país, mas nenhuma alma vê!"
Anton Tchekhov, *Happiness* (Felicidade)

geleia

O amor pelas geleias pode levar você a fazer coisas malucas. Uma vez, eu fiz um desvio enorme enquanto dirigia pelo sul da França — pelas muitas curvas do Vale do Loire, quando eu estava, na verdade, indo para Menton, quase na fronteira italiana — por causa de geleia. Eu estava lendo um guia que trazia a descrição de um hotel bastante excêntrico em Chinon cuja principal atração era uma armário repleto de trinta sabores de geleia. Eu fantasiei sobre esse armário durante semanas. Imaginar esses frascos de cores brilhantes como joias, dispostos em prateleiras de madeira antiga me atraía mais do que as minhas férias na Côte d'Azur.

Mal havia chegado a hora do café da manhã no Hôtel Diderot e o armário se abriu, e lá estavam: damasco, cereja, groselha, pêssego e framboesa, figo verde — o que você puder imaginar, ali tinha. Foi um espetáculo emocionante. Garotas sérias com saia preta e avental branco distribuíam croissants, torradas e... apenas dois sabores de geleia. Tínhamos dirigido por quilômetros e quilômetros e não provamos 28 dos sabores. Boas maneiras permitiram que eu provasse mais dois, mas eu estava arrasada.

Simone de Beauvoir comparou fazer geleia a aprisionar o tempo: "a dona de casa aprisiona o tempo na armadilha do açúcar, ela captura a vida nos frascos". Eu gosto da ideia de impedir uma fruta de morrer ao léu e poder saboreá-la pouco a pouco (embora certamente não restringiria a feitura de geleias às donas de casa). Mas fazer conservas é também capturar e manter uma estação do ano, um estado de espírito particular. O outono está ali, em um frasco de geleia de pera e castanha-portuguesa; o perfume de suas férias de verão na Provença mora em um pote com damascos e lavanda. É mesmo uma das vertentes mais poéticas da culinária.

Comecei a fazer geleia relativamente tarde na minha vida culinária. Isso me soava um pouco assustador, algo reservado apenas a praticantes sérios, com utensílios reluzentes e muitos dias livres à disposição. Mas basta começar e rapidamente tudo fica fácil. Hoje, eu às vezes faço só alguns potes por vez; não é preciso fazer sempre uma sessão completa.

Há coisas mais importantes a saber — como obter a consistência desejada, como se comportam certas frutas, como esterilizar frascos e utensílios — mas não é nada muito complexo. E acostumar-se com esses procedimentos não impede a criatividade. Quanto mais você fizer geleia, mais entenderá quais são as possibilidades, e em breve você inventará seus próprios sabores. Também é possível quebrar as regras, como aprendi na Escandinávia, e fazer "geleias" iguais a purês de frutas. De fato, eu mesma faço três tipos de geleia de morango: uma à moda antiga, bem doce e firme; outra com menos açúcar, que deve ser mantida na geladeira; e uma terceira, que é, na verdade, um purê doce (deliciosa, desde que você não se importe que ela fique escorrendo dos seus bolinhos durante o chá das cinco). Todas são gostosas ao seu modo.

Fazer geleia é tradicionalmente considerado terreno de senhoras já com certa idade, mas mesmo que você ainda nem tenha passado dos 40, experimente. Você terá certeza de que valeu a pena quando amigos, namorado(a), parentes e crianças adorarem e pedirem por mais. Veja como...

o básico

FRUTA

A fruta deve estar seca, fresca e recém-amadurecida ou até mesmo um pouco verde (aquele damasco duro como pedra dos supermercados pode render uma geleia razoável). Frutas maduras demais têm menos pectina e menos acidez (necessárias a uma geleia) e não ficam tão gostosas no pote... aquele sabor muito carregado não se compara à frescura suculenta, mas abro algumas exceções. Se tenho ameixas moles demais para comer (não estragada, mas fora das melhores condições), eu preparo um pote de geleia (geralmente com menos açúcar, veja abaixo).

PECTINA

Todas as frutas e alguns vegetais contêm pectina. Sem ela, as conservas não ficam consistentes. Ela se concentra na casca, pele, miolo e caroço das frutas e também nas paredes de suas células.

Frutas diferentes contêm quantidades diversas de pectina. Morango, framboesa, pêssego e nectarina são pobres em pectina. Damasco, cereja e certos tipos de ameixa têm um teor médio. Ameixa, pêssego, goiaba, maçã, marmelo, limão, laranja, uva vermelha e jabuticaba são ricos. Para geleias de frutas com pouca pectina adicione outra fruta com bastante pectina (maçã ou suco de limão) ou use açúcar com pectina em pó.

ACIDEZ

Frutas também contêm acidez. Isso ajuda a liberar a pectina, mas é também necessário para o sabor. Minhas geleias favoritas são feitas de frutas ácidas, pois elas têm um bom equilíbrio entre o doce e o azedo. O suco de limão pode ser adicionado às frutas de baixa acidez para ajudar a liberar a pectina e a enaltecer o sabor; eu geralmente coloco depois de atingir a consistência desejada e antes de colocar em um recipiente, para dar frescor à geleia.

AÇÚCAR

O açúcar conserva as frutas e permite que as preparações durem bastante tempo. Ele também ajuda a pectina das frutas a gelificar e impede que ela se dissolva enquanto a geleia ferve. No entanto, ele inibe a liberação inicial da pectina e endurece as cascas, portanto é sempre adicionado após o primeiro cozimento, quando a fruta já está mole.

Em geral, são usadas quantidades iguais de açúcar e fruta. Isso dá uma consistência firme e boa durabilidade, mas acredito que as geleias feitas assim são muito doces. É mais difícil conseguir uma boa consistência com menos açúcar (e elas devem ser refrigeradas depois de abertas), mas prefiro uma consistência mais mole e um sabor com mais frescor. Use açúcar cristal, já que os cristais maiores dissolvem-se rapidamente.

PROBLEMAS

A GELEIA NÃO ADQUIRE CONSISTÊNCIA Ela tem um teor de pectina muito baixo ou não ferveu o suficiente. Ferva de novo com mais pectina.
A GELEIA ESTÁ DURA OU SECA Ela cozinhou demais.
CRIOU-SE MOFO Os potes não foram bem esterilizados ou a geleia não foi bem acondicionada.
A GELEIA FERMENTOU Não havia açúcar suficiente, a geleia não ferveu bem, o frasco não foi bem vedado ou a fruta estava madura demais.

para fazer geleia

MANTENHA TUDO LIMPO
Todos os utensílios e panelas precisam ser esterilizados. E isso não é assim tão difícil. Funis e conchas precisam ser mergulhados em água fervente. Eu esterilizo os potes pouco antes de fazer a geleia, então eles ainda estão quentes quando está tudo pronto para envasilhar. Você pode fervê-los ou lavá-los com água e sabão (as tampas também) e depois colocá-los no forno a 170°C ou deixá-los em um ciclo da lava-louças (retire-os enquanto ainda estiverem quentes e use-os logo em seguida).

TESTE A CONSISTÊNCIA
Eu uso um termômetro para açúcar (o ponto de coagulação da geleia é de 104,5°C, embora frutas com alto teor de pectina possam gelificar alguns graus mais abaixo). Um termômetro ajuda a saber se a sua geleia está quase pronta, mas o teste do pires é no que mais confio, porque com ele você aprende qual tipo de consistência prefere. Para isso, coloque um pires — eu uso um de metal — no freezer quando começar a fazer a geleia. Na hora de começar a testar (quando as bolhas acalmaram e a geleia está pesada e brilhante), coloque um pouco da geleia no pires frio, mantenha na geladeira por alguns minutos e depois empurre-a com o dedo para ver se ela mantém a rugosidade (retire a panela do fogo enquanto você faz o teste ou a sua geleia poderá cozinhar demais). Se quiser uma consistência firme, o rugoso deve se manter no lugar depois que tirar o dedo. Eu envasilho minhas geleias quando a rugosidade acabou de se formar.

ENVASILHE E ARMAZENE
Envasilhe as geleias enquanto os frascos ainda estão quentes (elas devem ser envasilhadas acima de 85°C) e encha até a boca. Cubra com um pedaço de papel-manteiga, que ajuda a impedir a geleia de secar ou de criar mofo. Vede bem as tampas de rosca usando uma toalha para proteger os dedos. Coloque uma etiqueta depois de frio (é incrível como você esquece o que há lá dentro) e mantenha em um local seco e fresco.

GELEIA DE GELADEIRA E GELEIA FALSA
Na Suécia eu descobri o que chamo de geleia falsa. Morei em algumas fazendas durante um ano e lá havia umas geleias maravilhosas no café da manhã. Quando pedi as receitas, os meus anfitriões riram e explicaram que só cozinhavam as frutas com suco de limão e açúcar. Outras geleias que eu gostava tinham uma consistência mais firme, mas ainda assim com um teor de açúcar menor do que o habitual. Contanto que você as envasilhe acima de 90°C, elas podem ser mantidas dentro de um armário. Mantenha na geladeira depois de abertas e coma em até 4 semanas.

DICAS
1 Adicione o açúcar quando a fruta estiver mole (a não ser que esteja usando frutas vermelhas).
2 Aqueça o açúcar aos poucos, mexendo sempre, e só leve à fervura depois que ele dissolver.
3 Quando sua geleia estiver fervendo e borbulhando, não mexa, pois isso reduzirá o calor.
4 Quando for testar o ponto, retire a panela do fogo.
5 Antes de envasilhar, retire as impurezas da superfície usando uma escumadeira, pois elas não dão boa aparência depois.
6 Aguarde cerca de 12 minutos antes de envasilhar geleias com pedaços grandes de fruta. Ela vai engrossar um pouco, garantindo uma distribuição mais uniforme dos pedaços.

geleia de morango e maracujá

O maracujá fica maravilhoso com o morango, pois dá acidez. Esse deleite é um luxo. Use para rechear bolos ou para passar nas torradas na hora do chá.

4 frascos de 225 g
800 g de morango limpo
10 maracujás

suco de 1 limão-siciliano
600 g de açúcar cristal

1 Corte os morangos maiores em quatro. Divida os maracujás ao meio e, usando uma colher, retire a polpa e as sementes. Coloque as frutas em uma panela com o suco de limão e o açúcar. Aqueça em fogo brando, mexendo sempre para ajudar o açúcar a se dissolver.

2 Cozinhe por cerca de 5 minutos, até que os morangos estejam moles, depois esmague-os um pouco com um garfo ou um espremedor de batatas. Aumente o fogo e leve a geleia à fervura, retirando as impurezas e a espuma que subir da superfície. Deixe ferver bem até chegar ao ponto (use um termômetro e faça o teste do pires, p. 11). Essa geleia tem uma consistência mole, então desligue o fogo assim que ela enrugar. Retire as impurezas mais uma vez.

3 Deixe esfriar por 10 minutos, envasilhe em frascos esterilizados, quentes e secos, cubra com um pedaço de papel-manteiga e vede bem. Dura 1 ano; leve à geladeira depois de aberta.

geleia falsa de morango

Acho que a geleia de morango tradicional tem um sabor de bala, então eu faço esta aqui – em lotes pequenos – como alternativa. Ela rende uma geleia de sabor fresco, e você pode prepará-la mesmo sem uma panela de fundo grosso e aço inoxidável. Mantenha-a na geladeira e coma em 4 dias, mais ou menos (ou faça uma quantidade maior e congele).

1 frasco pequeno, suficiente para um chá da tarde com 6 pessoas
350 g de morango limpo

75 g de açúcar cristal
suco de ½ limão-siciliano

1 Corte os morangos em pedaços (deixe os pequenos inteiros) e coloque-os em uma panela com o açúcar e o suco de limão. Deixe em fogo médio e mexa de vez em quando, até o açúcar dissolver.

2 Amasse a fruta grosseiramente com um garfo ou espremedor de batatas. A consistência desejada é que seja metade purê, metade pedaços de frutas. A panela ainda terá bastante água nessa fase, então reduza bem o fogo e deixe ferver até a consistência ficar mais grossa. Ao todo, vai demorar 20-25 minutos. Tenha cuidado para não deixar a panela queimar, e retire as impurezas da superfície.

3 Despeje em uma tigela e deixe esfriar. Essa preparação não gelifica, mas torna-se um purê consistente de sabor fresco.

geleia de morango tradicional

Essa clássica geleia de morango é feita com quantidades iguais de morango e açúcar. É um pouco doce demais para o meu gosto (quando é época de morangos, prefiro fazer a geleia falsa de morango, à esquerda), mas ela dura bastante. Se fizer o suficiente, pode durar até a próxima época de morangos. Meus filhos adoram.

6 frascos de 225 g

1 kg de morango limpo

suco de 2 limões-sicilianos

1 kg de açúcar cristal

1 Corte os morangos grandes em quatro e coloque todas as frutas em uma panela com o suco de limão. Leve à fervura; o suco da fruta vai começar a sair ao ser aquecido. Quando a mistura estiver fervendo, deixe cozinhar suavemente durante cerca de 5 minutos. Amasse as frutas com um espremedor de batatas enquanto cozinha, para ajudar a quebrá-las.

2 Adicione o açúcar e mexa delicadamente até dissolvê-lo. Aumente o fogo e faça a mistura ferver bem. Deixe assim por cerca de 5 minutos, depois retire as impurezas da superfície. Teste a consistência (use um termômetro e faça o teste do pires, p. 11). Caso não tenha atingido o ponto de coagulação, retorne ao fogo e continue cozinhando e testando em intervalos de 2 minutos, até atingir a consistência desejada.

3 Retire do fogo, remova as impurezas e deixe esfriar um pouco (cerca de 10 minutos) antes de envasilhar em frascos esterilizados, quentes e secos (espere a geleia assentar, para que os pedaços de fruta sejam mais bem distribuídos). Cubra com um pedaço de papel-manteiga e vede os frascos. Dura 1 ano.

geleia de pêssego branco e framboesa

Linda de olhar enquanto está sendo feita e, claro, muito perfumada com a mistura de aromas das framboesas e dos pêssegos brancos. Você pode fazê-la com pêssegos amarelos, mas não fica tão boa. Essa geleia tem menos açúcar do que manda a tradição, então ela é fresca, frutada e azedinha. Você pode adicionar um raminho de lavanda ou de tomilho-limão.

9 frascos de 225 g
900 g de pêssego branco
600 g de framboesa

1 kg de açúcar cristal com pectina
suco de 2 limões-sicilianos

1 Mergulhe os pêssegos, em lotes, em uma panela de água fervente por 1 minuto. Remova-os rapidamente, passe sob a água fria e retire a casca. Corte ao meio, retire o caroço e fatie cada metade.

2 Coloque os pêssegos em uma panela com as framboesas, o açúcar e o suco de limão. Aqueça delicadamente, mexendo para dissolver o açúcar. Depois, aumente o fogo e deixe ferver até atingir o ponto (use um termômetro e faça o teste do pires, p. 11). Retire as impurezas e a espuma da superfície.

3 Deixe esfriar por cerca de 10 minutos para as sementes ficarem bem distribuídas, depois envasilhe em frascos esterilizados, quentes e secos, cubra com um pedaço de papel-manteiga e vede bem. Dura 1 ano; mantenha na geladeira depois de aberta.

geleia de cereja da rainha catarina de bragança

Essa receita foi adaptada de outra do século XVII que vi no livro *Good things in England* ("As coisas boas na Inglaterra", em tradução livre), de Florence White. Não resisti: que maneira mais majestosa de começar o dia! A receita original leva apenas meia quantidade de açúcar em relação à de fruta ou "porventura um pouco mais, para durar o ano inteiro". Esta leva mais; porém, se quiser apenas alguns potes e refrigerá-los, use a proporção de açúcar e frutas da rainha.

5 frascos de 500 g
900 g de cereja
700 g de groselha

500 g de framboesa
suco de 3 limões-sicilianos
1½ kg de açúcar cristal

1 Retire os caroços e os cabinhos das cerejas e das groselhas. Coloque-as em uma panela com as framboesas e acrescente 300 ml de água. Ferva e cozinhe por 12 minutos, até que as frutas amoleçam (e, como sugere a receita original, "machuque as cerejas com a parte de trás de uma colher").

2 Junte o suco de limão e o açúcar e cozinhe, mexendo até dissolver o açúcar. Aumente o fogo e deixe apurar até atingir o ponto (use um termômetro e faça o teste do pires, p. 11). Remova as impurezas.

3 Deixe esfriar por 12 minutos para distribuir os pedaços maiores de fruta. Use frascos esterilizados, quentes e secos, cubra com papel-manteiga e vede. Dura 1 ano; mantenha na geladeira depois de aberta.

geleia de figo roxo e romã

Infelizmente é impossível manter intacto o lindo grão da romã em uma geleia: a polpa doce e suculenta se dissolve e resta um monte de sementes borrachudas. Mas isso não significa que seja impossível capturar o seu sabor. Essa geleia tem gosto de figos e romãs. Usar xarope de romã dá um toque delicioso. A receita rende uma quantidade pequena — nunca tenho figo o bastante para fazer um monte — mas entre novembro e abril, você conseguirá encontrá-los mais baratos no Brasil. Ao comprar o melaço de romã, escolha um que seja suco puro; qualquer coisa com nome de "bebida de romã" ou algo assim será adoçada e bastante enjoativa.

2 frascos de 225 g

400 g de figo sem a ponta do cabinho, cortado em quatro

suco de 2 limões-sicilianos bem lavados e raspas da casca de 1 deles

1 maçã verde descascada, sem sementes e picada

125 ml de suco de maçã

125 ml de melaço de romã

400 g de açúcar cristal com pectina

2 colheres (sopa) de xarope de romã

1 Coloque os figos, o suco de limão, as raspas e a maçã em uma panela de fundo grosso junto com o suco de maçã e o melaço de romã. Cozinhe em fogo baixo até que as frutas estejam todas moles (cerca de 12 minutos).

2 Adicione o açúcar e cozinhe, mexendo para ajudar a dissolver. Leve à fervura e deixe apurar, mexendo ocasionalmente, por cerca de 15 minutos, retirando as impurezas da superfície.

3 Verifique o ponto (use um termômetro e faça o teste do pires, p. 11). Quando estiver perto do ponto, junte o xarope. Retire as impurezas com uma escumadeira. Transfira para frascos esterilizados, quentes e secos, cubra com um pedaço de papel-manteiga e vede bem. Dura 1 ano; mantenha na geladeira depois de aberta.

como usar

Essa é uma geleia com sabor marcante (figos sempre rendem geleias fortes e suculentas com um sabor de frutas secas, mesmo quando feitas com frutas frescas). Eu não a uso direto no pão, prefiro pegar um pouco de labneh (um iogurte do Oriente Médio, p. 98), espalhar uma colherada da geleia por cima e finalizar com alguns grãos de romã. Fica lindo para um café da manhã de fim de semana.

Você também pode fazer essa geleia com suco de laranja e bagas de cardamomo (use uma mistura de suco de laranja e de maçã e não use xarope de romã), acrescentando um pouco de água de flor de laranjeira, se quiser.

geleia de framboesa e violeta

A geleia de framboesa é uma das mais gostosas. Transformar framboesas em geleia intensifica seu sabor e, como elas já têm um perfume de flor, a violeta é um complemento perfeito. Eu não gosto muito doce, então não coloco a quantidade tradicional de açúcar (também uso açúcar com pectina; as framboesas são pobres em pectina, por isso não é fácil obter uma boa consistência). Tento capturá-la no ponto perfeito: adoro uma consistência mais mole, mas também não quero um coulis. Com a prática, você começa a adivinhar quando a geleia está pronta.

Mantenha na geladeira depois de aberta. Para uma durabilidade maior, use quantidades iguais de açúcar e de fruta, mas acho que isso dá um sabor de bala. Você pode usar mais xarope ou licor de violeta, mas lembre-se de que a geleia não deve ficar muito líquida.

10 frascos de 225 g

1½ kg de framboesa
1 kg de açúcar cristal com pectina
suco de 1 limão-siciliano
75 ml de xarope ou licor de violeta

1 Coloque as framboesas em uma panela com o açúcar e suco de limão. Aqueça delicadamente, mexendo sempre para ajudar a dissolver o açúcar. Uma vez dissolvido, aumente o fogo e deixe apurar progressivamente até atingir o ponto (use um termômetro e faça o teste do pires, p. 11), retirando qualquer impureza com uma escumadeira.

2 Junte o xarope ou licor de violeta. Deixe esfriar por 12 minutos, para que as sementes fiquem distribuídas de maneira uniforme. Envasilhe em frascos esterilizados, quentes e secos, cubra com um pedaço de papel-manteiga e vede bem. Dura 1 ano; mantenha na geladeira depois de aberta.

experimente também
GELEIA DE FRAMBOESA DE KIEV

A geleia é muito importante na Rússia. Eles gostam bastante de coisas doces (o que não surpreende, se você pensar em quantas comidas por lá são azedas: todos aqueles pepinos em conserva e potes de chucrute), e uma mesa de chá bem servida é fonte de orgulho. Como no Oriente Médio, as geleias são servidas com o chá e consumidas no prato, como uma sobremesa, verdadeiras colheradas de doçura e luxo, ou então servidas como cobertura para um queijo fresco ou sorvete. Essa geleia líquida e xaroposa — *varen'ye* — é a mais comum na Rússia e difere das geleias mais firmes. A versão a seguir é feita conforme instruções da princesa em *Anna Karenina*. Há toda uma cena tensa em torno da preparação da geleia, na qual o cozinheiro é instruído a fazer geleia de framboesa no estilo "novo", sem água. Na Rússia, muitas vezes eles colocam uma pequena camada de vodca em cima das conservas (em vez de papel-manteiga), então uma camada de conhaque aqui seria perfeito.

Coloque 450 g de framboesa e 450 g de açúcar cristal com pectina em uma panela com 4 colheres (sopa) de conhaque. Misture delicadamente e deixe descansar por uma noite. Proceda como para a geleia de framboesa e violeta, mas deixe de fora o xarope de violeta. Rende 3 frascos de 225 g.

geleia de somerset

O bom dessa receita é que ela é feita em grande parte com maçãs verdes, mas tem gosto mesmo é de amora-preta, mesmo que você não use muitas. Ela é rica em sabores, e fica deliciosa com um pouco de calvados. Os fabricantes de geleia russos costumavam despejar uma camada de vodca em cima da geleia para protegê-las, em vez de usar um pedaço de papel-manteiga. Eu apenas os copiei e vi a bebida afundar lentamente geleia abaixo.

Você pode usar uma aguardente qualquer ou o calvados, feito de maçã, mas, se puder, use a maravilhosa aguardente de maçã de Somerset de Julian Temperley.

8 frascos de 225 g

1 kg de maçã verde descascada, sem sementes e cortada em pedaços
600 g de amora-preta
400 ml de sidra
um pouco de suco de maçã, se necessário

800 g de açúcar cristal
50 ml de calvados, mais um pouco para selar cada frasco

1 Coloque os pedaços de maçã e as amoras em uma panela com a sidra e leve à fervura. Reduza o fogo e deixe as frutas cozinharem até ficarem completamente moles, quase como um purê (junte um pouco de água ou, ainda melhor, suco de maçã, se a mistura secar demais).

2 Adicione o açúcar e cozinhe em fogo baixo, mexendo sempre para ajudar a dissolvê-lo, depois aumente o fogo. Deixe apurar até chegar ao ponto e retire as impurezas; essa preparação gelifica facilmente porque as maçãs são muito ricas em pectina, então eu confio mais no teste do pires (p. 11) do que na temperatura. Você verá com o teste que a geleia provavelmente coagulará antes de atingir a temperatura certa.

3 Acrescente o calvados e envasilhe em frascos esterilizados, quentes e secos. Deixe descansar por 7 minutos e despeje mais um jorro de calvados sobre cada pote. Cubra com um pedaço de papel-manteiga, vede os frascos e deixe esfriar antes de guardar. Dura 1 ano; mantenha na geladeira depois de aberta.

como usar

Essa geleia é especialmente boa com pão rústico de farinha integral, gérmen de trigo ou trigo-vermelho, ou então com pão de minuto ou de bicarbonato. Também fica maravilhosa como recheio para um pão de ló feito de avelãs e açúcar mascavo. Espalhe uma camada de creme de leite fresco grosso com um pouco de açúcar misturado com mascarpone, passe a geleia por cima e depois cubra com outra camada de pão de ló. Peneire uma camada de açúcar de confeiteiro por cima antes de servir.

geleia de ameixa e gim

Às vezes é bom dar um toque de bebida alcoólica no café da manhã. Aqui vai uma maneira de fazê-lo. Quando não for época de ameixas, use cerejas e junte o suco de alguns limões.

3 frascos de 225 g
1 kg de ameixa
700 g de açúcar cristal

suco de 1 limão-siciliano
30 ml de gim ou sloe gin

1 Coloque as ameixas em uma panela com 400 ml de água e deixe cozinhar suavemente durante cerca de 30 minutos, até que a fruta fique bem mole. Junte o açúcar e o suco de limão e mexa até dissolver, depois leve à fervura. Durante o processo, muitos caroços vão subir à superfície; recolha-os com uma escumadeira e jogue-os fora, junto com qualquer outra impureza.

2 Continue a apurar até atingir o ponto (use um termômetro e faça o teste do pires, p. 11). Tire a panela do fogo e misture o gim. Prove para ver se você gostaria de colocar um pouco mais (lembre-se de que você não pode adicionar um monte ou não vai gelificar!).

3 Despeje a geleia em frascos esterilizados, quentes e secos (ao fazer isso, retire e descarte outros caroços que você encontrar). Cubra com um pedaço de papel-manteiga e vede bem. Dura 1 ano; mantenha na geladeira depois de aberta.

geleia de ameixa-amarela e gewürztraminer

A ideia de combinar ameixas-amarelas azedas (também conhecidas como rainha-cláudia) e vinho Gewürztraminer vem da lendária fabricante de geleias francesa Christine Ferber.

3 frascos de 225 g
1 kg de ameixa-amarela tipo rainha-cláudia

250 ml de vinho Gewürztraminer
700 g de açúcar cristal

1 Lave, corte ao meio e retire o caroço das ameixas. Coloque-as em uma panela com metade do vinho e deixe ferver. Reduza o fogo e cozinhe até que a fruta fique mole, depois junte o açúcar e continue a ferver, mexendo um pouco, até que ele se dissolva completamente.

2 Aumente o fogo e deixe apurar até o ponto (use um termômetro e faça o teste do pires, p. 11), retire as impurezas. Acrescente o restante do vinho. Envasilhe em frascos esterilizados, quentes e secos, cubra com um pedaço de papel-manteiga e vede bem. Dura 1 ano; mantenha na geladeira depois de aberta.

geleia de pera e castanha-portuguesa

Essa é uma mistura incomum — eu normalmente não uso peras para fazer geleia — mas ela rende um doce perfumado e almiscarado. É baseada em uma receita da grande fabricante de geleias francesa Christine Ferber. As maçãs estão aí porque as peras têm pouca pectina, mas elas não dominam as peras. Quando estava com preguiça, usei castanhas cozidas embaladas a vácuo ou congeladas. Essa geleia combina bem com um raminho de alecrim ou tomilho ou até mesmo umas folhas de louro em vez de baunilha.

6 frascos de 225 g

1 kg de pera
500 g de maçã verde
suco de 3 limões-sicilianos orgânicos, mais 2 tiras da casca
1 fava de baunilha
950 g de açúcar cristal com pectina
200 g de castanha-portuguesa cozida cortada em pedaços grandes (a maioria só precisa ser cortada ao meio)

1 Descasque e retire o miolo das peras e das maçãs e corte-as em pedaços. Coloque em uma panela com o suco de dois dos limões e 240 ml de água. Faça uma incisão no meio da fava de baunilha e raspe as sementes com a ponta de uma faca. Junte metade da fava e todas as sementes na panela. Reserve a outra metade da fava.

2 Leve tudo à fervura, reduza imediatamente o fogo e cozinhe as frutas até ficarem moles, cerca de 5 minutos (depende do quão maduras estão as peras). Adicione então 750 g do açúcar e continue a cozinhar suavemente, mexendo de vez em quando para ajudar a dissolver. Desligue o fogo, cubra com papel-manteiga e deixe descansar por uma noite.

3 Coloque as castanhas em uma panela com 120 ml de água e o restante do açúcar e do suco de limão. Adicione as raspas de limão e a outra metade da fava de baunilha. Leve à fervura lentamente, mexendo para ajudar a dissolver o açúcar, e deixe em fogo muito brando por 15 minutos. Desligue o fogo, cubra com papel-manteiga e deixe as castanhas descansarem uma noite.

4 No dia seguinte, junte as misturas de castanhas e de pera e, lentamente, deixe apurar. Cozinhe rapidamente até atingir o ponto (use um termômetro e faça o teste do pires, p. 11), retire as impurezas da superfície e envasilhe em frascos esterilizados, quentes e secos.

como usar

Eu acho essa geleia tão especial que não costumo usar na torrada do café da manhã, mas sirvo com um iogurte grego (no café da manhã ou para uma sobremesa simples) ou espalho uma camada em uma massa de torta antes de colocar peras por cima e assar. A melhor coisa a fazer com ela, porém, é usá-la como recheio de um bolo de amêndoa ou avelã. Espalhe uma camada no meio do bolo e cubra-o com uma camada de creme (ou com uma mistura de mascarpone e cream cheese). Polvilhe a superfície do bolo com açúcar de confeiteiro. Bem outonal...

geleia de damasco e lavanda

Essa geleia e a de damasco e baunilha (abaixo) são as minhas preferidas do livro. Tenho que admitir que roubei a ideia dela de uma das melhores fabricantes de geleia, Judith Gifford, do *Tea together*. Sua versão de damasco e lavanda me lembrou tanto os dias quentes de verão na França que eu sonhava em comê-la com torrada ao ir para a cama à noite. Ela tem um sabor com um toque de mel, ácido e herbáceo ao mesmo tempo. Não tente usar mais lavanda ou vai ficar com gosto de remédio. Coma com croissants quentinhos ou baguete tostada e você vai quase sentir o cheiro do Mediterrâneo e ouvir as cigarras...

4 frascos de 225 g
1 kg de damasco
3 ramos de lavanda fresca

suco de 1 limão-siciliano
600 g de açúcar cristal com pectina

1 Corte os damascos ao meio, retire o caroço e pique-os. Coloque em uma panela com a lavanda, o suco de limão e o açúcar. Cozinhe as frutas em fogo baixo por cerca de 20 minutos, mexendo de vez em quando. Quando estiver completamente mole e começando a se desfazer, aumente o calor e deixe apurar até atingir o ponto (use um termômetro e faça o teste do pires, p. 11), retirando as impurezas com uma escumadeira.

2 Retire os ramos de lavanda; algumas flores vão cair, mas tudo bem. Envasilhe em frascos esterilizados, quentes e secos, cubra com um pedaço de papel-manteiga e vede bem. Dura 1 ano; mantenha na geladeira depois de aberta.

geleia de damasco e baunilha

Os damascos disponíveis em mercados são geralmente decepcionantes — verdes, com textura de isopor, insípidos — mas aquecê-los transforma até mesmo o espécime mais duvidoso em uma geleia deliciosa. Essa aqui tem um sabor intenso e um bom equilíbrio entre o doce e o azedo. Vale a pena usar uma fava de baunilha inteira.

4 frascos de 225 g
1 kg de damasco
600 g de açúcar cristal com pectina

suco de 1 limão-siciliano
1 fava de baunilha

1 Corte os damascos ao meio, retire os caroços e coloque-os em uma tigela grande. Junte o açúcar e o suco de limão. Corte a fava de baunilha ao longo do comprimento e raspe as sementes com a ponta de uma faca. Coloque as sementes e a fava dentro da tigela. Misture tudo, cubra com um pano e deixe macerar durante uma noite.

2 No dia seguinte, coloque tudo em uma panela e cozinhe em fogo baixo por 20 minutos, mexendo sempre. Quando estiver mole, aumente o calor e deixe ferver até atingir o ponto (use um termômetro e faça o teste do pires, p. 11), retirando as impurezas da superfície. Retire a fava de baunilha. Envasilhe em frascos esterilizados, quentes e secos, cubra com um pedaço de papel-manteiga e vede bem. Dura 1 ano; mantenha na geladeira depois de aberta.

geleia de manga, maracujá e limão

Manga e maracujá são uma combinação dos céus: falta um pouco de acidez na manga, o que o maracujá e o limão proporcionam da maneira mais perfumada. A cor dessa geleia não é muito viva nem brilhante, mas seu sabor é. Um bom equilíbrio entre doce e azedo com sabor tropical.

4 frascos de 225 g
8 maracujás maduros
1¼ kg de manga madura descascada e cortada em pedaços
suco e raspa da casca de 8 limões
750 g de açúcar cristal com pectina
suco de 1 limão-siciliano ou a gosto

1 Corte os maracujás ao meio e retire a polpa e o suco com uma colher sobre uma panela. Adicione as mangas, o suco de 4 limões e a raspa de todos os 8. Junte 500 ml de água e leve à fervura. Reduza o fogo e cozinhe até que a fruta fique bem macia. Vai demorar 15 minutos.

2 Adicione o açúcar e mexa de vez em quando até dissolver, depois aumente o fogo e deixe apurar bem, retirando as impurezas da superfície. Ferva até atingir o ponto (use um termômetro e faça o teste do pires, p. 11). Misture então o resto do suco de limão e o suco de limão-siciliano a gosto.

3 Deixe esfriar por 7 minutos. Envasilhe em frascos esterilizados, quentes e secos, cubra com um pedaço de papel-manteiga e vede bem. Dura 1 ano; mantenha na geladeira depois de aberta.

geleia de frutas vermelhas

Essa geleia é absolutamente adorável. Você pode usar a combinação de frutas que preferir: amoras, framboesas, groselhas e morangos. Você precisa incluir groselhas-pretas, que têm uma boa quantidade de pectina e bom teor de acidez.

8 frascos de 225 g
500 g de groselha-preta
500 g de morango limpo
500 g de framboesa
1 kg de açúcar cristal com pectina
suco de 1 limão-siciliano

1 Lave as groselhas e os morangos (eu nunca lavo as framboesas porque elas são muito delicadas). Pique os morangos grosseiramente. Coloque as groselhas em uma panela e adicione 100 ml de água. Leve à fervura, abaixe o fogo e cozinhe por 15 minutos para amolecer as cascas (ou elas vão endurecer ao adicionar o açúcar).

2 Junte o restante das frutas com o açúcar e o suco de limão. Aqueça lentamente, mexendo um pouco para ajudar a dissolver o açúcar, depois deixe apurar rapidamente até atingir o ponto (use um termômetro e faça o teste do pires, p. 11), retirando as impurezas da superfície.

3 Deixe esfriar por 10 minutos para garantir que os pedaços das frutas não se concentrem todos em cima. Envasilhe em frascos esterilizados, quentes e secos, cubra com um pedaço de papel-manteiga e vede bem. Dura 1 ano; mantenha na geladeira depois de aberta.

falsa geleia sueca

Ok, esta não é uma geleia propriamente dita, mas eu comi muitos doces como esse na Suécia e na Dinamarca. Eles têm um teor de açúcar muito menor que as geleias tradicionais — na verdade, muitos parecem um purê doce de frutas — e têm um frescor delicioso. É claro que essas "geleias" não têm açúcar o suficiente para adquirir uma consistência firme e também duram menos, então você precisa guardá-las na geladeira. De fato, algumas pessoas na Escandinávia congelam suas geleias caseiras. Depois de ficar todo um verão em fazendas na Suécia, voltei para casa com um monte de potes que me deram de presente e que descongelaram na viagem de volta para a Inglaterra. Minha geladeira virou um esconderijo maravilhoso de falsas geleias. A receita abaixo é baseada em uma das mais originais que eu comi na Suécia. Provei-a em um café da manhã de Natal em um hotel nos arredores de Estocolmo. Não tenho a menor ideia de como eles a fizeram — era meio geleia, meio compota de frutas — mas pensei nela por muito tempo depois, queria comê-la novamente... e esta versão surgiu alguns anos mais tarde.

4 frascos de 225 g
350 g de laranja (cerca de 2 laranjas)
500 g de maçã
700 g de açúcar cristal com pectina
suco de 2 limões-sicilianos
350 g de maçã verde
100 ml de suco de maçã

1 Lave as laranjas e corte-as em rodelas bem finas. Pique as rodelas, descartando os caroços. Coloque-as em uma panela com 250 ml de água e leve à fervura. Reduza o fogo e deixe apurar até que a casca da laranja fique mole. Cubra e deixe descansar por uma noite.

2 Limpe a maçã e corte-a em pedaços pequenos. Em uma panela, intercale camadas de maçã com açúcar e metade do suco de limão e deixe descansar por uma noite também.

3 No dia seguinte, descasque as maçãs verdes e retire o miolo, corte-as em cubos pequenos e misture com o suco de limão restante. Coloque as laranjas cozidas, a água do cozimento, as maçãs verdes e o suco de maçã na panela com a maçã. Aqueça suavemente para ajudar a dissolver o açúcar.

4 Deixe ferver e apurar até atingir 102°C, confira com um termômetro (o ponto normal é alcançado a 104,5°C), retirando as impurezas da superfície. Deixe esfriar por 10 minutos (o suficiente para que os ingredientes se distribuam de maneira uniforme e não se concentrem apenas na superfície).

5 Envasilhe em frascos esterilizados, quentes e secos, cubra com um pedaço de papel-manteiga e vede bem. Dura 6 meses; mantenha na geladeira depois de aberta.

como usar
Esta aqui fica especialmente gostosa com um pão rústico com passas ou com bolinhos de chá torrados, iogurte grego ou arroz-doce.

geleia de amora e pinot noir

Meu pai costumava tocar muito Nancy Sinatra e Lee Hazelwood no carro quando eu era pequena, e uma das minhas canções favoritas era *Summer wine* (cuja letra começa assim: "morangos, cerejas e o beijo de um anjo na primavera/ meu vinho de verão é mesmo feito de todas essas coisas"). Naquela idade eu ainda não associava isso ao álcool... apenas achava que era uma bebida que continha a essência do verão. E eu queria beber um pouco. Anos mais tarde, acho que consegui fazer uma geleia tão rica e inebriante quanto a voz de Hazelwood, e não muito distante do seu "vinho de verão". Fica boa com groselhas-pretas também. Você pode usar outros vinhos, mas o pinot noir tem um frutado delicioso que dá uma bela profundidade.

6 frascos de 225 g
1 maçã verde pequena descascada e cortada em cubos pequenos

1 kg de amora
700 g de açúcar cristal com pectina
350 ml de vinho pinot noir

1 Coloque a maçã em uma panela com cerca de 4 colheres (sopa) de água. Cozinhe até que fique quase completamente mole.

2 Coloque isso em uma panela com todos os outros ingredientes (guarde cerca de 30 ml do vinho) e deixe ferver lentamente, mexendo sempre para ajudar a dissolver o açúcar.

3 Deixe ferver bem e apurar até chegar ao ponto (use um termômetro e faça o teste do pires, p. 11). Retire as impurezas da superfície e junte o vinho restante. Envasilhe a geleia em frascos esterilizados, quentes e secos, cubra com papel-manteiga e vede bem. Dura 1 ano; mantenha na geladeira depois de aberta.

geleia de groselha e sabugueiro

Uma combinação clássica — groselhas e sabugueiro ecoam cada um os sabores do outro — e melhor quando feita com groselhas jovens e ácidas. Se você a fizer com licor comprado em vez do caseiro, certifique-se de adquirir uma marca de sabor forte.

6 frascos de 225 g
1 kg de groselha limpa

800 g de açúcar cristal
5 colheres (sopa) de licor de sabugueiro

1 Coloque as groselhas em uma panela e adicione 150 ml de água. Leve à fervura, reduza o fogo e cozinhe por cerca de 10 minutos, até que a fruta esteja mole.

2 Adicione o açúcar e continue a cozinhar, mexendo um pouco para ajudar a dissolvê-lo. Deixe ferver e apurar por cerca de 9 minutos, depois teste o ponto (use um termômetro e faça o teste do pires, p. 11). Assim que chegar ao ponto, desligue o fogo e retire as impurezas da superfície.

3 Deixe esfriar por 4 minutos e misture o licor. Envasilhe em frascos esterilizados, quentes e secos, cubra com papel-manteiga e vede bem. Dura 1 ano; mantenha na geladeira depois de aberta.

geleia de ameixa, laranja e cardamomo

Você não precisa usar laranjas só para compotas, pode misturá-las com outras frutas. Esta receita rende uma geleia azedinha de uma cor linda. No lugar do cardamomo, pode usar anis-estrelado ou um pau de canela quebrado. Se usar especiarias inteiras, retire-as antes de envasilhar.

6 frascos de 225 g
4 laranjas de casca fina
1 1/5 kg de ameixa

suco de 2 limões e de 1 laranja
semente moída de cerca de 20 bagas de cardamomo
800 g de açúcar cristal

1 Corte as laranjas em rodelas bem finas, descarte as sementes e corte cada rodela em quatro. Coloque-as em uma panela com 150 ml de água. Leve ao fogo até ferver, depois reduza o fogo, tampe a panela e cozinhe até ficar mole (cerca de 20 minutos). Fique de olho: a intenção é que no fim haja a mesma quantidade de líquido do início, então adicione mais água, se precisar.

2 Enquanto isso, corte as ameixas ao meio, retire o caroço e fatie-as. Coloque-as em uma panela com as laranjas e o líquido do cozimento. Adicione metade do suco de limão, o suco de laranja e o cardamomo. Leve à fervura, reduza o fogo e cozinhe lentamente durante 15-20 minutos ou até amolecê-las. Junte o açúcar e cozinhe em fogo brando, mexendo sempre para ajudar a dissolver. Dissolvido, aumente o fogo e deixe apurar até o ponto (use um termômetro e faça o teste do pires, p. 11).

3 Retire as impurezas da superfície e adicione o resto do suco de limão. Envasilhe em frascos esterilizados, quentes e secos, cubra com papel-manteiga e vede. Dura 1 ano; mantenha na geladeira depois de aberta.

geleia de laranja e água de flor de laranjeira

Uma geleia linda, delicada e de aroma agridoce. Coma com brioche (observe-a pingar das bordas). Também fica fabulosa sobre creme de leite para servir com bolo de chocolate amargo.

4 frascos de 225 g
1 kg de laranja
1 kg de açúcar cristal

suco de 1 limão-siciliano
3 colheres (sopa) de água de flor de laranjeira
ou a gosto

1 Retire as cascas das laranjas, deixando a parte central. Esprema o suco (cerca de 500 ml) e leve-o à geladeira. Cozinhe a casca em água por 10 minutos ou até ficar mole. Escorra bem, cubra com água fresca e deixe descansar por uma noite. No dia seguinte, escorra as cascas e corte em tiras finas.

2 Coloque as tiras em uma panela com o suco de laranja, o açúcar e o suco de limão. Leve à fervura lentamente, mexendo para dissolver o açúcar, depois reduza o fogo e cozinhe por 30 minutos. Essa geleia não fica muito consistente, mas faça o teste do pires (p. 11) para saber se a mistura está boa para manter a forma ao esfriar. Retire as impurezas da superfície e junte a água de flor de laranjeira.

3 Envasilhe em frascos esterilizados, quentes e secos, cubra com um pedaço de papel-manteiga e vede bem. Dura 1 ano; mantenha na geladeira depois de aberta.

geleia de melão, limão e gengibre

Ao cozinhar para fazer este livro, uma das minhas grandes surpresas foi descobrir que é possível fazer uma geleia gostosa e fresca com melão. Ela é bem original, perfumada e viva. E possui algo de oriental. Quando eu era pequena, um dos meus livros favoritos *Miss happiness and miss flower* ("Senhorita felicidade e senhorita flor", em tradução livre), de Rumer Godden, contava a história de duas bonecas japonesas. A menina que ganha essas bonecas tenta fazer com que elas se sintam em casa na Inglaterra construindo-lhes uma casa japonesa e dando-lhes todo tipo de mimo japonês que ela encontrava. Imagino que é isso o que ela teria dado às bonecas em um chá da tarde — com chá-verde, é claro.

Use tipos diferentes de melão para obter polpas de cores misturadas (mas não use melancia, que tem água demais). Uma manga também vai bem aqui.

9 frascos de 225 g
1¾ kg de melão sem semente, descascado e cortado em cubos de 2 cm
1¼ kg de açúcar cristal com pectina

50 g de gengibre fresco, descascado e fatiado
suco e raspas da casca de 6 limões
6 pedaços de gengibre em calda, picados
100 ml de pectina líquida

1 Coloque o melão em uma tigela em camadas entrepostas com metade do açúcar. Deixe descansar durante uma noite.

2 No dia seguinte, coe o líquido açucarado do melão e coloque-o em uma panela (reserve o melão). Leve esse xarope à fervura, mexendo sempre para ajudar a dissolver o açúcar. Deixe apurar até reduzir à metade.

3 Coloque a raiz de gengibre fresca em um saquinho de musselina (basta recortar um quadrado do tecido e amarrar com barbante). Coloque isso na panela junto com o melão, o restante do açúcar, o suco e as raspas de limão e o gengibre em calda. Leve à fervura e cozinhe o melão por cerca de 3 minutos. Junte a pectina, aumente o fogo e deixe apurar até chegar ao ponto (use um termômetro e faça o teste do pires, p. 11). Remova o saquinho de musselina e retire as impurezas da superfície. Envasilhe em frascos esterilizados, quentes e secos, cubra com um pedaço de papel-manteiga e vede bem. Dura 1 ano; mantenha na geladeira depois de aberta.

como usar

Uma colherada dessa geleia fica uma delícia com um sorvete azedinho — feito de iogurte, soro ou creme de leite — mas eu gosto mesmo é com uma boa torrada, de pão italiano ou de fermentação natural.

geleia de maçã, rosa e cardamomo

Stephen Harris, o *chef* e proprietário do The Sportsman em Seasalter, em Kent (um dos meus lugares favoritos para comer), deixa a maçã macerar junto com o açúcar para fazer seu incrível sorbet de maçã. É uma maneira excelente de extrair o suco e o sabor da maçã, então usei o mesmo método aqui. Não precisa usar só rosa e cardamomo, você pode variar o sabor da receita com gengibre fresco, laranja ou sabugueiro, ou fazer uma geleia de maçã simples.

3 frascos de 225 g

1 kg de maçã
900 g de açúcar cristal com pectina
suco de 1 limão-siciliano ou mais, se necessário
100 ml de suco de maçã
semente esmagada de 10 bagas de cardamomo
½ colher (sopa) de água de rosas

1 Limpe a maçã e corte em pedaços de 2 cm. Coloque-a em uma panela, alternando com camadas de açúcar. Despeje o limão e o suco de maçã por cima, cubra com um pano de prato limpo e deixe descansar por uma noite. Isso vai extrair o suco da maçã.

2 No dia seguinte, junte o cardamomo e leve a panela à fervura, mexendo um pouco (mas cuidado para não quebrar demais os pedaços da maçã), retirando as impurezas da superfície. Depois de ferver por uns 5 minutos, verifique a temperatura e o ponto (use um termômetro e faça o teste do pires, p. 11).

3 Quando a geleia atingir o ponto, retire a panela do fogo e junte a água de rosas. Volte ao fogo até chegar ao ponto novamente. Prove a geleia. Você talvez queira adicionar um pouco mais de água de rosas ou de limão, para dar mais frescor. Envasilhe em frascos esterilizados, quentes e secos, cubra com um pedaço de papel-manteiga e vede bem. Dura 1 ano; mantenha na geladeira depois de aberta.

como usar

Essa geleia não tem uma consistência muito firme, então você pode usá-la como uma calda. Eu adoro com iogurte grego (o que dá uma combinação de dois sabores marcantes) ou com arroz-doce, polvilhado com pétalas de rosa para um toque romântico. Você também pode misturar a geleia com mascarpone para um recheio de bolo.

geleia de bom dia de café da manhã do Nick

Nick Selby é o fabricante de geleia (e coproprietário) da delicatéssen de Londres Melrose and Morgan. Ele faz a minha geleia de laranja favorita (sim, é esta!), e também me deu aulas intensivas dessa especialidade. É o exato oposto daquelas geleias clássicas inglesas, escuras e pesadas. Esta aqui é fluida, brilhante e picante e ajuda a acordar: a geleia perfeita para um café da manhã. O grapefruit com as laranjas devem pesar 1 kg no total. Ao contrário de mim, Nick costuma aquecer o açúcar para fazer geleias, pois isso ajuda a dissolvê-lo mais rapidamente. Use cítricos orgânicos, se puder, caso contrário esfregue bem a casca das frutas para remover a cera.

10 frascos de 225 g

1 grapefruit rosa ou vermelho
4 laranjas-sanguíneas
3 laranjas-da-terra

150 ml de suco de limão-siciliano ou mais, se necessário
2 kg de açúcar cristal orgânico claro aquecido em forno baixo

1 Lave as frutas. Descasque o grapefruit com um descascador de legumes e corte a casca em tiras finas. Corte todas as laranjas ao meio e retire o suco (reserve as cascas). Meça o suco e coloque-o em uma tigela grande. Adicione água o suficiente para completar 2,5 litros de líquido.

2 Retire toda a pele do grapefruit e coloque a polpa em um saquinho de musselina. Junte à tigela com o suco. Fatie as cascas de laranja tão finamente quanto possível e coloque-as na tigela também. Deixe de molho durante uma noite.

3 No dia seguinte, cozinhe tudo até que as cascas das laranjas estejam completamente moles. Isso levará cerca de 1h30. Passe a mistura por uma peneira (reserve as cascas) e meça o líquido, certificando-se de espremer todo o suco cheio de pectina do saquinho de musselina. Você deve obter cerca de 1,5 litro. Complete com água ou reduza, se obtiver menos ou mais. Devolva à panela e descarte o saquinho.

4 Junte o suco de limão e o açúcar na panela e aqueça suavemente para dissolver. Leve à fervura e retire as impurezas da superfície. Adicione as cascas reservadas e volte ao fogo até ferver novamente. Verifique o ponto (use um termômetro e faça o teste do pires, p. 11).

5 Verifique o sabor, acrescentando um pouco mais de suco de limão para intensificar a geleia, se você achar necessário. Mexa e retire as impurezas. Deixe esfriar por cerca de 12 minutos e depois envasilhe em frascos esterilizados, quentes e secos, cubra com um pedaço de papel-manteiga e vede bem. Dura 1 ano; mantenha na geladeira depois de aberta.

como usar

Como ainda é difícil achar laranjas-da-terra e laranjas-sanguíneas, eu guardo meu arsenal com cuidado e raramente uso para outra coisa que não a torrada do café da manhã. No entanto, às vezes pego um pouco para fazer uma calda de laranja (derreto várias colheres de sopa com suco de laranja ou água, depois deixo esfriar até ficar com uma consistência de xarope) e coloco sobre um pouco de arroz-doce gelado.

geleia de limão com cachaça

Baseada em outra receita de Nick Selby (o deus das geleias da delicatéssen de Londres Melrose and Morgan). Nick não faz uma versão com cachaça, mas eu acho esta aqui irresistível. Se você não é muito fã de bebida, basta deixar a cachaça de fora.

10 frascos de 225 g
12 limões grandes e suculentos
raspas de limão

cerca de 1¾ kg de açúcar cristal aquecido em forno baixo
50 ml de cachaça

1 Corte os limões ao meio e esprema-os, reservando o suco. Coloque as cascas em uma tigela, cubra com água fria e mantenha na geladeira durante uma noite. No dia seguinte, escorra as cascas e retire a polpa e as peles. Coloque essa mistura em um quadrado de musselina e amarre com um barbante para formar um saquinho.

2 Corte as cascas em tiras bem finas e coloque-as em uma panela com o saquinho de musselina, as raspas de limão, 2 litros de água e o suco reservado. Cubra com papel-alumínio (use duas folhas) e cozinhe suavemente durante 1h30, até as cascas ficarem bem moles (a intenção é não perder muita água, por isso cubra a panela). Limões têm a casca dura, por isso certifique-se de estar satisfeito com a consistência, pois quando se junta o açúcar as cascas endurecem, então faça isso com atenção. Retire o saquinho, apertando-o para extrair o máximo de suco.

3 Pese a fruta e o líquido, volte à panela e adicione o mesmo peso em açúcar. Aqueça suavemente a mistura até dissolver o açúcar, mexendo um pouco para ajudar, depois aumente o fogo e deixe apurar, retirando as impurezas da superfície. Logo que começar a ferver, teste a consistência: essa geleia tem bastante pectina, então chega ao ponto rapidamente (use um termômetro e faça o teste do pires, p. 11). Se não atingiu o ponto, coloque de volta no fogo por mais 4 minutos e teste novamente.

4 Quando chegar ao ponto, mexa e retire qualquer impureza. Misture a cachaça. Deixe a geleia esfriar por cerca de 12 minutos (isso ajuda a distribuir as cascas de maneira mais uniforme) e envasilhe em frascos esterilizados, quentes e secos, cubra com um pedaço de papel-manteiga e vede bem. Dura 1 ano; mantenha na geladeira depois de aberta.

como usar

Essa geleia é deliciosamente cítrica e, embora fique magnífica com uma torrada, não deve ficar restrita a ela. Eu adoro juntar uma colherada a umas mangas frescas fatiadas com iogurte natural ou então esquentar metade de um frasco, adicionando um pouco mais de suco de limão e um pouco de água, para fazer uma calda quente para um arroz-doce gelado (o que funciona bem tanto numa versão com ou sem cachaça).

geleia de grapefruit rosa

Eu adoro grapefruit rosa. Posso comê-los como se fossem laranjas enquanto estou sentada assistindo TV. São tão doces, mas sua acidez ainda dá um arrepio. Eles são cada vez mais selecionados para serem mais doces, e é por isso que eu adicionei um limão aqui... você pode até achar necessário dois limões. A cor é deslumbrante. Se quiser, você pode aromatizar com zimbro ou gengibre fresco (esmague as bagas de zimbro ou corte o gengibre e coloque em um pequeno quadrado de musselina. Amarre com um barbante formando um saquinho e deixe junto com as cascas ao cozinhar. Remova antes de envasilhar).

8 frascos de 225 g
4 grapefruits rosa grandes

suco de 1 limão-siciliano
2 kg de açúcar cristal

1 Corte os grapefruits em quatro e esprema o suco em uma panela. Retire as peles — guarde os caroços — e coloque sobre um quadrado de musselina. Com um barbante, amarre o tecido com toda a pele e os caroços formando um saquinho e coloque-o também dentro da panela. Junte o suco de limão com 2,2 litros de água. Corte as cascas das toranjas em tiras finas e junte à panela.

2 Leve o líquido à fervura, reduza o fogo e cozinhe lentamente por 2 horas ou até as cascas ficarem bem moles. Retire o saquinho com as sementes e reserve. Adicione o açúcar e cozinhe em fogo muito brando, até dissolver completamente, mexendo com frequência para ajudar. Esprema todo o suco do saquinho de musselina com caroços e peles dentro da panela.

3 Leve a mistura à fervura. Quando começar a ferver bem, olhe no relógio. Comece a testar o ponto em cerca de 12 minutos após ter começado a ebulição, e em intervalos regulares depois disso. Verifique o ponto (use um termômetro e faça o teste do pires, p. 11).

4 Retire a panela do fogo, remova as impurezas da superfície e deixe esfriar por cerca de 10-12 minutos (o que ajuda a distribuir as cascas de modo uniforme). Envasilhe a geleia em frascos esterilizados, quentes e secos, cubra com um pedaço de papel-manteiga e vede bem. Dura 1 ano; mantenha na geladeira depois de aberta.

como usar
Ela foi feita para espalhar na torrada! Junto com a Geleia de bom dia de café da manhã do Nick (p. 35), essa é a minha preferida na hora de acordar.

um banho de sol: a história da compota

É quase arriscado dar uma receita de compota na Inglaterra — compota é o nome que se dá à geleia feita de laranja-da-terra, um bastião da culinária da velha Álbion. É a iguaria capaz de exaltar os ânimos dos britânicos. Alguns fabricantes de compota não fazem outro tipo de geleia. E não é apenas uma geleia, é um projeto anual, realizado durante os dias escuros e gelados do inverno, quando a famosa laranja-da-terra ou laranja-azeda chega à ilha. As cozinhas são invadidas pelos aromas cítricos dias e dias a fio. A recompensa de cada cozinheiro, mesmo que seja pálida e com tiras finas ou espessas, robustas e escuras, é apenas a compota que aquele cozinheiro em particular classifica.

Mas a compota de hoje é bem diferente das suas pioneiras... que eram muito mais parecidas com a nossa conhecida marmelada, que começou a ser exportada de Portugal para a Grã-Bretanha a partir do século XV. E não continha nem um só gominho de laranja. Como diz o nome em português, ela era feita de marmelo, hoje quase esquecido no Brasil, primo da maçã e da pera. A Grã-Bretanha já possuía receitas de compotas de marmelo, mas eram diferentes. Como a que conhecemos, era já uma pasta firme, que vinha em caixas muito bonitas e serviu de inspiração para a goiabada brasileira.

C. Anne Wilson, autora de uma história da compota, acha que a marmelada portuguesa era aromatizada com água de flor de laranjeira, o que a teria tornado exótica e diferente. Aos poucos, o termo "marmelada" tornou-se o nome genérico para pastas e conservas de frutas, mas é difícil saber como ou quando a compota virou, em inglês, o nome de uma conserva feita apenas com frutas cítricas. O livro de receitas de uma certa senhora Eliza Cholmondeley (de por volta de 1677) tem uma das primeiras receitas em inglês de marmelada feita de frutas cítricas. Sua *Marmalet of oranges* resultava em uma substância escura e espessa, quase tão firme como a marmelada portuguesa. Cerca de cinquenta anos mais tarde, Mary Kettilby, em seu livro *A collection of above three hundred receipts in cookery, physick and surgery* ("Uma coleção de mais de trezentas receitas de culinária, medicina e cirurgia", em tradução livre) dá uma receita de marmelada em que instrui a "ferver tudo bem rápido até virar geleia". Uma geleia com casca? Lembra bastante as compotas inglesas de hoje.

O crédito de criadores da compota como algo de passar no pão vai para os escoceses e, certamente, suas receitas de meados do século XVIII usavam mais água, resultando em uma compota menos sólida. Quando o açúcar ficou mais barato na Inglaterra na segunda metade do século XIX, as geleias comerciais ficaram bem mais comuns. A compota era perfeita para manter a indústria da agricultura ocupada no inverno, quando os campos estavam congelados — embora, inicialmente, tenha sido um item de luxo de exportação de todo o Império. Foram os escoceses que a democratizaram, tornando-a acessível a todas as classes e uma presença agridoce em todas as mesas de café da manhã britânicas.

Eu corro o risco de atrair a ira dos fabricantes de compotas por aí, mas a que eu gosto mesmo é aquela delícia fluida de laranja envolvida em um perfume de flor da p. 29. Se ela é de fato uma autêntica compota? Bem, ela não seria servida em um café da manhã escocês tradicional. Seu espírito é mais médio-oriental, como um xarope que escorre da torrada. Mas há dias em que a versão clássica, escura e robusta, parece algo severo demais.

geleia de laranjinha kinkan e maracujá

Essa geleia tem um sabor maravilhoso — doce e azedo ao mesmo tempo— e o maracujá e as kinkan equilibram-se bem.

4 frascos de 225 g
800 g de laranjinha kinkan
suco de 5 laranjas (cerca de 300 ml)
suco de 1 limão-siciliano pequeno

10 maracujás maduros
900 g de açúcar cristal

1 Corte as laranjas kinkan em fatias bem finas (retire os caroços que você encontrar ao fazer isso). Coloque-as em uma panela com o suco de laranja e o de limão. Corte os maracujás ao meio e retire a polpa e o suco de cada um. Junte à panela.

2 Leve tudo à fervura, depois abaixe o fogo e cozinhe até que as cascas das kinkan estejam moles. Tampe a panela e deixe a mistura descansar por uma noite.

3 No dia seguinte, acrescente o açúcar na panela e leve à fervura lentamente, mexendo um pouco para ajudar a dissolver o açúcar. Deixe apurar até chegar ao ponto (use um termômetro e faça o teste do pires, p. 11), retirando as impurezas da superfície. Envasilhe em frascos esterilizados, quentes e secos, cubra com um pedaço de papel-manteiga e vede bem. Dura 1 ano; mantenha na geladeira depois de aberta.

como usar

Essa é uma geleia de sabor bem tropical, que eu adoro passar na torrada do café da manhã. Sempre fico triste quando os poucos frascos que eu faço todo ano chegam ao fim...

geleia de pimentão e pimenta vermelha

Livros de conservas norte-americanos estão cheios de receitas de geleia de pimentão vermelho. Algumas são feitas com uma base de geleia de maçã, mas a maioria delas é pura, já que apenas o suco do pimentão é usado. Em vez de espremer os pimentões cozidos, esta versão os incorpora, então rende uma geleia de textura mais uniforme. Ela tem uma cor absolutamente deslumbrante: os potes delas na minha lavanderia (é onde eu guardo minhas conservas) têm a cor mais viva que qualquer outro. É de um brilho quase surrealista.

8 frascos de 225 g

8 pimentões vermelhos sem sementes e picados
8 pimentas-dedo-de-moça com sementes, cortadas ao meio e picadas
1¼ kg de açúcar cristal
600 ml de vinagre de vinho branco
300 ml de pectina líquida

1 Coloque todos os ingredientes, exceto a pectina, em uma panela grande. Leve à fervura, reduza o fogo e cozinhe até os legumes ficarem bem moles. Deixe esfriar um pouco e passe no processador de alimentos (e não no liquidificador, a intenção é conseguir uma pasta com pedaços, não completamente homogênea).

2 Coloque a mistura de volta na panela lavada, deixe ferver, junte a pectina, mexa e deixe ferver novamente. Teste o ponto (faça o teste do pires, p. 11). Retire as impurezas da superfície, transfira para frascos esterilizados, quentes e secos, cubra com um pedaço de papel-manteiga e vede bem com tampas resistentes a vinagre. Dura 1 ano; mantenha na geladeira depois de aberta.

como usar

Apesar de usá-la o ano inteiro, acho essa geleia especialmente gostosa em churrascos de verão, já que ela é bem marcante e fica ótima com carnes grelhadas, especialmente de porco. Também é uma delícia no frango assado com batata assada, servido com creme azedo ou iogurte grego. Sempre penso em comida norte-americana quando vejo meus potes de geleia de pimenta.

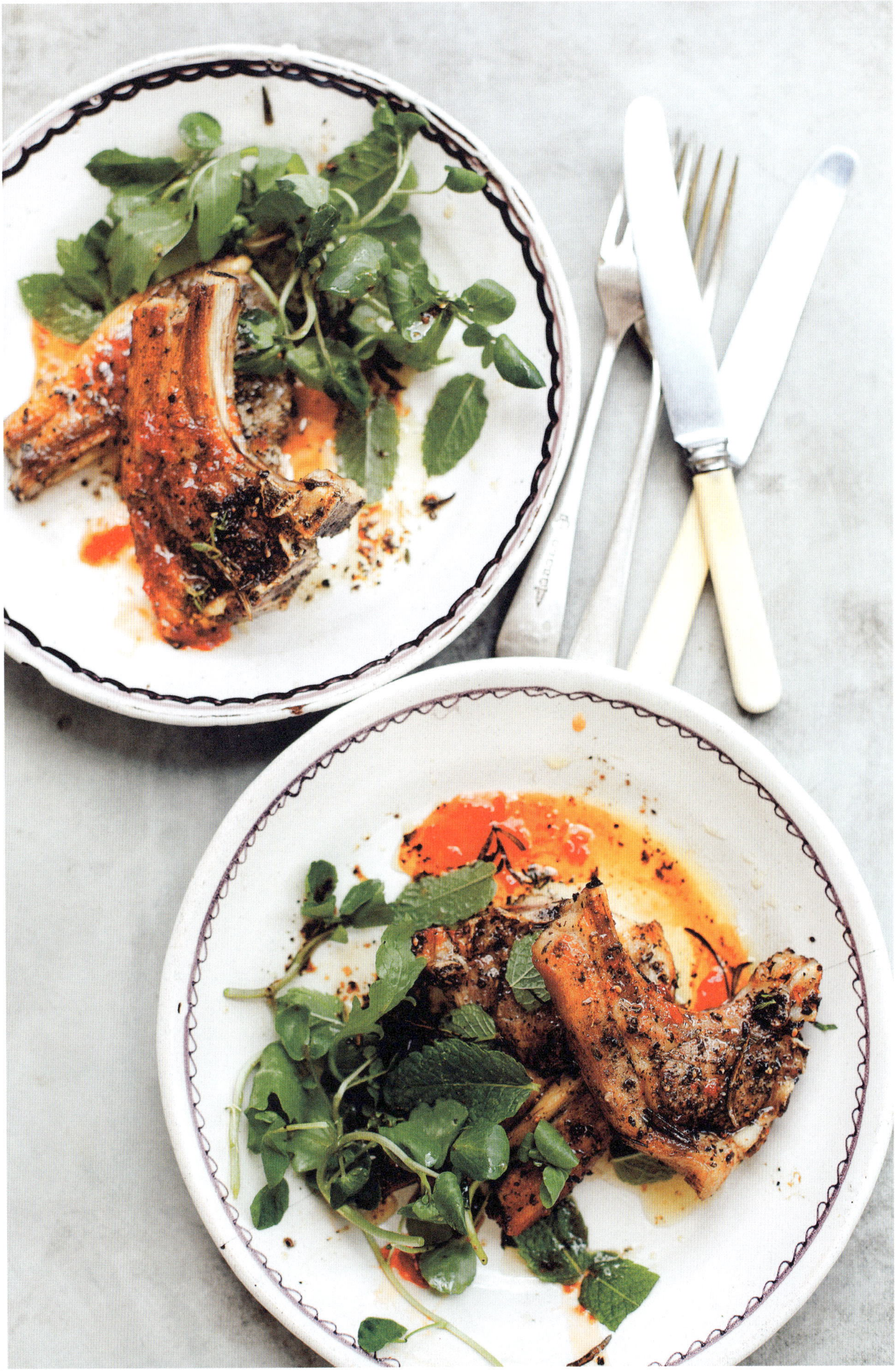

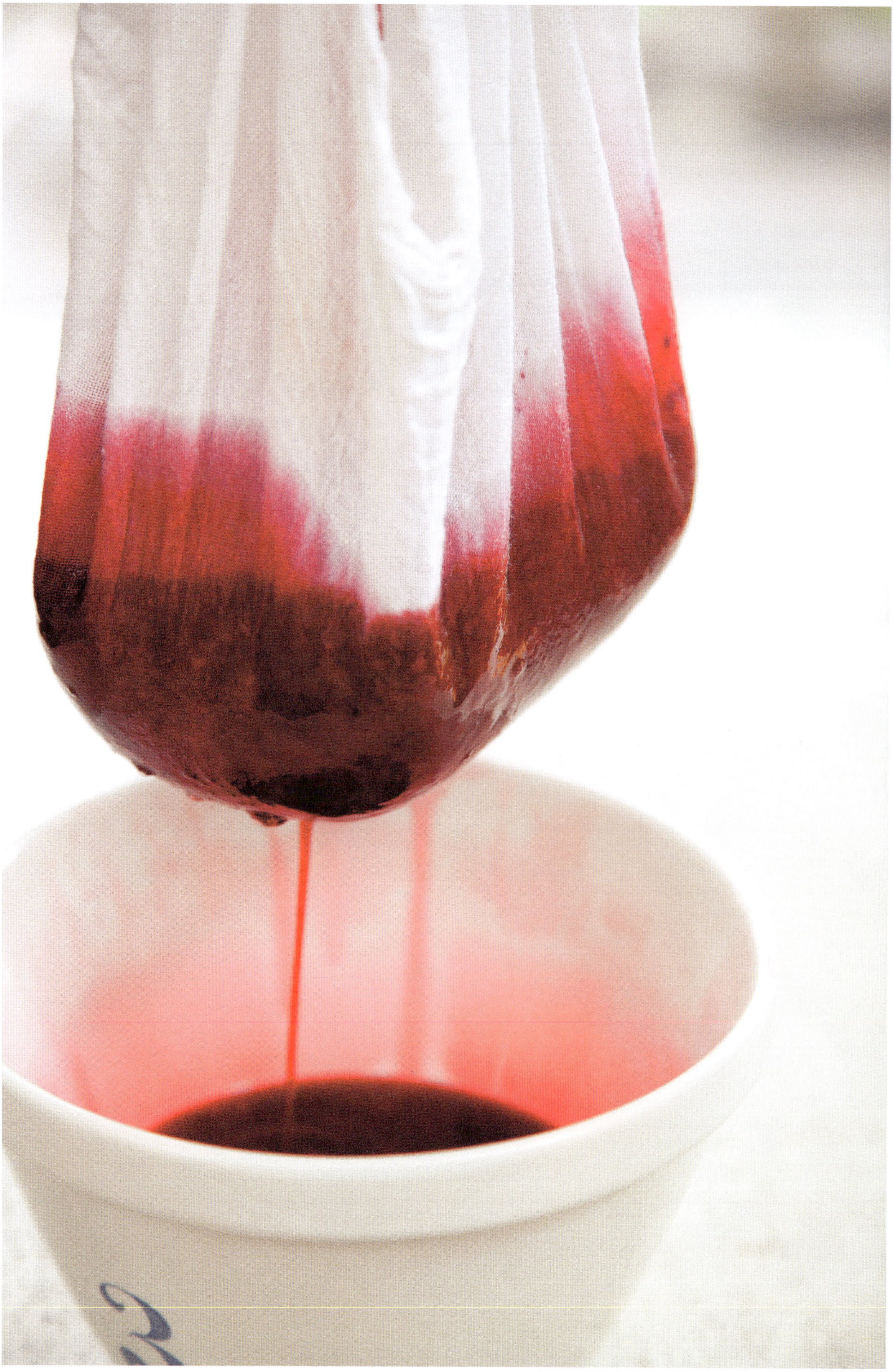

geleias finas, curds e doces de frutas

Tenho dificuldade em convencer as pessoas a experimentar esse ramo das conservas. Aqueles potes lindos, coloridos como joias, cheios de groselha, maçã, marmelo e roseira (arrume-os ao lado de uma janela e veja que maravilhoso o efeito de vitral) são mero enfeite barato para certas pessoas, e o processo necessário para fazê-los (sacos de geleia pendurados em cabos de vassoura) parece trabalhoso demais. Já os doces de frutas, aquela pasta feita de um purê borbulhante de frutas com açúcar, pode ser o tipo de regalo mimoso com o qual você se depara ao ler um poema antigo, mas não é algo que você faria hoje em dia. E os curds, bem, quem quer ficar de pé 30 minutos mexendo sem parar um suco de frutas com ovos e manteiga até engrossar? Para quê? Simplesmente porque a gula sempre vence...

GELEIAS FINAS

Eu fazia geleias finas muito antes das geleias normais. Principalmente porque não gosto daquelas à venda por aí (basta olhar a cor verde radioativa de uma geleia de menta de supermercado). Por anos, fiz geleia de maçã com hortelã, tomilho ou alecrim (o processo é bem mais fácil depois que você se acostuma). Mas quando percebi que muitos sabores podem ser capturados em uma geleia fina — o toque defumado do chá Earl Grey, o ardor de uma pimenta, o frutado de um vinho do Porto — vi que as aventuras na cozinha começam de verdade.

Muitas geleias finas são feitas de maçã com outra fruta (maçãs são ricas em pectina, ingrediente essencial para dar consistência), mas a geleia de maçã também atua como base para ingredientes que não podem ser transformados em geleia sozinhos. Acho que capturar o sabor de flores ou chás é especialmente poético. Hoje em dia, geleias finas são principalmente saboreadas com pratos salgados, mas elas começaram, assim como as geleias com polpa, a ser servidas com outros doces, e as florais são perfeitas para um chá da tarde em um dia quente de verão (ou ainda como um ingrediente muito charmoso para sobremesas).

Para fazer geleias finas você nem precisa preparar a fruta, basta cortá-la (com casca, caroço, miolo e tudo o mais) e cozinhar na água (sem açúcar) até ficar mole. Com frutas vermelhas e outras frutinhas delicadas, use cerca de 300 ml de água a cada 1 kg de fruta (essas frutas liberam seus sucos bem rápido); com ameixas e damascos use 600 ml; e com amoras, 900 ml de água a cada 1 kg de fruta. Maçãs, marmelos, peras e outras frutas duras devem ter água suficiente para cobri-las.

Assim que a fruta cozida esfriar, transfira-a para um saco de pano e deixe-o suspenso sobre uma tigela, usando um suporte ou pendurando-o em um cabo de vassoura apoiado entre duas cadeiras (o que é muito mais fácil do que parece e funciona muito bem). Deixe por 24 horas (nunca menos de 12 horas), de modo que o suco possa pingar lentamente dentro da tigela. Não pressione o saco, pois ele pode fazer o líquido ficar turvo (algumas receitas feitas com frutas com alto teor de pectina — como o marmelo — sugerem ferver e pingar duas vezes, mas isso é raro). Meça o líquido, adicione 450 g de açúcar cristal para cada 600 ml de suco e deixe ferver, mexendo sempre para ajudar o açúcar a dissolver, até chegar ao ponto (use um termômetro e faça o teste do pires, p. 11). Envasilhe em frascos esterilizados, quentes e secos. Viu? É simples.

CURDS

Curds não são exatamente uma conserva, pois não duram muito tempo, mas são uma delícia de passar no pão, deleites à moda antiga feitos com um purê ou suco azedinho de frutas, mais manteiga, açúcar e ovos. John Betjeman vê nesses cremes a ilustração perfeita do conforto e da imutabilidade do chá da tarde na Inglaterra, em seu poema *Brincadeiras de interiores perto de Newbury*: "Telhados em água-furtada, igrejas cobertas com telhas/ Refletem as luzes do nosso carro de passeio/ Ao dirigirmos para a festa da Wendy,/ Curds de limão e bolo de Natal". Dá vontade de colocar imediatamente um bolinho pra tostar e abrir a geladeira à procura daquele pote que você sabe que está lá...

Curds de frutas eram a princípio considerados "sobremesas translúcidas" (de acordo com a senhora Elizabeth Raffald em *The experienced english housekeeper*, "A governanta inglesa experiente", em tradução livre, publicado em 1769), e não algo de passar no pão. Leia a introdução dos curds de Raj Nimboo (à direita), e você verá que na Índia eles ainda costumam ser vistos dessa maneira. A forma moderna deles, em frascos e mantidos como uma conserva, surgiu no final do século XIX, quando a produção de alimentos mudou com a industrialização.

Seja paciente para fazê-los, pois a mistura é cozida em uma tigela em banho-maria (o cozimento tem que ser suave ou os ovos talham) até engrossar — e isso às vezes leva até 40 minutos — mas o equilíbrio da gordura da manteiga e da acidez das frutas dá água na boca e faz valer o esforço.

DOCES DE FRUTAS

Densos e uma explosão de doçura, os doces de frutas são pastas espessas em moldes. Eles são cortados com uma faca e comidos com queijos, carnes variadas ou como sobremesa (também existem "manteigas" de frutas — especialmente nos Estados Unidos — mas elas têm uma consistência mais mole, de passar no pão). As mais conhecidas são as goiabadas e marmeladas. Existem receitas inglesas para esse tipo de sobremesa desde o século XIII, mas na Inglaterra eles saíram de moda no século XIX, ao contrário do que aconteceu no Brasil e em Portugal.

Doces assim são geralmente feitos com frutas baratas e abundantes (ou de graça), já que não rendem muito para a quantidade de fruta utilizada. Goiaba, manga, figo, banana e marmelo são as frutas mais comuns de fazer doce, e o processo é muito fácil: basta cortar as frutas (com casca, miolo e tudo), adicionar água até cobri-las e cozinhar lentamente até ficar completamente mole. O trabalho mais difícil vem em seguida. Passe a polpa da fruta cozida por uma peneira em uma jarra de medição grande. Para cada 600 ml de polpa, adicione 350-400 g de açúcar cristal. Coloque a polpa e o açúcar em uma panela e aqueça lentamente, mexendo para ajudar a dissolver o açúcar. Quando isso acontecer, continue a cozinhar, até que a mistura fique tão espessa que quando você passar a colher de pau dê para ver bem o fundo da panela. Você tem que mexer com frequência, pois ela pode pegar no fundo da panela e queimar. E é preciso muita paciência, pois isso leva tempo. Eu moldo meus doces de frutas em ramequins levemente untados, depois desenformo e embrulho-os em papel-manteiga.

Tenho uma amiga que põe seu doce de ameixa em um prato de sopa (o que eu descobri recentemente ser uma tradição antiga), e me avisa quando vai trazer um pouco de presente, então eu asso um cordeiro ou leitão para comermos com ele. Cortar algumas fatias daquele carmesim profundo e comer com uma carne fumegante é pura delícia.

curd de pitanga

Curds precisam ser feitos com frutas azedas, então pitangas não maduras são perfeitas. Esse é um dos melhores cremes que você pode fazer e um dos mais versáteis.

4 frascos de 225 g
500 g de pitanga limpa
125 g de manteiga sem sal cortada em cubos pequenos
350 g de açúcar refinado
3 ovos grandes ligeiramente batidos

1 Coloque as pitangas em uma panela pesada com água suficiente para cobri-las. Leve à fervura, reduza o fogo e cozinhe por cerca de 10 minutos, até ficar mole. Deixe esfriar. Coloque as frutas em um liquidificador e transforme em purê, depois passe por uma peneira de náilon.

2 Coloque o purê, a manteiga, o açúcar e os ovos em banho-maria. Não aqueça demais ou os ovos vão talhar. Mexa sempre com uma colher de pau até engrossar o suficiente para cobrir a parte de trás da colher, depois passe imediatamente pela peneira de náilon mais uma vez (para remover qualquer fio de clara de ovo), despeje em frascos esterilizados, quentes e secos, cubra com papel-manteiga e vede bem. Depois de frio, mantenha na geladeira por 2 semanas. Uma vez aberto, consuma em 3 dias.

como usar
Como todo curd, este aqui rende um ótimo recheio de bolo, especialmente para um de amêndoas. Ou então, coma com damascos em calda e framboesas frescas, misturando-o com chantili e açúcar de confeiteiro a gosto.

curd raj nimboo

Vikram Doctor, ao escrever no jornal *The Times of India*, alega com razão que o curd de limão é superior ao de limão-siciliano. "O ideal é fazê-lo quase azedo demais, para então ser resgatado pela doçura e cremosidade." Vikram ainda conclui que o curd de limão é o "Viagra das sobremesas...". É tão bom quanto creme de laranja-sanguínea como recheio de bolo, mas também uso para fazer uma batida de banana, manga e limão com chantili.

2 frascos de 225 g
225 g de açúcar refinado
150 g de manteiga sem sal cortada em cubos
2 ovos e 2 gemas de ovo levemente batidos
suco e raspas de 5 limões

1 Coloque todos os ingredientes em banho-maria. Não aqueça demais ou os ovos vão talhar. Mexa com uma colher de pau até engrossar o suficiente para cobrir a parte de trás da colher. Isso pode demorar 30 minutos.

2 Passe imediatamente a mistura por uma peneira de náilon (para remover qualquer fio de clara de ovo), despeje em frascos esterilizados, quentes e secos, cubra com um pedaço de papel-manteiga e vede bem. Depois de frio, mantenha na geladeira por 2 semanas. Uma vez aberto, consuma em 3 dias.

curd de laranja-sanguínea

Faça esse curd com laranjas de polpa bem vermelha. A maioria das receitas de creme sugere cozinhar por 10 minutos, mas é preciso mais tempo. Não desista, ele engrossa!

1 frasco de 225 g
4 gemas de ovo levemente batidas
70 g de açúcar refinado

80 ml de suco de laranja-sanguínea
2 colheres (sopa) de suco de limão-siciliano
80 g de manteiga sem sal cortada em cubos pequenos

1 Coloque todos os ingredientes em uma tigela, misture e coloque em banho-maria. Mexa constantemente com uma colher de pau até primeiro derreter e depois engrossar o suficiente para cobrir a parte de trás da colher. Isso pode demorar 30 minutos. Não aqueça demais ou os ovos vão talhar.

2 Passe por uma peneira de náilon (para remover qualquer fio de clara de ovo) e envasilhe o creme no frasco esterilizado, quente e seco, cubra com um pedaço de papel-manteiga e vede bem. Depois de frio, mantenha na geladeira por 2 semanas. Uma vez aberto, consuma em 3 dias.

como usar

Esse curd é um ótimo recheio de bolo. Espalhe mascarpone sobre uma camada inferior, coloque uma colherada generosa desse creme, ponha a camada superior do bolo por cima e polvilhe com açúcar de confeiteiro.

curd de maracujá

Esse creme captura todo o sabor do maracujá.

1 frasco de 225 g
8 maracujás
120 g de açúcar refinado

50 g de manteiga sem sal cortada em cubos pequenos
3 ovos mais 3 gemas, levemente batidos

1 Corte as frutas ao meio e coloque a polpa e as sementes em um processador. Pulse algumas vezes para separar as sementes e passe por uma peneira de náilon. Mantenha metade das sementes e descarte o resto.

2 Coloque a polpa, o açúcar, a manteiga e os ovos em banho-maria. Mexa constantemente com uma colher de pau até engrossar o suficiente para cobrir a parte de trás da colher. Isso pode levar 30-40 minutos. Não aqueça demais ou os ovos vão talhar. Passe por uma peneira de náilon (para remover qualquer fio de clara de ovo) e junte as sementes reservadas.

3 Coloque o curd em frascos esterilizados, quentes e secos, cubra com um pedaço de papel-manteiga e vede bem. Depois de frio, mantenha na geladeira por 2 semanas. Uma vez aberto, consuma em 3 dias.

como usar

Bem azedo, esse curd fica gostoso com mascarpone ou iogurte em minipavlovas. Junte manga regada com suco de limão ou maçã cozida.

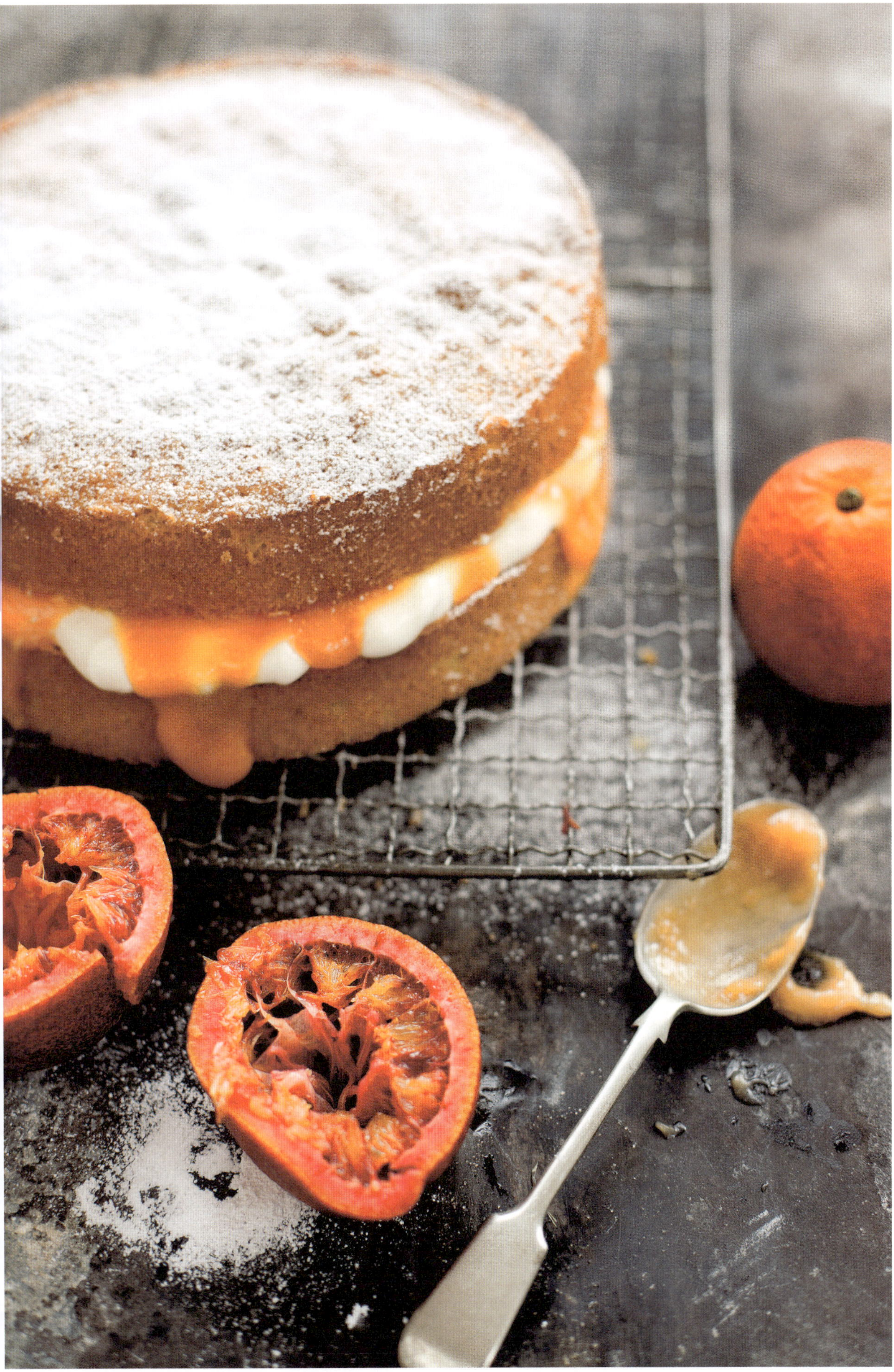

geleia de rosa-mosqueta

A geleia de rosa-mosqueta, nome que se dá ao fruto da roseira, exige dedicação, já que é preciso colher tudo você mesmo, mas em uma tarde é possível conseguir até 2½ kg de frutinhas. É necessário usar luvas de jardinagem, pois elas são bastante espinhosas, e tesouras, normais ou de poda. Acho mais fácil cortar o fruto junto com a haste do que retirar cada frutinha. Isso também as impede de ficarem machucadas. Você precisa cozinhá-las logo após a colheita (não mais que 24 horas depois), pois estragam rápido. Além da linda geleia, a visão das maçãs e dos frutos de roseira em uma panela (e o cheiro maravilhoso que isso tem) faz tudo valer a pena.

É uma pena não usarmos frutos de roseira com mais frequência (na Suécia, o suco de rosa--mosqueta é tão comum que você pode comprá-lo no supermercado). Eles têm um sabor distinto, doce e almiscarado, e fazem bem à saúde (ricos em vitamina C).

4 frascos de 225 g
600 g de rosa-mosqueta (frutos de roseira)
1 kg de maçã verde
cerca de 900 g de açúcar cristal

1 Retire todos os frutos do galho e lave-os. Jogue fora todos que estiverem machucados, danificados ou maduros demais (frutos muito maduros são moles).

2 Corte as maçãs em pedaços grandes, não precisa descascar nem tirar o miolo, basta remover quaisquer partes machucadas. Coloque-as em uma panela grande com as rosas-mosquetas e adicione água o suficiente para cobrir tudo. Leve à fervura, reduza o fogo e cozinhe lentamente de 45 minutos a 1 hora. Eu esmago as rosas-mosquetas uma vez ou outra para ajudar a quebrá-las (a casca é bastante dura). As frutas devem ficar completamente moles.

3 Deixe esfriar, depois coloque tudo em um saco de musselina suspenso sobre uma tigela e deixe escorrer por uma noite (pelo menos 12 horas). Descarte a polpa e meça a quantidade de suco. Coloque o suco em uma panela com 450 g de açúcar para cada 600 ml de suco. Aqueça suavemente, mexendo de vez em quando, até o açúcar dissolver.

4 Ferva por 10-15 minutos, até chegar ao ponto (use um termômetro e faça o teste do pires, p. 11). Retire as impurezas da superfície com uma escumadeira. Envasilhe em frascos esterilizados, quentes e secos, cubra com um pedaço de papel-manteiga e vede bem. Dura 1 ano; mantenha na geladeira depois de aberta.

como usar

Na Grã-Bretanha usa-se a geleia de rosa-mosqueta principalmente com carne de caça (sobretudo cervo), mas ela também fica boa com porco assado, queijos e com um doce (deliciosa com bolinhos de chá quentinhos). Fiquei deliciada ao descobrir que, no norte da Itália, ela é servida junto com carnes curadas. Experimentei uma salada de grãos com folhas amargas, geleia de rosa-mosqueta e pão de centeio que foi uma das melhores coisas que eu já comi — uma harmonia perfeita de fruta e gordura, doce e amargo — e resultado de diferentes tipos de conservas. Eu agora sirvo a geleia de frutos de roseira com presunto de Parma, especialmente quando não há figos frescos.

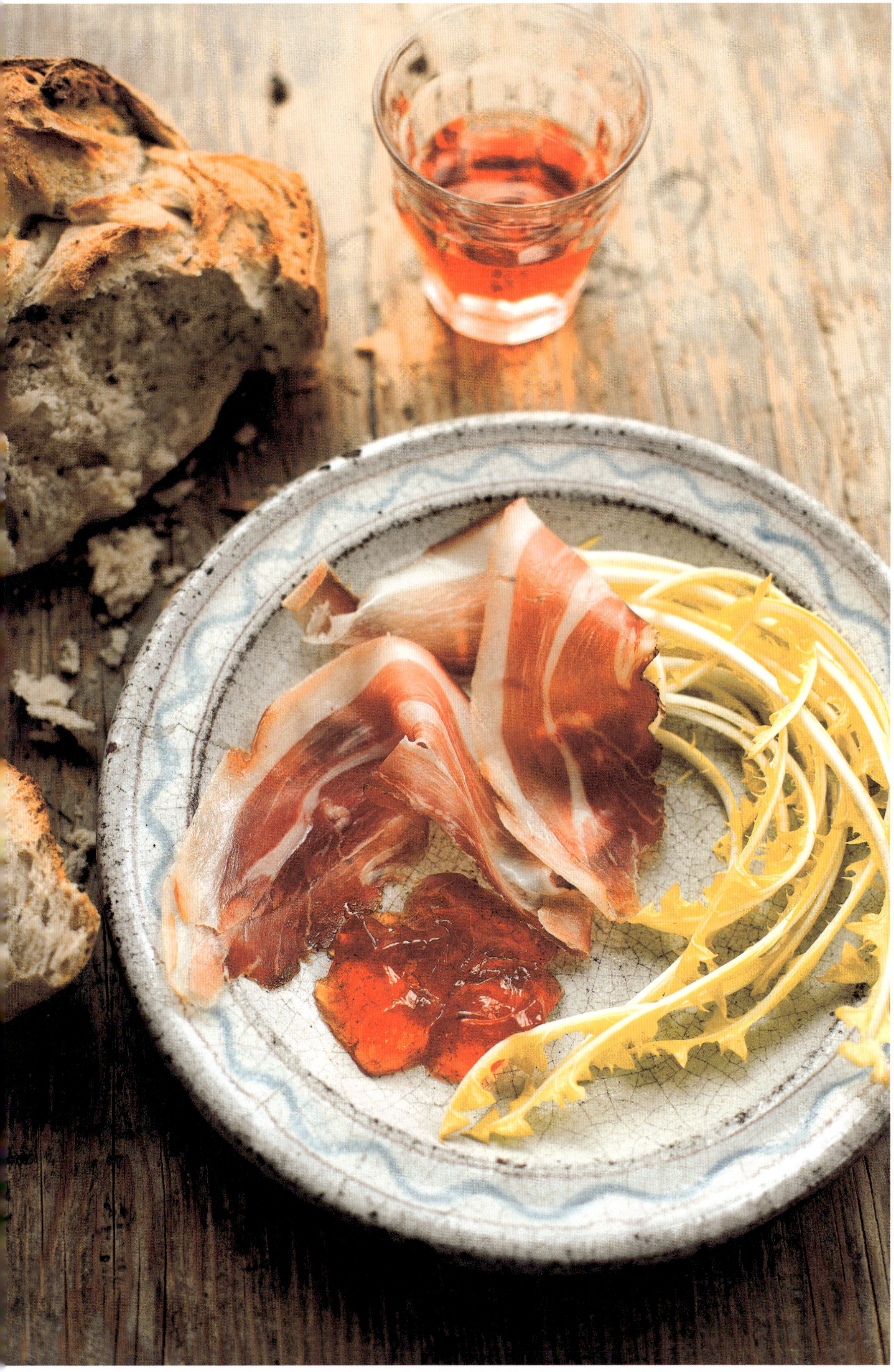

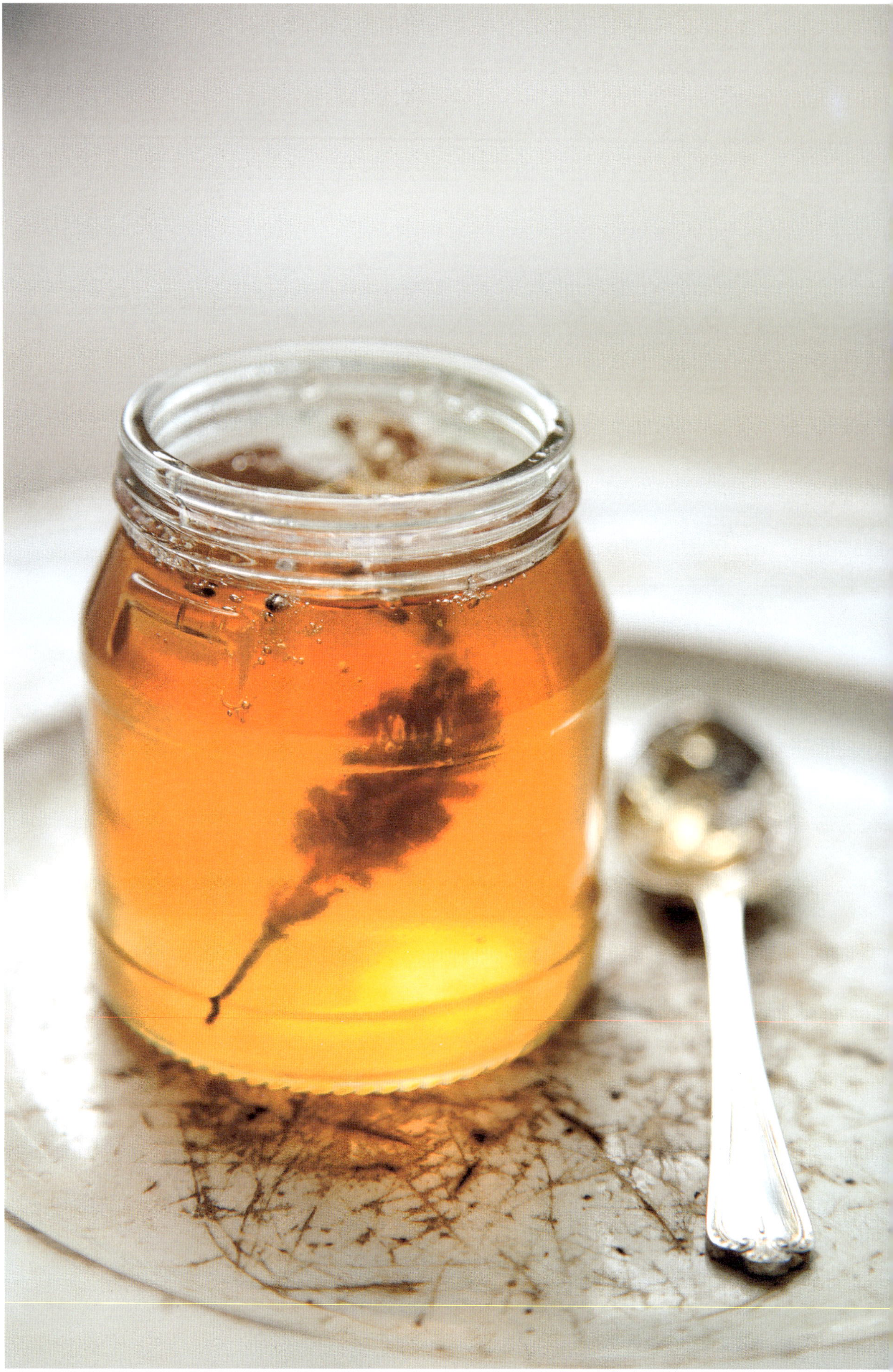

geleia de maçã e lavanda

A maçã atua como base para muitas geleias aromatizadas, doces e salgadas. Ela é tão rica em pectina que produz uma geleia que adquire consistência facilmente, e seu sabor não domina quando você a mistura com outras coisas. Você pode fazer geleia de maçã pura, mas ervas e especiarias proporcionam toda uma gama de sabores para combinar com várias carnes: lavanda e alecrim para cordeiro, e sálvia para carne de porco, por exemplo. Eu gosto mais das geleias de maçã salgadas feitas com vinagre de maçã (para dar um toque ácido), mas algumas pessoas preferem-nas doces. Aqueles doces, de fato, servidos com bolinhos e biscoitos (como a Geleia ao pé da lareira, abaixo, e a de pétala de rosa, p. 54) são feitos com água (adicione apenas o suficiente para cobrir as maçãs) em vez de vinagre.

7 frascos de 500 g
2½ kg de maçã verde
3 ramos de lavanda fresca, mais alguns raminhos para cada frasco
1⅓ litro de vinagre de maçã
cerca de 1⅓ kg de açúcar cristal

1 Corte as maçãs em pedaços, não precisa descascar nem tirar o miolo, basta remover quaisquer partes machucadas. Coloque-as em uma panela grande e adicione com 1 ½ litro de água, o suficiente para cobrir tudo. Junte a lavanda. Leve à fervura, reduza o fogo e deixe cozinhar até que as maçãs estejam completamente moles (cerca de 45 minutos).

2 Adicione o vinagre e deixe cozinhar por mais 5 minutos. Despeje a mistura em um saco de musselina suspenso sobre uma tigela e deixe escorrer por uma noite. Não pressione as maçãs ou a geleia ficará turva.

3 Meça o líquido. Para cada 600 ml, você vai precisar de 450 g de açúcar. Transfira o líquido para uma panela com o açúcar e aqueça suavemente, mexendo para ajudar a dissolvê-lo. Leve à fervura e deixe apurar até chegar ao ponto (use um termômetro e faça o teste do pires, p. 11). Retire as impurezas da superfície com uma escumadeira.

4 Envasilhe em frascos esterilizados, quentes e secos. Coloque um raminho de lavanda em cada um. Cubra com um pedaço de papel-manteiga e feche com tampas resistentes a vinagre. Enquanto a geleia está endurecendo, agite-a para a lavanda não ficar no alto. Dura 1 ano; mantenha na geladeira depois de aberta.

experimente também

GELEIA DE MAÇÃ E TOMILHO, GELEIA DE MAÇÃ E SÁLVIA, GELEIA DE MAÇÃ E ALECRIM

Faça como para a receita acima, apenas substitua a lavanda pelo tomilho, pela sálvia ou pelo alecrim.

e também

GELEIA AO PÉ DA LAREIRA

Faça como para a Geleia de maçã e lavanda, mas sem o vinagre. Junto com as maçãs, adicione um saquinho de musselina com as raspas de 1 laranja, 3 cm de gengibre fresco ralado e 1 pau de canela. Coloque um pedaço de canela em cada frasco. Fica maravilhosa em bolinhos tostados. Rende 5 frascos de 500 g.

hours
ght later.
er all.
Amazing that Goude finds women
so willing to be redesigned by him,
involved painting her blue-black,
cropping her hair like a marine and
obsessed with fashion - and has taken
flak for it. There might be more for

geleia de nêspera

A nêspera europeia é uma fruta estranha. Seu cheiro ao cozinhar é de madeira molhada (ou até serragem molhada, com um pouco de mofo). Não é todo mundo que gosta, mas essas frutas são tão incomuns, mesmo para os europeus, que é difícil resistir em transformá-las em uma conserva (e, assim, capturá-las). Você só pode cozinhá-las depois que elas amadurecerem fora do galho, como os caquis. Coloque-as em uma tigela em uma única camada e deixe-as ficar bem moles antes de cozinhá-las. A geleia que resulta é linda, geralmente de um tom castanho-claro avermelhado, mas eu já fiz algumas que acabaram mais douradas que vermelhas.

1 frasco de 500 g
1 kg de nêspera europeia bem madura
cerca de 425 g de açúcar cristal

suco de 2 limões-sicilianos
125 ml de pectina líquida

1 Coloque as nêsperas em uma panela com 600 ml de água e cozinhe por cerca de 40 minutos ou até que esteja completamente mole. Certifique-se de que a água não diminuiu muito, e complete com mais um pouco, se necessário.

2 Coloque a polpa da fruta em um saco de musselina suspenso sobre uma tigela e deixe escorrer por uma noite. No dia seguinte, meça o suco que escorreu e jogue fora a polpa. Junte 85 g de açúcar cristal para cada 100 ml de suco.

3 Coloque o suco e o açúcar em uma panela com o suco de limão. Leve à fervura lentamente, mexendo de vez em quando para ajudar a dissolver o açúcar. Deixe ferver em fogo alto e apurar até chegar ao ponto (use um termômetro e faça o teste do pires, p. 11). Eu às vezes tenho de colocar um pouco de pectina líquida nessa geleia para dar-lhe consistência, por isso tenha um pouco à mão. Adicione a quantidade sugerida na lista de ingredientes se você achar que a mistura não está chegando ao ponto. Retire as impurezas da superfície com uma escumadeira. Envasilhe a geleia no frasco esterilizado, quente e seco, cubra com um pedaço de papel-manteiga e vede bem. Dura 1 ano; mantenha na geladeira depois de aberta.

experimente também

GELEIA DE ESPUMANTE

Esta é uma brincadeira de criança, pois nem precisa cozinhar as maçãs.

Coloque 550 ml de espumante seco, 125 ml de vinagre de maçã, 1 tira de casca de laranja, 1 raminho de alecrim e 700 g de açúcar cristal com pectina em uma panela e ferva. Mexa de vez em quando para ajudar a dissolver o açúcar. Quando ele estiver completamente dissolvido, adicione 250 ml de pectina líquida e leve à fervura em fogo alto. Deixe apurar bem por 2 minutos e teste a consistência (use um termômetro e faça o teste do pires, p. 11). Despeje ou transfira com uma concha para frascos esterilizados, quentes e secos (descarte a casca e o alecrim), cubra com um pedaço de papel-manteiga e vede bem. Rende 2 frascos de 500 g.

geleia de pétala de rosa

Tenho tamanha paixão por rosas e seu perfume que experimentei em muitas receitas de geleia fina. No Oriente Médio são usadas apenas as pétalas, mas assim não adquire uma boa consistência.

Esta aqui é uma geleia maravilhosa de se fazer: transformar as pétalas em uma pasta de cor vermelha ou violeta profunda dá a sensação de preparar uma tinta ou um corante. A geleia resultante reflete exatamente a cor das rosas que você usou. Você precisa encontrar pétalas de rosa que não tenham sido tratadas com químicos; encontrei um vizinho que ficou feliz em me dar o suficiente. Por isso, procure à sua volta, será mais fácil obtê-las do que você pensa.

Muitas variedades de rosa têm uma aparência maravilhosa, mas pouco perfume; você precisa encontrar rosas cujo perfume deixe você inebriado.

4 frascos de 225 g
1 kg de maçã verde
cerca de 675 g de açúcar cristal

600 ml de pétala de rosa perfumada vermelho-escura ou cor-de-rosa (é melhor medi-las com uma jarra)
água de rosas a gosto (opcional)

1 Lave as maçãs, pique-as — sem descascar nem tirar o miolo — e coloque-as em uma panela. Cubra com 2,5 cm ou mais de água, leve à fervura e cozinhe a fruta até ficar completamente mole.

2 Transfira a polpa e o suco para um saco de musselina suspenso sobre uma tigela e deixe escorrer por uma noite.

3 No dia seguinte, meça a quantidade de suco que escorreu e, para cada 600 ml de suco, adicione 450 g de açúcar. Pegue metade das pétalas de rosa e amasse-as em um pilão com cerca de um quarto do açúcar (isso age como um abrasivo e ajuda a liberar a cor das pétalas), depois coloque-os junto com o suco de maçã e o açúcar restante em uma panela.

4 Aqueça suavemente até dissolver o açúcar, depois adicione as pétalas de rosa reservadas e aumente o fogo. Ferva rapidamente até chegar ao ponto (use um termômetro e faça o teste do pires, p. 11). Retire as impurezas da superfície com uma escumadeira. Se a geleia não ficar com um gosto forte de rosas, adicione a água de rosas. Envasilhe em frascos esterilizados, quentes e secos, cubra com um pedaço de papel-manteiga e vede bem. Dura 1 ano; mantenha na geladeira depois de aberta.

como usar

Essa geleia é para pratos românticos com um toque de outro mundo. Use-a como recheio de pão de ló (com chantili e morangos ou framboesas) ou cubra suspiros com creme de leite e uma colherada dela antes de espalhar algumas frutas vermelhas ou ainda misture-a com um pouco de creme de leite para servir com frutas. Também é possível assar figos ou pêssegos cortados ao meio, recheados com uma colherada da geleia, até ficarem macios.

Fica igualmente boa com biscoitos e pão branco simples; você pode fazer pequenos sanduíches lindos com brioche, mascarpone e geleia de pétala de rosa. Depois de prontos, polvilhe levemente com um pouco de açúcar de confeiteiro, espalhe algumas pétalas frescas por cima e sirva como parte de um chá da tarde de verão.

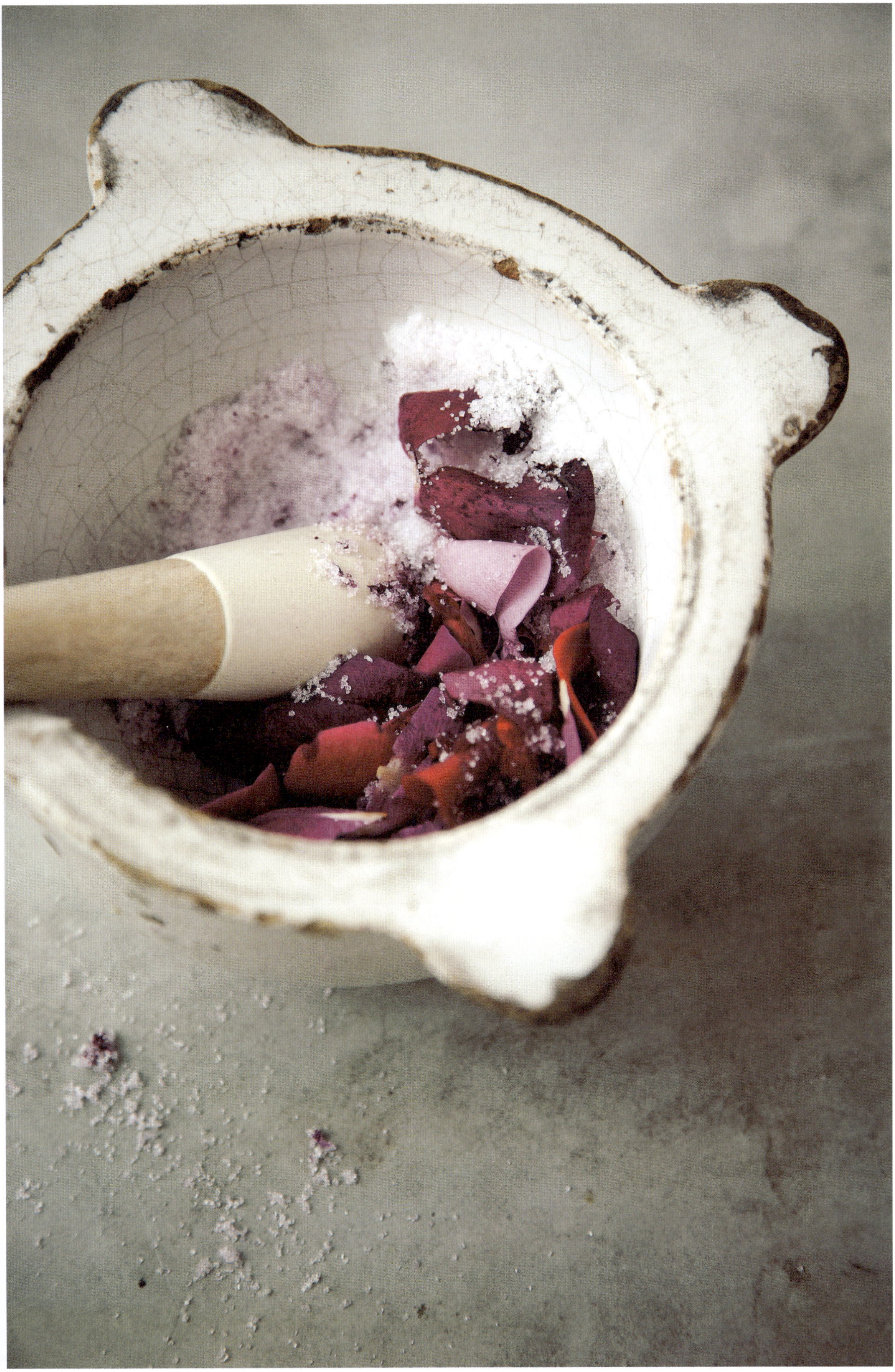

geleia de groselha-branca

Groselhas-brancas rendem uma linda geleia de cor dourada clara com ar requintado, que me faz pensar no brilho nacarado das pérolas sobre a pele.

3 frascos de 225 g
1 kg de groselha-branca sem o cabinho

cerca de 500 g de açúcar cristal
suco de 1 limão-siciliano

1 Coloque as groselhas em uma panela com 300 ml de água. Leve à fervura lentamente — esmague as frutinhas com um espremedor de batatas para quebrá-las um pouco — depois reduza o fogo e cozinhe por cerca de 30 minutos. Transfira essa polpa para um saco de musselina suspenso sobre uma tigela e deixe escorrer por uma noite.

2 Meça o suco e adicione 450 g de açúcar para cada 600 ml de líquido. Coloque o suco e o açúcar em uma panela com o suco de limão e aqueça lentamente, mexendo para ajudar a dissolver o açúcar.

3 Deixe ferver e apurar rapidamente até chegar ao ponto (use um termômetro e faça o teste do pires, p. 11). Retire as impurezas da superfície com uma escumadeira e envasilhe em frascos esterilizados, quentes e secos, cubra com um pedaço de papel-manteiga e vede bem. Dura 1 ano; mantenha na geladeira depois de aberta.

como usar

Essa geleia fica muito boa com pratos salgados — queijos de casca lavada e presunto de Parma, por exemplo —, mas também é ótima com comidas doces. Fica uma delícia quando você pode servir junto com as frutinhas frescas. Recheie um pão de ló com chantili, geleia de groselha-branca e groselhas-brancas frescas ou sirva com os bolinhos do chá da tarde.

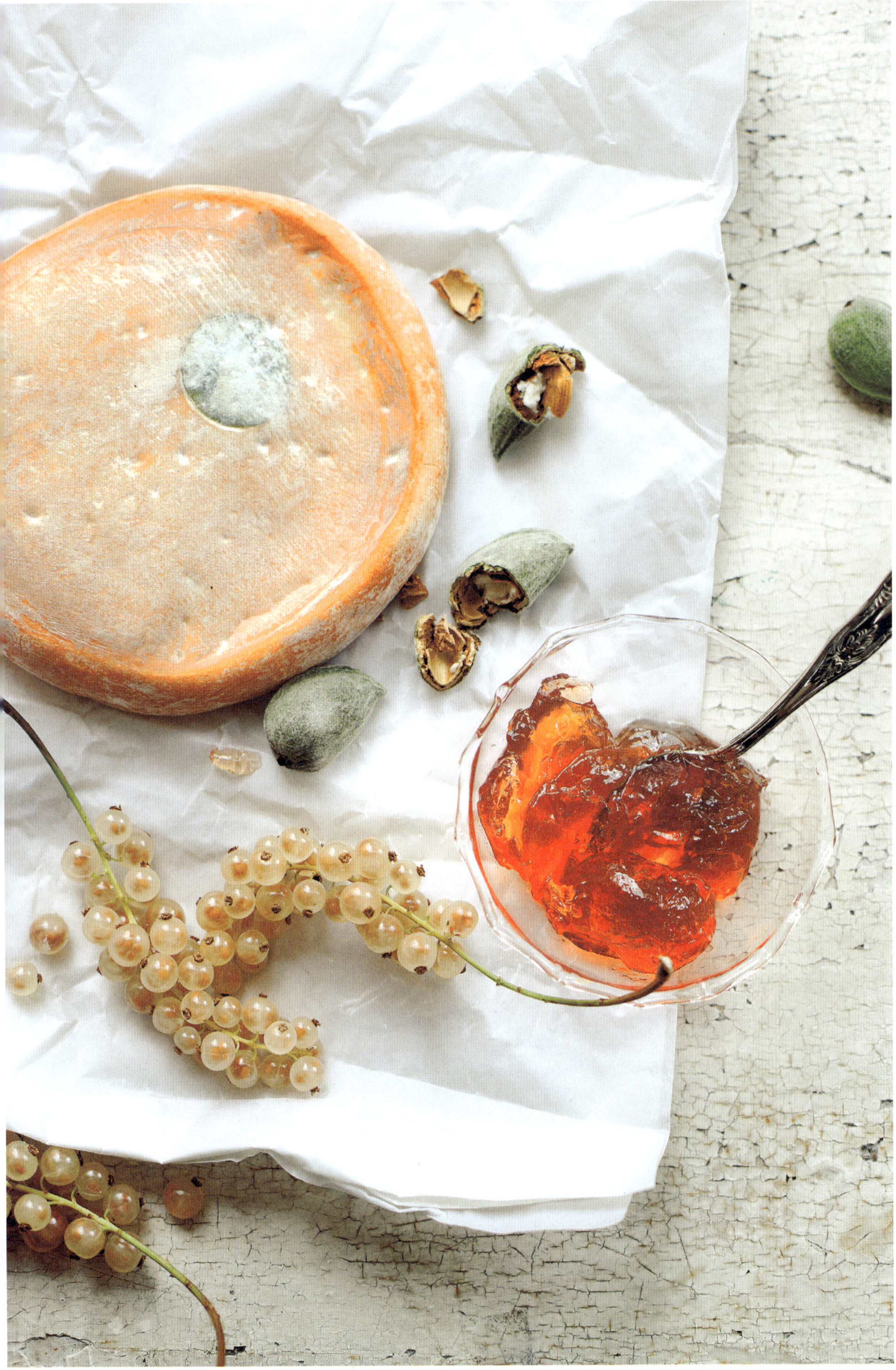

geleia de ameixa e zimbro

Você pode fazer essa receita com outras especiarias, como canela, cravo, gengibre fresco ou anis-estrelado. Compre boas ameixas, com um sabor ácido e bem pronunciado, e quando estiverem na época (estarão mais baratas, também); use essa geleia em ocasiões especiais.

9 frascos de 225 g
800 g de maçã verde
1½ kg de ameixa ácida e bem saborosa
cerca de 1½ kg de açúcar cristal
15 bagas de zimbro esmagadas

1 Corte as maçãs em pedaços grandes, sem descascar nem tirar o miolo, remova apenas as partes machucadas. Coloque-as em uma panela com as ameixas e adicione água o suficiente para cobrir tudo e leve à fervura. Reduza o fogo e cozinhe até ficar mole, mexendo de vez em quando (45 minutos).

2 Coloque o purê de frutas em um saco de musselina suspenso sobre uma tigela e deixe escorrer por 12 horas. Para cada 600 ml de suco, adicione 450 g de açúcar cristal. Coloque tudo em uma panela.

3 Esmague levemente as bagas de zimbro, amarre-as em um quadradinho de musselina e coloque na panela. Aqueça em fogo brando, mexendo para ajudar a dissolver o açúcar. Leve à fervura e deixe apurar até chegar ao ponto (use o termômetro e faça o teste do pires, p. 11). Retire as impurezas da superfície com uma escumadeira e retire o saquinho. Envasilhe em frascos esterilizados, quentes e secos, cubra com um pedaço de papel-manteiga e vede bem. Dura 1 ano; mantenha na geladeira depois de aberta.

geleia de pimenta com flocos dourados

Essa receita é resultado do pão-durismo. Eu adoro geleia de pimenta, mas ela não é barata na Inglaterra, então decidi fazer a minha. É também muito bonita, dourada com flocos cor de ferrugem.

4 frascos de 225 g
1½ kg de maçã verde
cerca de 675 g de açúcar cristal
suco de 1 limão-siciliano
3 colheres (chá) de pimenta calabresa em flocos

1 Pique as maçãs bem grosseiramente, não precisa descascar nem tirar o miolo. Coloque-as em uma panela com 1 litro de água. Leve à fervura, reduza o fogo e cozinhe por 30-40 minutos ou até ficar bem mole. Coloque a polpa em um saco de musselina suspenso sobre uma tigela e deixe escorrer por uma noite.

2 No dia seguinte, meça o suco e adicione 450 g de açúcar para cada 600 ml de líquido. Coloque tudo em uma panela e deixe ferver lentamente, mexendo de vez em quando para ajudar a dissolver o açúcar. Assim que estiver dissolvido, junte o suco de limão e a pimenta e deixe ferver.

3 Apure rapidamente até atingir o ponto (use um termômetro e faça o teste do pires, p. 11), retirando as impurezas da superfície com uma escumadeira. Deixe esfriar por 10 minutos para ajudar a distribuir os flocos de pimenta e envasilhe em frascos esterilizados, quentes e secos, cubra com um pedaço de papel-manteiga e vede bem. Dura 1 ano; mantenha na geladeira depois de aberta.

geleia de ruibarbo

Essa aqui é uma delícia em um chá da tarde de primavera, mas também fica maravilhosa com porco ou cordeiro assado, especialmente se você colocar alecrim. Siga as instruções para o alecrim da receita de Geleia de maçã e lavanda (p. 51).

3 frascos de 225 g
500 g de maçã verde
700 g de ruibarbo
cerca de 500 g de açúcar cristal
suco de 1 limão-siciliano

1 Corte as maçãs em pedaços grandes, não precisa descascar nem tirar o miolo, basta remover quaisquer partes machucadas. Coloque-as em uma panela com água o suficiente para cobrir tudo. Leve à fervura, reduza o fogo e cozinhe até ficar quase completamente mole. Junte o ruibarbo e cozinhe suavemente até ficarem moles.

2 Despeje em um saco de musselina suspenso sobre uma tigela e deixe escorrer por uma noite. No dia seguinte, meça a quantidade de líquido. Para cada 600 ml de suco, você vai precisar de 450 g de açúcar. Coloque o suco da fruta, o suco do limão e o açúcar em uma panela e leve à fervura. Teste o ponto (use um termômetro e faça o teste do pires, p. 11). Retire as impurezas da superfície com uma escumadeira, transfira para frascos esterilizados, quentes e secos, cubra com um pedaço de papel-manteiga e vede bem. Dura 1 ano; mantenha na geladeira depois de aberta.

geleia de maracujá

Aproveite que no Brasil os maracujás são fartos e baratos — na Europa eles são ruins, pequenos e caríssimos — e faça essa geleia fina, que é muito especial.

2 frascos de 225 g
2 maçãs verdes grandes
14 maracujás maduros
500 ml de suco de maçã
cerca de 450 g de açúcar granulado
suco de 1 limão-siciliano

1 Pique as maçãs e coloque-as em uma panela com água suficiente para cobrir. Leve à fervura, reduza o fogo e cozinhe até ficar quase mole. Corte 10 dos maracujás ao meio e adicione a polpa à panela com o suco de maçã. Volte ao fogo até ferver, reduza o calor e cozinhe por 5 minutos.

2 Despeje em um saco de musselina suspenso sobre uma tigela e deixe escorrer por uma noite. Meça o suco. Para cada 600 ml, você vai precisar de 450 g de açúcar. Coloque tudo em uma panela e leve à fervura lentamente, mexendo sempre para ajudar a dissolver o açúcar. Ferva por 2 minutos, depois retire as impurezas da superfície com uma escumadeira. Junte a polpa e o suco dos maracujás restantes e o suco de limão. Ferva por 1 minuto e teste o ponto (use um termômetro e faça o teste do pires, p. 11).

3 Deixe esfriar por 5 minutos e transfira com uma concha para frascos esterilizados, quentes e secos. Se as sementes ficarem flutuando no alto, deixe por mais 4 minutos e depois mexa delicadamente cada frasco com uma colher esterilizada. Cubra com um pedaço de papel-manteiga e vede bem. Dura 1 ano; mantenha na geladeira depois de aberta.

geleia de chá earl grey

É estranho: eu não gosto de beber chá Earl Grey, mas adoro usá-lo para cozinhar. Seu perfume defumado e floral fica maravilhoso com um sorvete ou uma panna cotta; adoro essa geleia com pato ou caça, especialmente faisão. Certifique-se de usar um chá de boa qualidade, com um odor bem forte.

5 frascos de 225 g
1½ kg de maçã verde

cerca de 900 g de açúcar cristal
3 colheres (sopa) de chá Earl Grey a granel

1 Pique as maçãs bem grosseiramente, não precisa descascar nem tirar o miolo. Coloque-as em uma panela com 1 litro de água. Leve à fervura e deixe as maçãs cozinharem por 30-40 minutos ou até ficarem bem moles. Coloque a polpa em um saco de musselina suspenso sobre uma tigela e deixe escorrer por uma noite.

2 Meça o suco e adicione 450 g de açúcar para cada 600 ml de líquido. Coloque tudo em uma panela e, lentamente, deixe ferver, mexendo sempre para ajudar a dissolver o açúcar. Deixe apurar rapidamente até quase chegar ao ponto (use um termômetro e faça o teste do pires, p. 11) e retire do fogo.

3 Coloque o chá em uma tigela com 100 ml de água fervente e deixe por 15 minutos. Adicione ao suco de maçã, despejando por uma peneira, e deixe ferver novamente, desta vez até chegar ao ponto (faça o teste do pires, p. 11). Retire as impurezas da superfície com uma escumadeira. Envasilhe em frascos esterilizados, quentes e secos, cubra com um pedaço de papel-manteiga e vede bem. Dura 1 ano; mantenha na geladeira depois de aberta.

experimente também

GELEIA DE CHÁ-VERDE

Faça exatamente como explicado acima, mas use 3 colheres (sopa) de folhas de chá-verde e acrescente o suco de 2 limões junto com o chá.

como usar

A Geleia de Earl Grey é uma delícia com faisão e pato e pode ser derretida para fazer um xarope para tomar com sorvete.

A geleia de chá-verde é bastante delicada e não funciona bem com comidas salgadas (ao contrário da Geleia de Earl Grey). Eu gosto com uma fatia de brioche tostado.

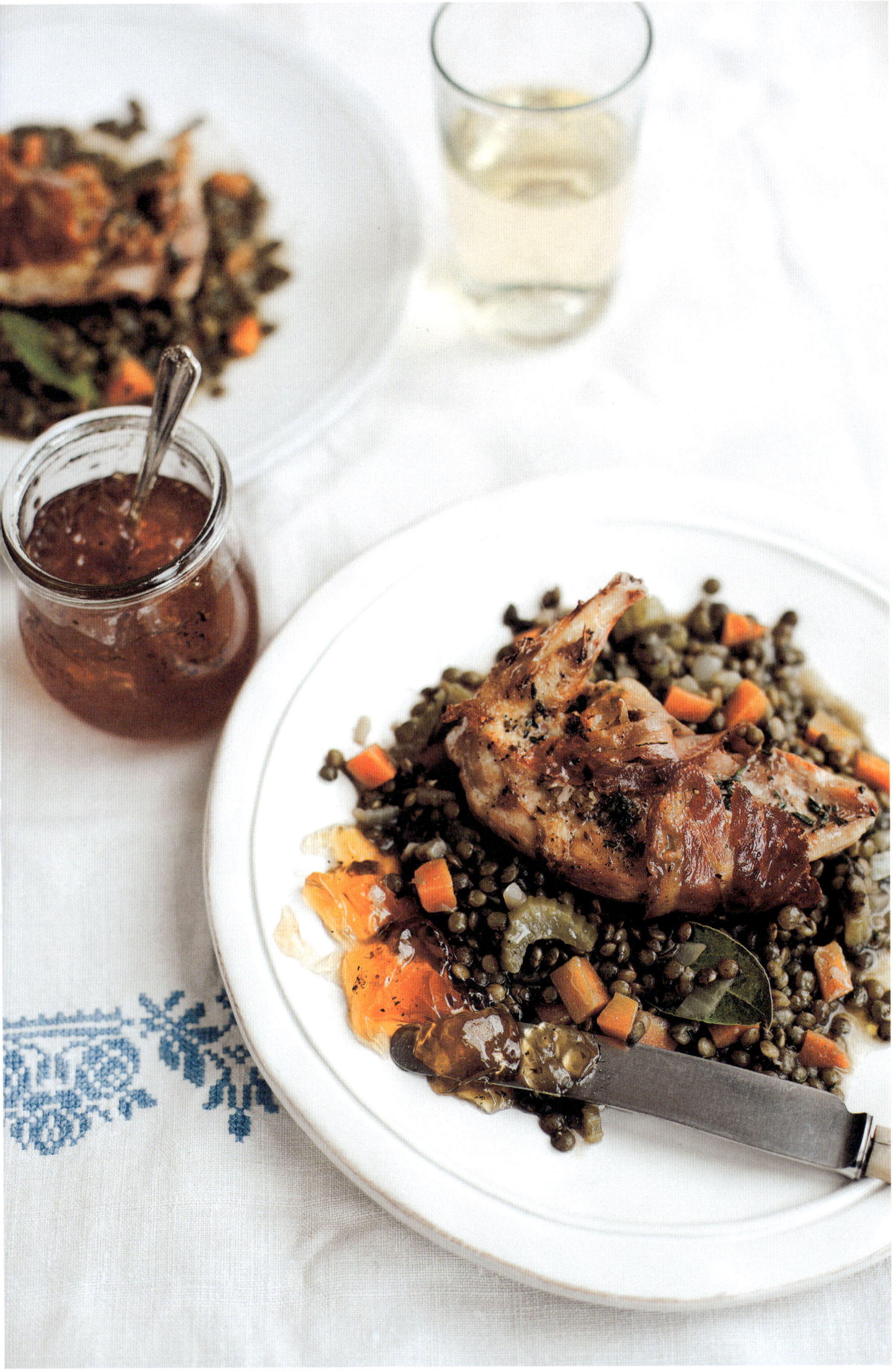

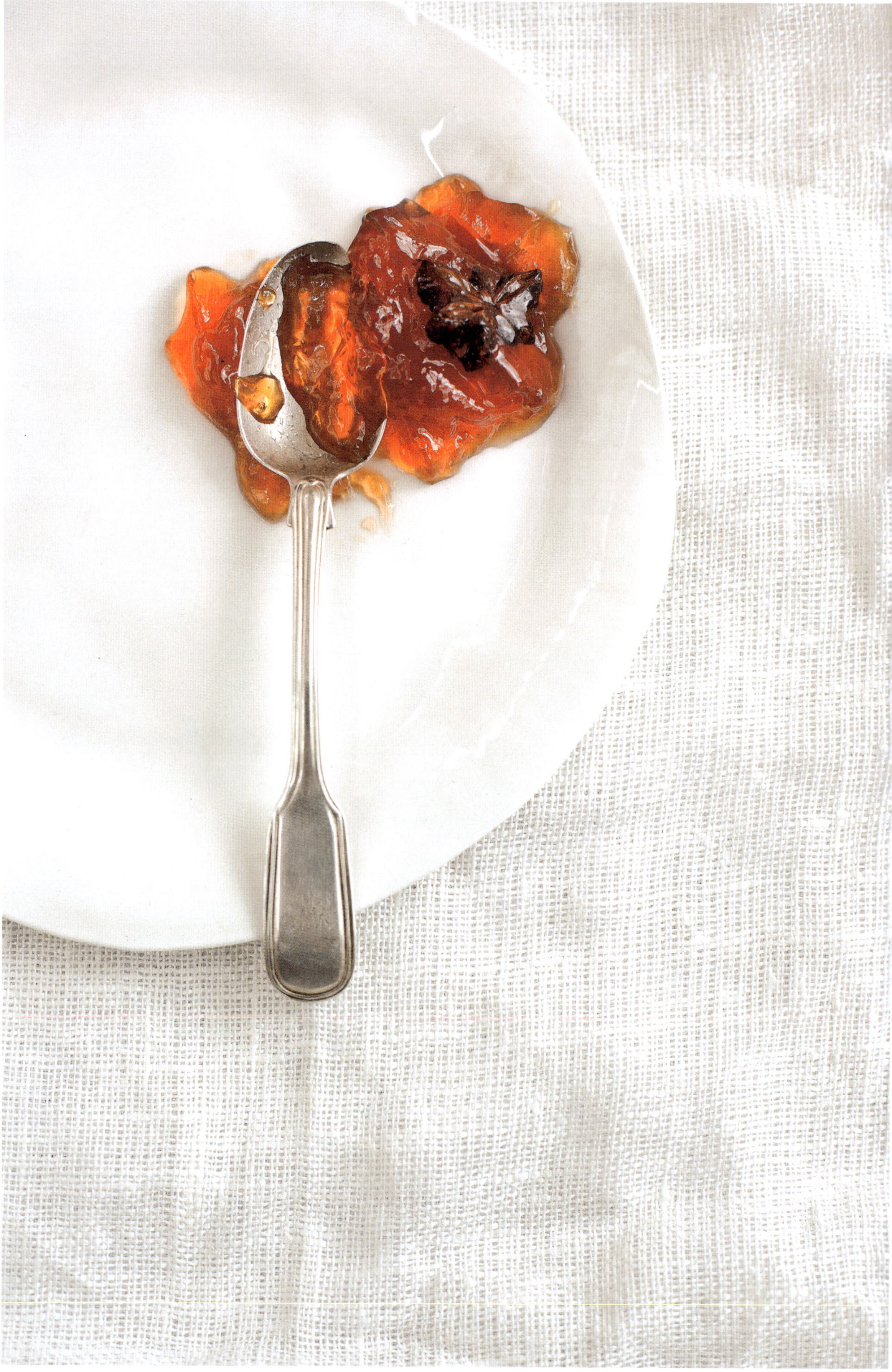

geleia de marmelo e anis-estrelado

Com um toque defumado e outonal e só um pinguinho de anis, essa geleia fica deliciosa com presunto, carne de porco, pato ou faisão. Não use mais anis-estrelado do que o sugerido ou vai ficar com gosto de remédio. Pode parecer bastante chato cozinhar a fruta duas vezes, mas isso realmente vai ajudar a extrair mais suco. A geleia tem uma cor castanho-avermelhada viva e maravilhosa.

1 frasco de 500 g
1¾ kg de marmelo
2 maçãs verdes

suco e raspa da casca de 3 limões-sicilianos orgânicos
cerca de 500 g de açúcar cristal
2 anises-estrelados

1 Lave bem os marmelos, retirando a ponta preta embaixo e qualquer parte mole. Pique os marmelos e as maçãs grosseiramente em pedaços grandes, não precisa descascar nem tirar o miolo. Coloque-os em uma panela grande com 2 ½ litros de água, as raspas e o suco do limão. Leve à fervura, reduza o fogo e deixe cozinhar, coberto, por 1 hora (se você estiver usando uma panela sem tampa, pode usar duas folhas de papel-alumínio, vedando bem as bordas).

2 Mexa de vez em quando para garantir que a fruta não pegou no fundo da panela. O líquido não deve reduzir muito, então adicione um pouco mais, se necessário. Quando as frutas ficarem totalmente moles, deixe esfriar um pouco. Coloque a polpa em um saco de musselina suspenso sobre uma tigela e deixe escorrer por uma noite.

3 No dia seguinte, coloque o líquido resultante na geladeira. Transfira a polpa do saco para uma panela e adicione 1 litro de água. Leve à fervura, reduza o fogo e cozinhe por cerca de 30 minutos. Mais uma vez, coloque isso no saco de musselina suspenso sobre uma tigela e deixe escorrer por uma noite também.

4 No dia seguinte, descarte a polpa do saco de musselina e meça o novo líquido, mais o líquido que você deixou na geladeira no dia anterior. Para cada 600 ml de suco, adicione 450 g de açúcar e coloque tudo em uma panela.

5 Amarre os anises-estrelados em um pedacinho de musselina e bata nele com um rolo de macarrão para quebrá-lo. Coloque-o na panela também. Aqueça levemente, mexendo de vez em quando para ajudar a dissolver o açúcar, depois ferva por 10 minutos ou até chegar ao ponto (use um termômetro e faça o teste do pires, p. 11). Retire as impurezas da superfície com uma escumadeira e remova o saquinho de musselina com os anises-estrelados.

6 Envasilhe em frascos esterilizados, quentes e secos e cubra com um pedaço de papel-manteiga. Você pode adicionar um anis-estrelado no frasco, mas é mais pela decoração que pelo sabor. Vede bem. Dura 1 ano; mantenha na geladeira depois de aberta.

marmelada

Chamada de *dulce de membrillo* na Espanha, a marmelada requer um pouco de paciência, mas vale a pena. Você pode comprar bons exemplares em delicatéssen e em alguns supermercados, mas hoje em dia é mais difícil achar uma boa marmelada do que uma boa goiabada.

rende cerca de 1 kg
1 kg de marmelo
cerca de 900 g de açúcar cristal

glicerina ou óleo sem sabor para as fôrmas
cera de parafina alimentícia (opcional)

1 Lave os marmelos e retire a ponta preta embaixo e qualquer parte mole. Pique-os e coloque-os em uma panela de fundo grosso com água suficiente para cobri-los. Leve à fervura e cozinhe até ficar completamente mole e polpudo. Isso levará cerca de 25 minutos.

2 Passe a polpa por uma peneira de náilon sobre uma tigela limpa. Depois de peneirar tudo, meça a quantidade. Coloque esse purê em uma panela de fundo grosso e, para cada 450 ml de purê, junte 450 g de açúcar. Leve à fervura bem devagar, mexendo até dissolver o açúcar.

3 Reduza o fogo e deixe apurar lentamente de 1 hora a 1h30 até ficar bastante grosso; cuidado, pois isso espirra como um vulcão. Ele deve ficar tão grosso a ponto de, ao passar a colher de pau, ver claramente o fundo da panela antes da massa retornar ao seu lugar. Ele também começa a desgrudar das bordas da panela ao mexer, formando uma pasta espessa.

4 Unte moldes de lateral reta, como ramequins ou forminhas decorativas, com glicerina ou algum óleo sem sabor. Isso ajudará a desenformar a marmelada. Despeje a mistura nas fôrmas. Cubra com um pedaço de papel-manteiga ou despeje um pouco de parafina derretida por cima (se você usar a cera de parafina, deixe a marmelada endurecer mais um pouco antes de derramá-la).

5 Se você quiser oferecer a marmelada como presente ou se precisar das fôrmas, você pode desenformar e embrulhar a marmelada em um papel-manteiga ou papel-vegetal e amarrar com um barbante. Devidamente acondicionada, ela dura 1 ano no armário ou na geladeira. Acho que ela fica mais úmida na geladeira, mas fica também um pouco pegajosa.

experimente também

DOCE DE AMEIXA

Faça como para a marmelada, usando 1 kg de ameixa (você não conseguirá tirar o caroço até que as ameixas estejam cozidas. Eles serão retirados quando você passar tudo pela peneira). Meça o purê resultante. Adicione 450 g de açúcar cristal para cada 600 ml de purê.

O doce resultante tem uma cor roxa escura impressionante e fica uma delícia com queijo (especialmente queijos azuis), patês, cordeiro ou porco assado.

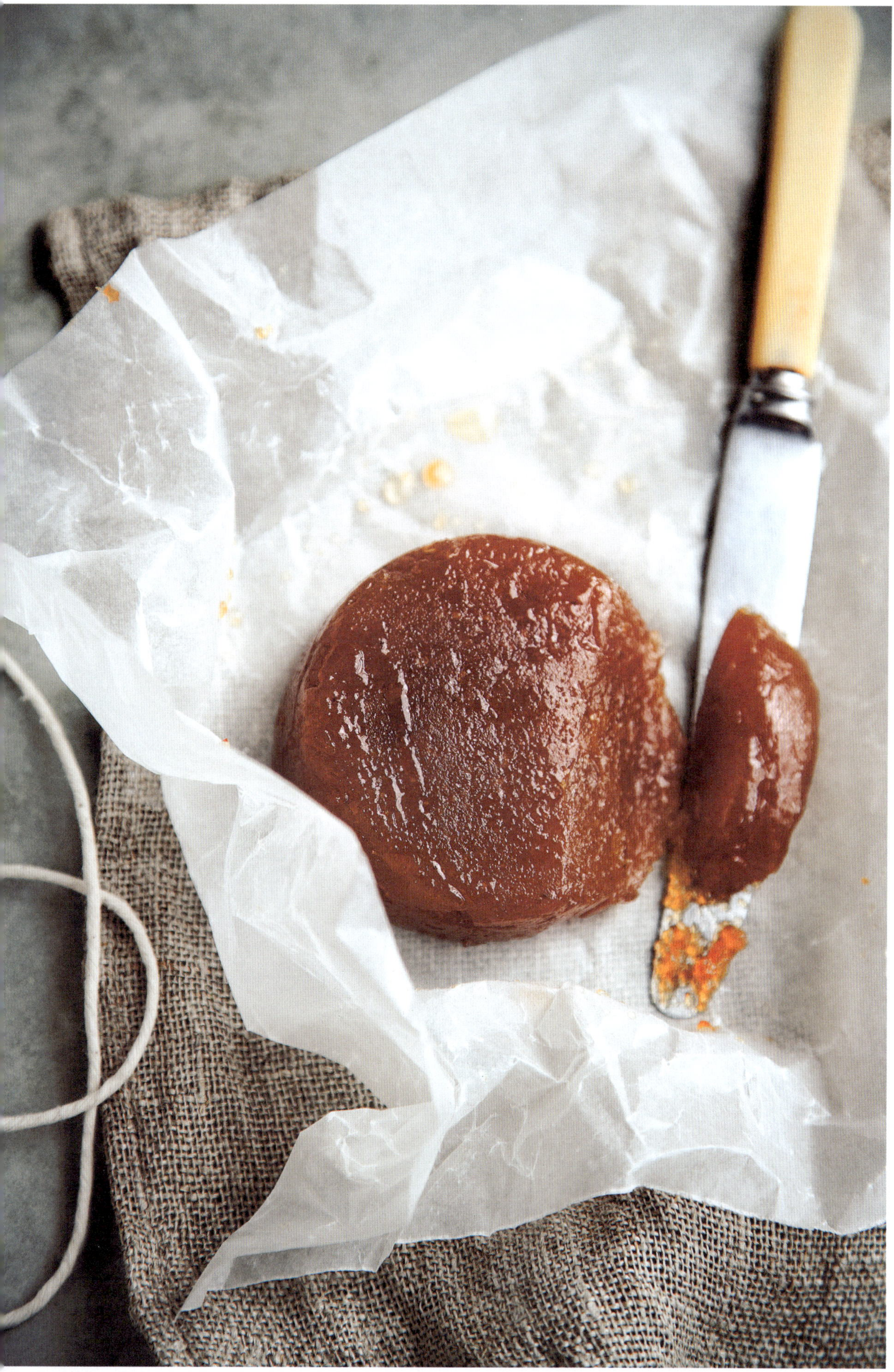

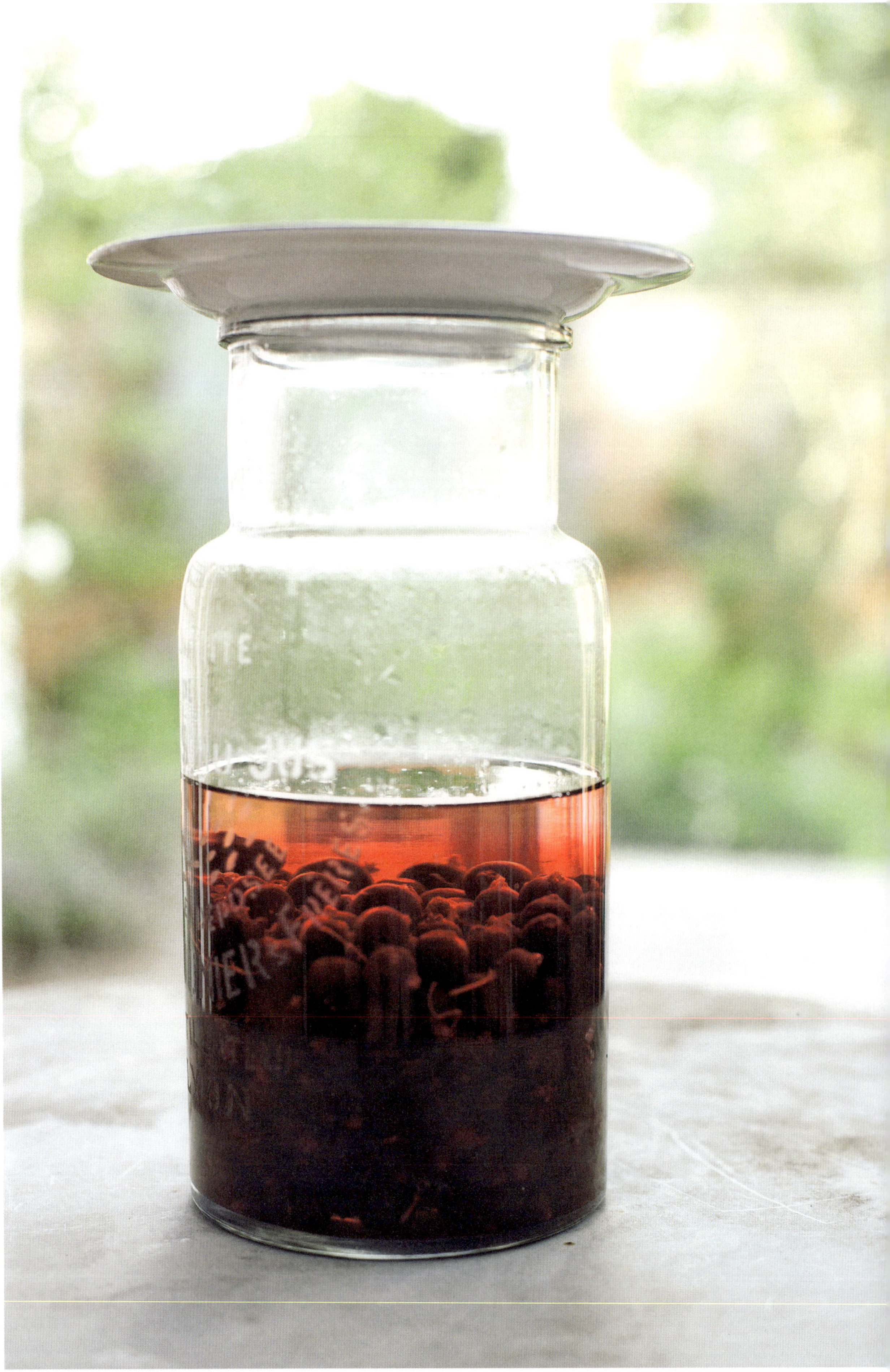

molhos, pastas, mostardas e vinagres

Esta é uma das seções mais úteis do livro e, para quem cozinha, receitas úteis são sempre bem-vindas. Elas rendem potinhos, garrafas e frascos que farão toda a diferença, dando a base para uma refeição fácil ou uma cara nova a meia dúzia de costeletas de porco. São fileiras cerradas de tapenade, anchoïade, molhos de pimenta e pastas, que ficam escondidas na geladeira.

Tapenade e anchoïade, ambas pastas provençais que têm como base, respectivamente, azeitonas pretas retintas e anchovas salgadas, rendem um lanche saudável (com um bom pão, ovos cozidos e rabanetes) ou dão aquele algo a mais no cordeiro assado (a tapenade funciona bem como um recheio, e colheradas de anchoïade lambuzadas em alguns cortes feitos na carne temperam a peça por dentro).

Os molhos de pimenta vêm em vários tons de vermelho (dos terrosos ao escarlate) e ficam à disposição para realizar o seu trabalho transformador. Embora sejam todos baseados em pimenta vermelha, os sabores não poderiam ser mais diferentes. A pasta mexicana chamada adobo é defumada e amadeirada, seu sabor é como um som de contrabaixo. No outro extremo da escala, a geleia de pimenta é doce e atrevida. Eu sempre faço uma quantidade enorme dela, de cor tão viva que parece que estou fazendo tinta. A harissa é multifacetada — ali há cominho, kümmel e coentro — e tão complexa quanto um mercado em Marrakech. O que os torna úteis é funcionarem tanto como marinada quanto como condimento. Espalhe um pouco de harissa (diluída com azeite e suco de limão-siciliano) em algumas costeletas de cordeiro, antes de grelhar, e sirva com um purê de grão-de-bico ou batata com mandioquinha temperada. Pincele um pouco de geleia de pimenta (junto com suco de limão-siciliano e alho amassado) em umas coxas de frango antes de assar, e guarde o adobo para costeletas de porco mais carnudas (o adobo é o jeito mais clássico possível de cozimento no molho que você pode ter à mão).

Algumas dessas preparações duram um tempo razoável, outras não vão além de uma semana. Não são conservas verdadeiras, mas ainda têm seu lugar aqui, pois podem ser feitas com antecedência para serem guardadas. Prepare uma boa quantidade, dê metade a um amigo e use o seu pote logo (especialmente as pastas de curry tailandesas, que têm um sabor melhor enquanto frescas). Elas são fáceis de fazer, e os sabores — às vezes agudos, às vezes graves e profundos — as tornam muito mais deliciosas do que qualquer outra coisa que você possa comprar pronta.

Há também um lugar reservado para os vinagres na minha despensa. Por que eu precisaria de cinco vinagres diferentes? Porque eles rendem molhos diferentes, assim como um terninho de lã é diferente de um vestido de seda. Um vinagre aromatizado com ervas dá perfume a uma salada de verão com abacate, tomate e melão; o vinagre de bordo dá profundidade e doçura a uma salada de inverno com arroz selvagem, nozes-pecãs e pato.

Considere este capítulo uma caixa de acessórios culinários. Mantenha alguns deles na geladeira e na despensa — e na mente quando você for fazer compras — e eles vão ajudá-lo a responder à pergunta: "Que diabos vou cozinhar hoje?".

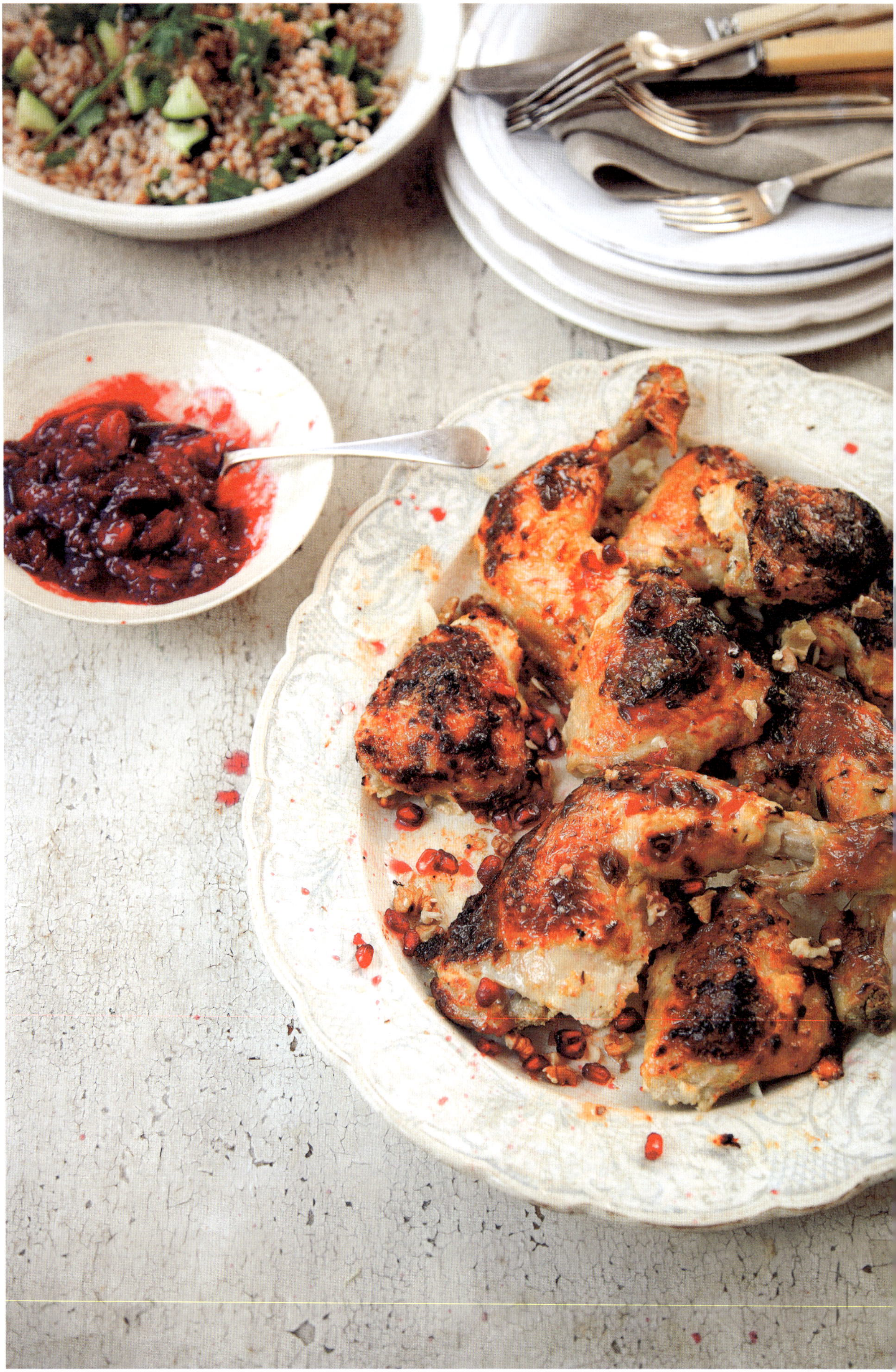

molho georgiano de ameixa

Essa receita é um pouco picante, e com vinagre o molho dura mais tempo. É mais doce do que a versão tradicional que se encontra na Geórgia, mas eu o prefiro assim, não muito azedo. É um dos meus molhos favoritos. Seus usos vão muito além da comida georgiana.

1 frasco de 225 g

500 g de ameixa cortada ao meio e sem caroço
25 g de açúcar mascavo ou a gosto
uma boa pitada de sal
50 ml de vinagre de vinho tinto
3 dentes de alho amassados
2 colheres (chá) de páprica húngara picante
2 colheres (sopa) de hortelã picada
3 colheres (sopa) de coentro picado
suco de ½ limão-siciliano ou a gosto

1 Coloque todos os ingredientes, exceto o suco de limão e as ervas, em uma panela e junte 50 ml de água. Leve à fervura, mexendo um pouco para ajudar a dissolver o açúcar, depois reduza o fogo e cozinhe por cerca de 30 minutos, até ficar tudo bem gelatinoso e as ameixas ficarem moles.

2 Transforme a mistura em um purê no liquidificador (ou então, se você preferir uma textura menos homogênea, pode deixá-la assim mesmo). Junte as ervas e o limão (prove para saber se você gostaria de mais limão ou açúcar e ajuste ao seu gosto). Coloque em um frasco esterilizado e vede bem com uma tampa resistente a vinagre. Deixe esfriar e, em seguida, leve à geladeira. Dura 1 mês.

como usar

Na Geórgia, esse molho é servido com o frango tabaka, um prato de galeto que é achatado e frito sob um peso. O outro uso tradicional georgiano é misturá-lo com feijão-fradinho (que deve estar bem temperado, junte um pouco mais das ervas usadas no molho e um alho esmagado também) para servir como parte de um zakuski (p. 229). Também fica muito bom com kebabs de carne de cordeiro ou cordeiro assado picante, e também com carne de porco.

Meu uso favorito para esse molho de ameixa, porém, é o frango — inteiro ou em pedaços — que eu deixo marinar em uma mistura de iogurte desnatado, alho esmagado, pimenta-de-caiena, limão-siciliano, sal e pimenta-do-reino por 24 horas. Certifique-se de que o frango está coberto pela marinada e vire-o algumas vezes no decorrer desse tempo. Sacuda o excesso da marinada, asse o frango e depois espalhe por cima algumas nozes picadas, alho cru e coentro ou salsa. Sementes de romã também ficam lindas por cima. Sirva com pepino temperado com endro e trigo para quibe ou trigo-vermelho para acompanhar, mais um montão de molho de ameixa.

harissa

Eis o molho de pimenta clássico marroquino. Eu o faço em pequenas quantidades, já que se usa só um pouquinho de cada vez, mas você pode dobrar as quantidades se achar que vai usá-lo em 4 meses. Alguns são feitos com pimentão e tomate assados, mas eu prefiro um sabor de pimenta pura. Há até versões com pétalas de rosa seca, mas sinceramente não consigo senti-las, elas não têm muita força para competir com o sabor da pimenta.

1 frasco de 225 g
2½ colheres (chá) de semente de kümmel
2½ colheres (chá) de semente de coentro
2½ colheres (chá) de semente de cominho
5 pimentas-malaguetas frescas cortadas ao meio e sem sementes
5 pimentas-malaguetas demolhadas em água morna, escorridas e sem sementes (reserve o líquido)
8 dentes de alho
folhas de um maço pequeno de coentro
suco de 1 limão
100 ml de azeite, mais um pouco para armazenar
¾ de colher (chá) de sal ou a gosto

1 Torre as sementes de kümmel, coentro e cominho em uma frigideira seca. Aqueça-as de 3 a 4 minutos, até elas soltarem sua fragrância. Moa-as com um pilão.

2 Coloque as especiarias com todos os outros ingredientes em um processador de alimentos e transforme em um purê. Você deve obter uma pasta espessa, mas não muito sólida. Junte um pouco da água do molho da pimenta para obter a textura certa.

3 Coloque em um frasco pequeno esterilizado e despeje uma camada de azeite por cima. Guarde na geladeira — certifique-se de que está sempre coberto por uma camada de azeite — e use em 4 meses.

pimenta em conserva

Você pode adicionar especiarias ou ervas a essa receita (como sementes de coentro, folhas de louro ou endro), mas eu gosto de ter um frasco puro, sem outros aromas. Sirva com antepastos ou junte a cozidos. O vinagre fica ótimo em vinagretes picantes.

1 frasco de 1 litro
650 ml de vinagre de vinho branco
100 g de açúcar cristal
2 colheres (sopa) de sal
250 g de pimenta fresca (pimenta verde, pimenta-dedo-de-moça ou uma mistura)

1 Coloque o vinagre, o açúcar e o sal em uma panela e leve ao fogo, mexendo para ajudar a dissolver o açúcar.

2 Faça um corte em cada pimenta no sentido do comprimento, do cabinho ao bico (não a corte inteira ao meio) e coloque-as em um frasco esterilizado. Despeje a solução de vinagre por cima e empurre as pimentas para baixo para que o vinagre as cubra.

3 Vede bem com uma tampa resistente a vinagre. Guarde na geladeira e espere 2 semanas antes de usar. Elas duram 4 meses se você as mantiver sob o vinagre.

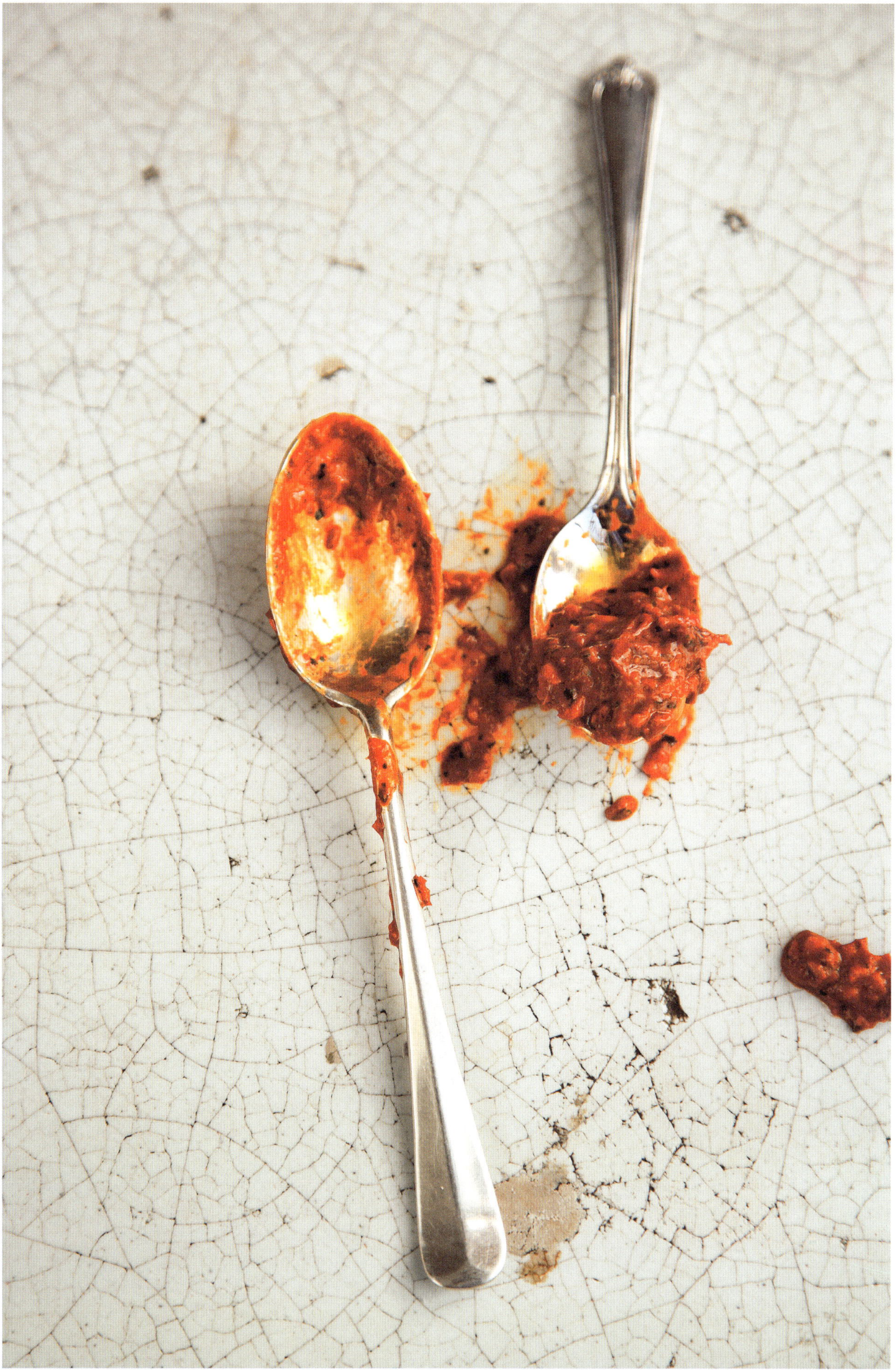

molho picante à moda do oeste indiano

Eu uso uma quantidade razoável desse molho comprado pronto (é o meu molho coringa para dar aquele toque especial), então fiquei curiosa para saber como seria o sabor de uma versão não comercial. Após um pouco de pesquisa, o resultado foi este molho aqui, com uma linda cor dourado-alaranjada. Ele é ótimo, realmente vale a pena fazer e leva apenas 15 minutos. Ao lado dele, os molhos de supermercado têm um sabor metálico e ralo. Mas cuidado: ele é muito picante, não é um patê ou um tempero, mas um molho para finalizar — assim como um tabasco — para dar um toque apimentado aos pratos.

2 frascos de 225 g

1 mamão-papaia verde pequeno descascado, sem sementes e picado
6 pimentas-de-bode cortadas ao meio
1 cebola bem picada
4 dentes de alho bem picados
2,5 cm de gengibre fresco picado
1 colher (sopa) de sal
2 colheres (sopa) de mostarda em pó
1 colher (chá) de cúrcuma
1 colher (chá) de cominho em pó
1 colher (sopa) de mel
300 ml de vinagre balsâmico

1 Coloque tudo em uma panela e leve à fervura. Reduza o fogo e cozinhe por 15 minutos ou até ficar mole. Deixe esfriar e transforme em um purê no liquidificador.

2 Coloque em frascos esterilizados e vede bem com tampas resistentes a vinagre. Guarde na geladeira e use em 6 semanas.

molho chipotle

Receitas mexicanas às vezes pedem "chipotles em adobo", o que não é fácil de encontrar. Como as pimentas secas hoje são disponíveis on-line, você pode fazer o seu próprio molho. É simples. Chipotles dão um sabor defumado incrível. Você pode usá-los em feijoadas, na receita de chili con carne e em outros guisados mexicanos. Se esta receita parece muito para consumir em 3 semanas, reduza as quantidades pela metade.

2 frascos de 225 g

40 g de pimenta-chipotle seca, sem o caule, cortada ao meio longitudinalmente
1 cebola bem picada
75 ml de vinagre de maçã
2 dentes de alho bem picados
4 colheres (sopa) de ketchup
¼ de colher (chá) de sal

1 Coloque todos os ingredientes em uma panela com 600 ml de água e leve à fervura. Reduza o fogo para muito baixo e tampe. Cozinhe por 1 hora, depois destampe e cozinhe por mais 30 minutos.

2 Você pode transformar o molho de pimenta em purê ou deixá-lo como está. Coloque em frascos esterilizados e vede bem com tampas resistentes a vinagre. Guarde na geladeira e use em 3 semanas.

molho de pimenta doce tailandês

Muito melhor que comprar pronto, este aqui não tem aquele sabor enjoativo das versões comerciais, mas dá uma sensação ardida e fresca. Na geladeira, dura quase indefinidamente.

1 frasco de 500 g

6 pimentas-dedo-de-moça frescas grandes, 3 delas sem sementes, picadas grosseiramente
5 cm de gengibre fresco, descascado e picado
raspas da casca de 3 limões e suco de 2
12 dentes de alho descascados
folhas de 1 maço grande de coentro
300 g de açúcar cristal
50 ml de molho de peixe tailandês
120 ml de vinagre de vinho branco

1 Coloque as pimentas, o gengibre, a raspas e o suco de limão, o alho e o coentro em um processador de alimentos e bata até obter uma pasta.

2 Ponha o açúcar em uma panela de fundo grosso com 6 colheres (sopa) de água e leve ao fogo médio até dissolvê-lo. Aumente o fogo e deixe ferver até que a calda fique com uma cor de caramelo. Junte a pasta, o molho de peixe e o vinagre — o caramelo vai chiar, então tome cuidado — e deixe ferver por 2 minutos. Espere esfriar. Coloque em um frasco esterilizado e vede bem com uma tampa resistente a vinagre. Depois de frio, mantenha na geladeira.

como usar
Use como molho para qualquer coisa oriental que você possa mergulhar nele. Também fica ótimo em um café da manhã vegetariano (com cogumelos assados, guacamole, ovo frito e batatas rösti) e para dar um toque especial em assados.

pasta turca de pimentão

Essa pasta tem um sabor doce e picante de dar água na boca e pode ser feita tão rápido que vale bem a pena todo o esforço. E é também bastante diferente dos outros molhos de pimenta.

2 frascos de 100 g

2 pimentões vermelhos grandes cortados ao meio, sem sementes e picados
2 pimentas-dedo-de-moça cortadas ao meio, sem sementes e picadas
1 colher (sopa) de açúcar refinado
1 colher (sopa) de azeite, mais um pouco para o frasco
½ colher (chá) de sal
1½ colher (sopa) de vinagre balsâmico branco

1 Coloque todos os ingredientes em um processador de alimentos e bata até formar um purê.

2 Retire a mistura com uma espátula, passe para uma frigideira antiaderente e leve à fervura (fique de olho, pois isso ferve bem rápido). Reduza o fogo e cozinhe por 15 minutos. A pasta deve ficar bastante espessa.

3 Coloque em frascos esterilizados quentes, ponha uma camada de azeite por cima e vede bem com tampas resistentes a vinagre. Deixe esfriar e, em seguida, leve à geladeira. Dura 2 semanas.

tigres e folhas de lima

As pastas de curry tailandês são uma bênção, o toque complexo para uma refeição quase instantânea. Complexo não porque são difíceis de fazer — o mais difícil é reunir todos os ingredientes na sua cozinha —, mas porque elas combinam vários sabores diferentes. Muito poucos outros ingredientes precisam ser acrescentados para resultar em um prato completo.

As duas receitas apresentadas aqui rendem o suficiente para dois pratos e dura na geladeira por cerca de 2 semanas (embora eu as prefira enquanto têm menos de 5 dias). Simplesmente não faz sentido preparar uma quantidade menor, pois fica difícil bater no processador de alimentos (então coma dois curries tailandeses ao longo de uma quinzena, ou dê metade a um amigo cada vez que fizer a pasta).

Quanto ao processador de alimentos, cozinheiros tailandeses respeitáveis acreditam que moer bem os ingredientes no pilão dá um resultado melhor e que você deve adicionar os ingredientes em sequência, começando com os maiores e mais duros de moer. Você precisaria pilar bastante para a pasta ficar fina. Devo dizer que sou a favor da conveniência. Vale a pena preparar o seu próprio curry pelo frescor (as versões comerciais não têm o mesmo vigor, infelizmente), então pra que tornar isso uma tarefa tão árdua que nunca dá vontade de preparar? Eu quase sempre faço minhas pastas no processador de alimentos.

Pastas de curry são coisas pessoais. Estas aqui foram feitas para o meu paladar — e elas ainda serão modificadas quando eu cozinhar com elas — então adapte-as como preferir. Você só vai saber se são do seu gosto ou não ao cozinhar com elas, claro. Aí você poderá dizer se tem limão demais, se prefere usar folhas de lima a raspas ou se está muito picante. É um pouco como ler uma peça de teatro. Uma peça tem que ser encenada para ser julgada corretamente. Uma pasta de curry tem que ser transformada em curry.

pasta de curry verde tailandesa

1 frasco de 225 g
8 talos de capim-cidreira
8 pimentas verdes cortadas ao meio sem sementes e picadas
6 dentes de alho descascados
3 cm de gengibre fresco ou galanga, descascado e picado
4 echalotas picadas

1 maço grande de coentro (cerca de 75 g)
suco de 2 limões
raspas de 2 limões (se você conseguir folhas de limão-kaffir, use cerca de 4)
pimenta-do-reino moída na hora
½ colher (chá) de sal
1 colher (chá) de pasta de camarão (opcional)

1 Descarte as folhas exteriores duras do talo de capim-cidreira (elas são lenhosas). Pique o resto. Coloque-as em um processador de alimentos com todos os outros ingredientes, mais 3 colheres (sopa) de água, e bata até formar uma pasta. Você vai precisar parar de vez em quando, raspar as laterais do processador e bater de novo.

2 Coloque em um frasco esterilizado ou em um recipiente plástico, cubra com uma folha de filme de PVC e feche com a tampa. Mantenha na geladeira. Estará boa por 2 semanas, embora eu prefira o sabor de quando foi feita há menos de 1 semana.

pasta de curry da selva tailandesa

Quente, quente, quente!

1 frasco de 225 g

¼ de colher (chá) de semente de coentro inteira ou moída

¼ de colher (chá) de cominho em pó ou semente de cominho

3 talos de capim-cidreira

2 pimentas-dedo-de-moça médias picadas

2 pimentas-malaguetas vermelhas picadas

2 pimentas-malaguetas verdes picadas

6 dentes de alho descascados

3 cm de gengibre fresco ou galanga picado

4 echalotas picadas

⅛ de colher (chá) de cúrcuma

1 colher (chá) de páprica

¼ de colher (chá) de sal

½ colher (chá) de pasta de camarão (opcional)

1 É melhor você mesmo tostar e moer as sementes de coentro e cominho. Basta colocá-las em uma frigideira seca, tostá-las por 30 segundos mais ou menos (você vai sentir seu aroma ao fazer isso), depois moê-las em um pilão.

2 Faça exatamente como para a pasta de curry verde tailandesa (à esquerda).

3 Coloque em um frasco esterilizado ou em um recipiente plástico, cubra com uma folha de filme de PVC e feche com a tampa. Mantenha na geladeira pelo mesmo tempo que a pasta de curry verde tailandesa.

como usar

A maneira mais simples de usar essas pastas é colocar algumas colheradas em um caldo fervente ou leite de coco. Depois de fazer isso (e de juntar os ingredientes mais substanciais, como frango ou legumes), o curry torna-se mais complexo com os temperos — um pouco de açúcar, molho de peixe, mais limão — todos ao seu gosto. Esse tipo de curry é o mais fácil de todos.

Outra maneira é fritar a pasta primeiro. Isso pode ser feito no óleo ou no creme (ou leite) de coco. Com óleo, você cozinha a massa em fogo alto por 1 minuto ou 2, até sentir bem o cheiro das ervas e especiarias — é emocionante, se você é quem fez a pasta, sentir a cozinha impregnada com o perfume —, a pimenta pode até pegar no fundo da garganta, mas os ingredientes verdes (folhas e raspas de limão) suavizam o todo. As pastas cozidas no óleo são então temperadas, e depois são adicionados o caldo e os ingredientes principais.

Se você for fritar no creme (ou leite) de coco, precisa ferver o leite de coco tempo suficiente para o óleo separar. Com o creme (ou leite) de coco, a pasta é cozida mais lentamente e em fogo mais moderado; ela fica mais suave ao ser cozida. Seja qual for a sua opção, é o tempero final que completa o prato. A cozinha tailandesa é um equilíbrio de sabores picantes, azedos, salgados e doces, e pratos diferente exibem essas qualidades em proporções diferentes, mas equilibradas. Portanto, sua pasta-base é arrematada com mais algumas folhas ou suco de limão, manjericão tailandês ou italiano ou pimentas frescas. E seu paladar é tão crucial quanto as pastas que você tem guardadas na geladeira.

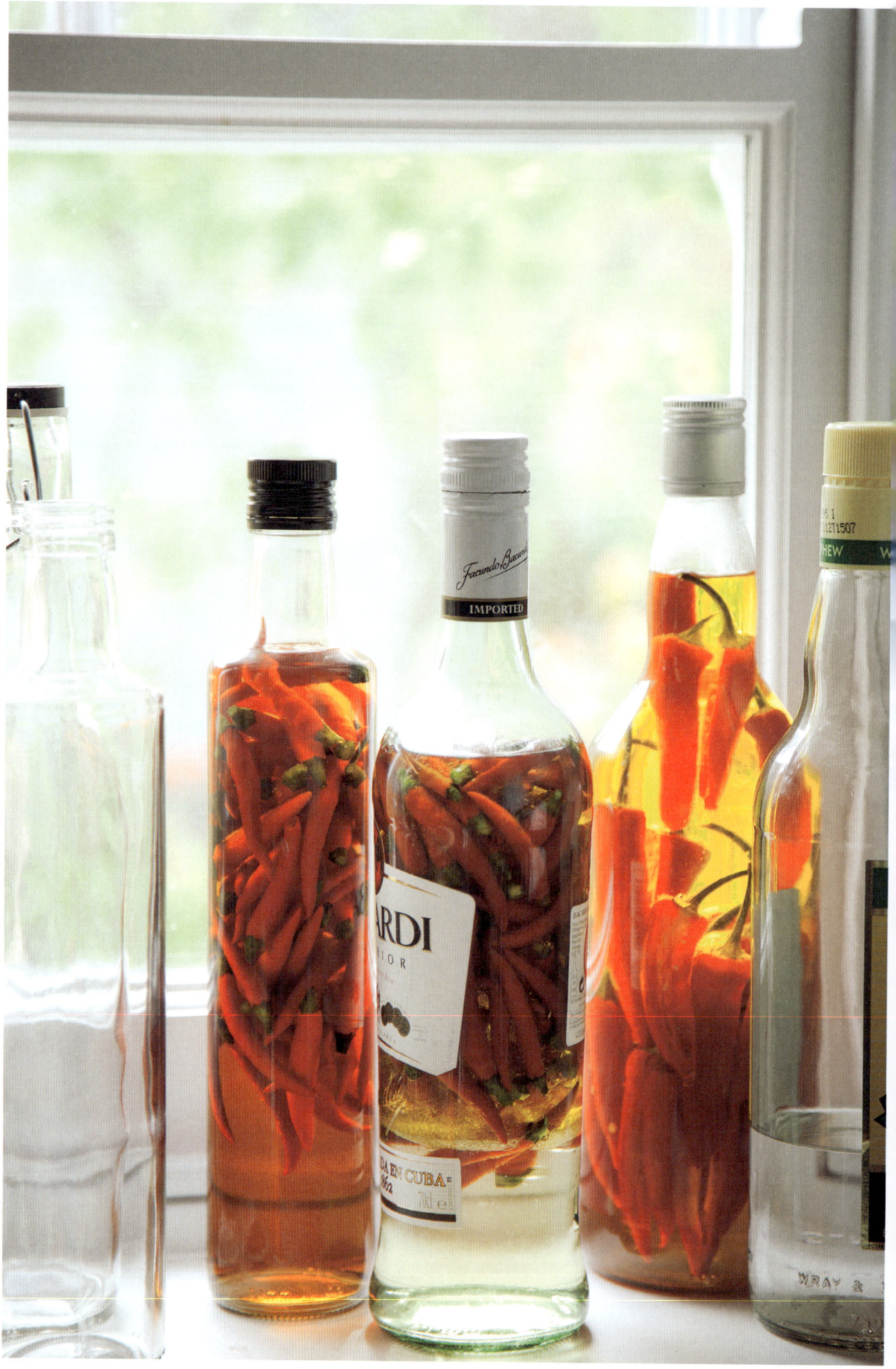
IMPORTED
ARDI
WRAY &

xerez de pimenta de constance spry

Um complemento engenhoso e muito útil à sua coleção de aromas, obra da respeitável senhora Spry. Um jorro dessa doçura picante fica excelente, como ela sugere, em um refogado, curry ou molho (experimente em um molho cremoso para costeletas de porco). Eu às vezes também uso algumas gotas para fazer uma vinagrete com sabor oriental. Você pode fazê-lo em um pote e adicionar um punhado de uvas-passas para ter à mão alguns frutos secos bem inchados e inebriantes pelando de ardidos; fica ótimo com uma salada picante agridoce ou uma carne refogada.

1 garrafa de 750 ml
6 pimentas-dedo-de-moça (ou um punhado de pimenta-malagueta, se você quiser bem picante)

750 ml de xerez amontillado

1 Lave e esterilize uma garrafa velha de vinho. Pegue as pimentas e faça uma pequena incisão no sentido do comprimento em cada uma. Coloque-as na garrafa — que deve estar completamente seca — e despeje o xerez.

2 Tampe a garrafa com uma rolha ou uma tampa de rosca e deixe por algumas semanas antes de degustar. Ficará mais picante com o passar do tempo. Dura indefinidamente e você pode completar com xerez de tempos em tempos. Eu gosto do xerez amontillado, pois não é muito doce, mas um xerez doce e apimentado também teria usos interessantes.

molho de pimenta-malagueta

Esse é o molho de pimenta brasileiro. Utilize o líquido para temperar (como você faria com um tabasco, por exemplo, em cozidos ou massas) e até mesmo a pimenta em si.

1 garrafa de 1 litro
350 g de pimenta-malagueta
cerca de 300 ml de rum branco

650 ml de azeite
300 ml de vinagre de vinho branco

1 Escolha as pimentas, jogando fora as que estiverem danificadas ou machucadas. Lave-as no rum branco e descarte o rum (usar água faz a pimenta apodrecer), e agite-as para secarem. Faça uma pequena incisão na lateral de cada uma.

2 Coloque as pimentas em uma garrafa esterilizada de 1 litro (garrafas de bebida velhas são boas, pois têm o vidro transparente). Aqueça de leve o azeite até cerca de 40°C e despeje sobre as pimentas. Deixe esfriar e despeje o vinagre por cima. As pimentas têm de ficar submersas. Vede bem com uma tampa resistente a vinagre e deixe descansar por 1 mês antes de usar. Dura 4 meses, depois o azeite começa a ficar com gosto rançoso.

adobo

O adobo é uma pasta mexicana feita de pimentas secas, ervas e vinagre. Depois que você experimentar, vai virar uma das coisas mais úteis da sua geladeira (e mudará para sempre o modo como você come costeletas de porco). Há muitas versões diferentes — tem gente que coloca cravo, outros acrescentam suco de laranja amarga em vez de vinagre — e o tipo de pimenta utilizada varia, também. Esta aqui é a minha versão, então fique à vontade para adaptá-la como bem entender. Eu gosto de usar em especial o vinagre de xerez, pois dá um sabor adorável, profundo e amadeirado. O açúcar mascavo também não é de costume, mas, de novo, dá complexidade.

Essa quantidade rende pasta o suficiente para fazer duas refeições com sabor mexicano para seis pessoas.

1 frasco de 225 g
5 pimentas chipotle secas
4 pimentas ancho secas
1 colher (chá) de semente de cominho
1 colher (chá) de semente de coentro
½ colher (chá) de pimenta-da-jamaica
3 cm de canela em pau

1 colher (chá) de orégano seco
5 dentes de alho picados
2 echalotas picadas
1½ colher (chá) de sal ou a gosto
2 colheres (chá) de açúcar mascavo ou a gosto (opcional)
2 colheres (sopa) de vinagre de vinho tinto
5 colheres (sopa) de vinagre de xerez

1 Toste as pimentas em uma frigideira seca; a intenção não é carbonizá-las, mas amaciá-las. Descarte os caules, as sementes de todas as chipotles e metade das sementes das anchos.

2 Coloque os dois tipos de pimenta em uma panela pequena e cubra com água. Leve à fervura, retire do fogo e deixe de molho por 30 minutos. Coe as pimentas e reserve o líquido.

3 Toste as especiarias inteiras em uma frigideira seca até ficarem perfumadas (cerca de 40 segundos). Coloque então todos os ingredientes em um processador de alimentos e bata até formar um purê, acrescentando o suficiente da água do molho de pimenta para obter a consistência de uma pasta. Prove para temperar e corrigir algo, se você achar preciso.

4 Coloque em um frasco esterilizado, vede bem com uma tampa resistente a vinagre e mantenha na geladeira. Dura até 4 meses, mas você vai ter usado tudo bem antes disso…

como usar

Espalhe o adobo em pedaços de frango ou costeletas grandes de porco. O certo é marinar por uma noite, mas muitas vezes deixo apenas 30 minutos. No caso do frango, cozinhe por cerca de 40 minutos a 180°C. Para as costeletas, asse por 20 minutos a 190°C. Cubra com papel-alumínio depois de 15 minutos, pois a pasta pode queimar. Transfira para um prato aquecido para servir e despeje o molho por cima. Sirva com fatias de limão, guacamole, salada verde e arroz branco cozido.

Você também pode usar o adobo como um molho, adicionando uma quantidade generosa (cerca de metade desta receita) ao líquido de cozimento de uma panela com carne de porco e chouriço.

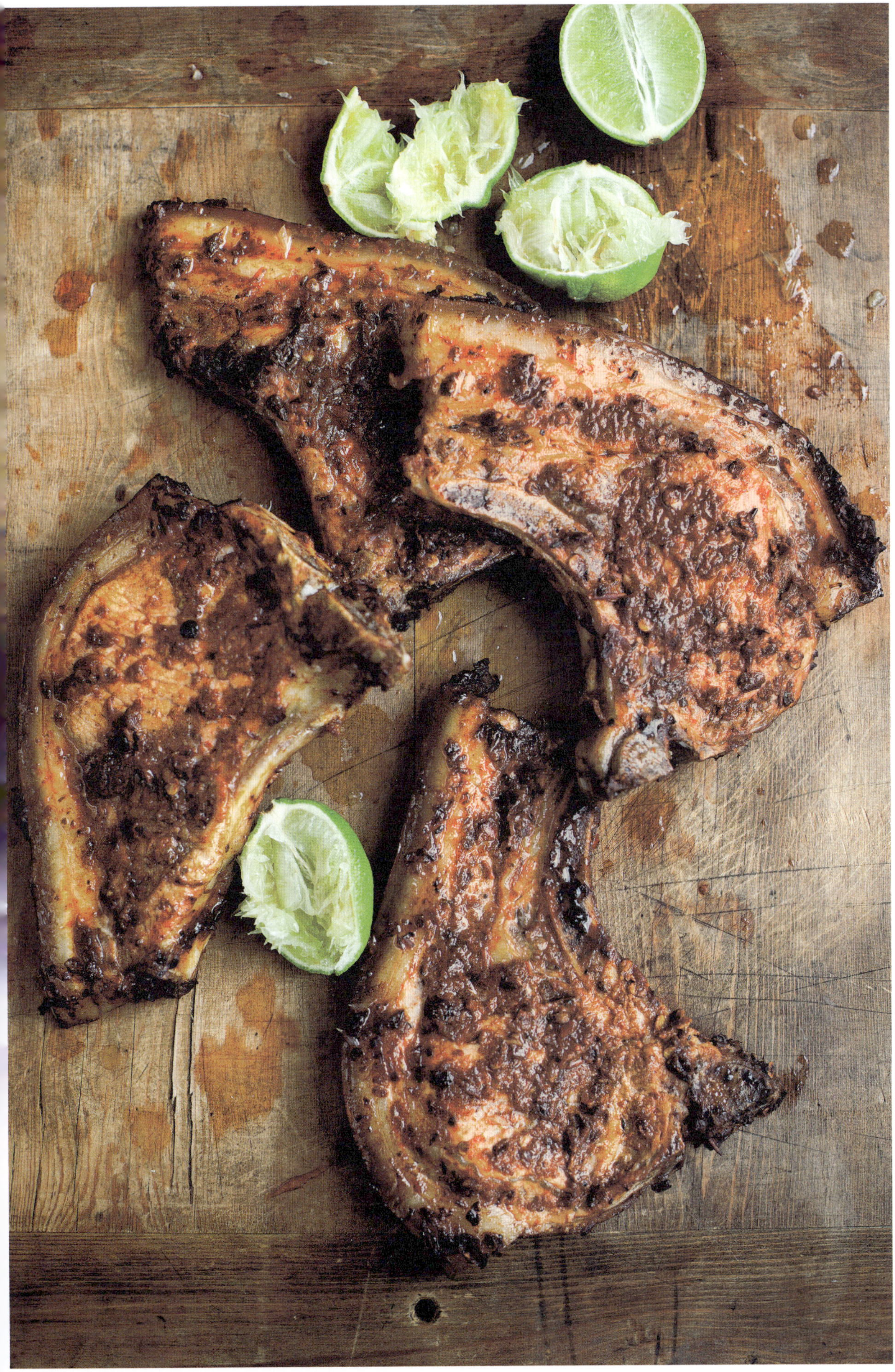

mostardas

Um pouquinho de mostarda pode fazer toda a diferença. Na verdade, pode arrematar a refeição inteira. Eu às vezes me pergunto, quando estou cozinhando algo complicado no fim de semana, por que estou fazendo aquilo. Penso em pratos que adoro: frango assado, schnitzel de porco como minha mãe costumava fazer, e percebo que são todos apenas uma carne com um monte de mostarda do lado. Uma mostarda de Dijon suave. Uma inglesa forte. Por vezes, isso é o suficiente.

Eles sabiam disso na Europa medieval. Como a planta da mostarda é encontrada na Europa, ela sempre foi um dos temperos mais baratos, e as cortes medievais frequentemente contavam com um "mustardius", um funcionário que supervisionava o cultivo e a preparação da mostarda. Na Grã-Bretanha, sua produção se desenvolveu no século XVI na região de Tewkesbury, e os britânicos são os únicos a secar e depois moer as sementes em um pó que pode ser armazenado e misturado com água.

Apenas uma das mostardas a seguir é feita a partir do zero: a primeira, com sementes. As outras têm como base mostardas que já vêm prontas. Pra que se preocupar? Você pode decidir os sabores — comece a brincar e poderá fazer uma mostarda que fica ótima com cordeiro (a de anchova) ou com cachorro-quente (a criola). E depois que você fizer a mostarda de grão, poderá usá-la como base para desenvolver suas próprias mostardas. Tente pensar nelas como qualquer outra conserva ou pasta: você sabe como fazer a base, então parta por conta própria a partir daí. A única coisa que você sempre precisa, além das sementes de mostarda, é o vinagre. Ele é quem preserva o ardor das sementes.

mostarda de grãos com mel

A original; sua própria mostarda do começo ao fim! E é fácil. Você pode usar isso como base e tentar outras especiarias ou vinagres, ou então use açúcar mascavo ou maple syrup em vez de mel.

3 frascos de 100 g

115 g de semente de mostarda amarela
165 ml de vinagre de vinho branco ou de maçã e mais, se necessário
¼ de colher (sopa) de canela em pó
1 colher (chá) de gengibre em pó
4 colheres (sopa) de mel ou a gosto
2 dentes de alho ou ½ colher (chá) de alho em pó
sal marinho
um pouco de aguardente, para vedar

1 Coloque as sementes de mostarda, o vinagre e as especiarias em uma tigela e deixe tudo de molho por uma noite.

2 No dia seguinte, com um pilão e almofariz (ou um processador de alimentos) moa essa mistura com o mel e o alho até formar uma pasta. Junte mais vinagre conforme o necessário para chegar à consistência típica da mostarda, e tempere com sal a gosto.

3 Ponha em frascos pequenos esterilizados e coloque um pedaço de papel-manteiga embebido em aguardente por cima de cada um. Vede bem com tampas resistentes a vinagre e mantenha na geladeira por 6 meses.

mostarda de anchova

Deliciosa com bife (anchovas ficam ótimas com carne). Você pode juntar um dente de alho pequeno esmagado. Eu às vezes misturo com creme de leite e rego sobre um bife ou, com mais moderação, sobre um bacalhau ou salmão assado.

2 frascos de 100 g
2 gemas de ovo
150 ml de mostarda de Dijon
35 ml de óleo de girassol ou azeite
10 filés de anchova escorridos do óleo e amassados
1 colher (sopa) de salsa ou estragão picado ou uma mistura dos dois

1 Coloque as gemas e a mostarda em uma tigela e, trabalhando com uma colher de pau ou uma batedeira em velocidade lenta, bata enquanto derrama o óleo devagar, em fio. Junte as anchovas e misture as ervas.

2 Coloque em frascos esterilizados e mantenha na geladeira por 1 semana.

mostarda criola doce e picante

Essa mistura é poderosa — a raiz-forte merece cuidado — e fica melhor com pedaços grandes de carne de boi ou porco. Também é ótima no cachorro-quente em um churrasco de verão, mas atenção: é ardida.

1 frasco de 100 g
100 ml de mostarda de Dijon ou com grãos
2 colheres (chá) de raiz-forte ralada na hora
2 colheres (chá) de páprica
2 colheres (chá) de molho de pimenta (o molho picante à moda do oeste indiano, p. 72)
6 colheres (chá) de açúcar mascavo
um pouco de aguardente para vedar

1 Basta misturar todos os ingredientes e colocar em um frasco pequeno esterilizado. Cubra com um pedaço de papel-manteiga embebido em aguardente.

2 Mantenha na geladeira. Dura 3 meses.

mostarda doce de cranberry de nova york

Essa receita é inspirada em uma mostarda servida no restaurante New York's Home, um lugar incrivelmente reconfortante. Eu a fiz ligeiramente mais doce. Fica perfeita no Natal com peru e presunto, e o sabor das cranberries cai como uma luva.

1 frasco de 225 g

100 g de cranberry seca
150 ml de suco de cranberry
200 g de cereja sem caroço
3 colheres (sopa) de açúcar cristal
4 colheres (sopa) de mel
1 colher (sopa) de azeite
1 cebola roxa pequena bem picada
1 colher (sopa) de vinagre de vinho tinto
1 colher (sopa) de mostarda com grãos
sal marinho
pimenta-do-reino moída na hora

1 Coloque as cranberries secas em uma panela e junte o suco de cranberry o suficiente para cobrir. Leve à fervura, retire do fogo e deixe hidratar por 30 minutos.

2 Coloque 200 ml de água e as cerejas frescas em uma panela e leve à fervura. Reduza o fogo e cozinhe até estourarem (cerca de 5 minutos), adicione o açúcar e o mel e mexa até dissolver.

3 Aqueça o azeite em uma frigideira pequena e refogue a cebola até ficar mole e dourada. Junte o vinagre e a mostarda e cozinhe em fogo baixo por mais 5 minutos. Misture isso com as cranberries secas, as cerejas e a água do molho restante das cranberries secas, e tempere a gosto.

4 Bata em um processador de alimentos usando o botão pulse (se você quiser realmente homogêneo, pode passar a mistura por uma peneira de náilon depois, mas gosto de deixá-la com pedaços). Coloque em um frasco esterilizado, cubra com um pedaço de papel-manteiga e vede bem com uma tampa resistente a vinagre. Deixe esfriar e mantenha na geladeira por 2 semanas.

como usar

É muito boa no Natal, e fica gostosa também com presunto frio. Os russos comem cranberries com carne vermelha, por isso não a descarte para acompanhar um rosbife frio. Sua característica principal é ser doce e picante ao mesmo tempo.

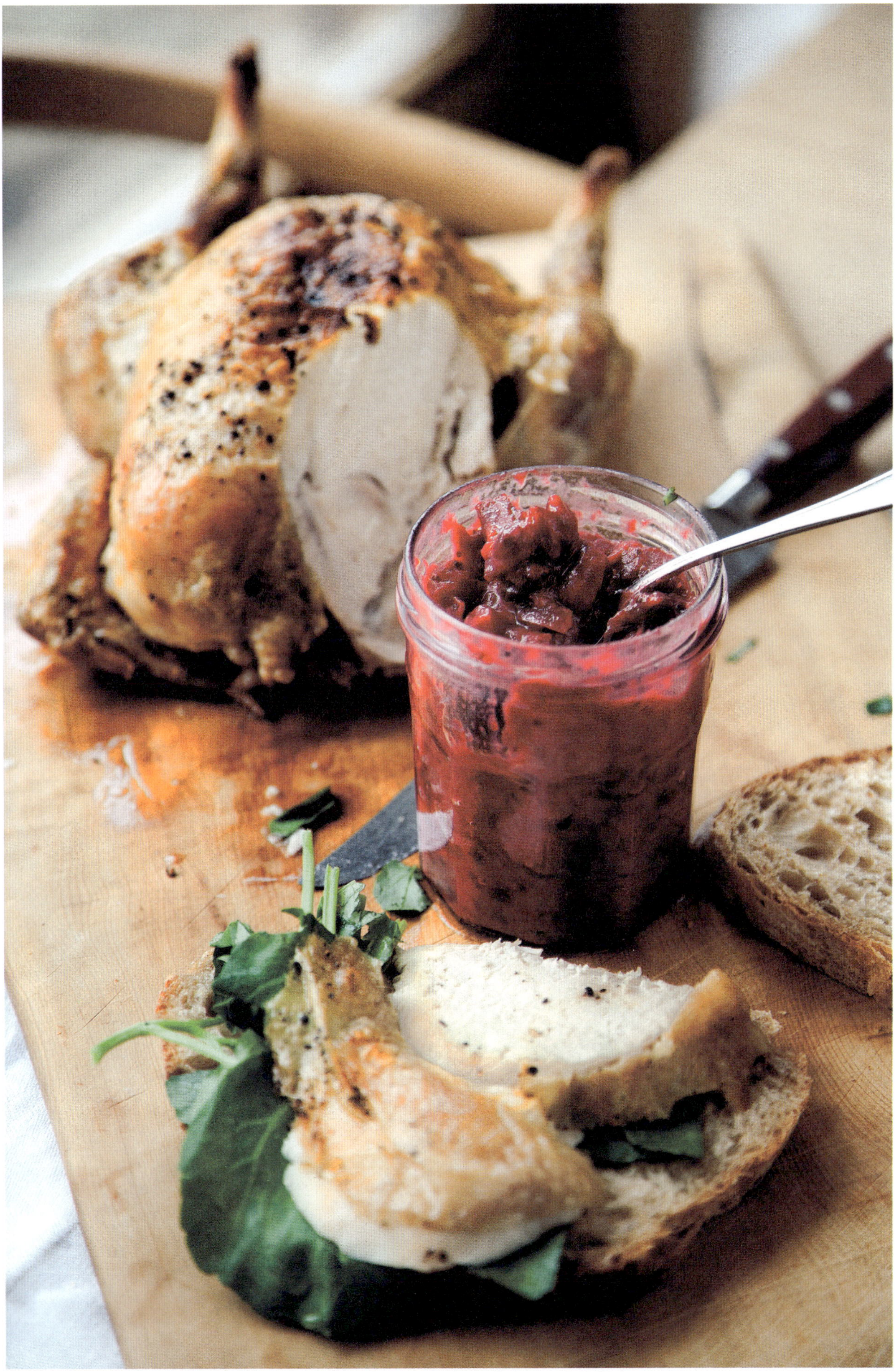

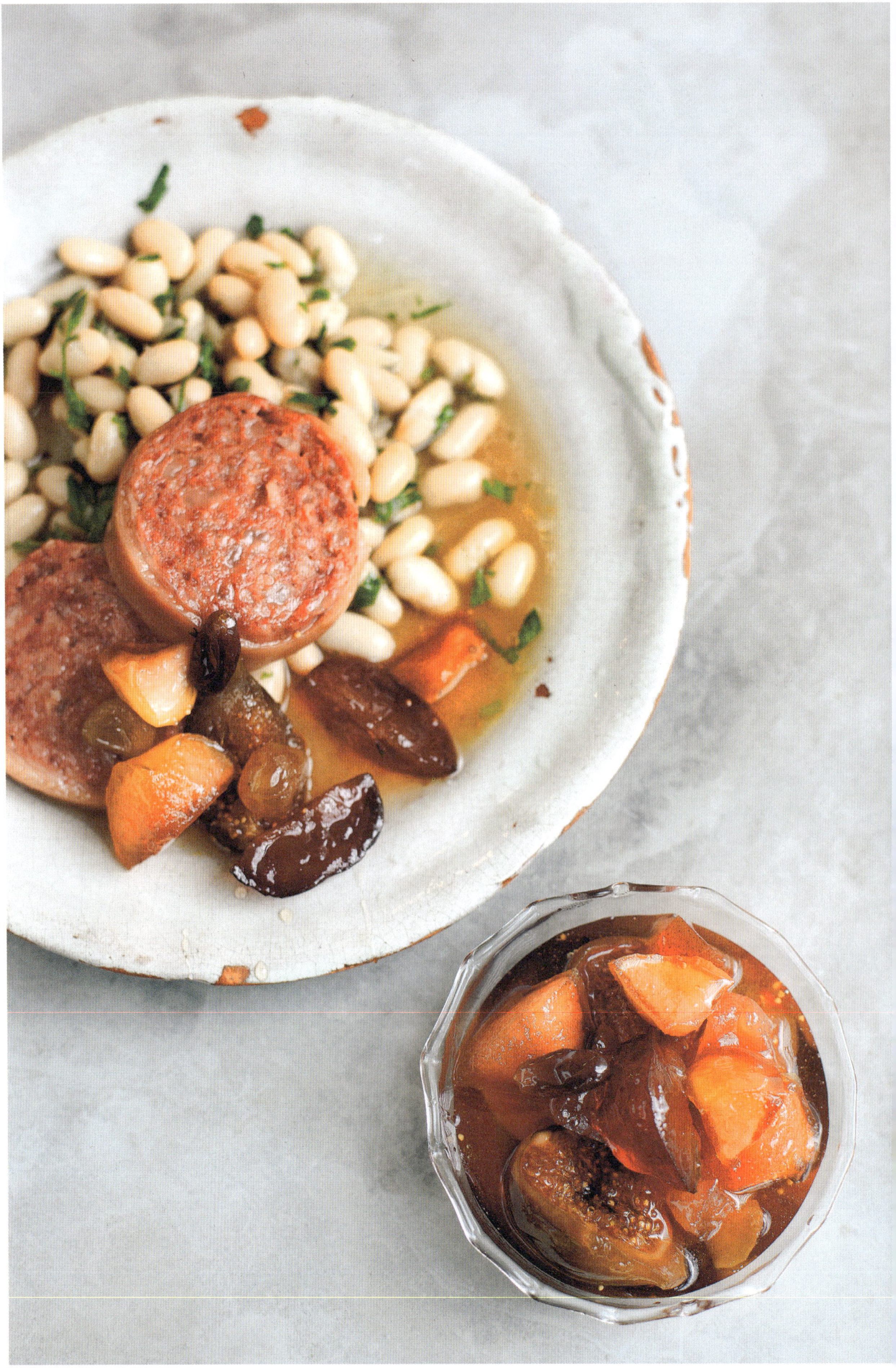

mostarda di frutta

Desde que vi a quantidade de mostardas italianas (que não têm nada a ver com a mostarda que conhecemos das receitas anteriores) em uma velha delicatéssen em Siena, tive vontade de fazê-las. E também fico surpresa por saber que um condimento assim sobreviveu — parece quase medieval no modo como combina frutas doces e especiarias picantes.

Ao longo dos anos experimentei uma versão ou outra e sempre acabava com uma geleia picante. Se você quer uma verdadeira mostarda italiana, leva tempo. Esta é provavelmente a receita que mais me emociona neste livro e a que exigiu a maior quantidade de testes. Você encontra o óleo de mostarda em lojas de produtos indianos. Mas o que é desconcertante é que ele é rotulado "somente para uso externo". Na verdade, ele queima as mãos; sério, você não devia nem mesmo sentir seu cheiro. Não estou brincando, é mortal (mantenha-o bem longe de mãozinhas pequeninas!). Na Itália eles usam essência de mostarda comprada em farmácias.

2 frascos de 500 g

1 kg de fruta (pera, maçã, marmelo, damasco, figo não muito maduro, kinkan, melão; use um tipo só ou uma mistura)
um pouco de suco de limão-siciliano, se você usar pera ou maçã
1 ¼ kg de açúcar cristal
200 g de mel
3 colheres (chá) de óleo de mostarda (ou a gosto, mas tome cuidado)

1 Descasque, corte ao meio e retire o miolo das peras, maçãs e marmelos e depois corte-os em cubos. Esprema o suco de limão sobre as peras e as maçãs para impedir que escureçam. Coloque os marmelos em uma panela e cubra com água. Leve à fervura, reduza o fogo e cozinhe até ficar mole. Damascos devem ser cortados ao meio e ter o caroço removido, figos devem ser cortados ao meio. Se for usar kinkan, pique-as por toda a casca com um espeto, escalde-a por 2 minutos e escorra. Repita isso mais três vezes — 2 minutos de cada vez —, trocando a água para reduzir o amargor.

2 Misture o açúcar, 1 ¾ litro de água e o mel e deixe ferver lentamente, mexendo sempre para ajudar a dissolver o açúcar. Junte as frutas e cozinhe por 10 minutos, depois retire do fogo. Coloque um prato em cima das frutas para fazer peso, cubra com um pano de prato e deixe descansar por 24 horas.

3 Retire as frutas da panela com uma escumadeira e ferva a calda por 10 minutos. Coloque-as de volta na panela. Ferva e logo retire do fogo, cubra com um pano de prato e deixe descansar por mais 1 dia.

4 Repita o processo de remover as frutas, ferver a calda, devolvê-las e deixar descansar por mais 3 a 5 dias, para evaporar a água que a fruta libera no xarope. De repente, a fruta está absolutamente embebida, e o xarope está bem viscoso e brilhante. Realize esse processo com cuidado: não é difícil, só precisa de muita atenção. Se a calda começar a caramelizar, é um desastre. Você tem que decidir quando parar de ferver a cada dia. Se for longe demais, ela vai endurecer como uma bala. O xarope nunca deve ficar tão grosso como mel. Se você acha que ferveu demais, adicione água na mesma hora e mexa delicadamente (se você já comeu uma mostarda italiana, vai saber a textura que procura). Deixe esfriar.

5 Coloque luvas de borracha e, com cuidado, junte o óleo de mostarda. Prove só depois que estiver bem misturado e junte um pouquinho mais do que você acha necessário, pois ele fica mais fraco com o tempo. Envasilhe em frascos esterilizados — não dá para envasilhar enquanto ainda está quente, pois não pode esquentar o óleo — mas parece durar uma eternidade na geladeira. Agora faça um bollito misto (cozido do norte da Itália) e um pouco de salsa verde (à base de salsa, alcaparras e anchova) e convide seus amigos. Você vai brilhar tanto quanto a mostarda italiana.

paciência e vinho velho: como se faz vinagre

O vinagre pode parecer um ingrediente sem importância na culinária: quando é que usamos mais do que algumas colheradas, a não ser ao fazer chutney? Mas, como o limão, o vinagre pode ser usado para dar aquela levantada em um prato, para harmonizar alguns dos seus ingredientes ou para equilibrar a doçura e dar complexidade. Vinagres aromatizados — fáceis de fazer, já que o vinagre absorve os sabores dos outros ingredientes — são ótimos para isso. Eles dão o eco de um ingrediente ao prato. Você pode usar um vinagre infundido com açafrão para fazer uma maionese de cor dourada, uma gota de vinagre de rosa em um molho vinagrete de verão para usar com morangos e melão, ou um vinagre de estragão em um molho cremoso para uma salada de frango com cerejas e amêndoas. E um tantinho de vinagre de bordo sobre fatias de abóbora ao forno ou com um cozido de carne de porco e maçã dará um toque de castanhas e açúcar queimado. Vinagres ajudam a criar camadas de gosto e a brincar com as sutilezas dos sabores.

Este capítulo traz receitas de vinagres aromatizados, mas é fácil fazer o seu próprio vinagre, e uma versão caseira será menos ácida e terá mais profundidade que aquelas de garrafas compradas. Não use para fazer chutney — eles perderão suas delicadezas — mas vale a pena usar uma versão caseira para criar vinagres aromatizados.

Basicamente, o vinagre é resultado da fermentação de bactérias presentes no álcool, que o transformam em ácido acético. A palavra pode ser *vin aigre*, ou vinho azedo, mas deixar azedar os restos de dentro dos copos de vinho não resulta em um bom vinagre. Você precisa de uma cultura de *Acetobacter aceti* para fazer isso, e existem diferentes cepas. Você terá o tipo certo se juntar um pouco de vinagre "vivo" ao vinho que você quer fermentar. O vinagre vivo contém uma "mãe" do vinagre, uma camada gelatinosa inofensiva que se forma na superfície. Não soa muito apetitosa, mas você vai precisar dela.

A maioria dos livros diz para obter uma mãe de vinagre de algum amigo. Tudo bem se você tiver um amigo assim... mas você pode comprar um vinagre de maçã com a mãe em algumas lojas de alimentos saudáveis ou direto de um produtor. Esses não foram pasteurizados, são turvos e podem até ter umas coisinhas gelatinosas flutuando. Para fazer vinagre, coloque 750 ml desse tipo de vinagre e 1 litro de vinho tinto (um que você beberia, pois um vinho horrível resulta em um vinagre horrível) em um frasco grande de vidro esterilizado. Cubra a abertura com um pedaço de musselina, coloque-o em um lugar escuro e deixe-o ali por algumas semanas. Retire a musselina e cheire: deve ser um cheiro mais avinagrado que alcoólico. Prove para ver como o sabor é diferente de quando você o colocou no frasco. Cubra com a musselina e deixe por mais 1 ou 2 semanas e depois prove mais uma vez. Você pode usá-lo então, se gostar do sabor, ou deixá-lo por mais tempo, pois ele vai continuar a evoluir — é uma coisa viva. Quando você estiver satisfeito com o gosto, retire um pouco do vinagre — deixando qualquer sedimento no frasco — e guarde em uma garrafa. Se estiver turvo ou com pedacinhos da mãe flutuando, filtre-o com um filtro de papel para café. O sabor vai se desenvolver com o tempo, e o vinagre com a mãe, deixado no frasco, pode ser usado como base para outros vinagres.

Há vários sabores bem definidos e inconfundíveis neste livro — pimenta picante, açúcar caramelizado, limão azedo, endro leve e fresco — mas este é um ingrediente que, embora de sabor acentuado, pode criar os efeitos mais sutis. O vinagre é um ingrediente surpreendente. Vale a pena usar uma gama variada de vinagres e observar o que eles podem fazer pelo seu prato.

vinagre de sabugueiro

A flor de sabugueiro rende um vinagre requintado, com notas de grama recém-cortada, urtiga e — mais que tudo — vinho moscatel. É quase impossível de comprar, por isso vale a pena fazer o seu, o que é muito fácil. É importante colher flores bem frescas — não use aquelas amarelecidas ou murchas — e utilize-as imediatamente. Depois de cerca de 6 horas, as flores desenvolvem um odor doce um pouco enjoativo.

1 garrafa de 750 ml
flor de sabugueiro bem fresquinha

750 ml de vinagre de vinho branco e mais, se necessário

1 Escolha as flores de sabugueiro e retire qualquer bicho. Coloque quantas flores conseguir — use apenas a flor, e não os cabinhos — em um frasco esterilizado e complete com o vinagre. Empurre as flores sob o líquido (use mais vinagre, se precisar) e deixe por 3 semanas em um local fresco e escuro.

2 Passe o vinagre por uma peneira de náilon forrada com musselina. Com um funil de plástico, despeje em uma garrafa esterilizada, vede bem com uma tampa resistente a vinagre e cole uma etiqueta de identificação. Dura 1 ano.

como usar
Uma versão deliciosa de salada com legumes e frutas foi feita por Joyce Molyneaux, uma das primeiras mulheres chefs a ganhar uma estrela Michelin. Era abacate, melão e morango, fatiados e regados com um molho de vinagre de sabugueiro. Eu prefiro framboesas a morangos.

vinagre de estragão

Você pode fazer outros vinagres de ervas usando exatamente o mesmo método — experimente cebolinha, salsinha ou tomilho — mas o de estragão é sempre o mais solicitado e é difícil de encontrar em lojas.

1 garrafa de 750 ml
750 ml de vinagre de vinho branco

6 pimentas brancas levemente amassadas
5 raminhos de estragão bem fresco

1 Coloque os ingredientes em um frasco esterilizado e deixe por 4 semanas em local fresco e escuro.

2 Passe por uma peneira de náilon forrada com musselina e, com um funil de plástico, despeje em um frasco esterilizado, vede bem com uma tampa resistente a vinagre e cole uma etiqueta de identificação. Dura 1 ano.

como usar
Imprescindível para fazer o molho béarnaise. Eu também uso para fazer um vinagrete cremoso ligeiramente doce para temperar uma salada de verão com frango, cereja e amêndoa.

vinagre doce de groselha

Vinagres de frutas adquiriram uma imagem ruim na Inglaterra na década de 1980. Eles entraram em voga com a *nouvelle cuisine* (junto com os kiwis e o coulis de framboesa) e foram usados em toda e qualquer coisa. Quando a moda mudou, eles foram ridicularizados. Mas eles são muito úteis. Uma gotinha só pode dar tanto acidez quanto um toque frutado a assados, e eles também ficam muito bons em vinagretes para certos pratos. Essa receita com groselha é doce e azeda, mas você pode fazê-la sem açúcar (p. 87).

1 garrafa de 500 ml
500 g de groselha

300 ml de vinagre de maçã
cerca de 400 g de açúcar cristal

1 Coloque as groselhas em uma tigela e cubra com o vinagre. Esmague as frutas (use um amassador de batatas) e deixe que deem sabor ao vinagre por cerca de 5 dias em um local fresco e escuro.

2 Ponha a fruta e o vinagre em um saco de musselina sobre uma tigela e deixe por uma noite. Meça o líquido (jogue fora a polpa da fruta no saco). Para cada 300 ml de vinagre de fruta, junte 225 g de açúcar.

3 Leve ao fogo em uma panela, mexendo um pouco para dissolver o açúcar. Ferva por 5 minutos ou mais depois que o açúcar derreter, retirando as impurezas da superfície com uma escumadeira. Deixe esfriar completamente, despeje em um frasco esterilizado e vede bem com uma tampa resistente a vinagre. Dura 1 ano.

vinagre de bordo

Doce e outonal; tive a inspiração para esse condimento com um livrinho fascinante chamado *Ideas in food* ("Ideias na cozinha", em tradução livre), de Aki Kamozawa e H. Alexander Talbot.

2 garrafas de 750 ml
475 g de maple syrup
400 ml de vinagre de maçã vivo (p. 86)

150 ml de rum escuro ou bourbon (eles produzem sabores diferentes, então experimente os dois em momentos distintos)

1 Misture tudo com 100 ml de água mineral (e não água do filtro) em uma jarra de vidro. Cubra com musselina e deixe a tampa entreaberta. Deixe em local fresco e escuro por 4 semanas.

2 Prove. Quando não sentir mais o gosto do álcool, coloque em uma garrafa e vede bem com tampas resistentes a vinagre. Você talvez queira usá-lo imediatamente; depende do sabor, que vai aprofundar com o tempo. Dura 1 ano.

como usar

Regue na abóbora ou no frango enquanto estiver assando para criar um caramelizado doce e marcante, ou misture com fatias de maçã fritas e quentes para servir com carne de porco assada. Também fica ótimo em vinagretes para cereais com sabor de castanhas, como a quinoa.

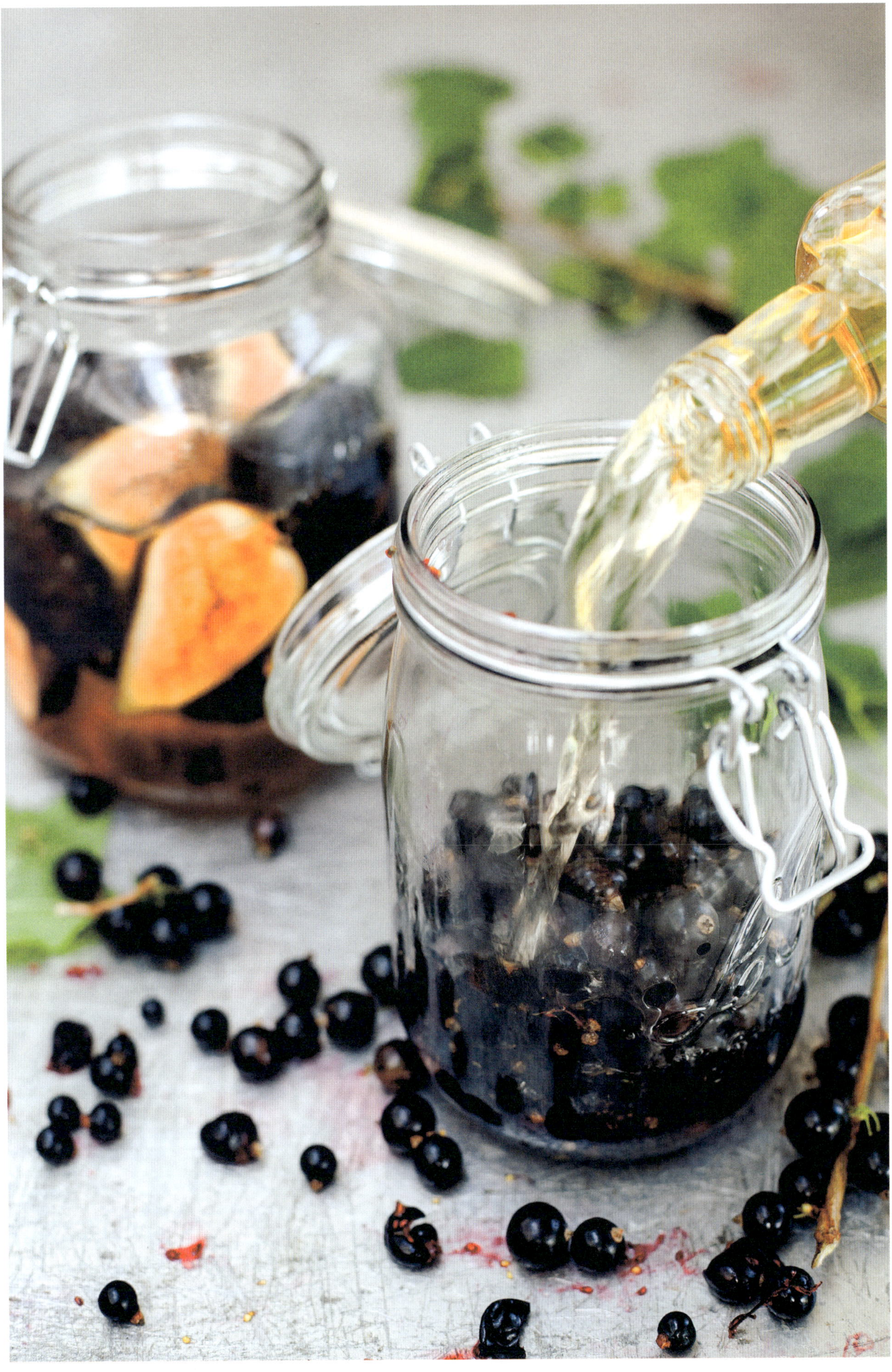

vinagre de figo roxo

Os figos rendem um vinagre adocicado com um quê de vinho marsala ou porto tawny. Você pode substituir parte do vinagre de maçã por vinagre balsâmico para um resultado delicioso e complexo, mas se fizer isso precisa reduzir a quantidade de açúcar.

1 garrafa de 750 ml
8-10 figos frescos maduros
50 g de figo seco picado
400 ml de vinagre de maçã
cerca de 550 g de açúcar cristal

1 Corte os figos frescos em quatro e coloque-os em um frasco grande com as frutas secas. Despeje o vinagre por cima. Esmague as frutas usando um amassador de batatas, cubra e deixe em um local fresco e escuro por cerca de 1 semana. Amasse as frutas mais algumas vezes no decorrer desse período. O vinagre vai adquirir uma cor fantástica.

2 Coloque um saco de musselina suspenso sobre uma tigela e despeje a fruta com o vinagre dentro dele. Deixe escorrer por uma noite. No dia seguinte, meça o líquido, e, para cada 300 ml de vinagre, adicione 225 g de açúcar. Coloque ambos em uma panela e leve à fervura, mexendo sempre para ajudar a dissolver o açúcar. Depois que começar a ferver, cozinhe por 5 minutos. Deixe esfriar, coloque em um frasco esterilizado e vede bem com uma tampa resistente a vinagre. Dura 1 ano.

como usar

Esse vinagre rende um vinagrete delicioso para servir com uma salada de peito de pato assado ou defumado, especialmente se ela contiver outra fruta como ingrediente. Um jorro também fica bom com sorvete de figo, principalmente se você fizer o seu vinagre com um pouco de balsâmico.

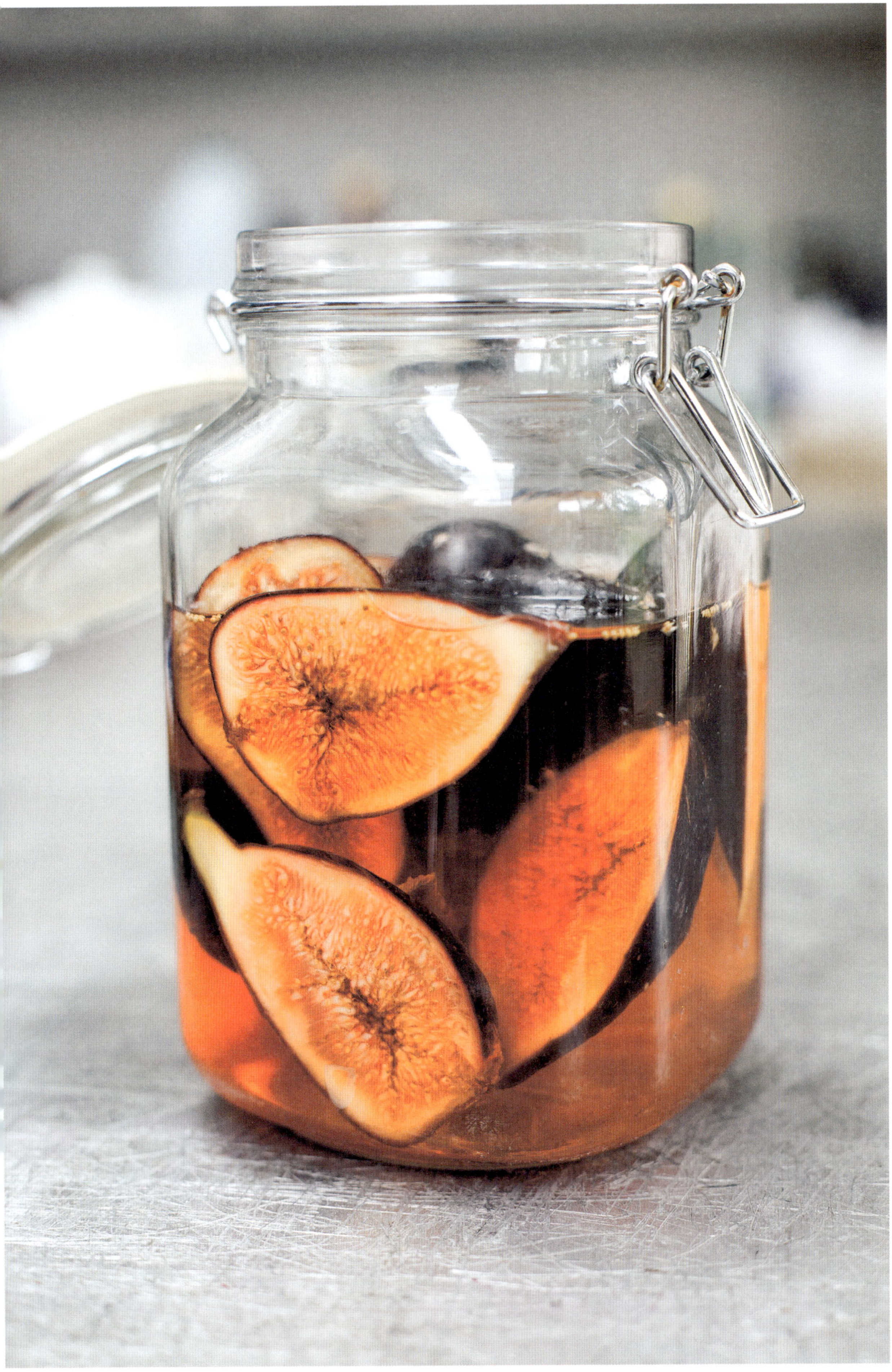

molho de ameixa à moda chinesa

Ótimo com pato, é claro, e também com carne de porco. Eu faço esse molho em pequenas quantidades e o armazeno na geladeira.

2 frascos de 225 g

- 1 kg de ameixa de pele vermelha (de preferência com a polpa vermelha também) sem caroço e picada
- 500 ml de vinagre de vinho tinto
- 1 colher (chá) de sal
- 1 colher (chá) de pimenta em flocos
- 3 anises-estrelados presos em um saquinho de musselina
- 125 ml de shoyu
- 150 g de açúcar mascavo

1 Coloque as ameixas, o vinagre, o sal, os flocos de pimenta e o saquinho com os anises-estrelados em uma panela de fundo grosso e leve à fervura. Reduza o fogo e cozinhe até que a fruta fique completamente mole, o que deve levar cerca de 20 minutos.

2 Passe o purê de ameixa por uma peneira de náilon para uma panela limpa. Junte o shoyu e o açúcar e leve ao fogo até ferver, mexendo sempre para ajudar a dissolver o açúcar.

3 Reduza o calor e cozinhe em fogo muito baixo por cerca de 45 minutos. A mistura deve ficar bem espessa (como o molho de ameixa que você encontra em restaurantes chineses). Despeje em frascos esterilizados, quentes e secos, cubra com um pedaço de papel-manteiga e vede bem com tampas resistentes a vinagre. Dura 2 meses.

zhoug

Cuidado, esse é um perigo de tão picante. Um deleite do Iêmen que você precisa provar antes para poder usá-lo de acordo. Os iemenitas acreditam que uma dose diária de zhoug afasta as doenças e fortalece o coração. Eu gosto disso.

2 frascos de 100 g

- semente de 8 bagas de cardamomo
- ¾ de colher (chá) de semente de kümmel
- 4 dentes de alho grandes
- 1 colher (chá) de sal grosso ou a gosto
- 4 pimentas verdes médias cortadas ao meio e sem sementes
- 1 pimenta-malagueta cortada ao meio e sem sementes
- ½ colher (sopa) de cominho em pó
- 35 g de folha de coentro
- 15 g de folha de salsa
- 75 ml de azeite, mais um pouco para armazenar
- suco de ½ limão ou a gosto

1 Moa as sementes de cardamomo e de kümmel e o alho com o sal até obter uma pasta grossa. Coloque isso em um processador de alimentos com os dois tipos de pimenta, o cominho, as folhas de coentro e de salsa e, com o motor em funcionamento, junte o azeite. Adicione o suco de limão e misture bem.

2 Prove para saber se você deseja colocar mais sal ou suco de limão. Coloque em frascos esterilizados, despeje uma camada de azeite por cima para cobrir e vede bem com tampas resistentes a vinagre. Mantenha na geladeira; dura cerca de 2 semanas.

tapenade

Esse patê — um clássico provençal com azeitonas — é sempre a minha primeira opção para uma entrada. Existem outras versões (eu também faço uma com atum), mas esta tem um sabor delicioso e puro de azeitonas. O sabor me traz à mente uma citação de Gerald Durrell, de que as azeitonas têm um gosto "tão antigo quanto água fria". Eu acho que o sabor delas é como o cheiro de tinta. Se você usar azeitonas tipo niçoise — são as melhores para tapenade — elas são impossíveis de descaroçar com um descaroçador de azeitona comum, então corte a polpa em torno do caroço. Trabalhoso, mas vale a pena.

3 frascos de 100 g

250 g de azeitona preta (tipo niçoise) sem caroço
50 g de filé de anchova em óleo escorrido
1½ colher (sopa) de alcaparra enxaguada e seca com um papel
2 dentes de alho amassados
1 colher (chá) de mostarda de Dijon
pimenta-do-reino moída na hora
folha de 1 ramo de tomilho
½ colher (sopa) de salsa picada
1 colher (sopa) de conhaque
cerca de 75 ml de azeite extravirgem, mais um pouco para cobrir

1 Coloque todos os ingredientes, exceto o azeite, em um pilão ou em um processador de alimentos. Bata ou amasse para formar uma pasta grossa, juntando o azeite no decorrer do processo (é trabalho duro no pilão, então eu sempre faço no processador).

2 Transfira para frascos esterilizados, coloque uma camada de azeite por cima e tampe. Dura na geladeira cerca de 10 dias.

como usar

É ótimo para uma entrada sem cerimônias — sirva com pão, ovos de codorna ou de galinha cozidos, rabanetes, anchovas e salame — ou leve a piqueniques. Também é delicioso com uma baguete torrada coberta com queijo de cabra e grelhada até dourar. Eu também coloco colheradas de tapenade em massas ou em batatas quentes para comer com tomate assado e vagem cozida no vapor.

anchoïade

Outra pasta clássica provençal. Se você gosta de anchova, é completamente viciante. Você pode ir pelo caminho mais longo e amassar tudo com um almofariz e um pilão, ou usar um processador de alimentos. É muito gratificante ver as anchovas derreterem em uma pasta. Há muitas versões da anchoïade; muitas incluem azeitonas, e uma receita surpreendente contém até figos secos e água de flor de laranjeira. Também li que anchoïade não é nada mais que anchovas derretidas em azeite quente e usadas como um tipo de molho para peixe assado ou grelhado.

3 frascos de 100 g

120 g de aliche em conserva
3 dentes de alho picados
50 g de amêndoa sem pele torrada
2 colheres (sopa) de salsa picada
raspas da casca e o suco de ½ limão-siciliano orgânico
pimenta-do-reino moída na hora
cerca de 50 ml de azeite extravirgem

1 Escorra a aliche e reserve o óleo. Coloque tudo, exceto o óleo da aliche e o azeite de oliva, em um liquidificador ou esmague tudo com um pilão e um almofariz (especialmente se você preferir uma mistura mais robusta). Bata até ficar bem moído.

2 Meça o óleo da aliche e adicione azeite extravirgem o suficiente para completar 150 ml. Lentamente, adicione o azeite à mistura de aliche para fazer uma pasta, mas guarde cerca de 3 colheres (sopa) dele.

3 Coloque a anchoïade em frascos esterilizados e despeje uma camada do azeite restante por cima. Vede bem e mantenha na geladeira. Dura cerca de 2 semanas.

como usar

Fica uma delícia em torradinhas para servir com bebidas ou então junto com Tapenade (p. 93), rabanetes, ovos cozidos e pão para uma entrada bem simples.

COOKS' INGREDIENTS
A VERY GENEROUS HELPING OF
NCHOVY FILLETS
EXTRA VIRGIN OLIVE OIL

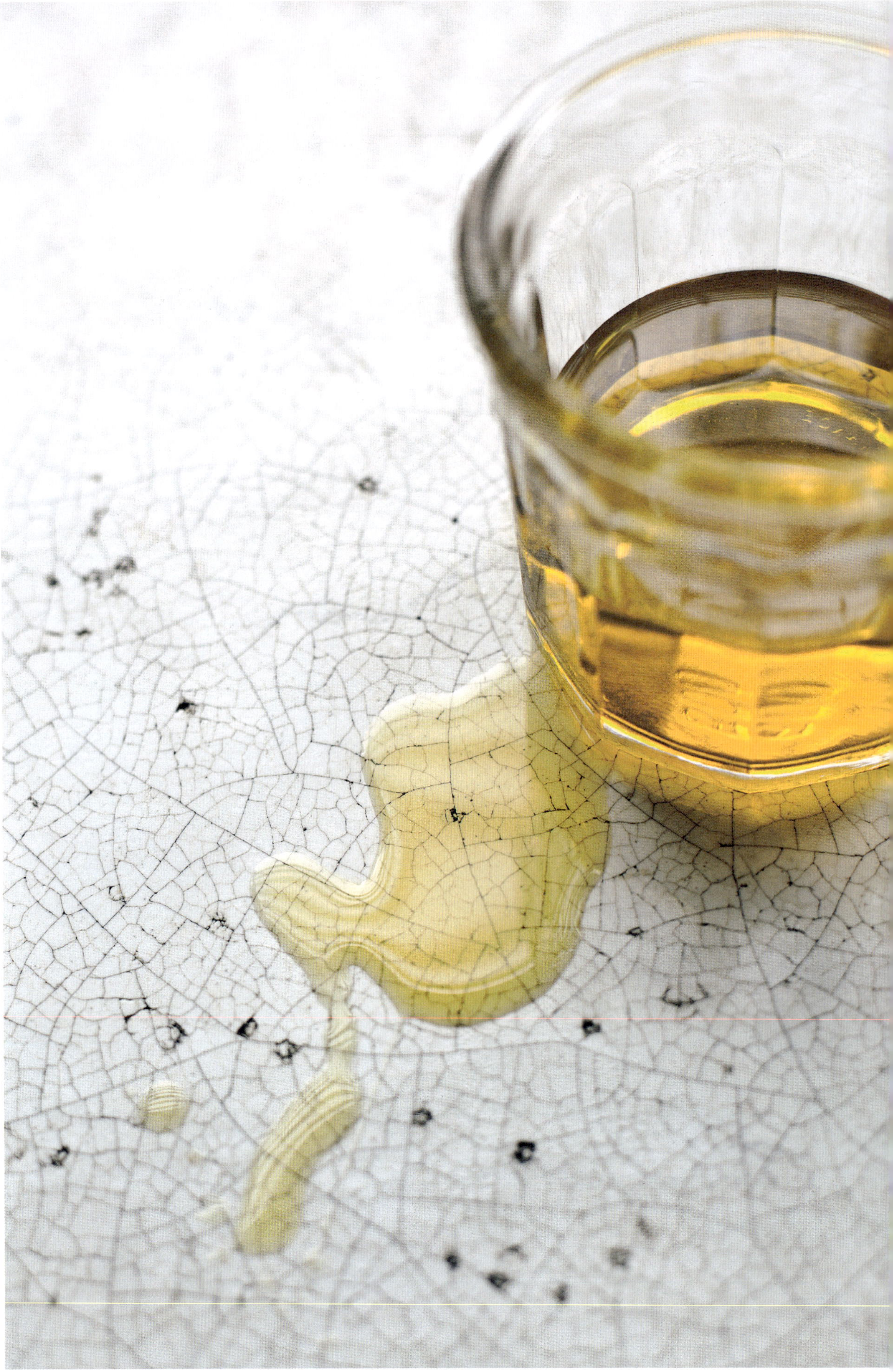

conservas no azeite

É o tipo de coisa que você vê em lojinhas durante as férias na Itália, sob o olhar atento das mammas que parecem tê-las feito naquela manhã mesmo, e você quase sempre fica tentado a comprá-las. Conservas no azeite são realmente úteis para o modo como comemos hoje: alguns pimentões assados, umas beringelas grelhadas e você tem um jantar pronto, ou a base para um antepasto entre amigos.

Mas, além de convenientes, os alimentos no azeite têm um sabor delicioso: eles adquirem o aroma do líquido no qual foram embebidos, e o azeite, por sua vez, impregna-se com o sabor do alimento. O azeite também amacia a textura de muitos ingredientes, e esse tipo de conserva é indicado sobretudo para preservar iguarias caras: cogumelo, aspargo, coração de alcachofra, todos merecem ser tratados dessa maneira, o que prolonga sua durabilidade e é um modo de reconhecer e celebrar seu caráter especial.

O azeite age não só como um conservante, como também retira o alimento do contato com o ar. Você provavelmente já o usa para proteger os alimentos sem pensar nisso… eu sempre deixo uma camada de azeite por cima da minha conserva de limão, e também do pesto, quando não vou usá-lo imediatamente. Os romanos usavam o azeite dessa maneira — como nos relata Apício — às vezes misturando-o com mel (outro ingrediente que dificulta a entrada do ar). O azeite impede o alimento mergulhado nele de estragar, mas só até certo ponto. A comida geralmente precisa ser preparada antes de alguma outra forma: seja salgada, cozida, marinada ou no vinagre. Há uma infinidade de receitas, algumas utilizando principalmente azeite, outras com vinagre e uma boa cama de azeite por cima. Essas conservas não duram muito tempo: guarde-as apenas pelo período sugerido em cada receita e sempre as mantenha na geladeira depois de abertas. E uma camada de azeite deve sempre cobrir o conteúdo do frasco.

Que tipo de azeite usar? Depende de quão luxuosa você quer a sua conserva e se um de sabor marcante combina com o que você quer conservar. Eu nunca usaria um do tipo extravirgem caro de um pequeno produtor, pois ele certamente tem sutilezas e nuances próprias e seria bastante desperdiçado se confundido com outros sabores. Eu uso um azeite extravirgem de boa qualidade para algo como cogumelos, que darão ao azeite uma dimensão nova e deliciosa; além disso, o próprio azeite é forte o suficiente para resistir ao sabor marcante próprio dos fungos. Com pimentão assado eu geralmente uso azeite comum. Nunca uso óleo de girassol ou outros tipos de óleo sem gosto, embora uma das vantagens desse tipo de conserva seja obter um óleo aromatizado, além da comida conservada em si: é melhor se o óleo já tem um bom sabor próprio para começar, assim você pode usá-lo para saladas, guisados e risotos. São conservas que têm muito a oferecer…

labneh no azeite

Labneh nada mais é que uma coalhada seca feita ao drenar o iogurte grego em uma musselina. Você pode então comê-la pura ou aromatizá-la e conservá-la no azeite, como nesta receita. Fazer a sua própria coalhada seca pode soar muito trabalhoso, mas esta aqui é facílima, muito versátil e tem um sabor único, fresco e delicioso.

1 frasco de 1 ½ litro

PARA O LABNEH NO AZEITE
1 kg de iogurte natural
1 colher (chá) de sal (opcional)
azeite
pimenta-calabresa seca, ramos de estragão, tomilho ou alecrim, pimenta-do-reino e lascas de alho (todos opcionais)

PARA O LABNEH PICANTE
2-3 colheres (sopa) de pimenta-de-caiena, páprica ou sumagre (ou uma mistura)

PARA O LABNEH COM ERVAS
um punhado (cerca de 10 g) de estragão, salsinha, cebolinha, coentro ou hortelã picados (ou uma mistura), mais alguns ramos para o frasco (opcional)

1 Forre uma peneira com uma camada dupla de musselina limpa (ou um pano de cozinha novo) e coloque-a sobre uma tigela. Misture o iogurte com o sal, se for usar. Despeje o iogurte sobre o tecido, amarre-o formando um saco e faça um laço para pendurá-lo usando barbante de cozinha.

2 Se estiver um clima frio, deixe-o suspenso em algum lugar bem fresco sobre a tigela (no inverno, eu amarro na torneira da lavanderia e deixo escorrer no tanque). Se estiver um tempo quente, suspenda-o sobre a tigela dentro da geladeira (amarre-o em uma das prateleiras). O iogurte vai perder o excesso de água nas 24-48 horas seguintes e adquirir uma consistência mais firme, próxima do cream cheese. Ajude o processo apertando o saco algumas vezes durante o dia.

3 Desenrole o labneh — o tecido deixa um belo desenho. Quebre-o em pedaços um pouco maiores que uma noz e, com as mãos molhadas, enrole-o delicadamente em bolinhas. Deixe assim ou polvilhe cada uma com pimenta-de-caiena, páprica ou sumagre (ou uma mistura) para um labneh picante, ou role-as sobre os temperos picados, se você o quiser com ervas.

4 Despeje um pouco de azeite — cerca de 2,5 cm — em um frasco esterilizado. Comece a colocar os queijos lá dentro e junte mais azeite no decorrer, para as bolas não ficarem grudadas. Despeje o azeite para cobrir completamente e junte outros aromas, ramos de ervas ou especiarias inteiras. Cubra, leve à geladeira e deixe por 2 dias.

5 Deixe o labneh e seu azeite em temperatura ambiente antes de servir (retire a quantidade que você achar necessária, com um pouco do azeite, e coloque em uma tigela para perder o gelo). O labneh e o azeite duram 2 semanas na geladeira e você pode usar o azeite para saladas ou para regar legumes cozidos.

como usar

Faço labneh tantas vezes que quase nem noto mais o esforço. Ele é muito útil: fresco, pode ser espalhado sobre uma torrada de pão italiano e coberto com pimentão ou tomate assado. E as bolinhas dessa receita rendem um almoço ou entrada instantânea (tudo o que você precisa é de mais algumas coisinhas típicas do Oriente Médio e um pão sírio). Sua cremosidade untuosa e azedinha vai bem tanto com salgados quanto doces.

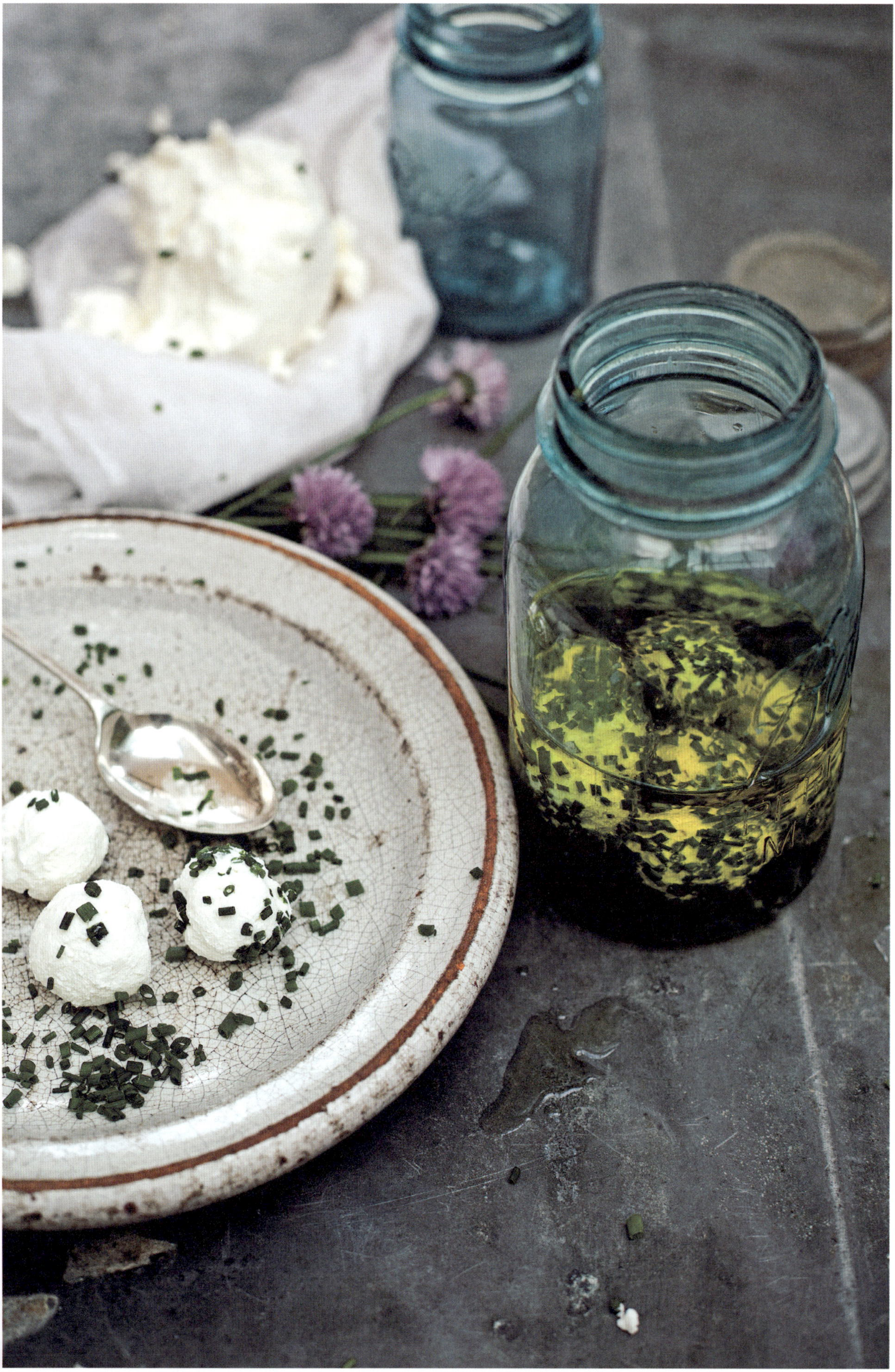

azeitona ao sabor marroquino

Você não vai curar as azeitonas — elas já foram curadas antes de serem postas à venda — mas há muitas maneiras de dar mais sabor a elas. Estas aqui ficam picantes com a harissa (p. 70). Azeitonas pretas podem ser preparadas da mesma forma ou use uma mistura das duas.

1 frasco de 500 ml
275 g de azeitona verde em salmoura com caroço
½ colher (chá) de semente de cominho
½ colher (chá) de semente de coentro
½ colher (chá) de pimenta-do-reino moída na hora
4 colheres (chá) de harissa (p. 70)
½ cebola roxa pequena bem picada
½ pimentão vermelho assado (p. 103) bem picado
1 talo de aipo bem picado
2 folhas de louro amassadas
4 dentes de alho fatiados
raspas da casca de ½ laranja orgânica
suco de ½ limão-siciliano
225 ml de azeite

1 Escorra as azeitonas e lave-as sob água corrente. Com uma faquinha afiada, faça um corte em cada uma (ou você pode colocar as azeitonas em uma tigela e esmagá-las com o cabo de um rolo de macarrão ou um pilão — a ideia é romper a pele para que elas absorvam os outros sabores).

2 Coloque as azeitonas em um frasco esterilizado. Torre as sementes de cominho e de coentro em uma frigideira seca. Coloque-as em um pilão junto com a pimenta e esmague tudo. Adicione as azeitonas junto com os outros ingredientes. Mexa com uma colher esterilizada e vede bem. Leve à geladeira (mantenha sempre uma camada de azeite por cima) e consuma em 1 mês.

azeitona verde temperada

Azeitonas com o gosto da Sicília.

1 frasco de 500 ml
300 g de azeitona verde em salmoura com caroço
½ cebola roxa pequena bem picada
1 talo de aipo com algumas folhas cortado em cubos
2 dentes de alho bem picados
1 colher (sopa) de orégano seco
1 pimenta-dedo-de-moça pequena seca amassada
2 colheres (sopa) de vinagre de vinho branco
2 colheres (sopa) de tomate seco ao forno picado (p. 105)
cerca de 250 ml de azeite

1 Escorra as azeitonas, lave-as sob água corrente e seque-as com um pano ou papel. Você pode fazer pequenos cortes na polpa com uma faquinha afiada ou, para um sabor mais suave, deixá-las sem corte. Coloque as azeitonas em um frasco esterilizado.

2 Junte todos os outros ingredientes, exceto o azeite, e mexa com uma colher esterilizada. Despeje azeite o suficiente para cobrir.

3 Mantenha na geladeira (cubra sempre com uma camada de azeite) e consuma em 1 mês. Você precisa deixar estas e as da receita acima para fora da geladeira antes de servir, pois o azeite solidifica e fica turvo quando refrigerado — o que não faz mal nenhum, mas não é bonito.

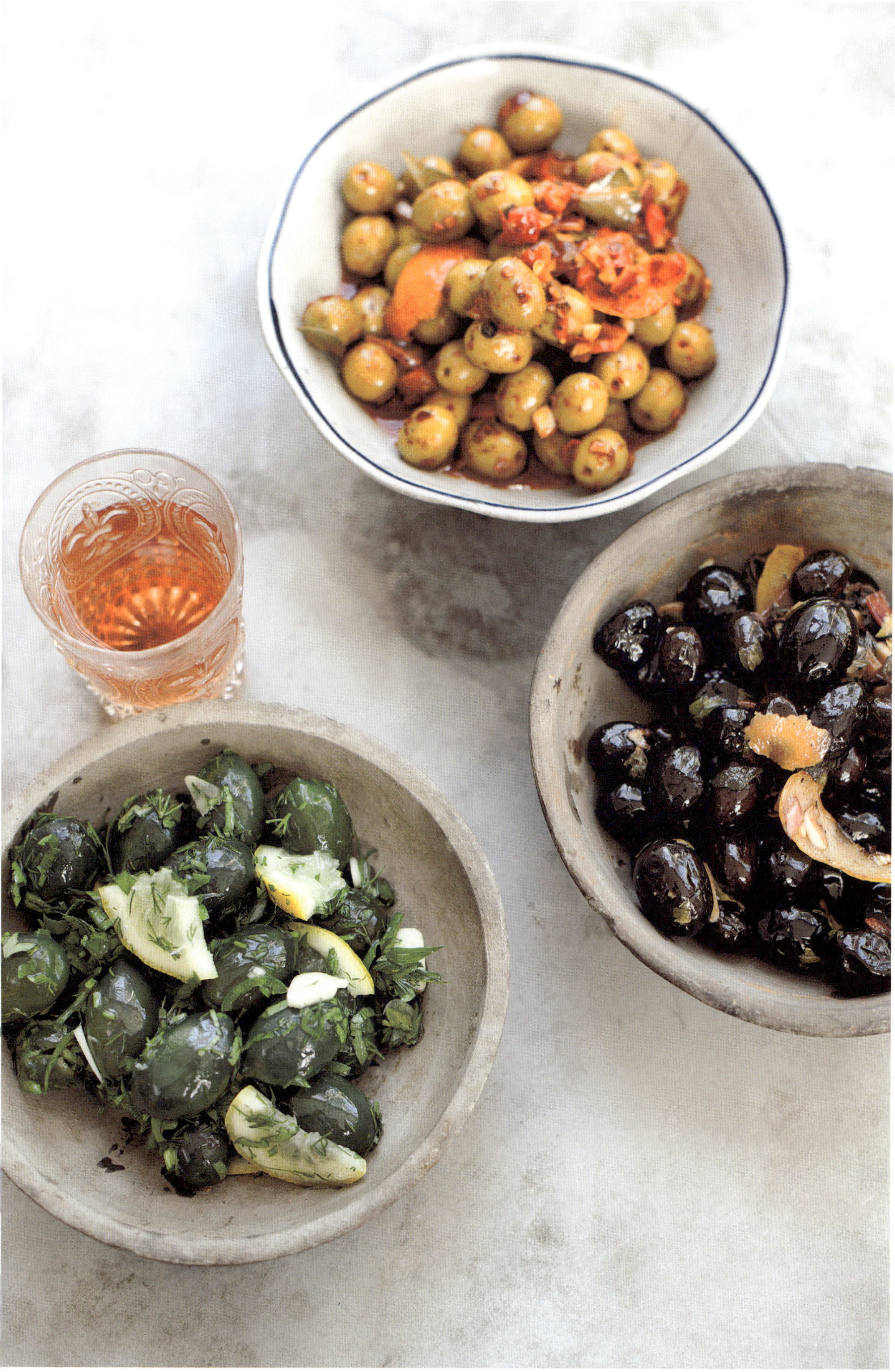

azeitona marinada à moda persa

De sabor fresco e jovem, essas azeitonas são bem diferentes e fazem um ótimo contraste com uma tigela de azeitonas bem pretas. Ficam especialmente gostosas como parte de uma mesa de antepastos, com queijo-de-minas e rabanete rosa em conserva (p. 242); as cores ficam fantásticas.

1 frasco de 500 ml

500 g de azeitona verde em salmoura com caroço
1 limão-siciliano pequeno orgânico
4 dentes de alho fatiados
cerca de 6 ramos de endro picados
3 colheres (sopa) de salsa picada
3 colheres (sopa) de coentro picado
2 pimentas verdes cortadas ao meio, sem sementes e em fatias finas
suco de ½ limão-siciliano
4 colheres (sopa) de azeite extravirgem, mais um pouco para vedar

1 Faça um pequeno corte ou cruz em cada azeitona (o que é trabalhoso, mas é a única maneira de fazer os aromas penetrarem na polpa). Corte o limão em fatias finas e depois corte cada fatia em quatro.

2 Misture todos os ingredientes e coloque em um frasco esterilizado (se você for comer em breve, pode simplesmente colocá-los em uma tigela pequena). Cubra e leve à geladeira por pelo menos 24 horas para a marinada penetrar nas azeitonas. Consuma em 1 mês (cubra com mais azeite para elas durarem tudo isso).

azeitona provençal

Minhas favoritas. Eles têm um sabor que lembra tanto a Provença! Leve uma tigela para o seu jardim — ou sente-se ao lado de uma janela ensolarada com uma taça de vinho rosé, feche os olhos e coma. Por alguns momentos, você vai se sentir em algum lugar no campo perto de St. Rémy ou de Arles.

Tente obter azeitonas realmente boas para começar, aquelas pretas e enrugadas bem retintas. Você não precisa cortar a polpa — isso só ajuda a introduzir os sabores — ainda mais se estiver usando azeitonas pequenas (a polpa delas pode ficar com uma aparência feia com os cortes).

1 frasco de 500 ml

400 g de azeitona preta enrugada e bem retinta
2 dentes de alho bem picados
1 pimenta-dedo-de-moça seca e esmagada
folhas de 2 ramos de tomilho ou folhas picadas de 1 raminho de alecrim
½ colher (chá) de semente de erva-doce esmagada
2 folhas de louro esmagadas
8 grãos de pimenta-do-reino levemente esmagados
suco e raspas da casca de ½ limão-siciliano orgânico
cerca de 225 ml de azeite

1 Siga as instruções para a Azeitona verde temperada (p. 100); faça um corte em cada azeitona, se quiser, e misture-as aos outros ingredientes. Coloque em um frasco esterilizado e vede bem.

2 Dura 1 mês na geladeira (mantenha sempre uma camada de óleo por cima).

pimentão assado no azeite

É muito fácil de fazer quando você está com o forno ligado preparando outras coisas. Basta colocar os pimentões lá dentro, seguir a receita (bem rápida) e você já tem pronta a metade de outra refeição.

1 frasco de 1 litro
3 pimentões vermelhos
3 pimentões amarelos
2 colheres (chá) de orégano seco
sal
pimenta-do-reino moída na hora
100 ml de vinagre balsâmico branco
cerca de 400 ml de azeite extravirgem

1 Preaqueça o forno a 200°C. Coloque os pimentões — inteiros — em uma assadeira e asse no forno por 25-30 minutos. Eles devem ter começado a carbonizar, mas não muito. Não asse tanto como se fosse preparar legumes assados para comer, pois se o pimentão carbonizar demais ele se desmancha totalmente.

2 Coloque os pimentões em um saco plástico (o que os faz suar, e assim a pele sai mais fácil) e deixe esfriar. Puxe os talos, rasgue os pimentões ao meio (o que será muito fácil) e retire as sementes. Com cuidado, retire a pele de cada metade, depois rasgue a polpa do pimentão em tiras largas (há divisões naturais na pele dos pimentões, que se partem ao longo delas. Separadas assim, o resultado fica mais bonito do que se usar uma faca).

3 Coloque os pimentões diretamente em um frasco esterilizado, quente e seco com o orégano e os temperos e despeje por cima o vinagre e cerca de 4 colheres (sopa) de azeite. Mexa delicadamente com uma colher esterilizada para misturar. Cubra até o alto com mais azeite — é crucial os pimentões ficarem completamente imersos — e vede bem com uma tampa resistente a vinagre. Deixe esfriar e guarde na geladeira. Depois de aberto, continue a mantê-los na geladeira, certificando-se de que estão sempre cobertos de azeite, e consuma em um período de 1 mês. Como sempre se recomenda com produtos conservados no azeite, deixe o pote fora da geladeira para atingir a temperatura ambiente antes de usar. O azeite tende a solidificar ao redor dos vegetais quando refrigerado, então deixe-o perder o gelo antes.

como usar

Fica ótimo como parte de uma seleção de antepastos (e uma ótima pedida para uma refeição de improviso); ou então, sirva os pimentões com burrata ou muçarela e um molho salgado de aliche (que combina muito bem com a doçura do pimentão).

Esses pimentões também ficam bons em um sanduíche de muçarela e abacate com o pão embebido no azeite do pote. Use o azeite para fazer molhos também ou para refogar cebolas, que adquirem um sabor adocicado e picante.

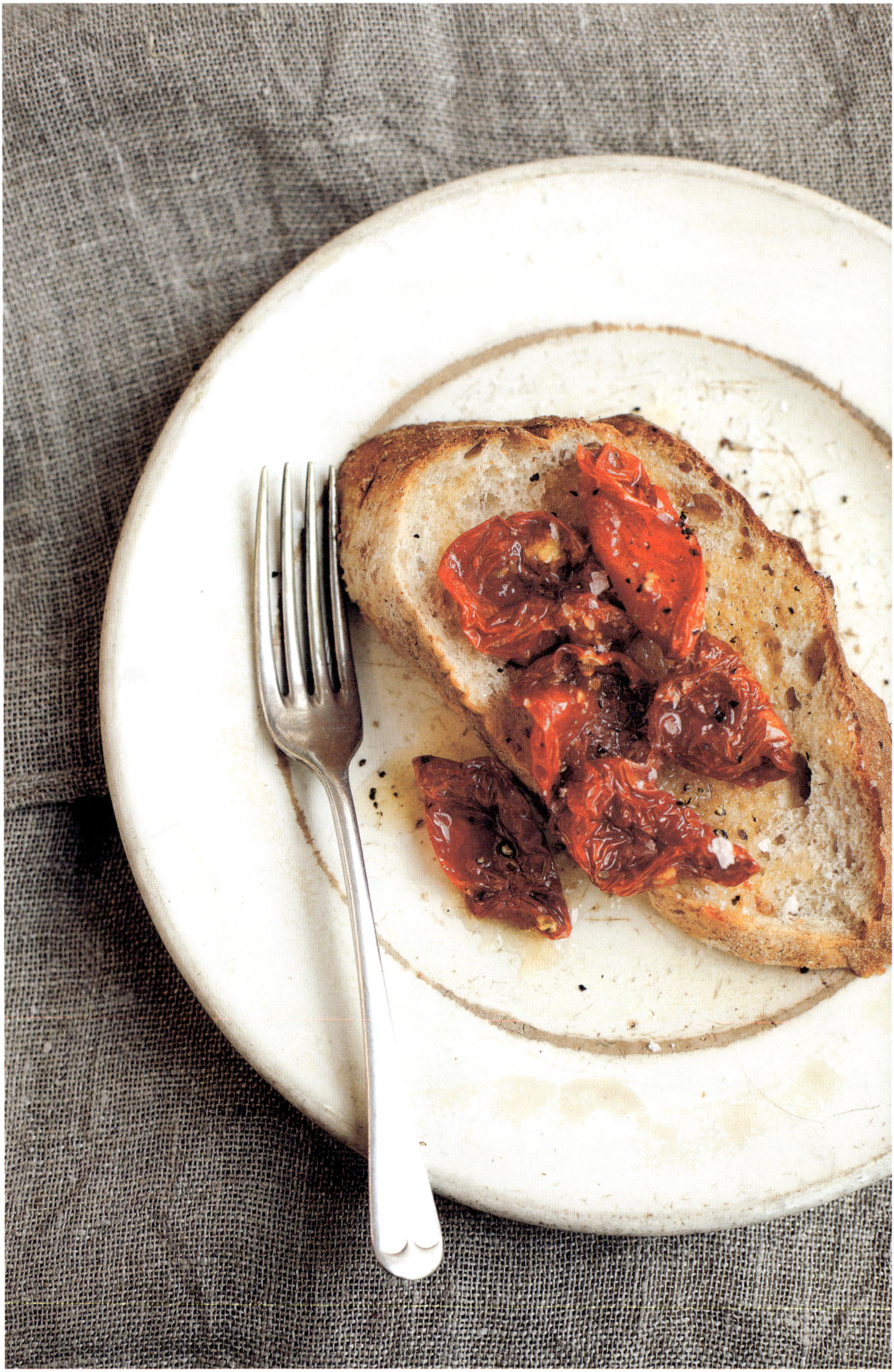

tomate seco ao forno

Estes aqui são mesmo uma delícia, mas só valem a pena se os tomates não estiverem muito caros. É difícil ser exato quanto à quantidade que rende, pois depende do tamanho e da suculência dos tomates.

1 frasco de 750 ml
2 kg de tomate
4 colheres (chá) de sal marinho
pimenta-do-reino moída na hora
4 colheres (chá) de açúcar refinado
200 ml de vinagre balsâmico branco ou vinagre de vinho branco
100 ml de azeite e mais, se necessário

1 Preaqueça o forno a 100°C. Corte os tomates ao meio e retire as sementes com uma colher. Coloque as metades com o lado do corte para cima sobre uma grade arrumada dentro de uma assadeira (os tomates não devem tocar uns aos outros). Polvilhe cada metade com sal, pimenta e açúcar. Deixe por 15 minutos para que os sabores penetrem, depois vire-os.

2 Leve os tomates ao forno. O tempo necessário para secá-los depende do tamanho e da suculência deles, mas dê uma olhada depois de 3h30 para ver como estão (eu acho que tomates grandes demoram geralmente mais que 4 horas). Eles devem ter encolhido, mas ainda estarem um pouco rechonchudos, e não quebradiços.

3 Retire-os com cuidado da grade (eles podem estar um pouco grudados, mas tente não rasgá-los). Deixe-os esfriar um pouco, depois coloque-os em uma tigela rasa e larga, regue com o vinagre e deixe-os por 1 hora.

4 Coloque os tomates com o vinagre em um frasco esterilizado, quente e seco e cubra com o azeite; os tomates devem ficar completamente submersos. Vede bem com uma tampa resistente a vinagre e use em 4 meses. Depois de abertos, mantenha-os na geladeira e consuma em 4 semanas.

cogumelo no azeite

Aqui está um jeito de fazer os cogumelos durarem mais; em vez de comê-los de uma só vez, você pode saboreá-los ao longo de meses, e o azeite parece enfatizar seu aroma. Você pode usar uma mistura de cogumelos, mas é melhor usar variedades de tamanhos semelhantes (lembrando que os cogumelos carnudos precisarão de mais tempo para cozinhar do que os mais magrinhos). Você também pode usar alguns cogumelos cultivados interessantes na mistura, como shiitake, pleurote e portobello.

2 frascos de 500 ml
450 ml de vinagre de vinho branco
450 ml de vinho branco seco
3-4 dentes de alho fatiados
1 colher (chá) de pimenta-do-reino moída na hora

1 colher (sopa) de sal
4 ramos de tomilho
500 g de cogumelo selvagem variado fresco (ou uma mistura de cogumelo selvagem e cultivado)
2 tiras da casca de 1 limão orgânico
1 folha de louro
cerca de 500 ml de azeite extravirgem

1 Coloque o vinagre, o vinho, o alho, a pimenta, o sal e metade do tomilho em uma panela e leve à fervura. Reduza o fogo e cozinhe lentamente por 15 minutos.

2 Limpe com cuidado os cogumelos com papel-toalha e uma escovinha, se você tiver (é melhor evitar lavar os cogumelos com água, já que eles são como esponjinhas). Coloque os cogumelos na solução de vinagre e deixe cozinhar por cerca de 1 minuto para cogumelos pequenos e delicados ou mais tempo para os maiores e mais carnudos. Retire os cogumelos com uma escumadeira e escorra-os bem (descarte o alho e o tomilho).

3 Coloque os cogumelos sobre um pano de prato limpo — com espaço entre eles — e deixe-os secar. Isso é muito importante, pois os cogumelos absorvem uma grande quantidade de líquido para depois liberá-lo. Você não quer que eles vazem líquido e diluam o azeite, o que faria os cogumelos apodrecerem e o azeite ficar rançoso.

4 Quando parecerem secos, coloque os cogumelos em frascos esterilizados, quentes e secos com as raspas de limão, o louro e o tomilho restante. Aqueça o azeite em uma panela até 75°C e despeje com cuidado sobre os cogumelos, que devem ficar completamente cobertos. Enfie o cabo de uma colher esterilizada entre os cogumelos e mexa-os para ter certeza de que não há bolhas de ar. Vede bem com tampas resistentes a vinagre, leve à geladeira e espere 2 semanas antes de comer. Dura 3 meses.

como usar

Ofereça como parte de uma seleção de antepastos ou sirva com um pão quente grelhado que você esfregou antes com alho e regou com azeite extravirgem.

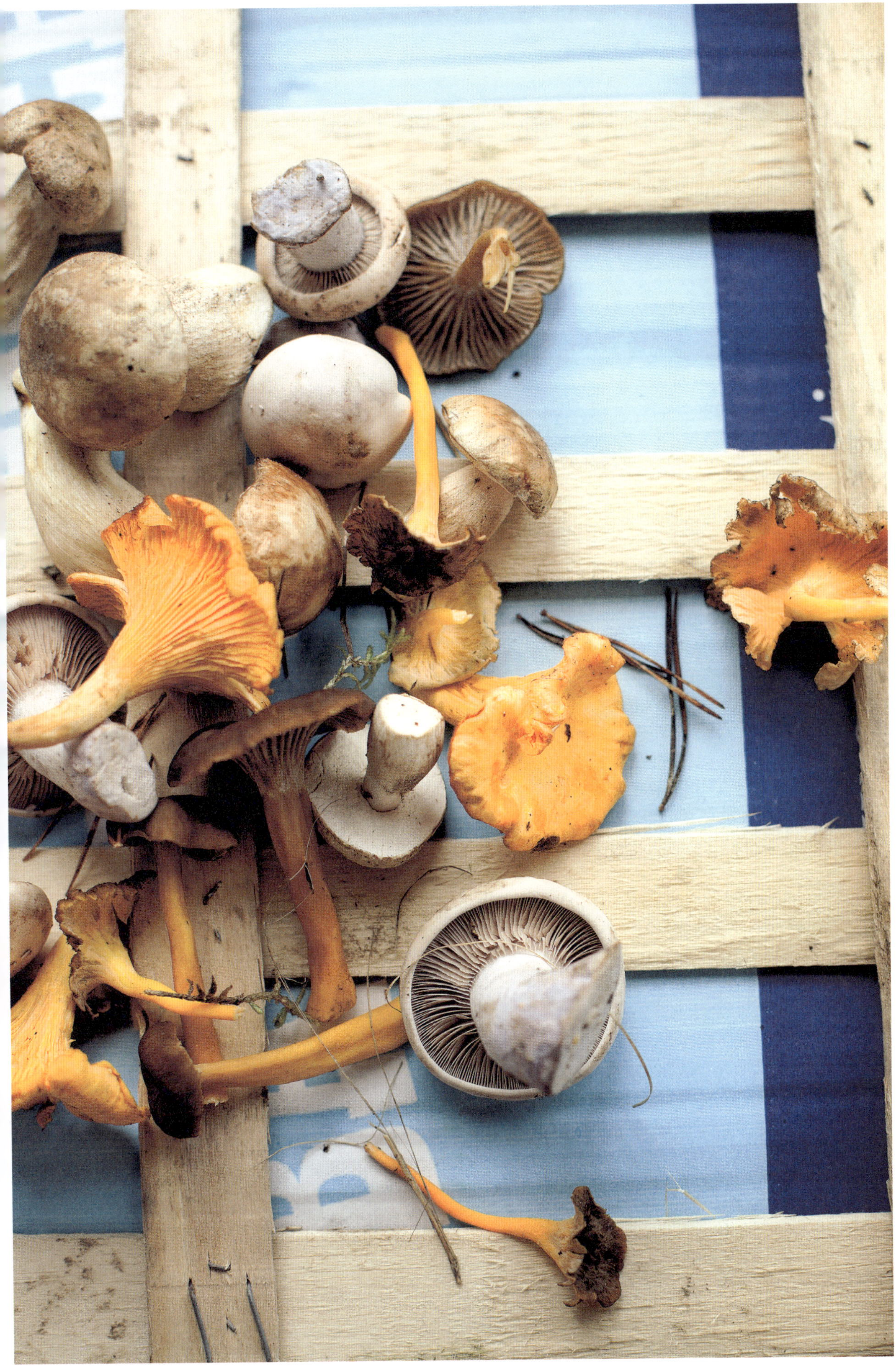

queijo de cabra no azeite

Essa é mais uma maneira de aromatizar do que uma conserva de fato, e muito usada para preparar queijos de cabra na Provença. O azeite amacia o queijo, e o queijo infunde no azeite, tornando-o saboroso e ligeiramente ácido. Você pode deixar a pimenta e a laranja de fora — depende de quantos sabores você deseja — e usar alecrim em vez de tomilho, ou limão em vez de laranja.

1 frasco de 500 ml

250 g de queijo de cabra, seja em pequenos pedaços ou pequenas peças individuais
1 colher (sopa) de pimenta seca variada (pimenta-do-reino preta ou branca ou pimenta rosa) levemente esmagada
3 ramos de tomilho
3 dentes de alho descascados cortados ao meio longitudinalmente
1 pimenta-dedo-de-moça pequena seca (opcional)
2 tiras finas de casca de laranja orgânica (opcional)
350 ml de azeite extravirgem (não muito forte)

1 Se você estiver usando pequenos pedaços de queijo, corte-o em rodelas. Coloque as rodelas inteiras ou os queijos individuais em um frasco esterilizado e adicione todos os outros ingredientes. O azeite deve cobrir o queijo completamente.

2 Deixe marinar na geladeira de 2 a 3 dias (ou até 1 semana) antes de usar. Depois de colocar no pote, o queijo dura 2 semanas refrigerado.

como usar

Esses queijos rendem uma boa entrada sempre a postos na sua geladeira (mas sirva à temperatura ambiente). Ofereça com uma salada verde (e um molho vinagrete de azeite ou óleo de nozes) e um pão de castanhas.

foudjou

Há toda uma variedade de queijos franceses cremosos maravilhosos, feitos em casa e usados para espalhar em croûtes, ou pedaços de baguete tostada. Eles são, basicamente, uma espécie de requeijão. Ficam uma delícia com tomates ou com uma salada de lentilha. Você precisa de um queijo de cabra fresco sem casca; eu gosto bastante de um queijo duro com sabor forte.

1 frasco de 225 ml

150 g de queijo de cabra fresco
90 g de queijo de cabra duro curado
2 colheres (chá) de folha de tomilho
1 colher (sopa) de aguardente de frutas
2 colheres (sopa) de azeite extravirgem (de baixa acidez, de preferência leve e frutado)
uma pitada de sal
pimenta-do-reino moída na hora

1 Amasse o queijo fresco em uma tigela. Rale fino o queijo duro e junte-o à tigela com o tomilho. Misture com a aguardente e metade do azeite. Tempere com sal e pimenta. Envasilhe em um frasco pequeno esterilizado e despeje o restante do azeite por cima.

2 Vede bem e leve à geladeira. Deixe descansar por 2 semanas, e sirva à temperatura ambiente.

berinjela grelhada no azeite

Pode parecer estranho preocupar-se em conservar berinjelas, mas algo acontece quando elas são preparadas assim. Depois de imersas um tempo naquele banho de azeite, elas ficam ainda mais macias e profundamente saborosas do que quando você só as prepara na grelha e serve imediatamente. Outra vantagem é ter um pote de acepipes prontos para servir como parte de uma mesa de antepastos.

1 frasco de 500 ml
2 berinjelas
sal marinho
azeite para grelhar

235 ml de azeite extravirgem e mais, se necessário
folha de 2 ramos de tomilho
2 colheres (sopa) de vinagre de vinho branco ou vinagre balsâmico branco

1 Corte as berinjelas no sentido do comprimento em fatias com cerca de 5 mm de espessura. Arrume-as em camadas em uma peneira, polvilhando cada camada com sal, e deixe descansar por 30 minutos. O sal vai extrair um pouco de água. Lave as fatias em água fria e seque cada uma com um pano ou com papel-toalha.

2 Pincele os dois lados das fatias com o azeite e aqueça uma grelha até ficar bem quente. Grelhe as berinjelas, poucas fatias por vez, fritando dos dois lados até ficarem douradas e macias (é preciso ajustar o fogo o tempo todo, primeiro bem quente o suficiente para dar uma boa cor e depois mais baixo para cozinharem até ficarem macias). Reserve as berinjelas ao ficarem prontas.

3 Coloque o azeite extravirgem em uma panela com o tomilho e aqueça levemente por cerca de 4 minutos. Reduza o fogo e adicione o vinagre e as berinjelas. Leve tudo à fervura e então retire imediatamente do fogo. Deixe esfriar.

4 Retire as berinjelas do azeite e coloque-as em um frasco esterilizado, arrumando-as bem apertado. Coe o azeite para remover o tomilho e adicione-o ao frasco. As berinjelas precisam ficar completamente imersas, portanto junte mais azeite, se necessário. Vede bem com uma tampa resistente a vinagre e, assim que esfriar, coloque o frasco na geladeira. Depois de aberto, mantenha-o refrigerado e certifique-se de que as berinjelas estão sempre cobertas com o azeite. Uma vez aberto, use em 1 mês.

como usar

Deixe as berinjelas no pote e sirva-as junto com outras iguarias em conserva — cogumelos ou pimentões no azeite, ou qualquer um dos picles italianos no capítulo "Chutneys, relishes e picles" (p. 206-67) — mais pão, azeitonas, presunto e salame italiano.

feta temperado no azeite

Nós não damos o devido valor que o queijo feta merece. Procure por ele em uma loja de comida turca e você vai encontrar até cinco tipos diferentes, vendidos em bacias enormes em vez da opção pré-embalada de supermercado. A diferença entre os dois é enorme. Alguns são mais cremosos, outros mais salgados. E, quando marinados, é uma revelação ainda maior. Você pode variar os temperos e as ervas, embora eu quase sempre inclua pimenta-calabresa. O azeite solidifica ao redor do feta quando ele é armazenado na geladeira, então sirva à temperatura ambiente.

1 frasco de 500 ml
175 ml de azeite
suco de 2 limões-sicilianos
folha de 2 ramos de tomilho
½ colher (chá) de pimenta-calabresa
½ colher (chá) de semente de erva-doce
½ colher (chá) de pimenta-do-reino preta moída na hora
½ colher (chá) de pimenta-do-reino branca moída na hora
250 g de queijo feta quebrado em pedaços

1 Misture o azeite com o suco de limão, o tomilho e a pimenta-calabresa. Coloque as sementes de erva-doce e os dois tipos de pimenta-do-reino num pilão e esmague-as de leve para quebrá-las um pouco. Junte-as à mistura de azeite.

2 Coloque o queijo feta em um frasco esterilizado (não muito quente, deixe esfriar ou o feta começa a derreter), e despeje a mistura de limão e azeite por cima. Vede bem e mantenha na geladeira. Certifique-se de que o queijo estará sempre coberto com uma camada de azeite e consuma em até 2 semanas.

como usar

É ótimo ter um pote desses a postos, que você pode facilmente misturar com outras entradas (homus, taramasalata, purê de cenoura temperado, babaganuche) e pão para fazer um jantar individual ou servi-lo como parte de uma variedade de antepastos.

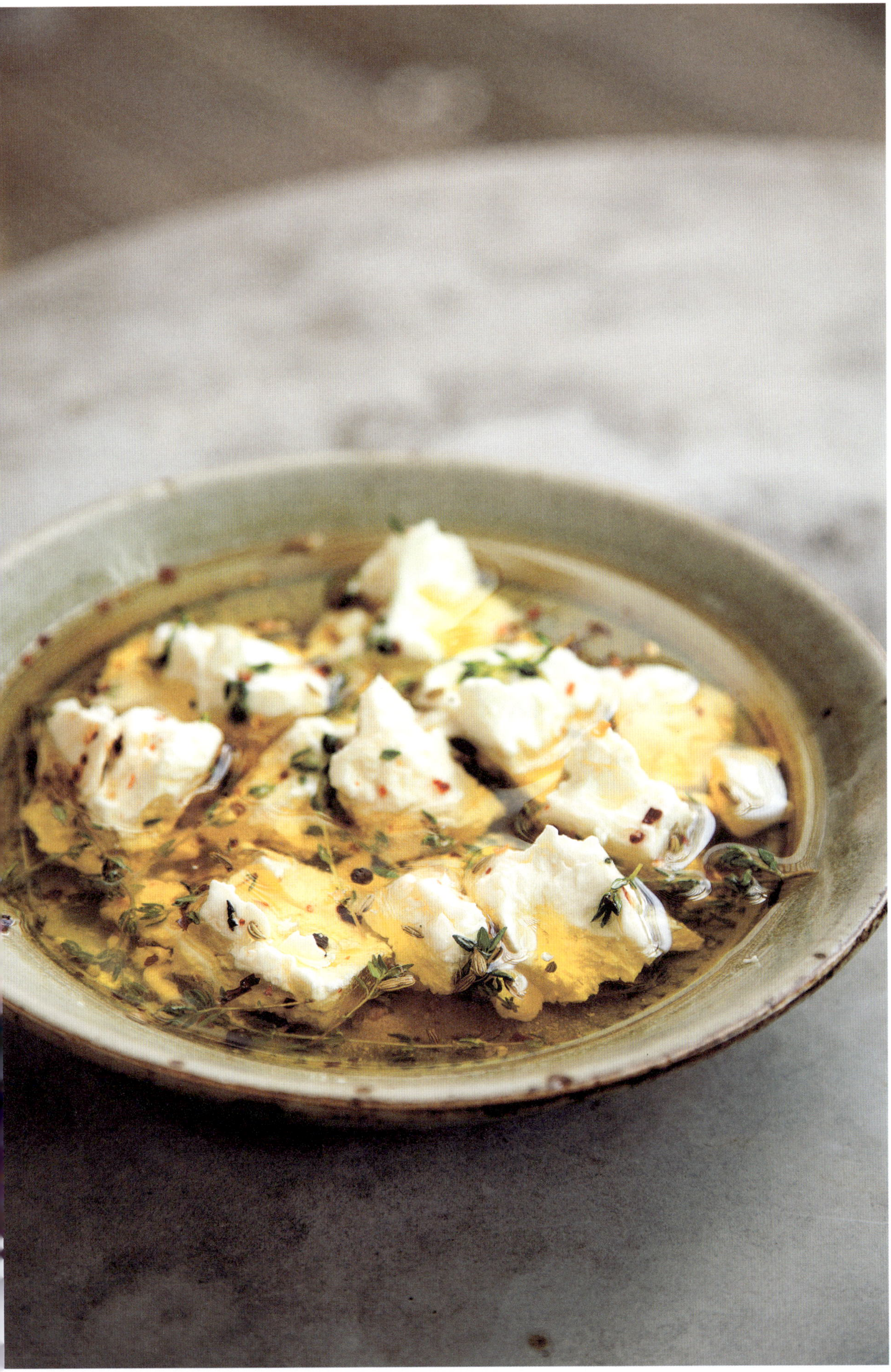

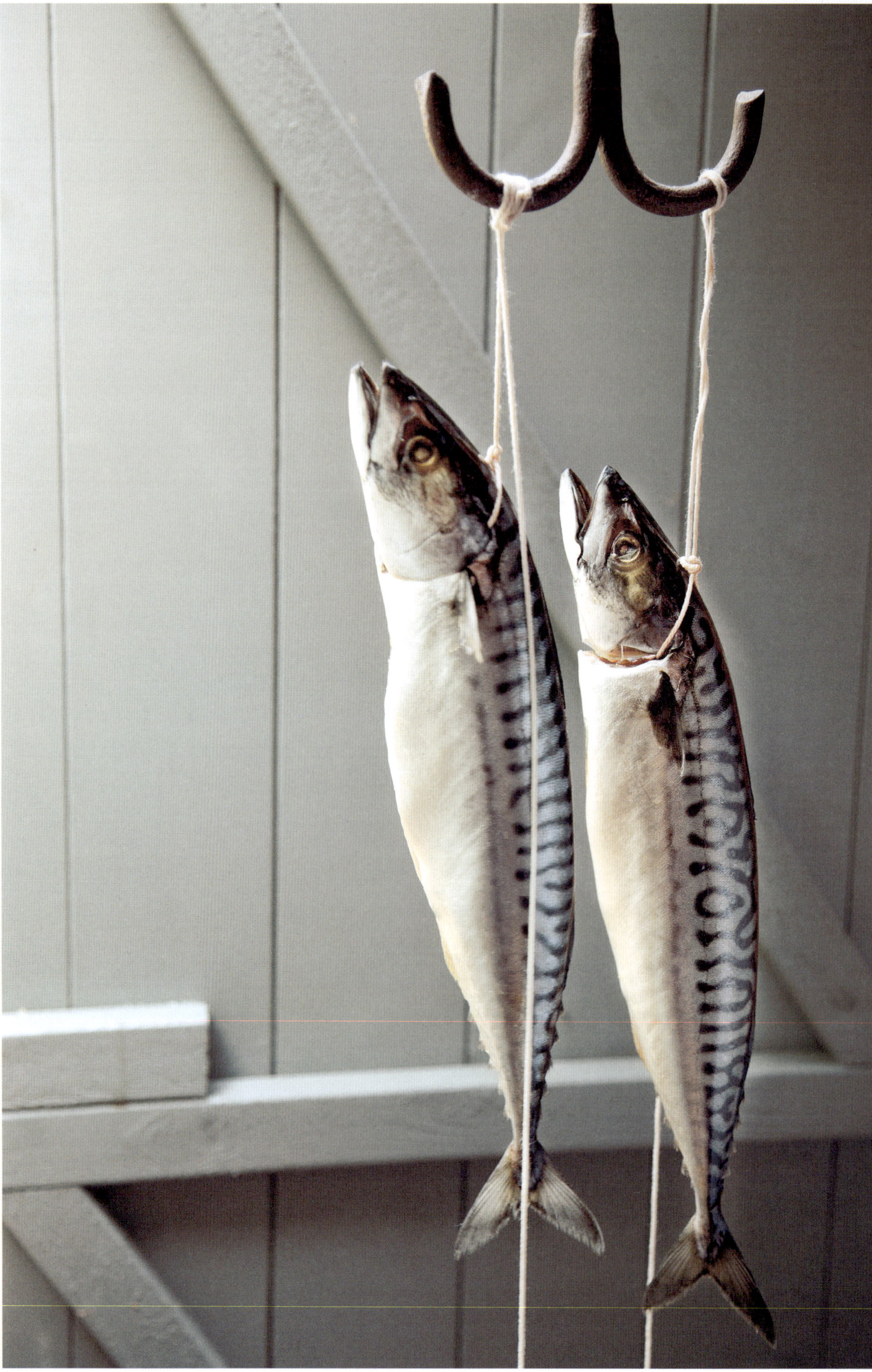

defumados

Somos irremediavelmente atraídos pelo cheiro da fumaça da madeira. Talvez seja um instinto primitivo: é o cheiro de algo que nos aquece e que, no passado, cozinhava nossa comida. Que nos leva ao ar livre e nos faz querer vagar por um bosque. É também um cheiro de bons momentos: fogueiras de São João ou de um final de noite de verão na praia. Não resisto em visitar defumadouros quando encontro algum. O odor é tão intenso — fica até imbuído nas paredes — que você sai com o cabelo e as roupas impregnados.

Trazer esse cheiro de fumaça para a sua cozinha ou para o seu jardim é algo especial. Mas não se preocupe, não vou sugerir que você transforme uma lata de lixo ou armário de arquivo em um defumador caseiro; nem converti minha edícula em um (ou não haveria mais lugar para colocar as bicicletas das crianças). Ainda assim, espero conseguir encorajá-lo a achar que é perfeitamente possível defumar comida em casa.

Mas pra que se preocupar, se você pode comprá-la? Bem, comida quente defumada — que é o assunto principal deste capítulo — é bem difícil de encontrar, e cara. Agora é mais fácil encontrar salmão quente defumado do que era antes, mas e quanto a vieiras e faisão? E imagine como seria bom comer suas próprias salsichas quentes defumadas em volta da fogueira. É um processo emocionante e gratificante também. Se você gosta da emoção de produzir os alimentos você mesmo, defumar equivale a fazer a sua própria bresaola.

A ênfase em construir um equipamento próprio é o que me desencorajava, antes, na defumação caseira. Eu queria comer defumados mas não queria fazer furos em um pedaço velho de metal encostado no meu quintal. Muita gente que gosta de defumação caseira adora essa parte, mas não é imprescindível. Eu faço isso de uma maneira mais calma, usando um wok barato (que eu guardo só para esse fim) e um defumador de fogão (que não é caro, além das lascas de madeira ou serragem necessárias).

A fumaça é uma substância complexa, constituída de mais de duzentos componentes, alguns dos quais inibem o crescimento de micróbios, enquanto outros retardam a oxidação das gorduras. É isso que a torna um conservante. Mas nós não precisamos mais defumar os alimentos para preservá-los. Fazemos isso pelo sabor que a fumaça dá: o sabor da madeira em brasa.

É possível defumar comida a quente ou a frio. A defumação a frio produz alimentos que podem ser comidos crus (como o salmão defumado) ou que precisam ser cozidos mais uma vez, como um hadoque defumado. É necessário atenção e experiência para fazê-los bem, além de um equipamento mais especializado. A comida é defumada por um longo período a uma temperatura que não passa dos 29°C.

A defumação a quente — muito mais popular na Escandinávia do que na Inglaterra — é um ponto de partida mais fácil para o defumador caseiro começar e produz alimentos totalmente cozidos. A comida é defumada entre 82°C e 93°C, para peixes, ou até 115°C, para aves e carne vermelha.

Quem leva essa arte a sério geralmente defuma carnes e peixes a frio por um tempo e depois a quente, o que dá um sabor defumado mais forte. Mas isso não é essencial. Se você vai defumar a quente, também pode usar esse método para dar sabor e terminar o cozimento no forno ou na churrasqueira. Dessa forma, você obtém tanto o sabor defumado quanto o deleite de uma crosta dourada e crocante.

A salga é a primeira etapa desse processo. Defumar é, em parte, um tipo de secagem, o que a salga reforça. Quase todos os alimentos a serem defumados são salgados antes, seja numa salmoura ou com uma camada de sal seco (as exceções são os queijos e alimentos que já tenham sido processados, como salsichas e morcelas). Peixes e carnes também ficam mais rijos depois de bem salgados e temperados.

Para defumar a quente, uma salmoura básica é feita com 120 g de sal e 15 g de açúcar em 1 litro de água (essa é uma salmoura de 40%, mais fraca do que o sugerido por muitos outros livros de receitas, mas ela é usada pelos gurus da defumação). Eu também tenho usado uma salmoura menos forte, de 20%, para defumar a quente, especialmente com frango, que retém muito sal. Como você está defumando para dar sabor e não para estender a durabilidade de um alimento, você pode defumar a quente após uma salga bastante leve (defumar a frio exige uma salmoura de 80%). Você vai aprender aos poucos o que mais gosta e o que funciona melhor quanto mais você experimentar e defumar. Defumadores experientes salgam o salmão a seco para depois defumar a quente, em vez de passá-lo pela salmoura antes, pois acham que isso dá um resultado melhor.

Eu sempre adiciono um pouco de açúcar, mas você pode variar a quantidade ou usar xarope de bordo ou mel no lugar. É aí que você começa a dar sabor — o toque que dá à comida defumada na sua casa uma identidade própria e especial —, então ervas e especiarias também podem ser acrescentadas.

Depois que o alimento já foi salgado, lave-o rapidamente e coloque-o na geladeira para secar. O tempo que você deixar sua carne ou peixe descansar antes de defumar afetará tanto sua quantidade de sal quanto os sabores da fumaça na carne. Você verá que a comida desenvolve uma camada ligeiramente grudenta — uma película — que atrai a fumaça.

Na defumação a frio, a comida deve ser colocada longe da fumaça para cozinhar de forma lenta e demorada; é por isso que armários de arquivo, por exemplo, são bons de se converter em defumadores. A fumaça é gerada nas gavetas de baixo, enquanto a comida fica nas gavetas de cima.

Na defumação a quente, a fumaça fica muito mais próxima do alimento. Se você for defumar com um wok, basta colocar 1 colher (sopa) de serragem de madeira no fundo. Depois disso, forre o wok com papel-alumínio e coloque uma grade de metal por cima. Coloque o alimento a ser defumado sobre a grade deixando um espaço para a fumaça circular, se você for cozinhar vários pedaços ao mesmo tempo. Feche bem com uma tampa (se ela não encaixar direito, você pode colocar uma faixa de papel-alumínio amassado na junção do wok com a tampa), e ligue o exaustor. Leve o wok ao fogo médio. Em alguns minutos, você vai sentir o cheiro e ver as primeiras colunas de fumaça. Quando isso acontecer, reduza o fogo para baixo e deixe a comida defumar a quente. Verifique após o tempo previsto, e continue caso a comida não esteja totalmente cozida, ou finalize o cozimento assando ou fritando.

Para defumar comida, utiliza-se lenha de árvores frutíferas, que não sejam da família dos pinheiros. No Brasil, os exemplos mais comuns são peroba, cedro e as frutíferas (pequenas quantidades de madeira de zimbro ou alecrim podem ser adicionadas nas fases posteriores da defumação para dar aroma e sabor). A madeira não pode ter sido tratada com produtos químicos nem qualquer outra coisa. Você não precisa usar lascas de madeira (que são muitas vezes caras). Eu uso serragem ou aparas.

Na verdade, você nem precisa de madeira para defumar, pois é possível fazê-lo com chá, arroz e açúcar. Isso leva um pouco mais de tempo para agir do que a madeira (cerca de 5 a 7 minutos, contra 3 a 4). Experimente com chás que já têm notas defumadas, como um chá-preto ou um earl grey. Use 125 g de folha de chá, 45 g de açúcar refinado, 45 g de açúcar mascavo e 100 g de arroz cru. Misture tudo e coloque no fundo de um wok ou de um defumador, tal como faria com a madeira. Proceda da mesma maneira, começando em fogo médio, depois reduzindo-o para baixo quando sentir o cheiro da fumaça.

Comida defumada a frio precisa maturar cerca de 24 horas — os sabores desenvolvem-se mais — antes de comer, mas a comida defumada a quente pode ser comida imediatamente (diante de uma salsicha defumada a quente, eu desafio qualquer um a esperar). Comida defumada a quente pode ser consumida à temperatura ambiente também ou pode ser levemente reaquecida, envolta em papel-alumínio no forno baixo.

É bastante difícil ser absolutamente preciso quanto ao tempo de defumação e até mesmo quanto ao sabor, portanto as receitas neste capítulo são apenas guias. Você vai aprender, quanto mais fizer, se determinada espessura de peixe fica pronta em 15 ou 20 minutos, se um pedaço de frango fica salgado demais se você deixá-lo por 4 horas em vez de 2 horas depois da salga, se é melhor pincelar uma marinada durante o processo ou um pouco antes de começar a defumar. As variações de sabor são infinitas: você prefere endro ou erva-doce com as trutas, anis-estrelado ou cinco especiarias chinesas no salmão defumado com soja? Todas essas decisões estão com você. Assim que aprender o básico, poderá se aventurar por conta própria.

É uma emoção de verdade conseguir defumar a quente seis filés de salmão e vê-los brilhantes e lindos, prontos para servir com beterraba assada e molho de raiz-forte logo que seus amigos chegam para jantar. Ou ter na geladeira um frango defumado feito em casa, que você pode usar para fazer uma salada (e se você preza o sabor, vai descobrir que é muito mais barato comprar um defumadorzinho de fogão e fazê-lo você mesmo do que comprar comida defumada pronta).

Dê uma chance aos defumados e você não vai se arrepender. O cheiro é grande parte do prazer, mas o processo também. Defumar comida dá a sensação de ser algo muito além do que só cozinhar. Comece defumando a quente alguns filezinhos de peixe e sabe-se lá até onde você vai. Talvez aquela edícula no quintal devesse mesmo ser reformada...

cavalinha defumada a quente com aromas espanhóis

Esse prato tem um visual tão impressionante — lustroso e com tons de ferrugem — que você vai começar a olhar os peixes defumados de uma maneira totalmente diferente. Eu adoro a camada dupla de fumaça, uma da madeira e outra da páprica defumada. Você pode usar um wok ou um defumador de fogão.

2 porções

PARA A SALMOURA
120 g de sal marinho
100 g de açúcar mascavo
3 dentes de alho amassados
10 grãos de pimenta-do-reino levemente amassados
2 colheres (chá) de páprica defumada
6 ramos de tomilho
2 folhas de louro

PARA O PEIXE
2 cavalinhas ou carapaus limpos e eviscerados
½ colher (sopa) de azeite
1 colher (chá) de páprica defumada ou picante
sal marinho
bastante pimenta-do-reino moída na hora
4 ramos de tomilho
1-2 colheres (sopa) de serragem de carvalho

1 Coloque todos os ingredientes da salmoura em uma panela com 1 litro de água fervente e mexa para ajudar a dissolver o sal e o açúcar. Deixe esfriar completamente.

2 Lave o peixe, certificando-se de tirar todo o resto de sangue de dentro. Faça três incisões na carne do peixe de cada lado. Coloque-o em um recipiente de vidro ou porcelana e despeje a salmoura por cima — o peixe deve ficar completamente submerso — e então mantenha na geladeira e deixe por 1 hora. Retire da salmoura, lave o peixe rapidamente, coloque-o em um prato limpo e seco e mantenha na geladeira para secar por cerca de 3 horas.

3 Misture o azeite com a páprica defumada, o sal e a pimenta. Esfregue essa mistura por todo o peixe, por dentro e por fora. Coloque na geladeira e deixe por mais 3 horas.

4 Retire o peixe da geladeira e divida o tomilho entre as cavidades. Coloque a serragem em um wok. Arrume uma grade de metal por cima, grande o suficiente para o peixe (se você não tiver uma grade, improvise com alguns espetos de metal). Arrume o peixe por cima, deixando espaço para a fumaça circular ao redor. Coloque a tampa, que deve se encaixar bem; se esse não for o caso, vede bem usando papel-alumínio. Leve ao fogo médio. Quando aparecerem as primeiras colunas de fumaça, reduza o calor e deixe defumar por 15 minutos. Verifique se o peixe está cozido e defume um pouco mais, se não estiver.

5 Deixe no wok por mais 15 minutos, depois cubra e mantenha na geladeira; o gosto fica melhor depois de 12 horas, mas consuma em até 24 horas. Você também pode comê-lo quente direto do wok, o sabor será mais delicado.

como usar

Coma com alcaparras grandes, pão e uma salada de tomate ou então com batata quente e algumas echalotas bem picadas por cima, temperadas com um vinagrete de açafrão.

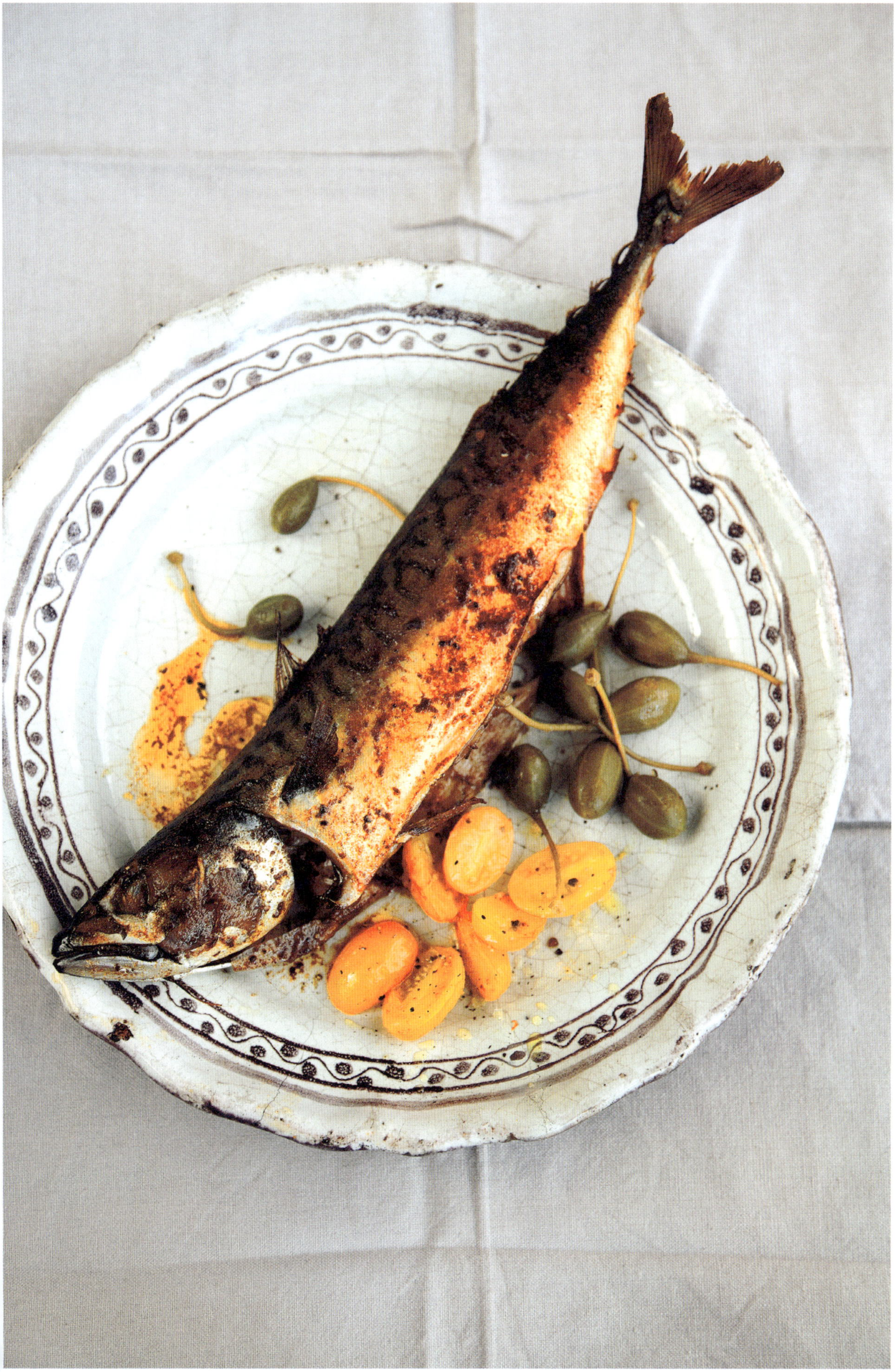

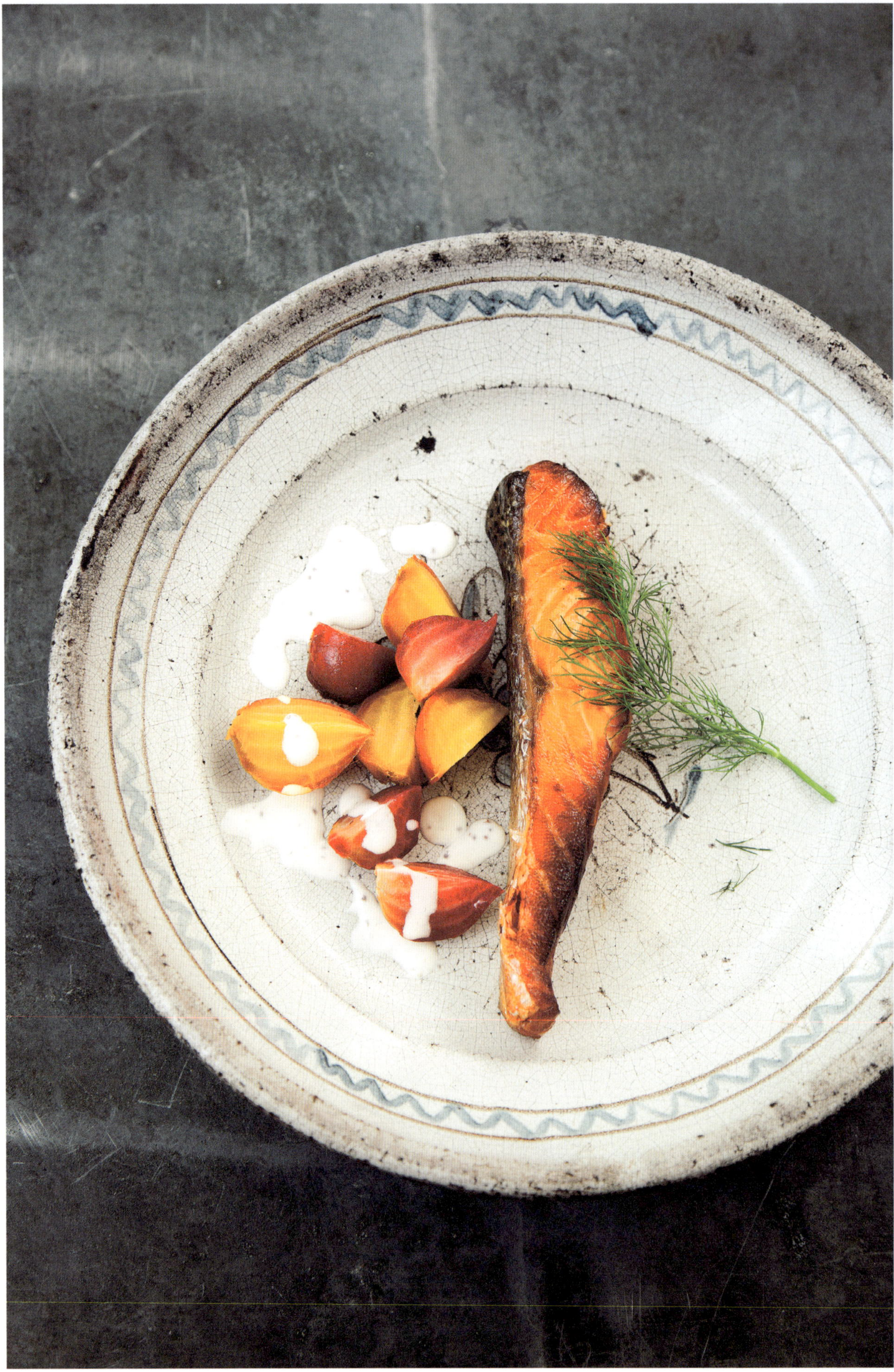

salmão defumado a quente no carvalho

Essa é a uma das receitas mais simples para defumar a quente. Não há nenhum tempero, apenas sal, açúcar e fumaça.

4 porções

cerca de 50 g de sal marinho fino

2 colheres (sopa) de açúcar mascavo

4 filés de salmão de espessura média (cerca de 150 g cada)

1 colher (sopa) de serragem ou aparas de carvalho

1 Misture o sal com o açúcar e polvilhe de maneira uniforme sobre os filés. Mantenha na geladeira por 10 minutos (filés mais grossos podem precisar de 30 minutos). Lave o peixe em água corrente, seque e, em seguida, volte à geladeira por mais 3 horas para que o sal possa se distribuir melhor.

2 Coloque a serragem ou as aparas no fundo de um defumador de fogão e insira a bandeja coletora (que fica sob a grade e vem com o defumador). Forre a bandeja com papel-alumínio (o que facilita a limpeza, depois basta jogar fora o papel-alumínio). Coloque a grelha por cima, arrume o peixe sobre ela (deixando espaço em torno de cada filé), depois deslize a tampa para fechar (se você não tiver um defumador de fogão e for usar um wok, faça conforme o descrito na p. 114).

3 Leve ao fogo médio. Quando as colunas de fumaça começarem a aparecer ou quando você sentir o cheiro da fumaça, reduza o calor para baixo e defume os filés por cerca de 20 minutos.

4 Desligue o fogo e aguarde até a fumaça sumir, depois abra o defumador e verifique se o peixe está cozido. Ele deve estar opaco e não com aquele aspecto vítreo de peixe cru. Se não estiver bem cozido, você pode levar ao fogo novamente ou terminar o cozimento no vapor. Coma logo em seguida ou embrulhe-o em filme de PVC e, depois de frio, mantenha na geladeira por 2 dias. Se quiser servi-lo quente mais tarde, aqueça-o envolto em papel-alumínio no forno médio.

como usar

Com esse prato geralmente me inspiro na Escandinávia e o sirvo com beterraba assada (uma mistura de beterraba vermelha e dourada, se você achar) regadas com creme de leite, e salada de batata morna com endro. Os suecos também preparam o salmão defumado a quente em um gratinado, junto com creme de leite e espinafre (cozinhe o espinafre, esprema o excesso de água, pique e tempere).

salmão defumado a quente no bordo

Esse salmão fica delicioso, em lascas, por cima de umas polentas (mais umas boas colheradas de creme de leite) ou em uma salada com arroz selvagem, arroz integral, fatias de manga e vagem no vapor.

4 porções
50 g de sal marinho grosso
3 colheres (sopa) de açúcar mascavo
4 filés de salmão com pele de espessura grossa (cerca de 150-175 g cada)

PARA A MARINADA
125 ml de bourbon
125 ml de maple syrup escuro
1 colher (chá) de mostarda de Dijon
2 colheres (sopa) de açúcar mascavo
um bom tanto de pimenta-do-reino moída na hora

1 Passe o sal e o açúcar no salmão como explicado na p. 119 e mantenha na geladeira por 2 horas.

2 Coloque todos os ingredientes da marinada em uma panela pequena e aqueça até o açúcar dissolver. Cozinhe até restar cerca de 175 ml. Deixe esfriar. Faça quatro pequenas incisões de cada lado de cada filé, depois coloque-os sobre um prato de vidro ou porcelana e despeje três quartos da marinada por cima. Vire os filés para que fiquem completamente revestidos com a marinada e mantenha na geladeira por mais 2 horas mais ou menos.

3 Prepare um wok ou defumador de fogão (p. 114 e 119) e coloque o peixe sobre a grade. Defume por 20 minutos; pincele a marinada depois dos 10 primeiros minutos, e repita 3 minutos antes do final do cozimento.

4 Continue a defumar até o salmão ficar cozido. Deixe no defumador ou no wok por mais 20 minutos ou mais, para permitir que os sabores penetrem na carne, depois deixe esfriar, embrulhe em papel-alumínio e mantenha na geladeira por 2 dias (eu prefiro comê-lo frio). Tire da geladeira antes de servi-lo, para que não fique gelado demais.

experimente também

SALMÃO DEFUMADO A QUENTE COM SOJA, MEL E CINCO ESPECIARIAS CHINESAS

O tipo de prato agridoce que eu adoro — a fumaça só o torna ainda melhor. Frio, esse salmão rende uma linda salada (experimente-o em vez do frango na salada da p. 124).

Coloque 4 filés grossos de salmão em um prato com sal e açúcar, como na p. 119. Lave o peixe e ponha-o de volta no prato. Mantenha na geladeira por 2 horas. Para fazer a marinada, acrescente 4 colheres (sopa) de shoyu, 5 colheres (sopa) de mel, 3 colheres (sopa) de açúcar mascavo, 1 dente de alho bem picado, um pedaço de 2 cm de gengibre fresco fatiado, ¼ de colher (chá) de 5 especiarias chinesas e um bom tanto de pimenta-do-reino moída na hora em uma panela e leve à fervura. Reduza o fogo e cozinhe até reduzir em cerca de um terço, depois deixe esfriar. Coe para retirar o gengibre. Faça os cortes no peixe e deixe marinar como indicado acima. Prepare o defumador como nas p. 114 e 119, e defume o peixe por 20 minutos. Após 10 minutos, pincele mais marinada. Após 20 minutos, verifique se o salmão está cozido. Sirva quente (pincelado com um pouco mais da marinada, se quiser) com arroz e bok choy (ou acelga) refogada. Rende 4 porções.

vieira defumada a quente

Eu costumava comprar vieiras defumadas todo Natal da Hebridean Smokehouse, em Uist, na Escócia. As deles são defumadas a frio, por isso tem um sabor de fumaça mais forte do que estas aqui, mas defumar a quente é uma opção deliciosa e você tem a vantagem de comê-las aquecidas. É possível defumar camarões bem gorduchos exatamente da mesma maneira.

6 porções
18 vieiras bem gorduchas e muito frescas

30 g de sal marinho grosso
1 colher (sopa) de serragem de carvalho

1 Remova os corais — eles ficam murchos e não têm um gosto tão bom quando defumados a quente — e procure o tendão ao redor de cada vieira. Remova-o, pois ele endurece durante o cozimento.

2 Polvilhe sal nos dois lados das vieiras e deixe-as descansar por 30 minutos. Lave, seque, coloque em um prato limpo e mantenha na geladeira. Deixe secar por 1 hora.

3 Prepare o wok ou um defumador de fogão (p. 114 e 119). Coloque as vieiras na grade. Cozinhe por 12 minutos em fogo baixo, depois verifique; algumas estarão cozidas, outras podem precisar de 2 minutos a mais, mas não deixe passar muito. As vieiras devem ficar bem ao ponto. Sirva imediatamente, com pimenta-do-reino moída na hora e um pouco de suco de limão-siciliano.

como usar

Além de comer só com suco de limão, você pode fazer uma salada incrível com vieiras defumadas e tiras de toucinho quentes e crocantes, misturadas com um molho vinagrete e lentilhas puy ou folhas verdes. Além disso, experimente colocá-las por cima de algumas folhas levemente temperadas junto com fatias de batata cozida, derramar um pouco de manteiga quente derretida por cima e salpicar com raiz-forte fresca ralada. Elas também ficam boas quentes com cogumelos salteados e inhame ou com inhame e pedaços de linguiça frita.

experimente também

LINGUIÇA DEFUMADA A QUENTE

Linguiças não precisam de preparação — não se deve nem mesmo picá-las — você só precisa preparar o seu defumador. Elas rendem a melhor comida de fogueira: pegue-as do defumador, coloque-as em pãezinhos quentes e complete com um bom relish.

Compre linguiças apetitosas, de boa qualidade. Aquelas com páprica defumada rendem um bom lanche espanhol com tomates assados, enquanto linguiças de cordeiro finas, típicas do Oriente Médio, ficam boas em pão sírio, salada e molho de pimenta.

Coloque suas linguiças na prateleira do defumador deixando espaço para a fumaça circular. Defume em fogo baixo por 20 minutos (linguiças finas precisam de apenas 15 minutos), depois confira para ver se estão cozidas. Se não, defume por mais 4 minutos. Fatie-as quentes e misture com batatas, folhas de espinafre e molho de mostarda ou sirva com lentilhas verdes e mostarda de Dijon.

truta defumada no wok com endro

Truta não é o meu peixe favorito — sempre acho que tem gosto de lama — mas defumada ela realmente se transforma. A pele adquire uma cor bronzeada muito bonita.

2 porções

PARA A SALMOURA
120 g de sal marinho
100 g de açúcar mascavo
3 colheres (chá) de semente de kümmel levemente esmagada
um punhado de endro picado

PARA A TRUTA
2 trutas pequenas inteiras, limpas e evisceradas
cerca de 6 ramos de endro
1 colher (sopa) de serragem de carvalho

1 Coloque todos os ingredientes da salmoura em uma panela com 1 litro de água fervente e mexa para ajudar a dissolver o sal e o açúcar. Deixe esfriar completamente.

2 Lave as trutas muito bem e retire o resto de sangue de dentro. Você pode fazer três cortes na carne de cada lado se quiser que a salmoura penetre mais. Coloque-as em um recipiente de vidro ou porcelana e despeje a salmoura por cima — o peixe deve ficar completamente submerso — e então mantenha na geladeira por 1 hora.

3 Lave o peixe, coloque em um prato limpo e seco e mantenha na geladeira para secar por cerca de 3 horas.

4 Coloque ramos de endro dentro de cada peixe. Prepare um wok (p. 114) e coloque a serragem no fundo.

5 Arrume no wok uma grade grande o suficiente para a truta. Se você não tiver uma grade, improvise com espetos de metal. Disponha o peixe sobre ela, deixando espaço para a fumaça circular, e coloque a tampa. Ela deve se encaixar bem, ou então vede bem usando papel-alumínio. Leve ao fogo médio. Quando as primeiras colunas de fumaça aparecerem, reduza o calor e defume por 15 minutos. Verifique se o peixe está cozido e deixe cozinhar mais um pouco se não estiver. Deixe-o no wok por 15 minutos para os sabores penetrarem. Consuma em até 24 horas.

como usar

Coma quente ou frio junto com batata quente e creme de leite, cebolinha e tiras de toucinho frito ou então batatas e favas com um molho de endro adocicado. Também fica ótimo com um risoto de alho-poró.

experimente também

TRUTA DEFUMADA COM AÇÚCAR

O açúcar dá uma cor bronzeada forte e maravilhosa e um sabor defumado e adocicado. Misture 45 g de açúcar mascavo com 60 ml ou 4 colheres (sopa) de vinagre de maçã e mexa até o açúcar dissolver. Prepare a truta como acima (sem o endro) e pincele-a com a marinada após a salmoura, pouco antes de defumá-la. Rende 2 porções.

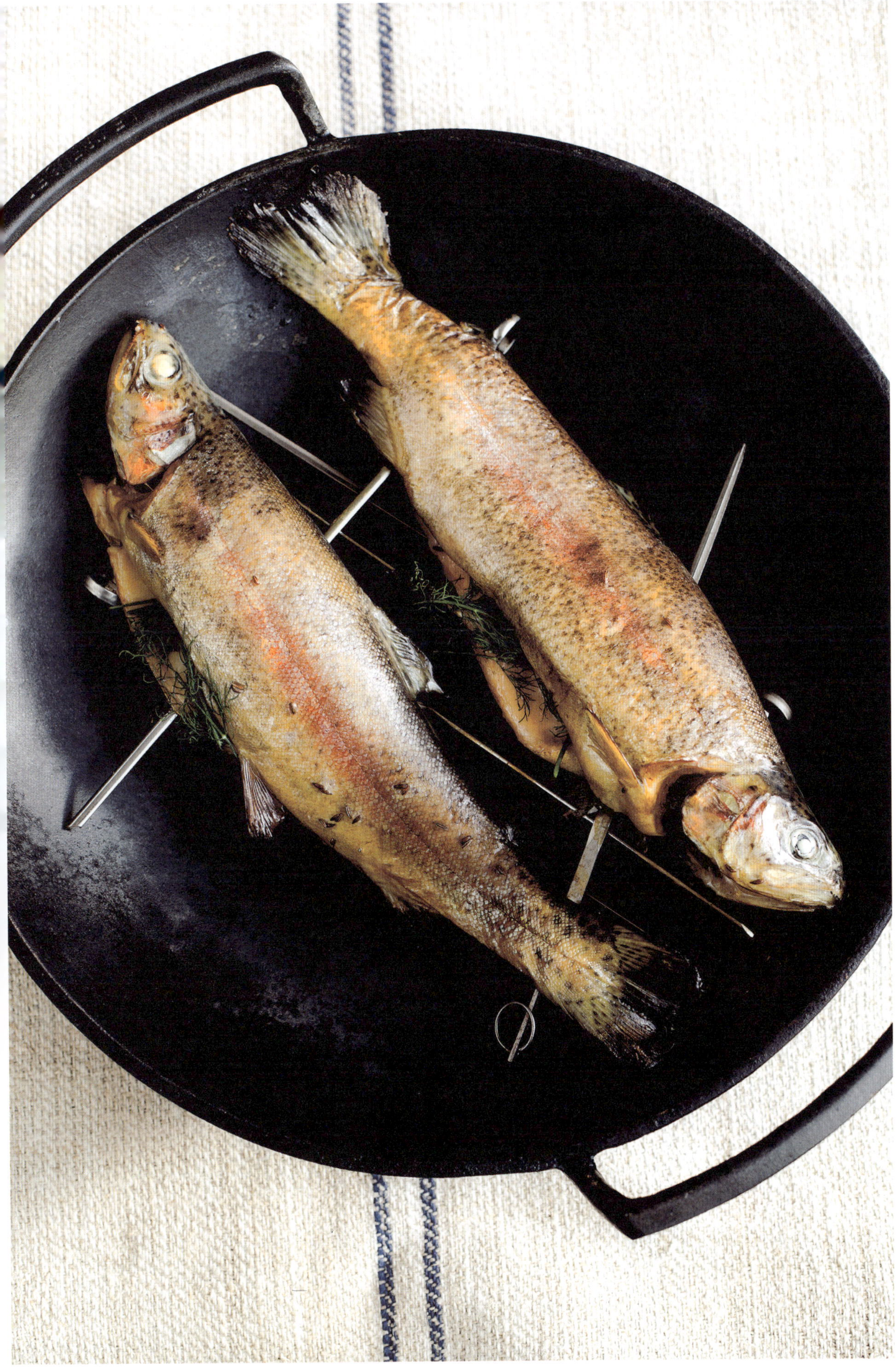

frango defumado no carvalho com salada de manga e coentro ao molho de gengibre

Por anos essa foi uma das minhas saladas preferidas — ela é muito irresistível — mas eu não estava satisfeita com o frango defumado fatiado disponível, e comprar meio frango defumado ou um inteiro era um absurdo de caro. Ao defumar o seu próprio peito de frango, você pode comê-lo sempre que quiser.

4 porções

PARA A SALMOURA
50 g de sal marinho
50-75 g de mel
½ colher (sopa) de pimenta-do-reino levemente amassada

PARA O FRANGO
3 peitos de frango (com ou sem pele)
1 colher (sopa) de serragem ou aparas de carvalho

PARA O MOLHO
1 colher (sopa) de vinagre de arroz
suco de 1 limão e mais, se necessário
4 colheres (sopa) de óleo de cozinha
1 pedaço de gengibre em conserva picado
3 colheres (sopa) de xarope de gengibre (do frasco de gengibre em conserva)
2 dentes de alho bem picados
2 pimentões vermelhos cortados ao meio, sem sementes e picados
cerca de ¼ de colher (sopa) de molho de peixe ou a gosto

PARA A SALADA
1 manga grande madura
150 g de folha de salada (eu gosto de agrião e espinafre)
15 g de folha de coentro

1 Para fazer a salmoura, basta colocar todos os ingredientes em uma panela com 1 litro de água fervente e mexer para ajudar a dissolver o sal. Deixe esfriar completamente.

2 Coloque os peitos de frango em um prato raso de vidro ou cerâmica e perfure cada um algumas vezes com um garfo. Despeje a salmoura fria por cima e deixe por 3 horas na geladeira.

3 Retire o frango da salmoura e lave rapidamente. Devolva-o à geladeira por mais 4-8 horas para o sal penetrar melhor (não deixe mais tempo do que isso ou vai ficar muito salgado).

4 Prepare um wok ou um defumador de fogão (p. 114 e 119). Coloque a serragem no fundo. Arrume por cima uma grade grande o suficiente para o frango. Disponha o frango sobre ela, certificando-se de que há espaço para a fumaça circular. Leve ao fogo médio. Quando a fumaça aparecer, reduza o calor e defume por 30 minutos. Verifique se o frango está cozido cortando um peito ao meio; não deve estar rosa. Se estiver, defume por só mais 4 ou 5 minutos. Deixe esfriar ou sirva quente. Fatie cada peito (se você preparar com antecedência, consuma em 2 dias).

5 Para o molho, misture tudo e prove para saber se há um bom equilíbrio entre os sabores picante, azedo, doce e levemente salgado. Descasque a manga e retire o caroço. Corte cada metade da manga em fatias horizontais na espessura de uma moeda de 50 centavos. Se você conseguir fazê-lo perfeitamente, corte também as laterais da manga (ainda no caroço) em fatias também. Se não — às vezes ela está muito madura — use a polpa restante para um suco.

6 Misture levemente as folhas da salada, o coentro, a manga, o frango e o molho (sem quebrar a manga) ou coloque todos os ingredientes em um prato e regue com o molho por cima.

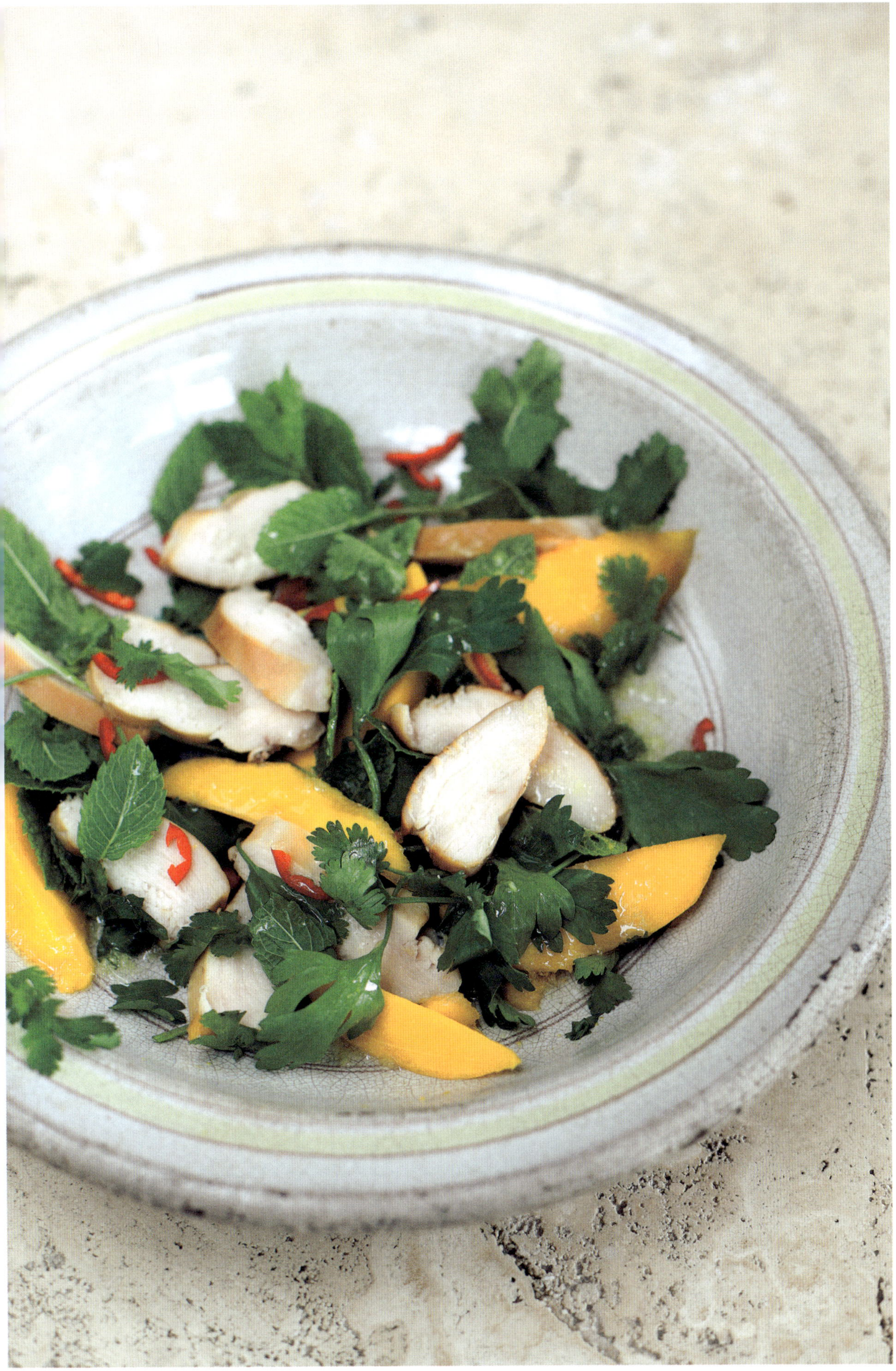

peito de pato defumado a quente

O primeiro pato defumado que eu provei foi em uma salada com alface-de-cordeiro, vagem, avelãs e um molho com óleo de nozes. Eu adorei. Depois disso, gastei uma fortuna ao longo dos anos comprando pato defumado sempre que eu achava. Uma vez até comprei um pato defumado inteiro na Harrods (a um preço absurdo) para um aniversário. Gostaria de ter conhecido já naquela época as alegrias de defumar em casa. É muito fácil e tem um sabor absolutamente sublime. Você pode servi-lo quente ou deixá-lo esfriar e fazer uma salada como a anterior.

2 peitos

PARA A CURA

150 g de sal marinho grosso

150 g de açúcar mascavo

2 colheres (chá) de pimenta-do-reino moída na hora

4 folhas de louro esmagadas

PARA O PATO

2 peitos de pato grandes

2 colheres (sopa) de serragem ou aparas de carvalho

1 Misture todos os ingredientes para a cura. Coloque metade em um prato de vidro ou porcelana e ponha o pato por cima com a pele virada para baixo. Cubra com o resto da cura e mantenha na geladeira por 2 horas.

2 Lave rapidamente os peitos de pato e seque-os com papel-toalha. Arrume-os sobre um prato e mantenha na geladeira por 8 horas para secar. Você vai perceber que a carne está um pouco mais firme e levemente pegajosa.

3 Prepare um wok ou um defumador de fogão (p. 114 e 119) com a serragem de carvalho, coloque o pato sobre a grade e defume em fogo baixo por 20 minutos. A carne deve ficar dourada por fora e rósea — não crua — por dentro. Verifique com um corte na carne. Se não estiver pronta, defume mais 4 minutos.

4 Deixe o pato descansar por cerca de 10 minutos antes de comer (veja a versão ligeiramente diferente abaixo, se quiser servir quente com a pele crocante) ou envolva-o em papel-alumínio quando estiver frio e mantenha na geladeira por 2 dias, e sirva à temperatura ambiente.

se você quiser servi-los quentes...

...fica melhor se você dourar a pele. Salgue e seque como indicado acima, depois faça três cortes na gordura. Aqueça uma frigideira até ficar bem quente. Coloque o pato com a gordura virada para baixo. Cozinhe por 2 minutos, até dourar. Defume a quente como indicado acima.

experimente também

Pato defumado a quente com os temperos do Frango defumado com bordo e bourbon (à direita). Pincele a marinada depois de 10 minutos de cozimento e de novo depois de 5 minutos antes do fim. Passe mais um pouco depois de cozido.

como usar

Faça uma das minhas saladas favoritas: fatie o pato e misture com agrião ou espinafre, nozes e vinagrete com óleo de nozes. Você pode juntar figos grelhados também (nesse caso, use um Vinagre de figo roxo, p. 90, para o vinagrete).

frango defumado com bordo e bourbon

Bordo e bourbon são uma ótima combinação. É uma comida excelente para aquelas noites quentes do fim do verão. Se quiser uma pele dourada, brilhante e crocante, você pode finalizar no forno em vez de cozinhar só no defumador.

6 porções

PARA A SALMOURA
300 ml de maple syrup
175 g de sal marinho
100 g de açúcar mascavo
200 ml de bourbon
4 ramos de tomilho
1 colher (sopa) de pimenta-da-jamaica em grão

PARA O FRANGO
1 frango com cerca de 1¾ kg

PARA GLACEAR
150 ml de maple syrup
150 ml de bourbon
50 g de açúcar mascavo
½ colher (chá) de pimenta-calabresa ou pimenta-de-caiena ou a gosto (opcional)

1 Para fazer a salmoura, coloque 2 litros de água fervente em uma panela grande e acrescente todos os ingredientes. Aqueça levemente, mexendo para ajudar a dissolver o sal e o açúcar, depois deixe esfriar. Fure o frango inteiro com um palito. Junte 2 litros de água fria na salmoura. Se houver espaço para mergulhar o frango na panela, faça isso ou transfira a salmoura para um balde bem limpo ou uma caixa de plástico grande e mergulhe o frango. Ponha um prato por cima para deixá-lo completamente submerso. Mantenha na geladeira (eu retiro as gavetas de baixo e coloco o frango ali) por 24 horas.

2 Retire o frango da salmoura e sacuda o excesso de líquido. Seque-o com cuidado com papel-toalha, coloque-o sobre um prato e mantenha na geladeira para secar por 12 horas.

3 Para fazer a marinada de glacear, basta misturar os ingredientes em uma panela. Leve à fervura, mexendo sempre para ajudar a dissolver o açúcar. Reduza o fogo e cozinhe até formar uma calda. Você deve obter cerca de 250 ml. Deixe esfriar: isso é importante, pois ela vai engrossar. Se você tentar aplicar a marinada enquanto estiver quente, ela vai escorrer e não vai glacear a superfície.

4 Prepare um wok ou um defumador de fogão (pp. 114 e 119). Com qualquer um deles, você não terá uma tampa que cubra o frango, então coloque o frango na grade e use uma camada dupla de papel-alumínio para cobrir, deixando espaço para o ar circular. Vede bem em torno das bordas para a fumaça não escapar.

5 Leve ao fogo médio e espere até começar a fazer fumaça. Reduza o fogo e cozinhe por cerca de 2h15 a 2h30, pincelando com a marinada cerca de três vezes durante esse período.

6 Você pode cozinhar o frango totalmente só com a fumaça, ou finalizar no forno para deixar a pele crocante. Para fazer isso, depois que o frango estiver defumado por 2 horas, asse-o no forno preaquecido a 190°C por 15-30 minutos ou até que a marinada tenha formado uma cobertura brilhante e escura e o frango esteja cozido. Está cozido quando o suco que escorre entre as coxas e o corpo estiverem claros, sem nenhum traço de rosa. Se a marinada ficar muito escura, cubra a ave com papel-alumínio. Sirva quente (fica uma delícia com batata cozida ou arroz e salada) ou deixe esfriar e coma frio em até 2 dias.

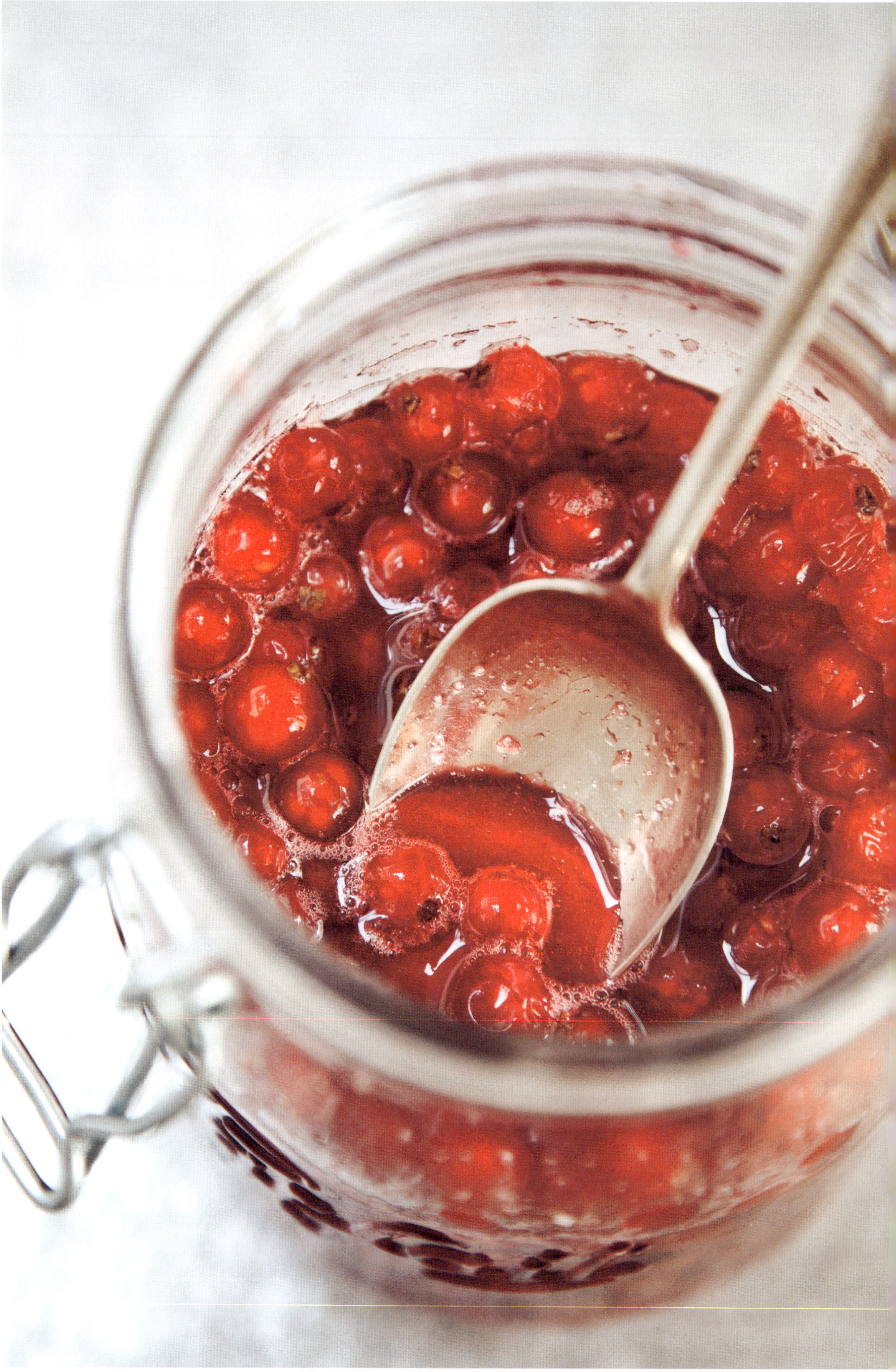

licores, bebidas, xaropes e compotas

Este capítulo é um verdadeiro tesouro de prazeres pecaminosos. Nada do que está aqui é de fato necessário. Algumas dessas conservas ainda custam dinheiro (além daquelas frutas baratas ou gratuitas), pois levam álcool. Mas quando você mesmo faz o xarope de cereja para derramar sobre um sorvete, o licor de maçã gelado para arrematar um jantar ao estilo Leste Europeu, ou a limonada caseira para sua família, vai exalar o brilho que nos dá o prazer de oferecer algo especial de verdade.

E depois que você colocou uma vez uma pera Williams madura em um grande frasco de vidro com metade de uma noz-moscada, uma tira da casca de um limão-siciliano e um jorro de vodca cristalina, você vai querer fazer isso novamente. Observar a pera transformar a bebida transparente em um tom dourado outonal profundo, ver como o líquido aumenta e distorce a forma da fruta, isso dá uma emoção plácida. É capturar algo de uma beleza verdadeira. E que cores ao fazer licores: groselhas dão o tipo de vermelho-claro e vivo que as crianças gostam, ameixas dão um carmesim que faz pensar em conclaves eclesiásticos, laranjas dão um tom de âmbar cálido que é como o fim de um dia quente.

Quando eu era criança, ouvia algo aqui e ali sobre as bebidas feitas nas casas das pessoas: vinho de dente-de-leão, licor de espinheiro e, como eu sou da Irlanda, alambiques e outros destilados ilegais de quintal que havia por ali. Para mim, aquilo tudo parecia mágico. Depois de adulta eu consigo dizer não a bebidas de alambique, e nunca tive interesse em fazer cerveja em casa, mas adoro licores caseiros. Na França, alguns deles são chamados de *vins de fenêtre*, porque as garrafas e frascos ficam nos peitoris das janelas amadurecendo no calor. E eles não são feitos só com frutas, mas também com nozes verdes, caroço de damasco, folha de pêssego, lavanda, ervas e especiarias. Alguns nem são adoçados — como o riquiqui, um licor de tomilho —, são apenas bebida alcoólica com infusão de ervas.

Bebidas parecidas são feitas na Rússia, na Europa Oriental e na Escandinávia. É parte da tradição — mais importante ainda em lugares onde faz muito frio — capturar o sabor do verão para gozá-lo durante o resto do ano. Mas os nomes e aromas variam. Os escandinavos adicionam ingredientes à vodca — endro, raiz-forte, hortelã, gengibre, coentro, canela — para fazer o que eles chamam de schnapps, o qual, em geral, não é adoçado, embora frutas sejam às vezes utilizadas para dar-lhe um frutado delicado (mirtilo é uma das preferidas).

Os escandinavos também têm o aquavita (muitas vezes feito de um destilado à base de batata), que é fortemente aromatizado com especiarias (e até absinto) e pode ser envelhecido em barris de carvalho. É possível fazer em casa um bom simulado de aquavita (os comerciais são muito caros) adicionando-se uma mistura de sementes de kümmel, endro, erva-doce e coentro (6 colheres (chá) ao todo) mais 1 anis-estrelado e um pedaço de canela em pau e uma garrafa de

1 litro de vodca. Aguarde 3 semanas. Prove para ver se está com o sabor que você quer, coe e engarrafe novamente.

Na Rússia, vodcas doces e aromatizadas são feitas com caroço de pêssego e damasco, framboesa, ameixa, cereja, pétalas de rosa e especiarias (Elena Molokhovets distingue entre "vodcas doces ou ratafias" e vodcas muito doces, como licores, em seu livro *Classic russian cooking*, "Culinária russa clássica", em tradução livre). Mas as vodcas sem açúcar, aromatizadas com limão, kümmel, anis, pimenta, chá, zimbro e açafrão (muito parecido com o schnapps escandinavo) são mais populares. Essas vodcas são uma presença importante na mesa zakuski (uma seleção de antepastos russos, leia sobre isso na p. 229), então vale a pena preparar alguma se você estiver planejando esse tipo de banquete. No conto *Ida*, de Ivan Bunin, o narrador descreve um almoço de Natal no restaurante deserto do Grande Hotel de Moscou. É um dia cinzento, mas as mesas estão preparadas com "toalhas de mesa engomadas e brancas como a neve" cobertas por uma série de destilados de cores diferentes, salmão, esturjão, mariscos sobre gelo moído e um bloco negro de caviar, uma seleção zakuski muito luxuosa. "Nós começamos", escreve ele, com certa expectativa, "com uma vodca de pimenta..."

Na Polônia e em certas partes da ex-União Soviética, vodcas doces e picantes são mais populares (há uma bela receita de Vodca gdansk neste capítulo, consulte a p. 155). Algumas delas devem ser bebidas quentes ao invés de frias. A vodca ucraniana com mel e especiarias é aromatizada com frutas secas — que são, na verdade, cozidas na vodca — antes da bebida ser peneirada e servida quente.

Na Grã-Bretanha há o sloe gin e o gim de ameixa, bebidas das quais os ingleses deveriam ficar muito orgulhosos, e eles já tiveram ratafias (há uma receita de Ratafia de marmelo na p. 144), que foram da França no século XVII. Ratafia é nada mais que um licor de frutas à base de conhaque, uma ótima pedida para se fazer em casa — são muito saborosos — mas, como o conhaque hoje é muito mais caro do que quando eles entraram na moda, o custo os torna proibitivos. Ou talvez as pessoas simplesmente não os conheçam.

Os ingleses se dão bem melhor com os licores de frutas que com os tragos de bêbado (e, de fato, cerca de 38 milhões de garrafas de um suco de uma marca famosa por lá, Ribena, usado para fazer bebidas alcoólicas quentes, são vendidos a cada ano). Há também uma satisfação verdadeira em fazer licores — até as crianças adoram observar um líquido de cor viva fluir para dentro da garrafa — e eles são econômicos. Mas, se você não quiser ter o trabalho de fazer um banho-maria, eles podem ser um deleite sazonal.

Engarrafar frutas no álcool — seja vodca, aguardente, conhaque ou uísque — é simples, pois o álcool age como conservante. Não há nenhuma necessidade de preparar nada. Com muito pouco esforço, você pode lotar a despensa com potes e potes desses prazeres. Cerejas, pêssegos, ameixas, damascos e ameixas secas (você pode usar tanto frutas frescas quanto secas) são todas fáceis de embriagar com conhaque, vodca, aguardente ou rum e de guardar em um esconderijo secreto.

O único aviso que dou é que eu tenho uma certa tendência de acumular o meu estoque de licores e frutas no álcool. Eles duram muito tempo (um pote de ameixas no conhaque ficou guardado por tantos anos que a calda se tornou tão espessa e escura como um melado), mas você deve consumi-los ou dá-los de presente. Não há razão nenhuma em capturar um sabor no álcool e, depois, achar que não há ocasião especial o suficiente para justificar sua abertura. Essas preparações são para festinhas em noites frias e chuvosas ou almoços de domingo invernais entre amigos. É aí que você anseia por damascos no moscatel ou cerejas em *eau de vie*. Então pegue um pote e regale-se.

crème de cassis

Crème de cassis é o licor que eu mais uso. É muito fácil e gratificante fazer o seu. Acho que conhaque fica melhor do que gim, mas use o que você tiver (ou puder pagar). É possível fazer crème de mûre (com amora) e crème de framboise (com framboesa) da mesma forma.

1 garrafa de 750 ml
500 g de groselha-preta (cassis) sem o talo

600 ml de conhaque ou gim
cerca de 275 g de açúcar refinado

1 Coloque as groselhas em um pote grande com tampa. Esmague as bagas (eu uso um pilão, como se fosse amassar os ingredientes para um coquetel). Despeje o álcool por cima e tampe. Deixe em um local fresco e escuro por 2 meses.

2 Coe a bebida com uma peneira de náilon em uma jarra medidora. Para cada 600 ml de líquido, adicione 175 g de açúcar. Misture bem, cubra e deixe por 2 dias, mexendo de vez em quando para o açúcar dissolver.

3 Forre uma peneira de náilon com musselina e coe para uma garrafa. Vede e aguarde 6 meses antes de usar. Dura 1 ano.

aguardente de ameixa e amêndoa

Eu me deleitei lendo *The Elusive Truffle* ("A trufa indescritível", em tradução livre), livro de Mirabel Osler sobre suas comilanças pela França. O capítulo sobre a Alsácia era chamado "Ameixas-amarelas trincando de tão geladas". Ela se referia à eau de vie que existe por lá, mas o licor dessa receita (quando faço com ameixas-amarelas) é a *minha* ameixa-amarela. E fica uma delícia trincando de tão gelado. Você pode usar vodca em vez de cachaça.

1 frasco de 1 litro
500 g de ameixa pequena firme, mas madura, do tipo rainha-cláudia ou ameixa-amarela

200 g de açúcar cristal
35 g de amêndoa sem pele
200 ml de cachaça

1 Lave as ameixas, pique cada uma quatro vezes com um palito e coloque-as em um frasco esterilizado com tampa de presilha ou de rosca, polvilhando generosamente açúcar e amêndoas no decorrer do processo. Encha bem e cubra com uma camada grossa de açúcar, depois despeje a cachaça. Coloque um pequeno pires por cima para fazer peso sobre as frutas e deixá-las sob o álcool.

2 Feche com uma tampa e deixe em local fresco e escuro por 6 meses (ou mais), agitando de vez em quando. Garanta que o álcool cubra as frutas e adicione mais, se precisar. A aguardente dura mais de 1 ano.

como usar

Isso aqui rende algumas ameixas deliciosas de comer — aqueça-as com mais açúcar — e algumas taças de licor. A fruta fica deliciosa com sorvete de amêndoa.

confiture de vieux garçon

Ele também é conhecido como *rumtopf* na Alemanha, e tanto a França quanto a Alemanha reivindicam suas origens. Eu adoro o nome em francês. Por lá, um homem de meia-idade que fica para titio é chamado de *vieux garçon* e, presumivelmente, como ele não tem esposa, isso é a melhor coisa que ele pode fazer para ter uma sobremesa durante o inverno. É uma maneira ótima e preguiçosa de se conservar frutas, feita apenas com algumas camadas de açúcar e álcool (você pode usar cachaça, conhaque ou kirsch). Tradicionalmente adicionam-se as frutas no frasco quando é época delas durante o verão, mas você pode fazer tudo de uma vez só, se preferir. É puro deleite comido em um dia frio de inverno ou no Natal.

Você precisa usar frutas maduras no ponto e em perfeitas condições. As únicas frutas que não são adequadas são groselhas normais (embora você possa usar as variedades de comer, menos azedas) e melão (fruta muito úmida que dilui o álcool, aumentando assim a possibilidade de fermentar ou embolorar). Frutas cítricas também não funcionam muito bem. Frutas vermelhas ficam muito moles, mas eu não me importo (embora eu prefira sem morangos).

Teoricamente, faz-se uma camada com as frutas em um pote de cerâmica, mas eu costumo usar um pote de vidro, para poder vê-las. Mas certifique-se de mantê-lo em algum local fresco e escuro.

1 frasco de 2½ litros
450 g de fruta preparada

250 g de açúcar refinado
cachaça, conhaque ou kirsch, para cobrir

1 Lave as frutas e seque-as delicadamente. Morangos devem ter o chapéu removido; framboesas e todas as frutas vermelhas e uvas precisam ter os cabinhos removidos. Corte ao meio, retire o caroço e fatie (ou corte em quatro) as frutas com caroço.

2 Espalhe uma camada de frutas em uma bandeja grande e polvilhe o açúcar, virando-as de forma que fiquem cobertas por inteiro. Deixe descansar por cerca de 1 hora.

3 Transfira a fruta açucarada para um frasco de boca larga e cubra completamente com a bebida alcoólica. Coloque um pires por cima para ajudar a manter as frutas submersas, depois cubra a boca do frasco com filme de PVC e, finalmente, feche com a tampa. Guarde em um local fresco e seco até adicionar o próximo lote de frutas e só mexa a mistura no final, quando você for servir.

4 Quando for chegando a época de outras frutas, misture-as com metade do seu peso em açúcar e repita o processo, substituindo o pires por outro limpo e usando um pedaço novo de filme de PVC. Quando tiver adicionado o último lote de frutas (você pode adicionar figos cortados ao meio e fatias de peras descascadas no início do outono), complete com mais álcool, tampe e rotule. Deixe descansar por pelo menos 1 mês. Encha novamente com mais álcool, se achar necessário (as frutas devem ficar completamente cobertas). A "geleia do velho rapaz" dura 1 ano.

como usar

Não faça nada extravagante — basta servir em taças, copos ou, como fazem os franceses, em xícaras de café, depois de uma refeição. Eu gosto de colocar um pouco de creme de leite, também. O álcool rende uma bebida maravilhosa depois de gelado ou misturado a um vinho espumante.

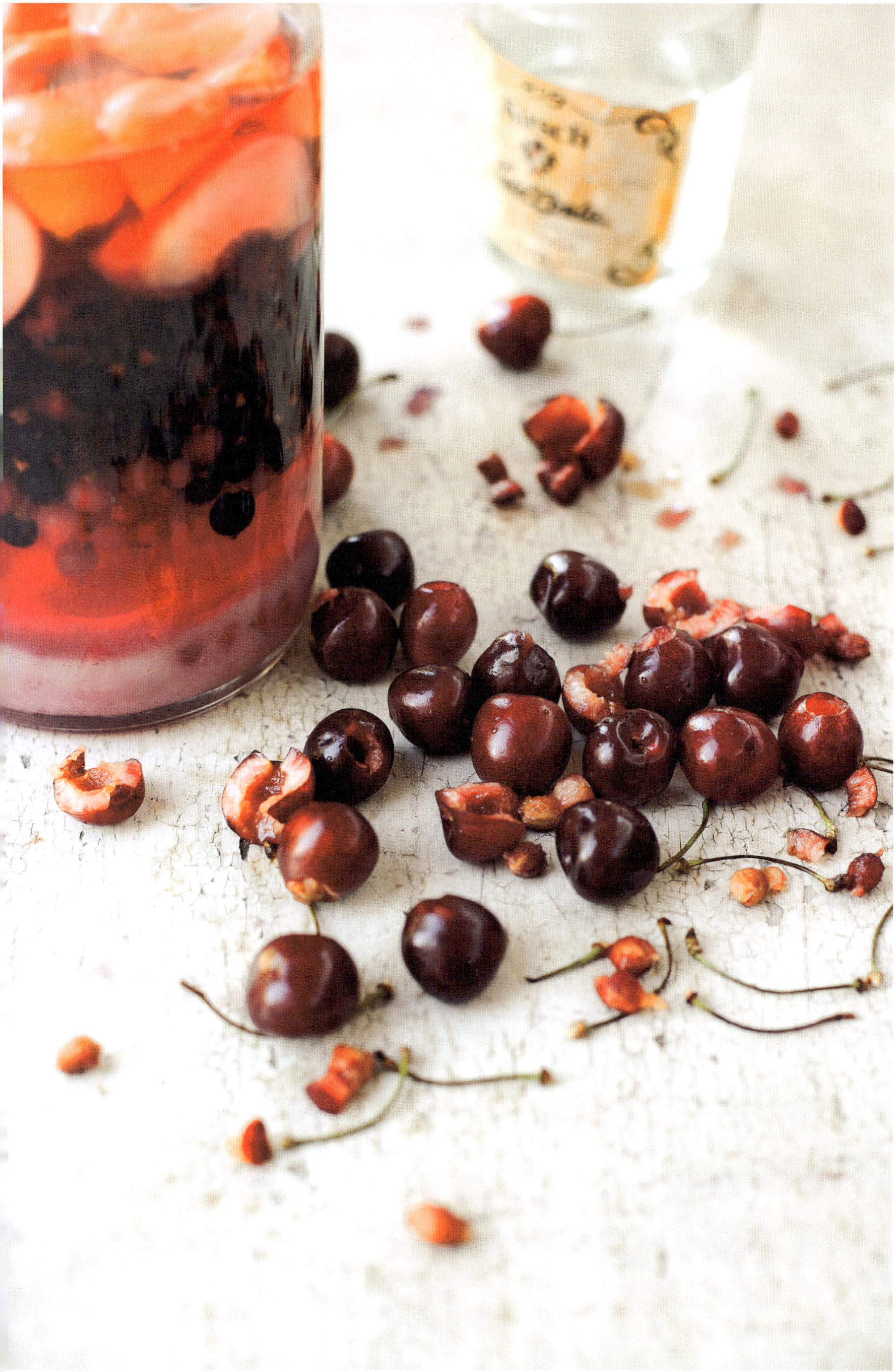

socorro sulista caseiro

Os norte-americanos são muito bons em fazer mimos simples profundamente reconfortantes. Este aqui, de fato, socorre. É bom tanto em uma noite tempestuosa de inverno quanto no auge do verão.

1 garrafa de 1 litro
4 pêssegos cortados ao meio
suco e raspas da casca de 1 laranja
750 ml de bourbon
150 g de açúcar cristal

1 Coloque os pêssegos — com o caroço — em um frasco esterilizado de 1 litro e adicione o suco de laranja e as raspas. Despeje o bourbon, utilizando um pires para manter os pêssegos sob o álcool. Deixe descansar por 6 semanas.

2 Aqueça o açúcar em fogo brando com 80 ml de água, mexendo para ajudar a dissolver o açúcar. Deixe esfriar. Coe o licor e adicione-o à calda de açúcar. Agite bem, depois coloque em um frasco limpo e vede. Deixe descansar pelo menos 2 semanas antes de beber. Mantenha à temperatura ambiente. Dura quase indefinidamente.

como usar

Beba à temperatura ambiente, puro, com gelo ou água com gás. É delicioso com sorvete ou misturado a um chantili para servir com pêssegos em calda.

pêssego no conhaque

Você pode cortar os pêssegos ao meio para fazer essa receita (assim ocupam menos espaço no pote), mas as frutas inteiras ficam lindas. No entanto, é importante que eles sejam pequenos para ficar fácil escaldá-los por inteiro.

2 frascos de 1 litro
1½ kg de pêssego pequeno, amadurecido no ponto
600 g de açúcar cristal
1 pau de canela (opcional)
cerca de 600 ml de conhaque e mais, se necessário

1 Mergulhe os pêssegos em água fervente por 1 minuto para depois, delicadamente, retirar as peles.

2 Coloque metade do açúcar em uma panela com 700 ml de água e a canela, se for usar. Leve ao fogo, mexendo para ajudar a dissolver o açúcar, depois deixe ferver. Junte os pêssegos e escalde-os suavemente, girando-os até ficarem macios. Transfira as frutas para uma tigela e reserve a calda.

3 Adicione o açúcar restante à calda reservada e deixe ferver em fogo baixo, mexendo sempre para ajudar a dissolver o açúcar. Ferva o líquido até atingir 105°C, depois retire-o do fogo. Deixe esfriar.

4 Meça a calda e adicione uma quantidade igual de conhaque. Coloque as frutas em frascos esterilizados, despeje a calda por cima e vede (a calda deve cobrir as frutas; acrescente mais conhaque, se não cobrir). Aguarde 1 mês antes de comer. Dura uma eternidade.

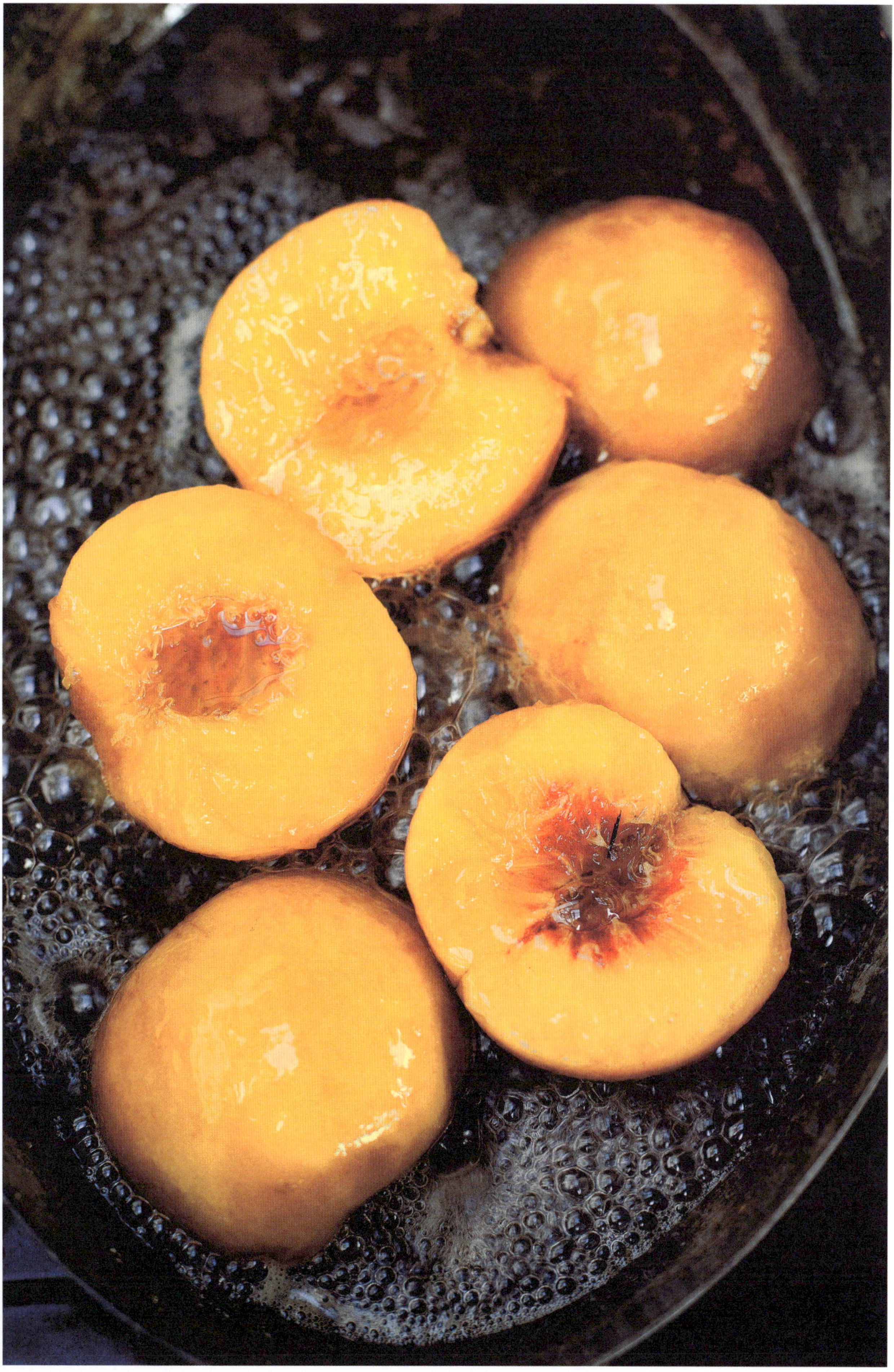

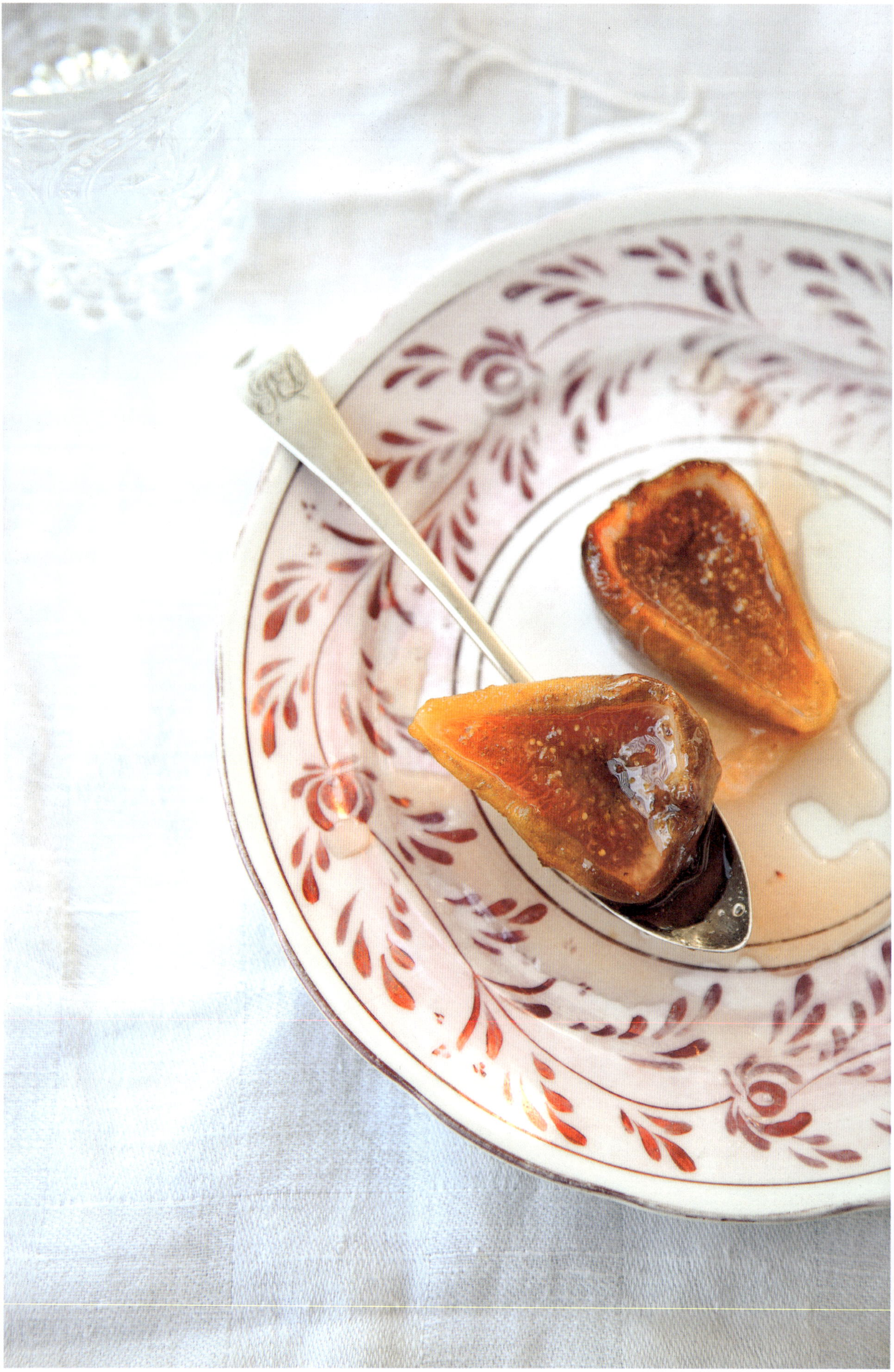

doces de colher

Li pela primeira vez sobre o costume de se oferecer geleias e compotas a visitas no livro de Claudia Roden, *Book of Middle Eastern food* ("Livro da comida do Oriente Médio", em tradução livre). Ela descreve a prática seguida no Oriente Médio, na Grécia, na Turquia e nos Bálcãs de servir esses doces com uma colher em um pires bem bonito, junto com copinhos d'água. A Grécia reina suprema nessa área, onde existe toda uma gama de doces de colher. Seu atrativo é serem pequeninos e belos, e muitos são aromatizados com água de flores ou folhas perfumadas. São uma maneira de mostrar cuidado com os convidados e oferecer a eles um gostinho das coisas boas da vida. Eu gosto de comê-los com um café forte ao lado, para contrastar com a doçura, e você pode servi-los com iogurte no café da manhã, ou com queijo.

Ao fazer compotas, o fundamental é criar um xarope bastante espesso, de modo que as frutas sejam mantidas em uma densidade alta de açúcar. Certifique-se de ferver a calda de açúcar até atingir a temperatura certa em um termômetro, e não se sinta mal quanto à quantidade de açúcar, pois é isso que conserva as frutas e você só vai comer um pouquinho de cada vez. Frutas cítricas, castanhas e até mesmo botões de flores também são conservados dessa maneira, mas as receitas seguintes são um modo fácil de começar.

compota de melão e figo com malva-de-cheiro

Eu tenho toda uma série de malvas e gerânios perfumados que comprei especificamente para cozinhar (as folhas podem ser usadas para perfumar cremes, sorvetes e compotas). Se você não tem, substitua com cerca de 1 colher (sopa) ou a gosto de água de rosas ou água de flor de laranjeira.

1 frasco de 500 ml
450 g de açúcar cristal
4 folhas de malva-de-cheiro

250 g de melão sem semente e cortado em pedaços de 2,5 cm
250 g de figo cortado ao meio
suco de 1 limão-siciliano

1 Coloque o açúcar com 125 ml de água em uma panela e leve ao fogo baixo até ferver, mexendo sempre para ajudar a dissolver o açúcar. Junte as folhas de malva. Reduza o fogo e cozinhe por 5 minutos. Adicione as frutas e cozinhe por mais 3 minutos. Retire do fogo, tampe e deixe por 24 horas.

2 No dia seguinte, retire as frutas com uma escumadeira (deixe as folhas no xarope por ora, mas tire-as depois que a mistura tiver fervido alguns minutos), adicione o suco de limão e deixe cozinhar até o líquido atingir 110°C em um termômetro de açúcar. Tire do fogo e remova as impurezas da superfície. Adicione as frutas e misture. As frutas devem ficar bem cobertas pelo xarope de açúcar.

3 Transfira para um frasco quente esterilizado e vede bem. Armazene em algum local fresco e escuro. Dura 4 meses.

compota de damasco

Essa é a minha compota favorita, pois os damascos mantêm uma boa acidez e o xarope é um manjar divino.

1 frasco de 1 litro
500 g de açúcar cristal

1 kg de damasco cortado ao meio e sem caroço
suco de 2 limões-sicilianos

1 Coloque o açúcar e 300 ml de água em uma panela e leve ao fogo lentamente até ferver, mexendo sempre para ajudar a dissolver o açúcar. Deixe apurar descoberto por 10 minutos. Junte os damascos e cozinhe por 5 minutos (só até começarem a ficar moles). Retire do fogo, tampe e deixe em temperatura ambiente por 24 horas. Se algum damasco desmanchar, retire-o, mas eles devem estar normais (talvez enrugados).

2 No dia seguinte, retire os damascos com uma escumadeira. Aqueça o líquido até atingir 110°C em um termômetro de açúcar. Retire do fogo. Junte o suco de limão e remova as impurezas. Adicione os damascos e mexa devagar; o xarope deve se ligar ao fruto, cobrindo-o. Transfira para um frasco quente esterilizado e vede bem. Armazene em local fresco e escuro. Dura 4 meses.

compota de cereja

Aqui há duas receitas em uma, *vissino* e *vissinada*, compota e licor de cereja gregos.

1 frasco de 500 ml para as cerejas e 1 frasco de 1 litro para o xarope
900 g de cereja

800 g de açúcar cristal
suco de ½ limão-siciliano

1 Retire o cabinho e o caroço das cerejas, mantendo-as intactas. Coloque o açúcar e 400 ml de água em uma panela e ferva, mexendo sempre para ajudar a dissolver o açúcar. Reduza o fogo e apure por 5 minutos. Junte as frutas e cozinhe por mais 4 minutos. Cubra e deixe descansar 1 dia.

2 No dia seguinte, retire as frutas com uma escumadeira e ferva o líquido até atingir 110°C em um termômetro de açúcar. Desligue o fogo e remova as impurezas da superfície. Devolva as frutas à calda, junte o suco de limão e mexa delicadamente. Transfira para um frasco quente esterilizado, vede bem e guarde em um local fresco e escuro. Coloque a calda restante em um frasco quente esterilizado, vede bem e mantenha na geladeira. Ambos duram 4 meses.

como usar

Ofereça a compota com um queijo grego, como o myzithra, ou com um pecorino ou uma ricota. Para usar o licor, despeje um pouco em um copo de água fria, junte gelo e mexa. Tem um lindo tom cor-de-rosa escuro. Você também pode derramar no sorvete.

ameixa seca do éden

Essas receitas abaixo são uma verdadeira apoteose do prazer de fazer conservas. Elas são caras, luxuosas e muito fáceis. A primeira é bem marcante; a segunda, apesar das aparências, é mais suave. Um bom pote de cada uma é algo ótimo de se ter guardado, seja para beber ou para comer. Certifique-se de ler o parágrafo sobre como usá-las. Goles celestiais o aguardam.

pruneaux à l'armagnac

1 frasco de 1 litro
500 g de ameixa seca
1 fava de baunilha

225 g de açúcar cristal
250 ml de armagnac

1 Coloque as ameixas secas em uma panela e cubra com 300 ml de água. Divida a fava de baunilha e raspe as sementes com a ponta de uma faca. Coloque as sementes e a fava na panela. Leve a água à fervura, depois retire do fogo imediatamente e deixe as ameixas descansarem por uma noite.

2 No dia seguinte, escorra as ameixas, coloque o líquido do molho de volta na panela com o açúcar e leve à fervura, mexendo de vez em quando para ajudar a dissolvê-lo. Junte o armagnac.

3 Coloque as ameixas em um frasco esterilizado com a fava de baunilha e despeje a calda por cima. Vede bem. Deixe descansar por 1 mês antes de usar. Dura 1 ano.

pruneaux au monbazillac

1 frasco de 1 litro
500 g de ameixa seca
150 ml de eau de vie de ameixa ou qualquer aguardente de fruta

150 ml de rum
75 g de açúcar cristal
300 ml de monbazillac (ou outro vinho branco e doce)

1 Coloque as ameixas em uma panela. Despeje a eau de vie e o rum e deixe fremir suavemente, sem chegar a ferver. Retire imediatamente a panela do fogo e deixe as ameixas imersas por uma noite.

2 No dia seguinte, escorra as ameixas e devolva a bebida à panela. Junte o açúcar e ligue o fogo, mexendo para ajudar a dissolvê-lo. Coloque as ameixas em um frasco esterilizado e despeje a calda de álcool por cima. Complete com o monbazillac e cubra generosamente. Vede bem. Aguarde pelo menos 1 mês antes de experimentar. Dura 1 ano.

como usar

Você pode comer puro. E a jornalista gastronômica australiana Stephanie Alexander dá uma receita maravilhosa de um *apéritif agenais*. Coloque 1 ameixa em uma taça. Cubra com o licor e complete com champanhe. Dê colheres compridas aos convidados, para que possam comê-la.

cereja em aguardente de somerset

Comecei a fazer essa receita depois de provar a versão do chef Mark Hix. Ele usa o líquido para fazer o seu coquetel "Hix Fix" e serve as cerejas com uma panna cotta.

1 frasco de 1 ½ litro
1 kg de cereja
150 g de açúcar refinado
1 litro de eau de vie

1 Lave as cerejas e coloque-as em um frasco esterilizado de boca larga, polvilhando-as com o açúcar. Despeje a eau de vie por cima, certificando-se de que as frutas fiquem completamente cobertas.

2 Vede bem e aguarde pelo menos 6 semanas antes de comer, sacudindo o frasco de vez em quando para ajudar a dissolver o açúcar. Sirva as cerejas com sorvete ou panna cotta. Mark Hix engrossa o líquido com um pouco de polvilho doce, mas eu prefiro puro. Dura 1 ano.

damasco ao moscatel

A primeira receita que li disso aqui — nada mais que damascos secos inchados no vinho doce — sugeria um Sauternes. Uma ideia deliciosa, mas na qual nunca investi (se eu me encontro na feliz ocasião de poder pagar por uma garrafa de Sauternes, prefiro bebê-la). Mas você pode usar o moscatel de rivesaltes, o moscatel de beaumes de venise ou qualquer um dos deliciosos vinhos fortificados australianos, que são tão caros como um Sauternes. Eu uso o Brown Brothers Orange Muscat & Flora. Ainda assim não é uma conserva muito baratinha, mas é uma comida dos deuses. Um frasco de conserva perfumado cheio de damascos empanturrados no vinho doce não só propicia uma visão adorável, como também rende uma sobremesa improvisada magnífica (um deleite de verdade) e dura séculos.

1 frasco de 1 litro
500 g de damasco seco
1 garrafa de 750 ml de vinho moscatel

1 Coloque os damascos em um frasco esterilizado (um no qual os damascos ainda caberão depois de terem inchado com o líquido). Despeje o moscatel sobre as frutas e vede bem.

2 Complete com mais álcool se os damascos incharem muito e o líquido não mais conseguir cobri-los. Aguarde pelo menos 1 mês antes de comer. Dura mais de 1 ano.

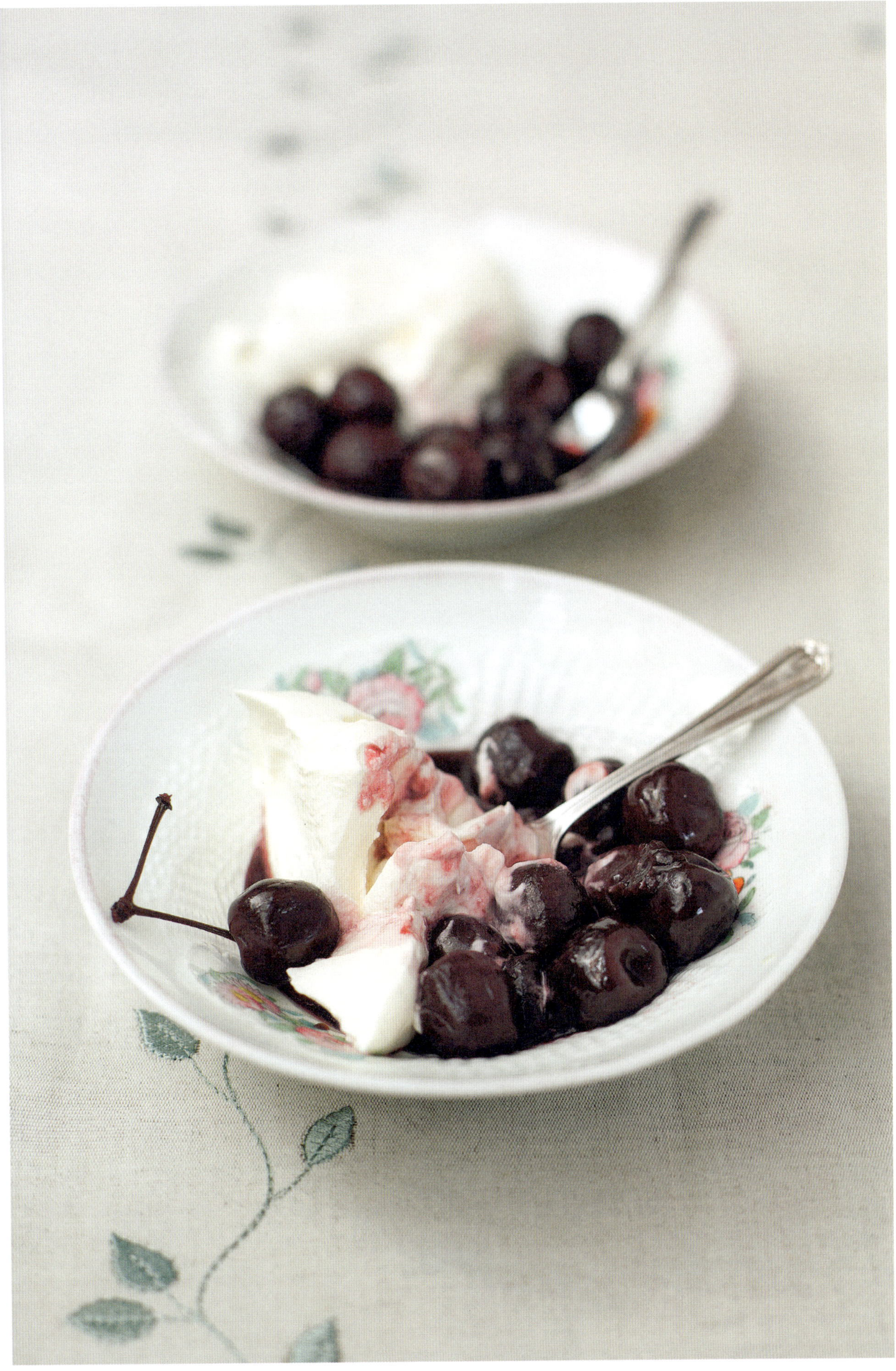

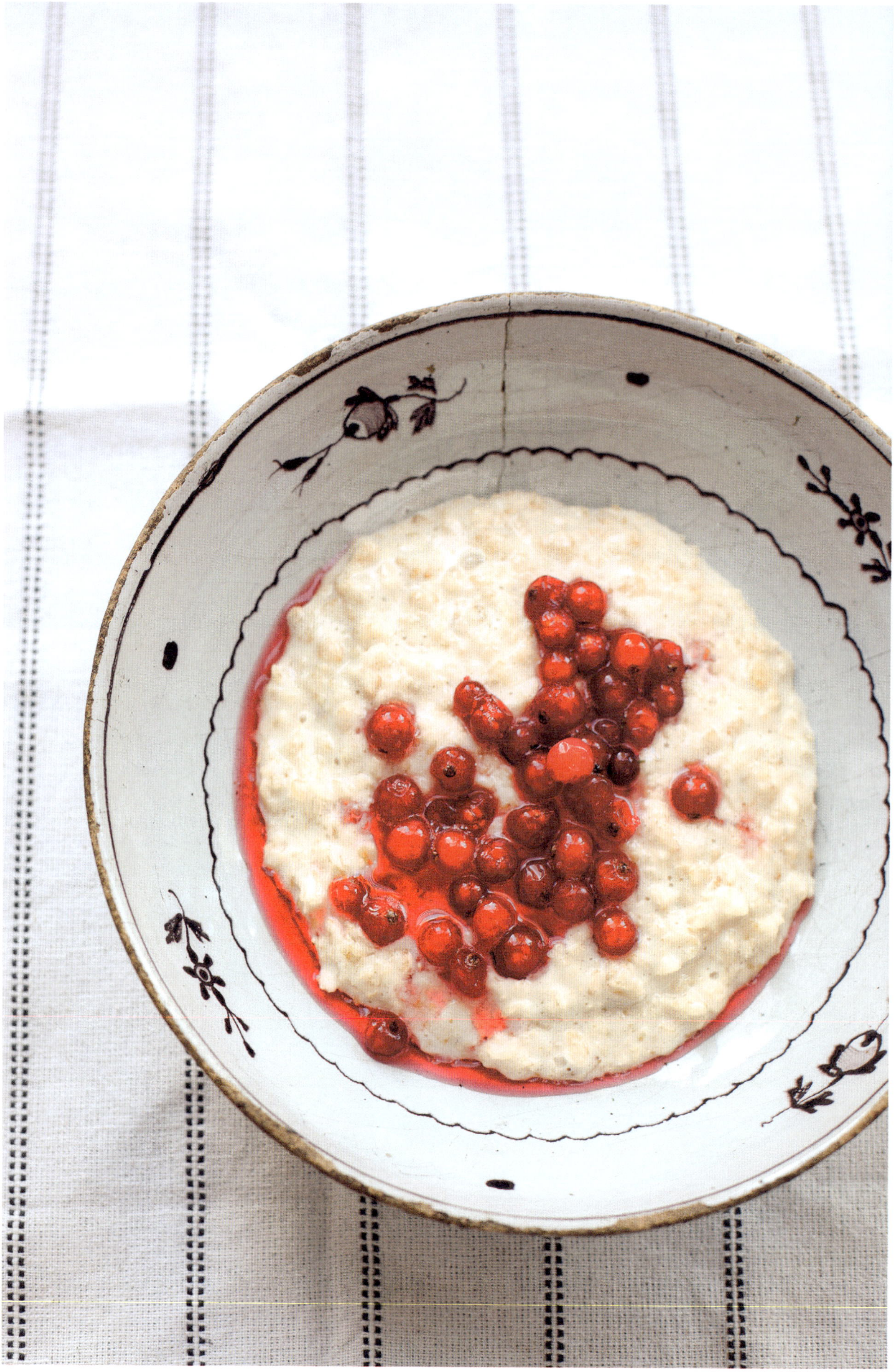

batida de groselha

Rysteribs são uma ideia escandinava fantástica. Você pode usar groselhas-pretas ou brancas também, mas acho que com uma única fruta fica mais bonito. A visão do pote de groselhas reluzentes anima qualquer um que abrir a geladeira.

1 frasco de 1 litro
600 g de groselha-vermelha sem o cabinho
400 g de açúcar cristal

1 Em um frasco esterilizado, faça camadas intercaladas das frutas polvilhadas com o açúcar, agitando o frasco.

2 Coloque na geladeira e agite de vez em quando, o açúcar acabará por se dissolver. Mantenha na geladeira. Dura 1 semana.

como usar

Na Escandinávia, serve-se a Batida de groselha junto com pratos salgados, como peixe frito, *frikadeller* (almôndegas) e carne de porco assada. Elas são doces e azedinhas, por isso combinam muito bem, mas ficam tão boas quanto por cima de um sorvete, usadas como recheio de um bolo ou como cobertura para uma pavlova, e ficam sensacionais em um mingau.

Sirva-as também com melões maduros de sabor marcante: a acidez das frutinhas fica maravilhosa em contraste com a doçura perfumada da polpa do melão.

pera williams doce
(e outras guloseimas deliciosas)

Para ser honesta, eu faria essa receita mesmo que não consumisse bebidas alcoólicas. Colocar uma pera dourada em um pote de vidro, cobri-la com um líquido transparente e depois vê-la ampliada pelo vidro parece uma coisa tão mágica...

1 frasco de 1¼ litro
1 pera tipo williams madura
1 pau de canela
½ noz-moscada

1 pedaço de casca de laranja orgânica (sem a parte branca)
800 ml de vodca ou eau de vie
225 g de açúcar refinado

1 Coloque a pera em um pote grande de conserva com o pau de canela, a noz-moscada e a casca da laranja. Despeje o álcool por cima. Vede bem e deixe no peitoril de uma janela por cerca de 1 mês.

2 Depois junte o açúcar, agite e feche novamente. Aguarde 4 meses antes de provar, agitando o frasco de tempos em tempos. Você pode aguardar até mais de 1 ano, ela só fica mais madura e deliciosa.

experimente também

RATAFIA DE MARMELO

Você pode fazer uma versão da receita acima com marmelo e conhaque em vez de vodca. Pique 3 marmelos (já limpos) e coloque em um frasco de 1½ litro. Cubra com 1¼ litro de conhaque (pode ser um barato) e junte 275 g de açúcar refinado. Você pode colocar mais açúcar, mas prefiro não muito doce. Eu não acrescento mais nada (gosto do sabor puro do marmelo), mas você pode também colocar especiarias (anis-estrelado, canela... o que quiser) no frasco. Vede bem e agite. Aguarde 12 semanas ou até mesmo 1 ano antes de beber. Se quiser, coe o líquido e coloque-o em uma garrafa, ou então deixe as frutas no pote e sirva-se de quanto você quiser. Rende 1 frasco de 1 litro.

como usar

Você pode, obviamente, beber isso puro, mas há outros usos deliciosos. Faça um kir bem britânico com a Ratafia de marmelo e um vinho inglês espumante, ou faça um kir bretão, completando a Ratafia de marmelo com sidra seca. Tanto a bebida de pera quanto a de marmelo ficam deliciosas batidas com chantili para comer com torta de pera ou de maçã, ou com frutas assadas.

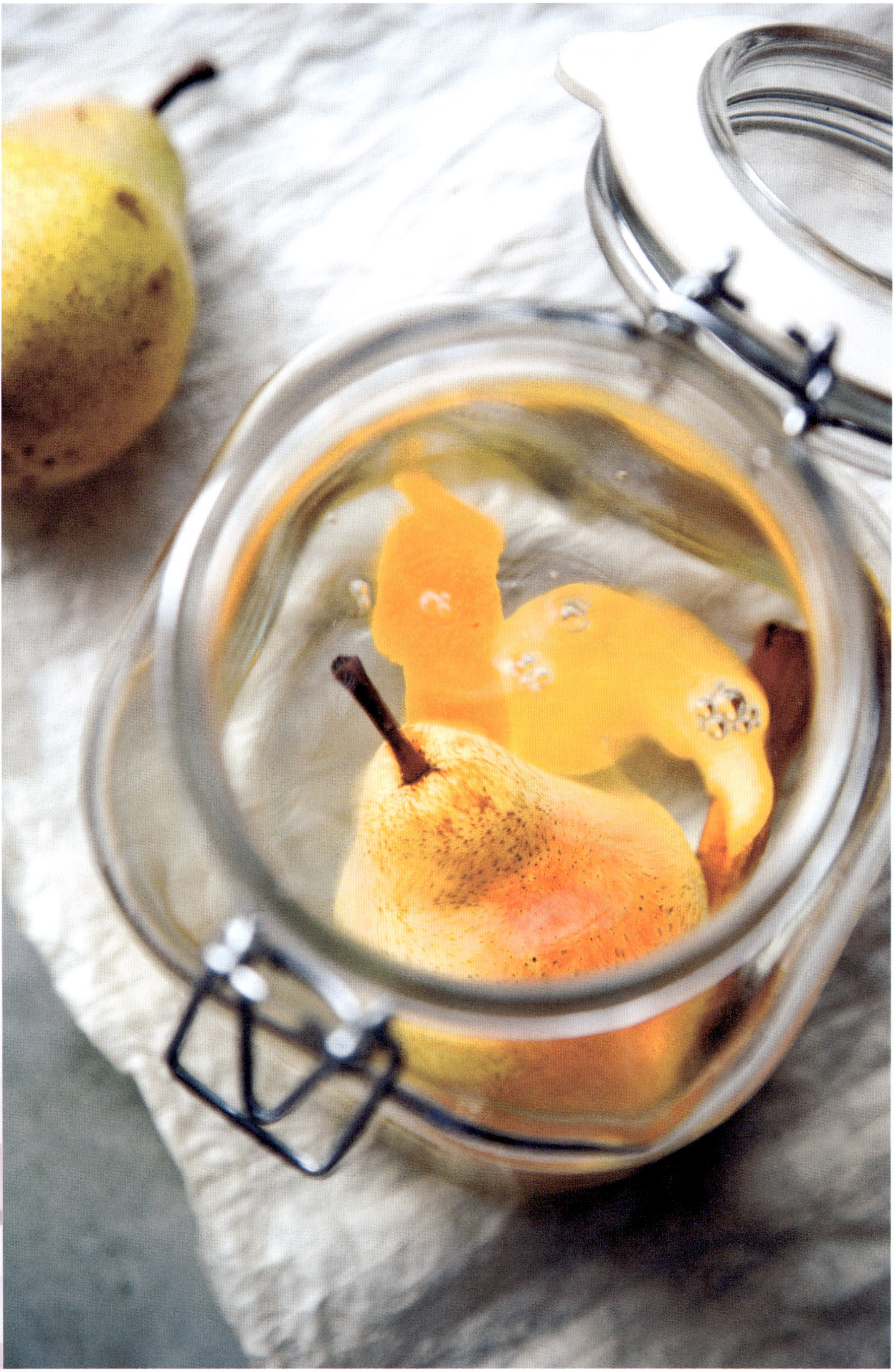

vin de pêches

É possível fazer um aperitivo de pêssego com folhas de pessegueiro, mas aqui eu busquei uma abordagem diferente e que, de qualquer modo, é muito bonita de se fazer. Você pode usar nectarinas exatamente da mesma maneira.

1 garrafa de 1 ½ litro
6 pêssegos, mais o caroço de outros 6
1 fava de baunilha

500 ml de vinho branco seco
200 g de açúcar cristal
cerca de 900 ml de eau de vie ou vodca

1 Escalde os pêssegos na água fervente por 2 minutos, retire-os com uma escumadeira e, quando estiverem frios o bastante para segurar, tire as peles. Coloque-os em um frasco esterilizado de 2 litros (um de boca grande, mas você pode cortar os pêssegos pela metade ou em quatro, se precisar), junte os caroços extras, a fava de baunilha e o vinho. Deixe por 6 dias.

2 Coe o suco (você pode comer os pêssegos com açúcar e creme, ou cozinhá-los e batê-los para fazer um purê de frutas). Despeje o vinho infundido com o pêssego em uma jarra, acrescente o açúcar e mexa muito bem. Transfira para uma garrafa de 1 ½ litro e junte eau de vie ou vodca o suficiente para enchê-la até a boca. Vede bem e aguarde 3 semanas antes de beber (agite o frasco de vez em quando). Sirva gelado, como aperitivo. Dura 1 ano.

licor russo de ameixa

Os russos fazem uma infinidade de licores e conhaques de frutas e têm grande orgulho de suas receitas. O amor deles por essas bebidas pode ser visto no conto *Sirene*, de Tchecov, em que um personagem diz: "Te digo a verdade... aquele conhaque caseiro é melhor que qualquer champanhe. Depois da primeira taça, o seu olfato se amplia e envolve todo o seu ser. É uma grande ilusão. Parece que você não está mais sentado em casa na sua poltrona, mas sim em algum lugar na Austrália, montado no avestruz mais macio que se possa imaginar...". Você ainda precisa de mais incentivo para fazer essa receita?

1 frasco de 2 litros
750 g de ameixa madura
450 g de açúcar refinado

750 ml de vodca
250 ml de conhaque

1 Corte as ameixas ao meio e retire os caroços. Coloque-as em camadas no frasco de 2 litros entremeadas com o açúcar. Despeje o álcool por cima, vede bem e agite o frasco.

2 Deixe descansar por uns 2 meses, agitando de vez em quando. Retire apenas a quantidade desejada, deixando as ameixas, ou coe com uma peneira de náilon forrada de musselina para dentro de uma garrafa. Dura 2 anos.

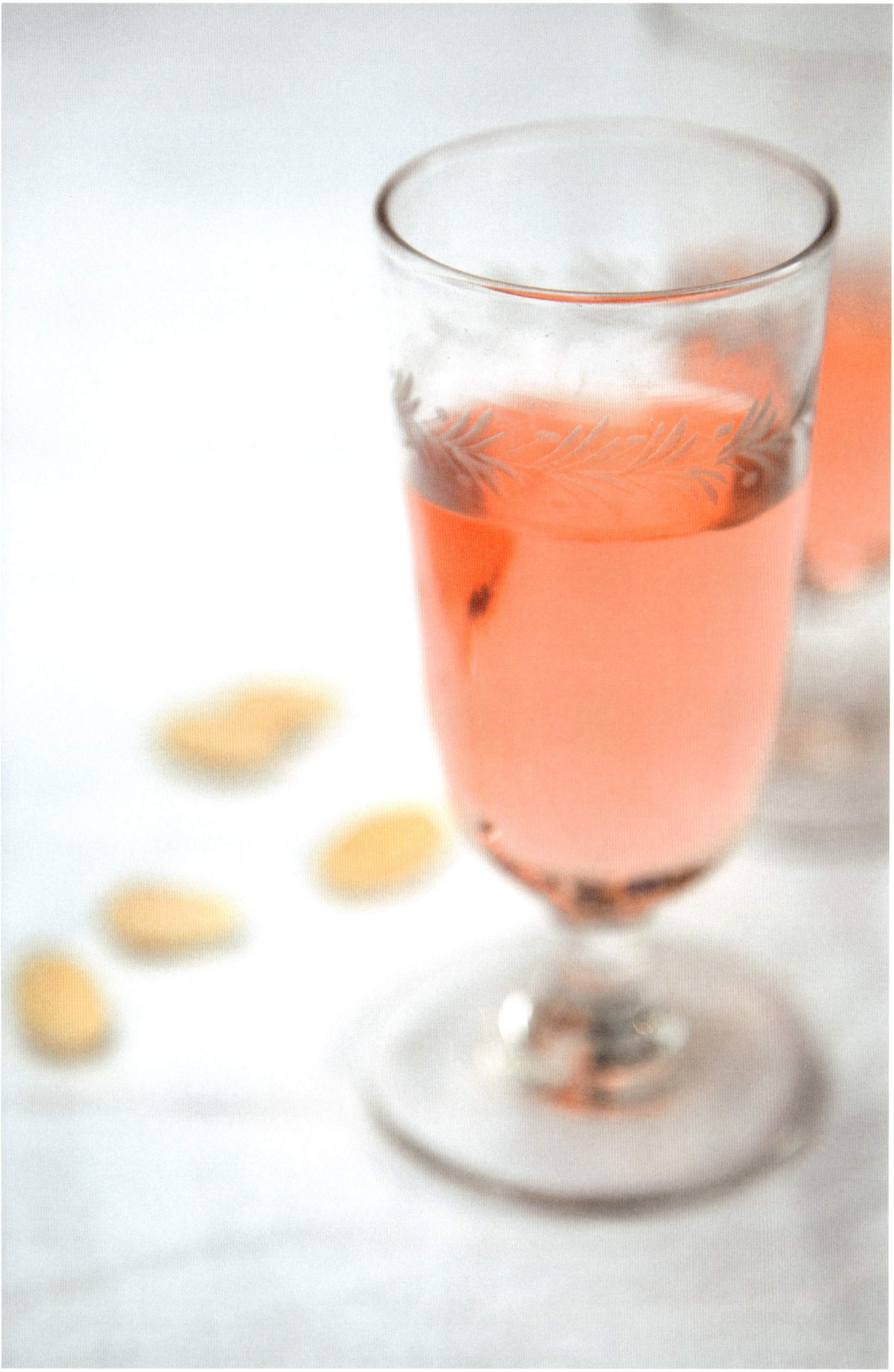

um toque francês:
a arte do aperitivo

As palavras "Tu veux un apéritif?" podem ser tão comoventes quanto um "Je t'aime" e tão estimulantes quanto o som de uma rolha sendo puxada de uma garrafa. Elas fazem você se sentir ao mesmo tempo bem-cuidado e animado. Um aperitivo é a deixa para relaxar e, muitas vezes, um preâmbulo luxuoso para uma boa refeição, embora ele possa ser uma ocasião em si, em uma meia hora bebendo entre amigos. O hábito do aperitivo é um dos costumes mais civilizados que os franceses nos legaram, um prazer simples que faz uma diferença pequena mas significativa na vida cotidiana. E atravessa todas as classes. Enquanto a madame serve kirs no seu terraço coberto por uma parreira, os peões locais, manchados de suor e cobertos de pó, brindam com seus copinhos turvos de pastis. O costume também existe em outros países, é claro, mas os britânicos o emprestaram dos franceses, e é por isso que a palavra deriva da língua deles.

    O primeiro aperitivo que provei (na França, quando eu tinha 15 anos e totalmente desacostumada a álcool) foi um pineau des charentes, um vinho fortificado feito de conhaque. É produzido comercialmente, mas, nas refeições seguintes, copos de vin d'orange caseiros ou kirs com vin de pêches feitos em casa também foram servidos. Esses *vins maison*, ou *boissons de ménage*, eram carinhosamente feitos pela tia fulana de tal ou pela vovó em suas cozinhas. A comida que acompanhava era sempre simples: fatias de saucisson, azeitonas ou amêndoas, croûtes com queijo de cabra, rabanetes com manteiga e sal, ovos cozidos com tapenade ou uma pequena seleção de legumes crus. O aperitivo quebrava o gelo e afiava a conversa sobre as coisas importantes da vida (vinho, política e infidelidades), e podiam, se servidos com diversos petiscos, servir facilmente como uma entrada.

    Aperitivos eram, a princípio, considerados algo terapêutico ou até mesmo medicinal. Já na Idade Média, bebidas alcoólicas aromatizadas com ervas ou especiarias eram julgadas saudáveis, e no século XIX começaram a ser produzidas comercialmente.

    Se você quiser comprar um aperitivo há muitas opções, mas este capítulo contém receitas de *vins maisons*. Alguns, como o vin d'orange, podem ser bebidos puros, mas outros são usados como um ingrediente para bebidas, menos conhecidos fora da França. Misture o seu crème de cassis caseiro com um sidra seca para fazer um kir bretão ou junte champanhe a um licor de ameixa. Um martíni parisiense é feito com gim, vermute seco e crème de cassis. Se você fizer crème de cassis com framboesas em vez de groselhas-pretas e misturá-lo com vinho branco, você terá um *communard*. Em algumas áreas, o crème de cassis é misturado com vinho tinto — produzindo uma espécie de kir de inverno, o *cardinal* — e, na Provença, o vin de pêches perfumado é misturado com vinho rosé.

    A maioria dos *vins maisons* são feitos com frutas (ou então folhas, ervas, especiarias ou nozes) maceradas em aguardente, mas existem também preparações como a ratafia, preparada da mesma maneira, mas com conhaque. Assim que você fizer uma ou outra algumas vezes, vai pegar o jeito e poderá se aventurar com vários tipos de bebidas diferentes e frutas de verão e outono. E também não é preciso ficar só nas bebidas francesas na hora do aperitivo. Há outros drinques neste capítulo para começar bem a noite, como aguardente de maçã ou o gim de ameixa. E também outras bebidas que podem funcionar, na outra ponta da refeição, como um digestivo. Mas essa é outra história saborosa...

vin d'orange de colette

Eu sou fascinada pelas receitas dos meus escritores favoritos. E quem poderia saber mais sobre os prazeres sensoriais da comida do que Colette? Descobri isso nesse excelente livro de Paula Wolfert, *Cozinha mediterrânea* (Companhia das Letras, 1997). A cor da bebida varia do dourado profundo ao amarelo-claro (reminiscência da polpa diluída da laranja). Torça para conseguir um bem dourado. Seja qual for a cor, a bebida é deliciosa, mas, se você usar um vinho rosé, pode ter certeza de que a tonalidade será linda.

1 garrafa de 1 litro
500 g de laranja orgânica picada
750 ml de vinho branco seco
200 g de açúcar cristal
6 colheres (sopa) de conhaque

1 Coloque os pedaços da laranja em um pote de conserva esterilizado e despeje o vinho. Feche e deixe em um local fresco e escuro por 2 semanas.

2 Coe o suco para uma panela e adicione o açúcar, aqueça em fogo brando, mexendo sempre para ajudar a dissolvê-lo. Deixe esfriar e depois ponha o conhaque. Você também pode acrescentar mais 220 ml de aguardente, se quiser.

3 Despeje em uma garrafa esterilizada e feche com uma rolha. Deixe descansar por 1 semana em um local fresco e escuro antes de usar. Sirva bem gelado, com uma tira de casca de laranja. Dura 1 ano.

licor de damasco

Nunca quero dar nem um pouco dessa bebida, porque eu a adoro! Damascos embebidos em álcool são uma linda produção. Faça-o bem na época, quando as feiras de rua vendem damascos baratos na xepa. Mesmo lanosos, os damascos duros rendem um bom sabor depois de aquecidos.

2 garrafas de 700 ml
450 g de açúcar cristal
750 ml de vinho branco seco
500 g de damasco fresco cortado ao meio
e sem caroço
300 ml de vodca

1 Coloque o açúcar e o vinho em uma panela e aqueça em fogo brando, mexendo para ajudar a dissolver. Junte os damascos. Leve à fervura, reduza o fogo e escalde-os delicadamente até ficarem macios. Retire do fogo. Misture a vodca. Despeje em um recipiente grande com uma tampa bem justa. Deixe por cerca de 1 semana.

2 Coe com uma peneira de náilon revestida com uma musselina, transferindo para frascos esterilizados, e aguarde 1 mês antes de usar. Dura 1 ano.

como usar

Beba puro (é melhor gelado) ou com vinho branco seco ou espumante. Adicione a xaropes onde você vai escaldar outras frutas com caroço ou misture com chantili.

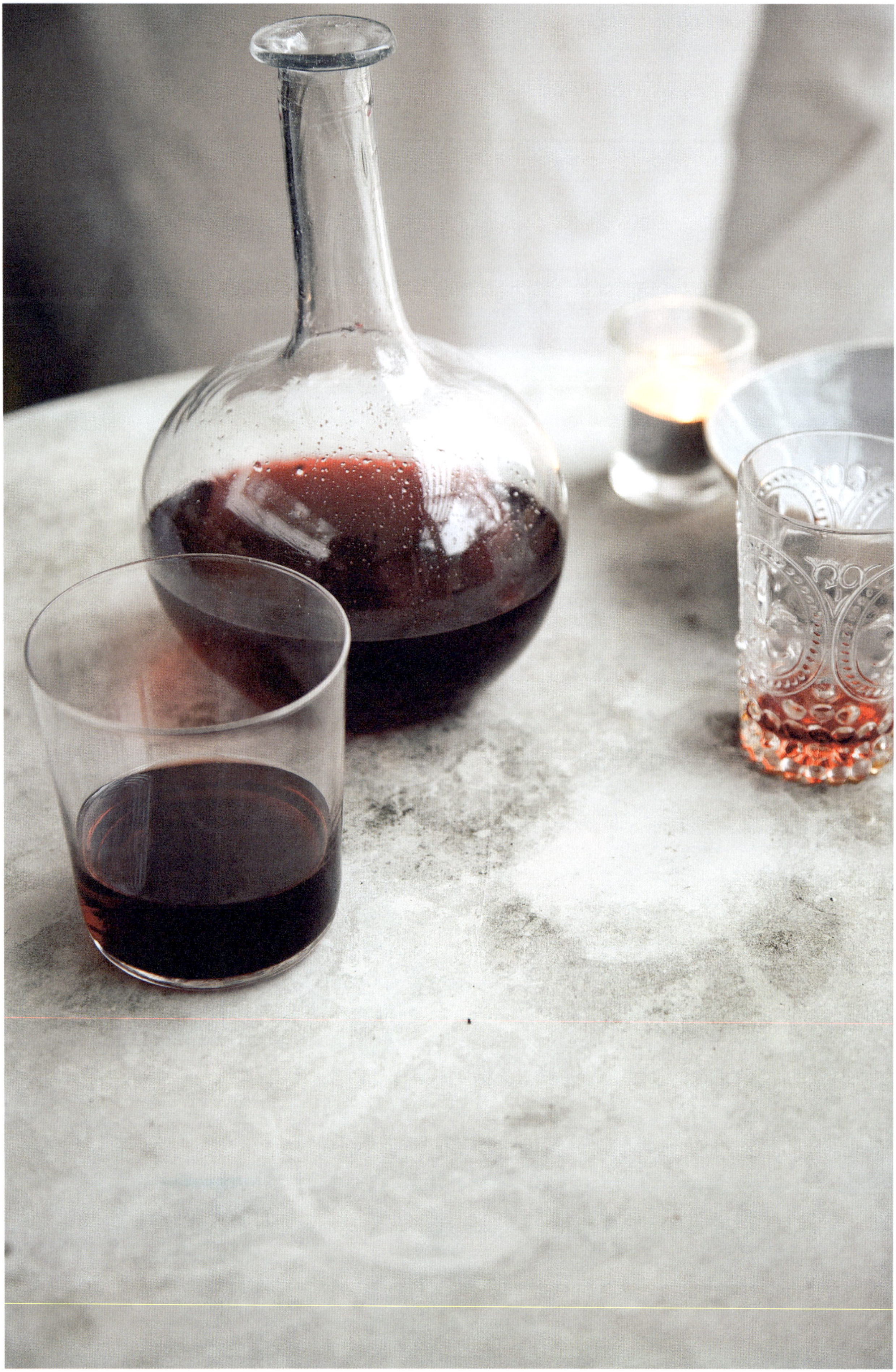

gim de ameixa

Uma dose dessa bebida, servida em um copo de vidro liso ao fim de uma refeição, é um dos maiores prazeres de um banquete de outono ou inverno. E ver um pote bem grande de ameixas-pretas nadando no açúcar e no gim no parapeito da janela da cozinha é algo que aquece o coração. Tenho uma leve preferência pelo gim de ameixa-preta, mas fica delicioso com qualquer tipo, além de ser fácil e relativamente barato de se fazer.

1 garrafa de 1 litro
500 g de ameixa pequena e ovalada
250 g de açúcar refinado
600 ml de gim

1 Fure cada ameixa com um palito e coloque em um pote de conserva grande ou uma garrafa com o açúcar e o gim. Vede bem e sacuda bastante o frasco.

2 Deixe-o assim para as ameixas infundirem seu sabor no gim e agite-o todos os dias durante 1 semana, depois a cada semana durante 10 semanas ou mais. Prove para saber se você quer deixá-lo por mais tempo.

3 Se estiver feliz com o sabor, coe com uma peneira de náilon para uma garrafa. Teoricamente deve-se esperar 18 meses antes de beber. É uma boa razão para se fazer em grandes quantidades, assim tem-se uma boa quantidade sempre a postos e sobra bastante que ainda está envelhecendo... dura 2 anos.

experimente também

SLOE GIN

Coloque 500 g de abrunho no congelador. Ao descongelar eles vão estourar e o suco vai escorrer. A pele do abrunho é bem grossa, e congelar é mais fácil do que furar cada um com um palito. Proceda como descrito acima, usando 500 g de açúcar cristal e 600 ml de gim. Dura 1 ano. Os abrunhos usados na receita podem ser misturados com creme de leite e usados como recheio de bolo, transformados em um purê de frutas (misture com purê de maçã) a ser oferecido com sorvete.

como usar

Beba puro ou use para fazer um kir bem britânico, seja simples (com vinho branco seco) ou royale (com champanhe). As duas bebidas também rendem um ótimo sorbet junto com outros tipos de ameixas frescas, e também podem ser usadas para fazer gelatina de frutas (experimente uma de amora e sloe gin), purê de maçã e amora, ou cranachan, uma sobremesa tradicional escocesa. Uma gota de qualquer uma delas fica bom em uma calda de vinho tinto para cozinhar peras. Ou use-as para dar um toque alcoólico a uma geleia de ameixa.

Para animar-se diante de uma temporada fria que se aproxima, adicione um bom gole de ambos a uma caneca de chocolate quente. Tenho certeza de que vai te fazer bem...

schnapps de ruibarbo

É lindo de fazer e, ao vê-lo brilhando na sua cozinha, todo mundo vai suspirar. A vodca adquire a cor de qualquer coisa com a qual é misturada, por isso ela toma o tom rosado do ruibarbo. Na Alemanha e na Europa Oriental, os schnapps são destilados de frutas (o kirsch é um schnapps de cereja, por exemplo) e não são doces. Na Escandinávia, os schnapps são vodcas aromatizadas, geralmente não adoçadas, embora alguns sejam feitos com frutas (há sugestões para alguns schnapps logo abaixo). Nos Estados Unidos, schnapps são bebidas adoçadas feitas com destilados transparentes e frutas (embora chamados assim, são tecnicamente licores). Os russos fazem a mesma coisa, vodcas doces e licores de vodca (contendo quantidades diferentes de açúcar), à base de frutas. A terminologia é um campo minado, eu sei, mas doces ou não, todas essas bebidas à base de vodca têm um sabor delicioso. Você pode adicionar muito menos açúcar aqui, se preferir.

1 frasco de 1 ½ litro
900 g de ruibarbo

350 g de açúcar cristal
900 ml de vodca

1 Limpe o ruibarbo e corte-o em pedaços de 2 cm. Coloque-o dentro do frasco. Adicione o açúcar e agite tudo. Cubra e deixe descansar por uma noite (assim, o suco será extraído).

2 No dia seguinte, despeje a vodca no frasco, mexa e vede bem. Aguarde 4 semanas, sacudindo de vez em quando, antes de beber. Você pode retirar a quantidade desejada de schnapps direto para os copos ou coar tudo com uma peneira de náilon forrada de musselina para uma garrafa. Dura 1 ano, embora a cor desbote.

experimente também

SCHNAPPS DE PÊSSEGO OU DAMASCO

Faça como para o de ruibarbo, usando frutas maduras sem caroço e fatiadas.

SCHNAPPS DE LIMÃO

Retire a casca de 1 limão orgânico (sem a parte branca amarga) e junte a 1 litro de vodca em um pote grande. Deixe de 2 a 4 dias, dependendo de quão forte você quer o sabor. Coe o schnapps para uma garrafa.

SCHNAPPS DE ENDRO

Faça como para o schnapps com limão, mas coloque ramos de endro na vodca em vez da casca de limão.

SCHNAPPS DE CANELA E CARDAMOMO

Bom para beber no inverno. Coloque 1 pau de canela e 2 bagas de cardamomo na vodca (basta empurrá-las para dentro da garrafa) e deixe lá. Você não precisa coar a vodca para remover as especiarias, elas podem ficar lá indefinidamente.

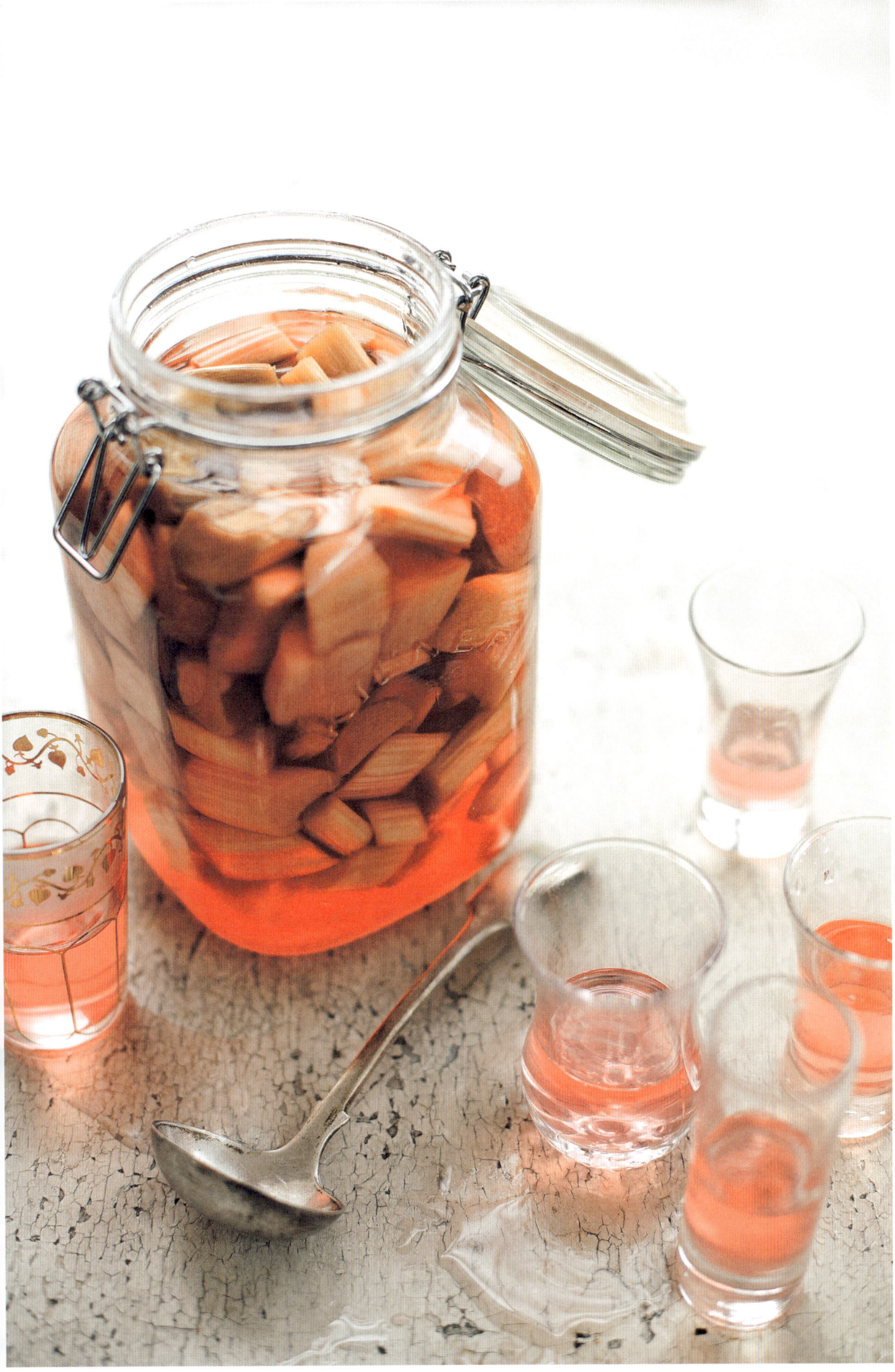

vodca: água querida

É possível entender quão preciosa é a vodca para os russos pelo seu nome. Vodca é o diminutivo de *voda*, a palavra em russo para água. Traduzida literalmente, significa "aguinha". O modo como ela bate na língua e no estômago, espalhando um calor líquido, ajuda a entender por que é tão amada. Ela acalenta tanto em um tempo frio quanto em tempos difíceis, mas, é preciso dizer, trata-se tanto de um flagelo quanto de um conforto na vida dos russos.

Lá a vodca é servida direto do freezer — ou de um garrafa retirada de um monte de neve do lado de fora da janela, no parapeito — em copinhos de shot e bebida em um único gole. As melhores são destiladas principalmente do centeio, embora outros grãos possam ser utilizados, e vodcas aromatizadas não são consideradas mera imitação ruim. Na Rússia usam-se ingredientes românticos e indescritíveis, como nozes de cedro siberiano, bem como sabores mais comuns, como endro, raiz-forte, zimbro, chá e gengibre. As vodcas são imprescindíveis na mesa zakuski (p. 229), pois uma bem gelada combina maravilhosamente com os sabores salgados e fortes dos pratinhos de antepastos russos — cogumelos em conserva, caviar, peixe defumado.

A maioria das vodcas aromatizadas é salgada, mas há outras mais perfumadas (com sabor de baunilha, por exemplo). Elas também são usadas para fazer bebidas doces, tais como a krupnik, abaixo, e o Licor russo de ameixa (p. 146). É difícil pensar em um remédio melhor para um resfriado do que uma vodca polonesa com mel, bebida quente, com uma noz de manteiga derretendo por cima.

vodca polonesa krupnik

Ah, eu adoro. Servida quente — como ela deve ser servida — é quase como um quentão. Mas, já que você pode prepará-la com antecedência e esquentá-la depois, há vantagens em relação ao quentão ou vinho quente. Prepare-as logo no começo do inverno.

1 garrafa de 1 litro
300 ml de mel
2 paus de canela
um pedaço pequeno de noz-moscada

2 pedaços de macis
4 cm de 1 fava de baunilha
casca de 2 laranjas orgânicas sem a parte branca
600 ml de vodca

1 Coloque o mel e 300 ml de água em uma panela e leve à fervura, retirando as impurezas da superfície com uma escumadeira. Junte as especiarias e as cascas de laranja, tampe e cozinhe em fogo muito brando durante cerca de 15 minutos.

2 Retire do fogo, adicione a vodca e deixe descansar — coberto — por 48 horas. Coe com uma camada dupla de musselina. Engarrafe, vede e mantenha em um local fresco e escuro. Depois de 1 semana, você verá sedimentos no fundo. Coe o líquido claro (descarte o sedimento) e transfira para um recipiente limpo.

3 A krupnik deve ser aquecida antes de beber e é frequentemente servida com uma noz de manteiga derretendo por cima. Dura 1 ano.

vodca gdansk

É uma adaptação de uma receita do livro *The Polish kitchen* ("A cozinha polonesa", em tradução livre), de Mary Pininska. Ela aquece e tem doçura na medida certa. Também fica mais suave e muda ao longo do tempo. Você pode guardá-la por 3 anos.

1 garrafa de 1 ½ litro

2 paus de canela
4 pedaços de macis
8 cravos
10 bagas de cardamomo
1 anis-estrelado
10 bagas de zimbro
casca fina (sem a parte branca) de 2 laranjas orgânicas
casca fina (sem a parte branca) de 6 limões orgânicos
300 g de açúcar cristal
1 litro de vodca

1 Esmague todas as especiarias só um pouco no pilão. Coloque-as em um recipiente grande com tampa, junto com as cascas dos cítricos.

2 Despeje 1 litro de água em uma panela com o açúcar e leve à fervura lentamente, mexendo para ajudar a dissolver. Cozinhe por 20 minutos (não tampe a panela). Retire a espuma da superfície com uma escumadeira, despeje o líquido sobre as especiarias e as cascas e deixe por 30 minutos. Adicione a vodca. Coloque a tampa e deixe por 2 semanas em um local fresco e escuro.

3 Prove para saber se está satisfeito com o sabor (embora ele vá evoluir, mesmo depois de remover as especiarias). Você pode querer deixá-las um pouco mais nessa fase.

4 Coe o líquido com uma camada dupla de musselina, engarrafe, vede e etiquete. É melhor aguardar 2 meses antes de provar. Dura vários anos (um amigo que faz uma vodca semelhante com infusão de especiarias e cítricos diz que o auge é 4 anos depois de ser preparada).

experimente também

VODCA DE KÜMMEL

Esmague levemente 2 colheres (chá) de semente de kümmel, coloque-as em um pedaço de papel dobrado (que funciona como um pequeno funil) e transfira para um frasco com 500 ml de vodca. Deixe até que as sementes tenham dado tanto sabor à vodca quanto você desejar, então coe e engarrafe novamente. Rende 1 garrafa de 500 ml. Dura 3 anos.

VODCA DE PIMENTA

Pertsovka ou vodca de pimenta é a cura russa para todos os males. Fure várias vezes com um palito ou com uma agulha uma pimenta-dedo-de-moça fresca e perfeita e coloque-a dentro de uma garrafa com 500 ml de vodca. Você também pode adicionar alguns grãos de pimenta-do-reino, se desejar outra camada de ardor. Deixe até que a vodca fique tão picante quanto deseja, então coe e engarrafe novamente. Rende 1 garrafa de 500 ml. Dura 3 anos.

liqueur de blosses

Você conseguiria imaginar um nome mais doce que esse? "Licor de ameixa com conhaque de maçã" soa tão pesado em comparação... já *blosses* soa como algo onde você poderia ficar deitado... por meses. Na verdade, é a palavra no dialeto bretão para a ameixa, o que evoca perfeitamente sua pele macia.

1 frasco de 1 litro
1 kg de ameixa pequena ou abrunho

300 g de açúcar refinado
1 litro de conhaque de maçã (calvados)

1 Escolha as ameixas, removendo as folhas, os galhos ou alguma fruta estragada. Fure cada uma com uma agulha ou coloque-as em um saco plástico e congele, pois estouram ao degelar.

2 Faça camadas de ameixas em um pote grande, polvilhando açúcar no decorrer, depois regue com o conhaque. Ele deve cobrir completamente as frutas. Vede, agite vigorosamente e aguarde de 3 a 4 meses, sacudindo de vez em quando. Coe e coloque novamente o licor na garrafa. Dura 2 anos.

como usar

Use da mesma maneira que você usaria gim ou vodca de ameixa. Este, no entanto, tem um sabor mais complexo, profundo e suave. Um verdadeiro mimo para beber puro.

xarope de groselha

Um clássico. Seus filhos vão amar e suas amigas que são mães vão se sentir incomodadas... você pode fazer esse xarope com uma mistura de frutas vermelhas (amoras e groselhas-vermelhas ficam bem).

1 garrafa de 750 ml
1 kg de groselha-preta sem o cabinho

suco de cerca de 3 limões-sicilianos
cerca de 600 g de açúcar cristal

1 Coloque as frutas em uma panela com 600 ml de água. Leve à fervura, reduza o fogo para apurar e cozinhe por 10 minutos, até as frutas virarem uma polpa completamente mole.

2 Transfira para um saco de musselina suspenso sobre uma tigela para tirar todo o suco e deixe por uma noite.

3 No dia seguinte, meça o líquido. Adicione o suco de 2 limões e 400 g de açúcar (ou mais, se quiser) para cada 500 ml. Aqueça em fogo brando até o açúcar dissolver, depois despeje em um frasco quente esterilizado e vede bem. Guarde em um local fresco e escuro. Dura cerca de 2 meses. Mantenha na geladeira depois de aberto.

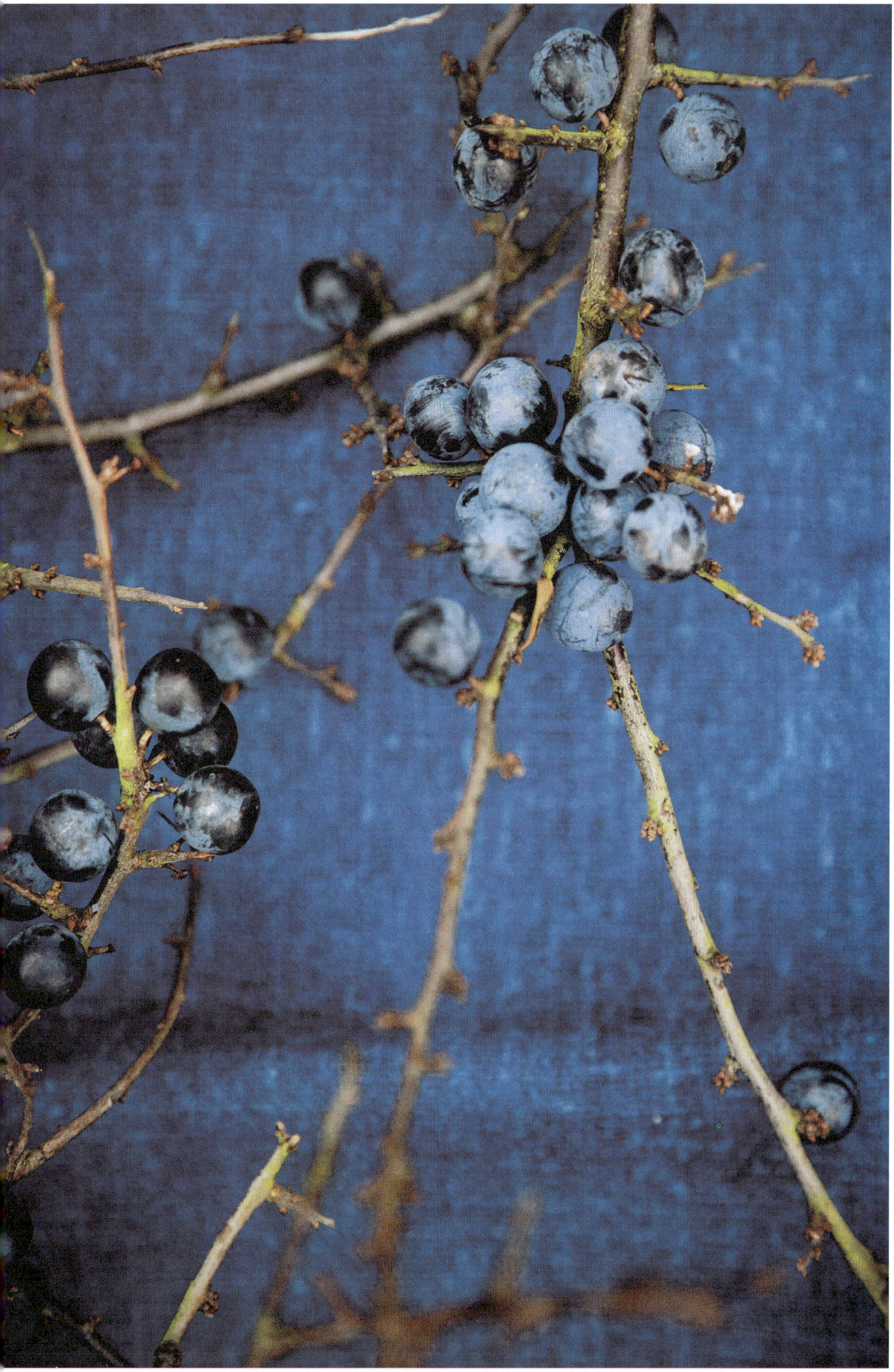

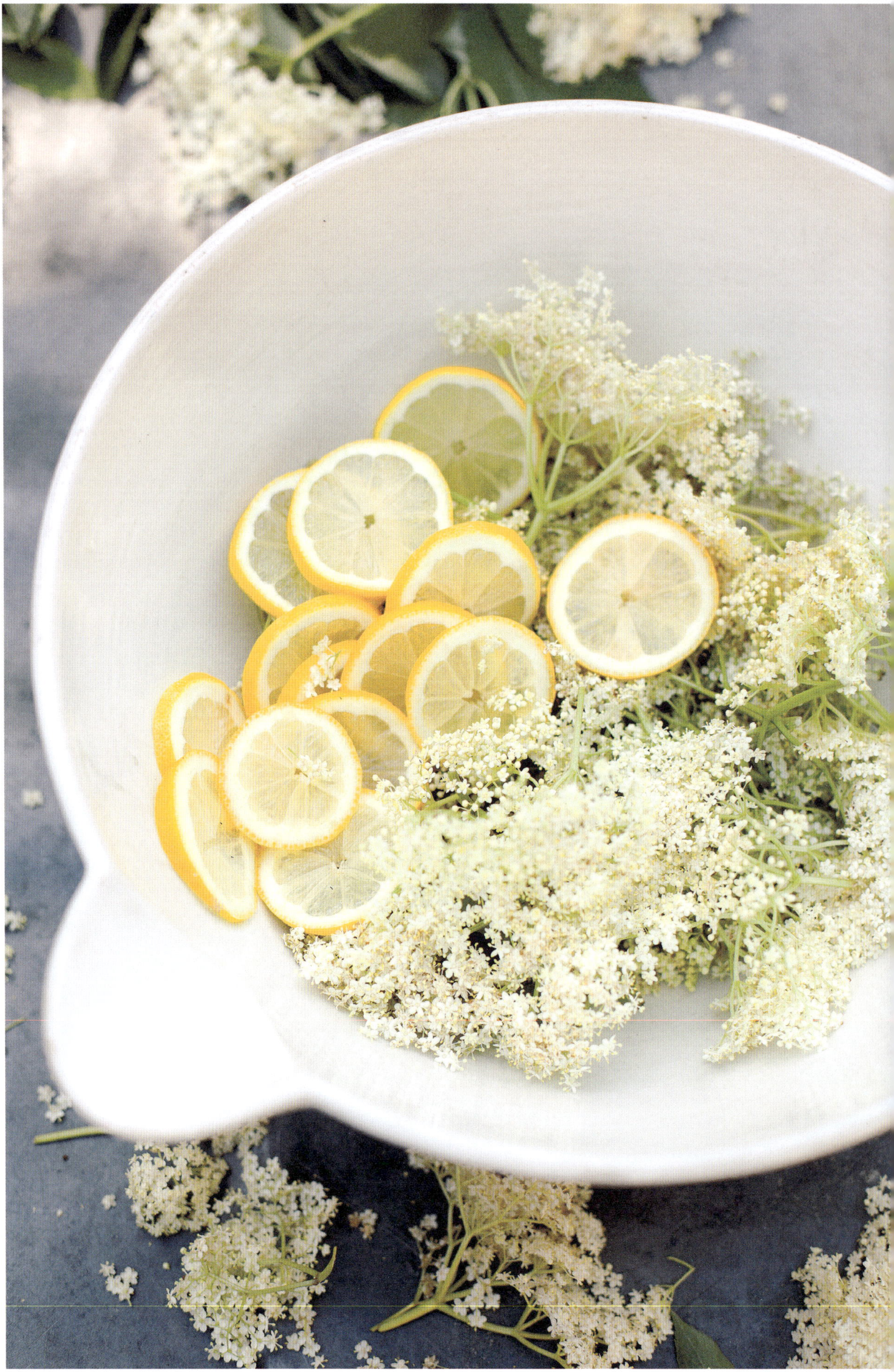

xarope de sabugueiro

Dez anos atrás pouca gente fazia isso, mas hoje em dia está na moda (o que esgotou o estoque de ácido cítrico da farmácia do meu bairro este ano). Aqui vai o modo de fazer. Arranje uma sacola de feira (ou uma cesta com bastante espaço, se você quiser a experiência bucólica completa) e tesouras. Ligue para um amigo/ faça uma busca na internet/ bote a cabeça para fora da porta da frente e descubra onde encontrar flores de sabugueiros. Eu moro em Londres há 25 anos e, em todas as casas que morei na cidade, estive distante apenas uma caminhada ou uma viagem curta de metrô de uma boa fonte de flores de sabugueiro. A primeira vez que fui colhê-los, levei uma foto da internet impressa comigo. O perfume é inconfundível (flores de sabugueiro cheiram a uva moscatel), mas eu ainda estava nervosa e queria ter certeza de pegar a coisa certa (um monte de outras plantas se parecem com o sabugueiro, mas, se você tiver uma imagem, terá certeza). Vá com um amigo e vocês passarão algumas horas bem agradáveis puxando os galhos, cortando os ramos com as flores mais frescas e manchando a roupa com a grama fresca. Escolha arbustos longe de ruas movimentadas, e apenas aquelas flores recentemente desabrochadas com uma cor creme clarinha imaculada (flores escuras já estão passadas). Quando você cheirá-las, elas devem ter uma fragrância suave. Ao chegar em casa, prepare-as no mesmo dia, se possível. Após 24 horas, elas vão começar a cheirar a xixi de gato (nada bom) e até mesmo depois de uma noite na cozinha o odor fica um pouco enjoativo, então use enquanto estiverem bem frescas.

2 garrafas de 1 litro
25 ramos de flores de sabugueiro bem frescas
1½ kg de açúcar cristal

3 limões-sicilianos orgânicos grandes, e mais se necessário
75 g de ácido cítrico (compre na farmácia)

1 Sacuda as flores de leve para tirar os eventuais bichinhos.

2 Coloque o açúcar com 1½ litro de água em uma panela e leve à fervura, mexendo de vez em quando para ajudar a dissolvê-lo. Retire a casca dos limões em tiras largas com uma faca afiada e coloque em uma tigela com as flores. Corte a polpa do limão em rodelas bem finas e junte à tigela. Quando a calda de açúcar ferver, desligue o fogo, adicione as flores e os limões, junte o ácido cítrico, cubra com um pano limpo e seco e deixe em um local fresco e escuro por 24 horas.

3 No dia seguinte, prove o líquido para saber se você o quer mais ácido, por exemplo (eu às vezes adiciono o suco de mais um limão, depende de quão azedo você prefere). Coe o xarope com uma peneira de náilon coberta com uma musselina para uma jarra grande. Despeje em frascos quentes esterilizados e vede bem.

4 Deixe esfriar e guarde na geladeira. Dura bem por cerca de 5 semanas. Para guardar por mais tempo, você precisa passar as garrafas de xarope por um banho-maria. Eu nunca tenho paciência para fazer isso, mas você também pode congelá-lo, ou bebê-lo enquanto está fresco.

xarope de framboesa e rosa

Perfumado, estival e com certa magia do Oriente Médio. Coloque em jarras com frutas frescas e pétalas de rosa flutuando por cima para um festa romântica no jardim durante o verão.

1 garrafa de 750 ml
1 kg de framboesa
suco de 2 limões-sicilianos

cerca de 500 g de açúcar cristal ou a gosto
cerca de 3 colheres de sopa de água de rosas
   (adicione gradualmente, provando, pois elas variam na intensidade)

1 Coloque as framboesas em uma panela com 150 ml de água e aqueça gradualmente até ferver, esmagando as frutas com uma colher de madeira enquanto isso. Reduza o fogo e cozinhe por cerca de 5 minutos (se você cozinhar demais, elas perdem muito o frescor e acabam com gosto de cozidas).

2 Suspenda um saco de musselina sobre uma tigela e deixe o suco escorrer para dentro dela pelo tempo de uma noite.

3 No dia seguinte, meça o líquido, misture o suco dos limões e adicione 350 g de açúcar para cada 500 ml de suco (ou mais açúcar, se preferir menos azedo). Coloque a mistura em uma panela e aqueça lentamente, mexendo para ajudar a dissolver o açúcar. Junte a água de rosas a gosto. Com um funil de plástico, transfira para uma garrafa morna esterilizada. Vede e deixe esfriar. Se você engarrafar a quente, dura cerca de 2 meses. Deixe-o em local fresco e mantenha na geladeira depois de aberto.

xarope de ruibarbo da sra. leyel

Hilda Leyel, que assinava senhora C.F. Leyel, era uma excelente cozinheira e herborista que escreveu alguns livros encantadores (muitas vezes com receitas usando flores e ervas). Esses são do livro *Summer drinks and winter cordials* ("Bebidas de verão e xaropes de inverno", em tradução livre), publicado na década de 1930. Eu o adaptei ligeiramente. É mais fino do que o sharbat do Oriente Médio (p. 162) e mais azedo, devido ao ácido cítrico.

3 garrafas de 750 ml
2 ⅓ kg de ruibarbo cortado em pedaços de 1,5 cm
50 g de ácido cítrico

cerca de 1 ¼ kg de açúcar cristal
suco de 2 limões-sicilianos

1 Coloque o ruibarbo em uma tigela grande e adicione água o suficiente para cobrir. Junte o ácido cítrico e mexa. Deixe por 24 horas (e quero dizer 24 horas de fato, não apenas uma noite).

2 No dia seguinte, coe o ruibarbo com uma peneira de náilon para uma tigela grande. Meça o líquido, coloque-o em uma panela grande e adicione 350 g de açúcar para cada 600 ml de suco. Aqueça em fogo brando, mexendo sempre para ajudar a dissolver o açúcar. Junte o suco de limão, deixe ferver e apurar por 5 minutos.

3 Deixe esfriar e despeje em frascos esterilizados. Dura na geladeira 1 mês; congele se você quiser mantê-lo por mais tempo.

limonada da minha mãe

Minha mãe costumava fazer essa limonada todo verão — em quantidades realmente grandes — e durava um tempão. É na verdade um xarope de limão que você dilui, e é muito melhor do que qualquer coisa semelhante disponível no comércio. Também é incrivelmente econômico. Você encontra ácido cítrico em farmácias.

3 garrafas de 1 litro
2 laranjas orgânicas
12 limões-sicilianos orgânicos
1 ⅓ kg de açúcar cristal
55 g de ácido cítrico

1 Rale bem fino a casca das laranjas e dos limões e coloque tudo em uma tigela com o açúcar. Junte 1¾ litro de água fervente e deixe por uma noite.

2 No dia seguinte, esprema o suco dos cítricos e acrescente a água, junto com o ácido cítrico. Misture bem. Coe e despeje em frascos esterilizados. Use como um xarope, juntando água (com ou sem gás) a gosto. Dura 2 meses; mantenha na geladeira depois de aberto.

xarope de fruto de roseira

Esse preparado tem um sabor especial, floral e exótico, levemente almiscarado. No entanto, exige bastante amor e dedicação, não vou negar. Você precisa de muitos frutos de roseira (que devem ser colhidos à mão) para um par de garrafas. Mas vale a pena pelo sabor incomum. Fica lindo com um arroz-doce quente, por cima de panquecas no brunch do fim de semana e com sorvete. Diluído, transforma-se numa bebida.

3 garrafas de 225 ml
1 kg de fruto de roseira sem o cabinho
750 g de açúcar cristal e mais, se necessário
suco de 1 limão-siciliano

1 Escolha os frutos, descartando qualquer um que esteja mole ou machucado. Lave-os e já prepare uma panela com 2 litros de água para ferver. Depois corte os frutos à mão ou passe pela lâmina grossa de um processador de alimentos. Você não deve esperar muito depois de cortar os frutos ou vai perder muito do seu conteúdo de vitamina C. Ponha os frutos na água fervente. Volte a ferver, depois deixe descansar por 15 minutos.

2 Suspenda um saco de musselina por cima de uma tigela grande. Despeje a água e os frutos dentro do saco e deixe o líquido escorrer. Volte a polpa à panela e adicione 1 litro de água. Ferva a polpa novamente, depois deixe-a descansar por mais 15 minutos. Coe com o saco de musselina como da primeira vez. Misture os dois sucos em uma panela limpa e ferva até obter 1 litro de líquido. Junte o açúcar, mexa para ajudar a dissolvê-lo, depois deixe ferver e apurar por 5 minutos. Adicione o suco de limão. Prove. Se quiser mais doce, acrescente mais açúcar e mexa até dissolver. O líquido ficará mais espesso ao esfriar, mas nessa fase você deve obter uma calda leve.

3 Enquanto ainda estiver quente, despeje em frascos quentes e esterilizados e vede bem (utilize garrafas pequenas, pois depois de aberto ele dura só 1 semana). Quando esfriar, guarde na geladeira por 6 semanas.

sharbat de marmelo

Sharbats são xaropes do Oriente Médio que encantaram muitos viajantes ao longo dos anos. Há relatos de sharbats de cor violeta feitos com flores moídas, misturadas com açúcar e água fervente. O sharbat de amora era popular, e o de azedinha também. Minhas receitas são adaptadas de versões do Oriente Médio, mas utilizam metade da quantidade de açúcar. Eu prefiro os mais frutados e menos doces. Se você quiser um sharbat doce como seria no Oriente Médio, dobre a quantidade de açúcar (sim, é isso mesmo o que eu disse: dobre).

1 garrafa de 750 ml
2 marmelos

suco de 2 limões-sicilianos
500 g de açúcar cristal

1 Descasque os marmelos, retire o miolo e pique-os em pedaços. Coloque-os em uma panela com 500 ml de água e o suco de 1 limão. Leve à fervura, reduza o fogo e cozinhe em fogo brando até ficar completamente mole (cerca de 45 minutos). Eles adquirirão um belo tom cor-de-rosa, o que rende um xarope lindo.

2 Forre uma peneira de náilon grande com uma musselina e coloque-a sobre uma panela grande. Coe o marmelo com o líquido do cozimento (você pode usar a polpa para fazer Marmelada, p. 64). Adicione o açúcar e deixe ferver, mexendo sempre para ajudar a dissolvê-lo. Junte o resto do suco de limão e desligue o fogo. A maioria dos sharbats precisa ser fervida até formar um xarope, mas, como os marmelos são muito ricos em pectina, você talvez tenha que adicionar mais água fervente para ele não endurecer formando uma geleia.

3 Despeje em um frasco quente esterilizado e vede bem. Mantenha na geladeira. Dura aproximadamente 2 meses, mas você pode congelá-lo se quiser guardá-lo por mais tempo.

experimente também

SHARBAT DE RUIBARBO

Use 500 g de ruibarbo e 500 g de açúcar cristal. Que cor isso dá! Faça como indicado acima (o tempo de cozimento é muito mais curto, pois o ruibarbo amolece rapidamente). Leve à fervura, deixe apurar até virar xarope e engarrafe.

SHARBAT DE CEREJA

Faça como indicado acima, com 500 g de cereja, 500 g de açúcar cristal e suco de 1 limão-siciliano. Retire o caroço das frutas e cozinhe junto com os caroços até ficar completamente macio. Proceda como acima. Junte o suco de limão a gosto depois que o xarope ferveu.

como usar

Dilua com água e sirva com gelo. Todos rendem xaropes lindos para servir com sorvete, iogurte ou crepes, ou então misture com sucos de frutas: o sharbat de ruibarbo e o de cereja são ótimos com suco de maçã e água com gás. Junte uma gota de água de rosas aos sharbats de ruibarbo e cereja ou água de flor de laranjeira ao de marmelo, se você gosta de xaropes levemente perfumados.

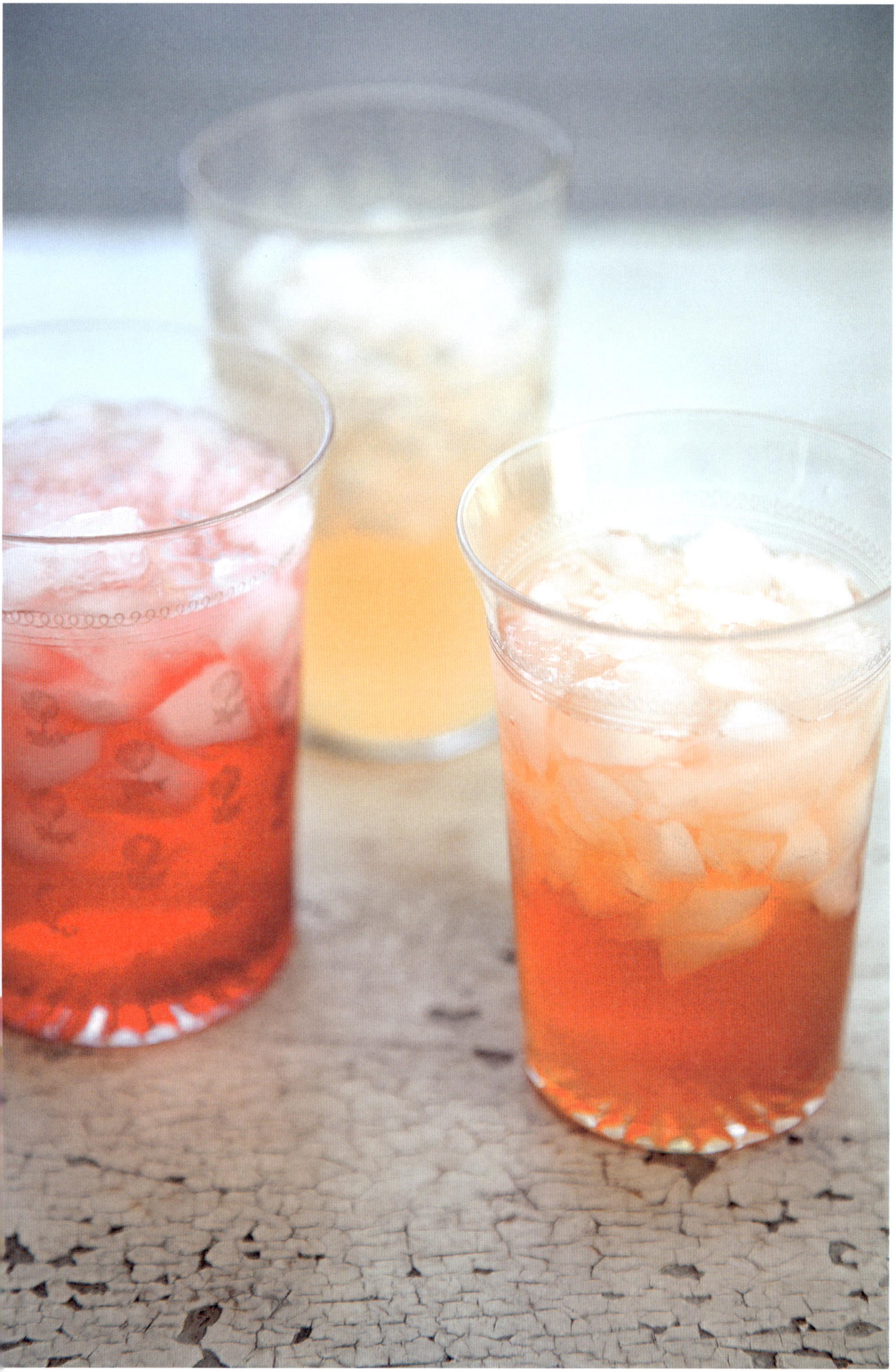

xarope de rosa

Junte uma gota ao chantili para servir com frutas ou regue uma pavlova com frutas de verão. No Oriente Médio, ele é diluído e tomado como uma bebida, mas isso é demais para mim...

1 garrafa de 500 ml
500 g de açúcar cristal
suco de 1 limão-siciliano (você pode querer mais ou menos)
60 ml de água de rosas ou a gosto (adicione gradualmente, provando aos poucos, pois elas variam em intensidade)
um toque de corante alimentício vermelho (opcional)

1 Coloque 300 ml de água e o açúcar em uma panela e aqueça suavemente até dissolvê-lo. Ferva por 2 minutos, junte o suco de limão coado com uma peneira de náilon e a água de rosas a gosto. Você pode adicionar uma pequena pitada de corante alimentar, se quiser, com o cabo de uma colherzinha, para obter um rosa pálido. Despeje em um frasco esterilizado com um funil e mantenha na geladeira por 1 mês.

2 Se você encontrar um monte de rosas escuras e bem perfumadas (cerca de 50 g), ferva a água e deixe as pétalas em infusão por 3 horas. Coe, acrescente o açúcar e faça como descrito acima (pode tirar o limão, se preferir; você deve obter a cor das pétalas frescas, se elas forem escuras o bastante).

sekanjabin

Esse xarope persa agridoce é usado como bebida refrescante durante um tempo quente. O equilíbrio do doce e do ácido varia de acordo com o cozinheiro, portanto deixe a seu gosto. *Sekanjabin* é o nome desse xarope. Quando usado para fazer a bebida, ela é chamada *sharbat-e sekanjabin*.

1 garrafa de 750 ml
1 kg de açúcar cristal
300 ml de vinagre de vinho branco
folha de 16 ramos de hortelã

1 Coloque 600 ml de água em uma panela com o açúcar e leve ao fogo até ferver suavemente, mexendo um pouco para ajudar a dissolvê-lo. Adicione o vinagre, reduza o fogo e cozinhe por 15 minutos.

2 Retire do fogo e adicione a hortelã, enquanto ele esfria. Retire a hortelã e engarrafe. Sirva com água com gás ou sem, gelada e com gelo. Mantenha na geladeira e beba em 2 meses.

como usar

O sekanjabin rende uma bebida deliciosa misturado com suco de maçã e água. Junte hortelã, limões fatiados e maçãs picadas. No Irã, é usado como uma espécie de molho para folhas de alface. Por mais estranho que possa parecer, essa combinação de xarope de hortelã com alface fica uma delícia com arroz (misturado com ervas e favas) e cordeiro ou peixe branco assado.

sharbats e chá de hortelã: prazeres do oriente médio

A comida do Oriente Médio foi a primeira pela qual realmente me apaixonei. Cresci na Irlanda do Norte, mil e uma léguas distante do calor e da cor do Oriente Médio, mas achava ter uma imagem clara de lá, formada ao ler *As mil e uma noites*, mergulhada nas ilustrações. As comidas de lá — figos, romãs, tâmaras e as águas de flores — encantavam-me. Isso não mudou depois que me tornei adulta. Comprei o livro *Book of Middle Eastern food* ("Livro da comida do Oriente Médio", em tradução livre), de Claudia Roden, quando me mudei para Londres e fiquei maravilhada pelo seu exotismo. Xaropes e geleias pareciam o ramo mais romântico dessa vasta cultura culinária. Li sobre os vendedores de sharbat da infância de Roden no Cairo, carregando bebidas pelas ruas em frascos de vidro gigantes e coloridos. Seus gritos e o tilintar dos copinhos de metal que eles carregavam atraíam as pessoas para saciar a sede. Os sharbats — que quer dizer "bebida doce" em árabe — eram feitos de rosas, uvas-espim, hortelãs, marmelos, limões e cerejas. Eles ficaram mais populares quando o Islã apareceu e o vinho foi banido. Servidos sobre gelo picado, ficam tão bons quanto vinho e são provavelmente os precursores dos sorvetes à base de água — sorbets e granitas — que mais tarde surgiram na Itália e na França.

As geleias do Oriente Médio são tão requintadas quanto os sharbats, mas não são como o que nós reconhecemos como geleia. Elas são muito mais fluidas, quase como um xarope grosso de fruta. Além de comidas com pão, colocam-se colheradas delas sobre iogurte, são servidas como sobremesa e usadas para adoçar o chá. Utilizam-se cenouras e até berinjelas, bem como marmelos e cerejas. As compotas gregas são bem parecidas com as geleias do Oriente Médio. São feitas de frutas em um xarope bem grosso, servidas em quantidades pequenas para visitas que passam para um café (geralmente junto com um copinho de água fresca). Se você é a visita, pode ganhar duas metades de figo roxo nadando em xarope, mas a fruta é uma oferenda especial — um presente doce da anfitriã — e fica ainda mais lindo por ser servido em pequenas porções. As geleias no Oriente Médio são geralmente servidas da mesma forma, em um pires com uma colherzinha.

Apreciar a beleza, os sabores, as cores e os perfumes é uma parte importante da cultura do Oriente Médio. Isso se encaixa com o amor que eles têm pelos jardins e com o ideal islâmico do paraíso. Preste atenção aos padrões intrincados dos azulejos e você verá o amor deles pela decoração. Embelezar e abraçar as coisas simples da vida — a casa, o jardim e a comida — é essencial. As geleias, as compotas e os sharbats são só uma faceta disso.

Outra coisa especial das conservas do Oriente Médio é que elas parecem materializar o indescritível. Da mesma forma que a poesia às vezes diz o inefável, garrafas de sharbat de marmelo e potes de geleia de rosas ou conservas de flor de laranjeira parecem capturar algo quase impossível de definir. Aromas e sabores florais são evanescentes, a época dos marmelos ou das cerejas é curta; assim, a menos que você capture sua essência no açúcar e guarde-a em um vidro, é difícil de lembrar qual seu sabor e cheiro quando elas não estão mais por perto. Com os sharbats e as geleias, basta abrir uma garrafa ou um pote para provar novamente o que você pensou que estava perdido. E aquilo existe em uma mera colher de fruta ou um gole refrescante de xarope.

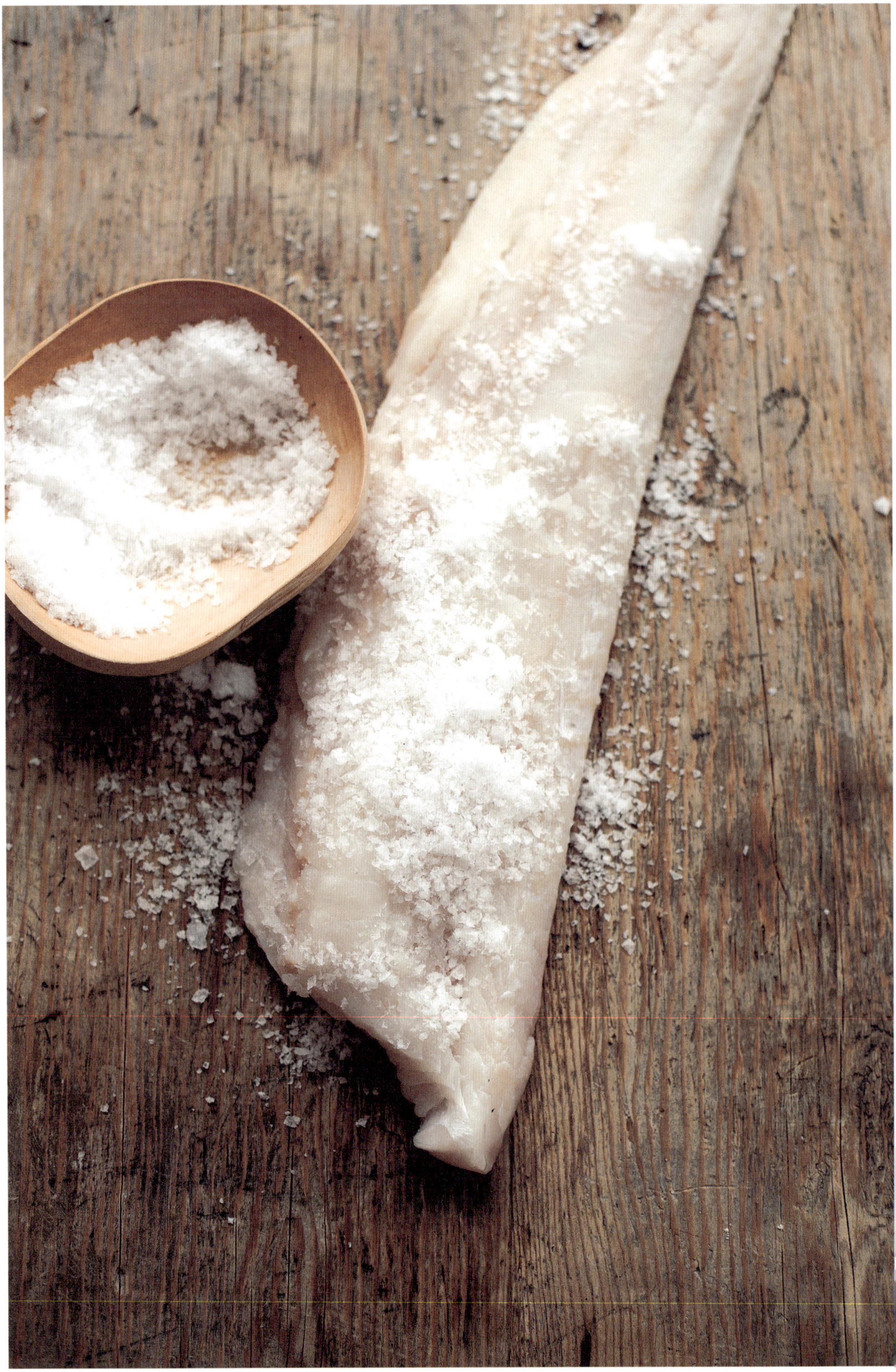

salgados, curados e confits

Este é um capítulo sério. Terrine de porco, confit de pato, carne curada à moda italiana. Todos esses pratos exigem tempo e atenção. Mas numa época em que podemos receber sushi pronto, entregue à porta, ou fazer uma bebida energética de clorofila e tomar na hora no escritório, para que se preocupar? Em parte, porque nisso há uma história. É claro que não existe nada intrinsecamente bom em comer um prato de tempos passados — eu não sugeriria assar um cisne, por exemplo — mas, muitas vezes, quando alguns pratos sobrevivem, houve uma boa razão para isso. Eles representam bem a cultura de um país, não se trata de uma moda passageira. Prepará-los é gratificante, e eles são absolutamente deliciosos. Muito do que acontece com os alimentos ao cozinharmos está longe dos nossos olhos. Colocamos um frango no forno e ele sai de lá dourado e delicioso. Não tivemos muito trabalho para deixá-lo assim. Mas, com uma cura, tomamos as rédeas de um tipo de preparação que pode levar dias, às vezes semanas. Não ficamos o tempo todo com as mãos nela, mas se você esfrega uma cura de sal na carne de porco para fazer toucinho, você sente a carne. Alguns dias depois, quando você esfrega mais, sente de novo, e ao fim do período de cura você nota que a textura mudou: está mais firme. Você testemunha o processo de transformação. Não é o tipo de comida que tem seu lugar entre pegar as crianças na escola e sair para uma festa à noite. Você tem de estar ciente disso e ser cuidadoso. Dito isso, saiba que não é difícil preparar um confit de pato ou um gravlax de salmão, mas é o tipo de coisa que dá a sensação de algo mais do que só cozinhar. Não é que você virou um artesão — um fabricante de alimentos que praticou sua arte todos os dias por anos e anos —, mas você está fazendo um alimento, e não apenas preparando uma refeição. E isso é emocionante.

O teor de gordura de alguns pratos deste capítulo pode também fazer soar um alarme, mas você não vai comer confit de pato ou terrine de porco todos os dias. E basta pensar em quanta gordura existe naquele croissant que você pega todo dia a caminho do trabalho.

SAL E CURAS

O sal parece desempenhar um papel menor na nossa alimentação. Temperamos com ele ao cozinhar. Podemos salpicar um pouquinho mais antes de comer, mas, de uma maneira geral, ele fica ali quietinho dentro da despensa, puro e branco, sem saltos ou piruetas. No entanto, ele é a base do que comemos e é parcialmente responsável por termos sobrevivido. Pois não é o tempo que estraga a comida, e sim bactérias e outros micróbios que se alimentam dela. Se salgamos um alimento — seja com uma salmoura ou com uma cura seca — nós matamos os micróbios ou impedimos sua reprodução, o que interrompe ou ao menos retarda a deterioração da comida. Foi o sal que nos permitiu guardar o alimento e mantê-lo por um longo período ou levá-lo conosco para viagens exploratórias. O sal foi fundamental para a sobrevivência e a expansão da espécie humana. Felizmente, ele também faz maravilhas pelo gosto dos alimentos, concentrando seu sabor. Por que um confit de pato é tão mais gostoso do que simplesmente pato? Em parte, por causa daqueles cristaizinhos brancos que você esfregou nele.

O sal é um componente importante de quase todas as receitas deste capítulo (só em algumas poucas receitas de confit que ele atua mais como um tempero do que como um conservante). Funciona assim: as células delimitadas por membranas semipermeáveis sentem-se compelidas a manter um equilíbrio com o que está fora delas. Uma concentração elevada de sal do lado de fora de uma célula faz com que o líquido seja transferido para fora dela. A água atravessa a membrana para reduzir a concentração de sódio no exterior da célula e aumentar a concentração de potássio no seu interior. Se o sal é esfregado em um pedaço de carne, as células da carne vazam água, pois tentam entrar em equilíbrio com o que as circunda. Elas estão desesperadas para diluir o sal. Esse processo também muda o formato das proteínas da carne, deixando-as mais soltas e permitindo-lhes conter mais umidade, o que é ótimo para quem vai comê-las.

Se você salga um pedaço de carne, retira a umidade dele, desidratando-o. Quando o sal entra nas células da carne, ele também desidrata os micróbios que estão ali, matando-os ou inibindo a sua capacidade de se multiplicar. Nas carnes conservadas que você vai comer em breve e rapidamente — como nas duas receitas de toucinho deste capítulo — conservar com sal é o suficiente (sugiro consumir o toucinho em 2 semanas). Qualquer tipo de carne de cura lenta — salame, por exemplo —, cuja duração você deseja mesmo estender, precisa do acréscimo de alguns conservantes químicos, que são geralmente o nitrato de potássio (normalmente chamado de salitre), o nitrato de sódio e o nitrito de sódio.

O nitrito muda o sabor da carne, preserva o seu tom cor-de-rosa, impede a gordura de desenvolver um sabor rançoso e interrompe o crescimento de bactérias, principalmente aquelas responsáveis pelo botulismo. Os nitritos são, na verdade, encontrados naturalmente em vegetais de folhas verdes e raízes, e não são prejudiciais em pequenas porções, mas tornam-se letais em grandes quantidades.

O sal de cura contém nitratos e nitritos e é usado para linguiças curadas a seco que contêm carne picada e serão curadas por um longo tempo.

Esses conservantes estão cada vez mais malfalados quanto mais nós nos preocupamos com os aditivos químicos nos alimentos. No entanto, fabricantes de linguiças e salames os têm utilizado há séculos. E quando a alternativa a usá-los é correr um risco de criar um produto alimentar que pode matar alguém (o risco de botulismo é muito real), fico satisfeita de poder curar com esses conservantes. Você tem, sim, de ser cuidadoso sobre a quantidade, e precisa armazená-los de forma segura. Se isso deixa você apreensivo, pense assim: uma dose letal de nitrato de potássio é de 28 g. Você não vai comer tudo isso.

Sugeri usar salitre na receita de carne curada no sal, pois isso faz realmente uma diferença enorme na aparência (dá um lindo tom cor-de-rosa), mas o gosto fica bom com ou sem ele. E eu experimentei muitas quantidades diferentes no processo de salga, aumentando-as gradualmente para obter uma boa cor com um mínimo de salitre. Você também pode preferir usar o salitre no toucinho por causa da cor, mas eu prefiro não usar. O sal de cura é utilizado para uma das receitas de bresaola neste capítulo.

O açúcar também é uma parte importante da cura, pois suaviza o efeito do sal. De fato, a cura para um gravlax escandinavo — o prato clássico de salmão curado — tem quase tanto açúcar quanto sal. O açúcar produz uma cura mais doce e úmida, conhecida como "cura suave".

CONSERVA EM GORDURA

Os alimentos são secos ou salgados para matar — ou sufocar — organismos potencialmente nocivos dentro deles. Mas outros processos podem vir após a salga ou o cozimento, que impedem os micróbios de chegarem até o alimento. A maneira mais simples de não deixar os organismos no ar entrarem em contato com a carne ou o peixe é criar uma barreira de gordura (e o fato de ela ser comestível e deliciosa só a torna ainda melhor). É por isso que há uma camada de manteiga clarificada por cima do patê de fígado de frango e que o confit de pato vem envolvido por uma camada cremosa de gordura de pato. Patês, confits e rillettes (rillettes são carne de porco, coelho ou frango cozidas e desfiadas) são pratos franceses, mas carnes conservadas em potes eram uma moda forte na Grã-Bretanha no século XVII e ainda hoje são adoradas, apesar de nós não a prepararmos com muita frequência. Nós perdemos muito com isso. Fazer carne em conserva é uma maneira excelente de aproveitar as sobras. No verão é perfeito para dar um bom uso a restos de salmão cozido e, depois do Natal, é uma boa solução para aquele tender, para o qual você já está cansado de olhar.

AVISO IMPORTANTE

Eu não gosto de soar o alarme quando se trata de cozinhar, pois isso geralmente desencoraja demais, mas conservar carnes e peixes não é algo a se fazer de modo despreocupado. Nunca me aconteceu um desastre — embora eu tenha jogado fora alguns potes de geleia fermentada tempos atrás — mas é preciso cuidado. Você vai ter bastante trabalho e vai gastar um tempo considerável no preparo. Para que valha a pena, use a melhor carne e o melhor peixe que você puder; uma barriga de porco criado de maneira orgânica (ainda melhor se você puder escolher uma raça em particular) renderá um ótimo resultado. E o frescor é primordial. Arenque, salmão, carne, tudo precisa estar tinindo de fresco, caso contrário, corre o risco de estragar. Isso é perigoso e também um desperdício de tempo e de ingredientes.

Use a quantidade exata de sal, a densidade correta de salmoura e a quantidade indicada de sais de cura sugerida nas receitas. E pese as quantidades, em vez de chutar.

É preciso ter higiene. Pode parecer óbvio, mas, mesmo com todo o zelo, você pode esquecer. Todo equipamento que você utilizar — tábuas de cortar e talheres — deve ser esterilizado (lave tudo muito bem com água quente e sabão, depois mergulhe-os em água fervente). Limpe a superfície de trabalho cuidadosamente com um bactericida. Lave as mãos com frequência e seque-as em um papel-toalha em vez de usar e reutilizar o mesmo pano de prato. Trabalhe em uma cozinha razoavelmente fria: nem a carne nem o peixe que você estiver curando devem ficar em um ambiente muito quente.

Curar é um processo vivo. Os alimentos trabalhados vão mudar à medida que curam. Fique de olho na carne ou no peixe, e se, em qualquer momento durante o processo ou depois de armazenado, você sentir um cheiro ruim ou perceber que algo está estragado, jogue fora. Confie nos seus sentidos e não corra riscos.

peito de pato curado

Uma das coisas mais fáceis de se curar em casa (e um bom começo). Li pela primeira vez sobre peito de pato curado em casa no livro de Franco Taruschio, *Leaves from the Walnut Tree* ("Folhas da nogueira", em tradução livre). É uma adaptação de uma velha receita galesa, o "pato de Lady Llanover". A receita a seguir é um pouco mais fácil do que a original e foi um presente de outro chef do País de Gales, Matt Tebbutt.

Certifique-se de obter peitos de pato grandes — se eles forem menores, ficam com uma cor cinza na hora de cozinhar — e seja bastante exato e cuidadoso quanto ao tempo de cozimento e à temperatura do forno (eu agora tenho sempre um termômetro no meu forno, para ter certeza da temperatura indicada). Se tudo der certo, você obterá fatias de pato deliciosas e róseas.

8 porções como entrada
50 g de sal grosso
50 g de açúcar refinado
1 colher (chá) de pimenta-do-reino moída na hora
1 colher (chá) de semente de coentro
1 colher (chá) de folha de tomilho
2 folhas de louro
4 peitos de pato grandes, cerca de 250-270 g cada

1 Coloque tudo, exceto os peitos de pato, em um pilão e esmague. Espalhe metade dessa mistura em um refratário de cerâmica ou em um recipiente de plástico. Coloque os peitos de pato sobre a mistura com o lado da pele para baixo e polvilhe com o restante da cura por cima. Cubra e mantenha na geladeira por 24 horas.

2 Preaqueça o forno a 160°C. Enxágue a cura dos peitos de pato e coloque-os em um refratário. Junte 250 ml de água ou o suficiente para chegar à metade da altura dos peitos. Cozinhe no forno por 20 minutos.

3 Retire o prato do forno, remova os peitos e coloque-os em um prato. Cubra e aguarde até que estejam firmes e completamente frios (eles precisam estar rijos o suficiente para serem fatiados). Dura 3 dias na geladeira. Fatie e sirva meio peito de pato por pessoa como entrada.

como usar

Essa receita rende uma salada deliciosa. Matt Tebbutt serve esse pato com fatias de melão ou de manga madura, gengibre em conserva, folhas de mizuna, um pouco de wasabi e uma tigelinha com shoyu.

Você pode fazer uma salada menos formal (e um pouquinho mais ardida), misturando fatias do pato com manga, folhas de salada, vagem cozida, pimenta-dedo-de-moça fatiada e um molho feito com óleo de amendoim, vinagre de arroz, gengibre fresco ralado, molho de peixe e suco de limão, temperado com açúcar refinado (dê uma olhada naquela usada com o Frango defumado, p. 124).

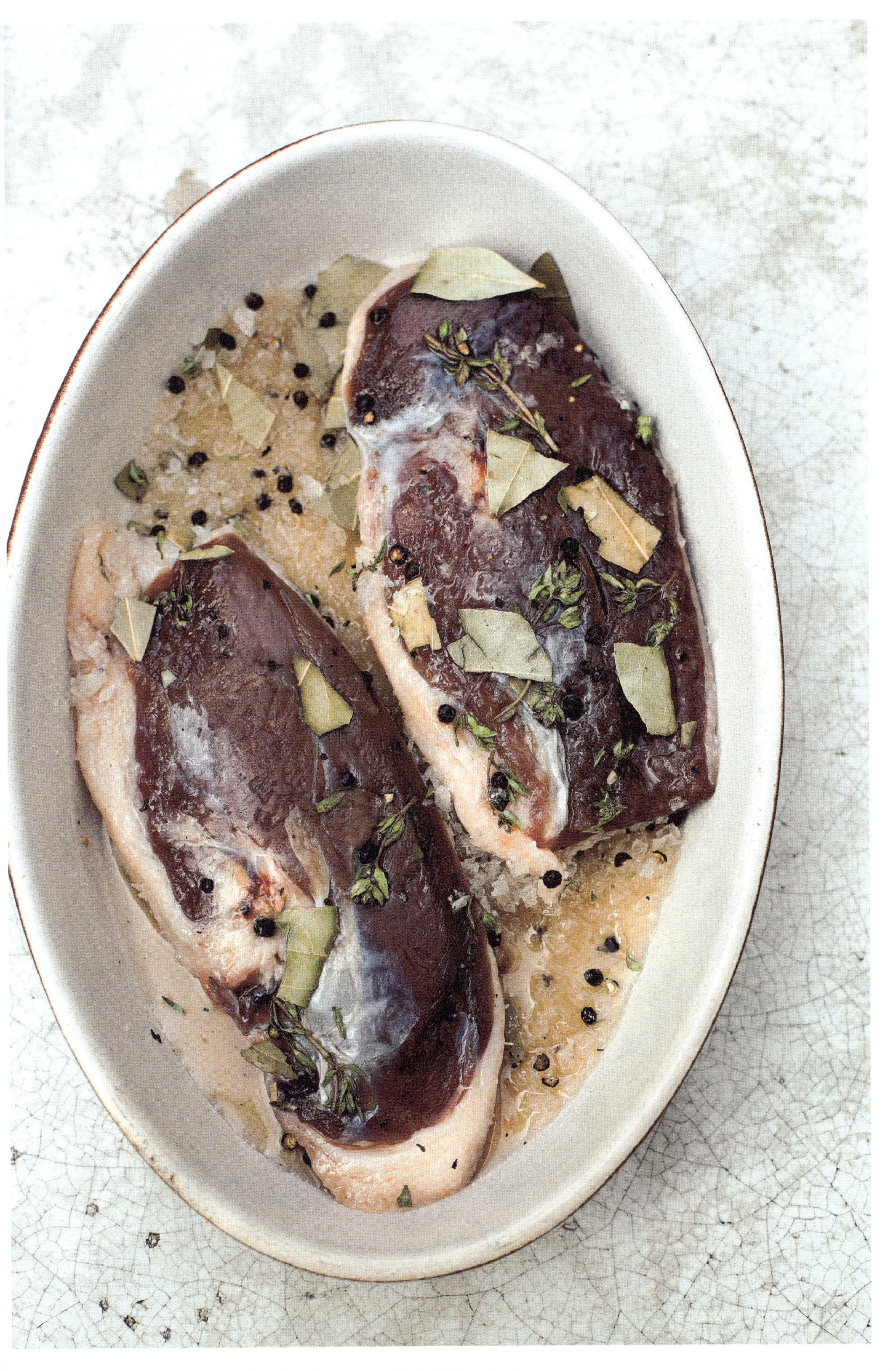

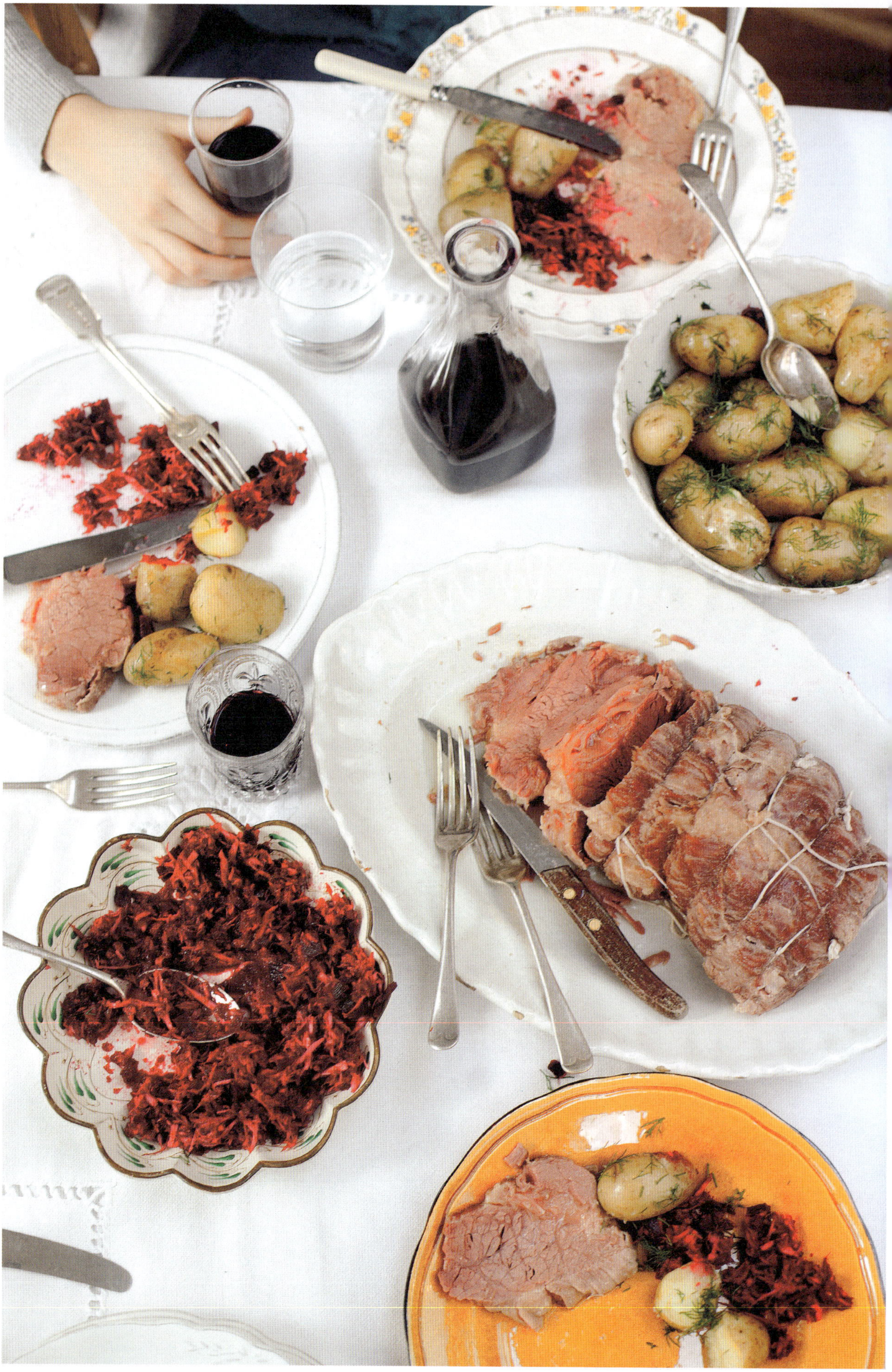

carne curada no sal

Eu adoro carne curada (ai, aqueles sanduíches das delicatessens em Nova York!), mas tinha um pouco de medo de fazer. Depois que eu tentei uma vez, achei muito simples e muito emocionante (meus filhos ficaram intrigados com aquele pedaço enorme de carne salgada em casa). Também é incrivelmente econômico, rende um pedaço de carne para um batalhão (e ainda sobra para fazer aqueles sanduíches deliciosos...). Peça ao seu açougueiro um pedaço de peito bovino bem bonito e gorduroso. Quanto mais gordura, melhor o sabor. O salitre não é obrigatório, mas dá um tom cor-de-rosa lindo.

12 porções, com sobras para usar em outros pratos e sanduíches

PARA A SALMOURA

275 g de açúcar mascavo

350 g de sal grosso

2 colheres (chá) de pimenta-do-reino moída na hora

½ colher (sopa) de bagas de zimbro

4 cravos

4 folhas de louro

4 ramos de tomilho

40 g de salitre (opcional)

PARA A CARNE

um pedaço de 2½ kg de peito bovino

1 cenoura grande picada

1 cebola picada

1 talo de aipo picado

1 alho-poró cortado em pedaços grandes

1 bouquet garni

½ cabeça de alho

1 Coloque todos os ingredientes para a salmoura em uma panela grande, despeje 2½ litros de água e leve à fervura devagar, mexendo sempre para ajudar a dissolver o açúcar e o sal. Quando ferver, deixe borbulhar por 2 minutos. Tire do fogo e deixe esfriar completamente.

2 Fure toda a superfície da carne com um espeto. Coloque-a em uma caixa ou em um balde de plástico grande e esterilizado (ou em algum outro material não reagente, como cerâmica ou vidro, por exemplo) e cubra a carne com a salmoura, deixando-a completamente submersa. Devo dizer que a melhor coisa que eu encontrei para fazer peso na carne foram duas garrafas enormes de vodca. Basta colocar as garrafas em cima da carne para que fique abaixo do nível da salmoura. Deixe em um local bem frio (uma adega ou na gaveta de verduras, na geladeira). Você deve deixá-la por 7 dias.

3 Retire a carne da salmoura e lave-a. Enrole e amarre a carne e coloque-a em uma panela com os legumes, o bouquet garni e o alho, juntando água fria o suficiente para cobrir. Leve à fervura e deixe a carne cozinhar suavemente — no fogo bem baixo — no fogão por 2h30 a 3 horas. Cozinhe até a carne ficar completamente macia (você precisa verificar com um espeto, é muito fácil checar a textura assim).

4 Sirva fatiada com picles (os Picles pão com manteiga, p. 218, são excelentes), Creme de raiz-forte ou Chrain (p. 196), mostarda inglesa ou piccalilli (prato típico inglês, de influência indiana). Você pode servi-la quente (aqueça-a no caldo em que foi cozida) ou fria. Dura 1 semana na geladeira. Enrole-a bem para que permaneça úmida.

toucinho

É incrivelmente fácil de fazer. Você nunca terá de usar aqueles pacotinhos de tiras de bacon novamente, e os seus sanduíches serão pura delícia. É necessário usar uma faca bem afiada para cortá-lo; fatiá-lo bem fino é difícil (mas qual o problema de uma fatia grossa?). Se você se apaixonar por fazer o seu próprio toucinho, pode valer a pena investir em uma máquina profissional para fatiar.

rende cerca de 2 kg

um pedaço de 2 kg de barriga de porco desossada com gordura

PARA A CURA

550 g de sal grosso
3 folhas de louro picado
15 bagas de zimbro esmagadas
175 g de açúcar mascavo

1 Moa todos os ingredientes da cura em um processador ou pilão. Coloque a carne de porco em uma superfície ou tábua de cortar limpa e esfregue cerca de dois terços da cura sobre ela. Coloque em um recipiente não reagente (eu uso uma caixa de plástico grande esterilizada) e cubra. Mantenha na geladeira (ela precisa ser mantida a cerca de 5°C) e guarde a mistura da cura que sobrou.

2 Após 24 horas, haverá um líquido em torno da carne. Tire-a da caixa, descarte o líquido e esfregue a carne com mais um pouco da cura. Faça isso de novo no terceiro dia, usando toda a cura restante. Aguarde mais dois dias, e então estará pronto. Sua textura deverá ser firme.

3 Lave o excesso de sal e seque a carne. Envolva-a em uma musselina e coloque-a em uma prateleira na geladeira. Ela vai secar um pouco e maturar ao longo dos próximos dias. Vá tirando o que você quer usar. Dura bem cerca de 2 semanas, e você também pode congelar (inteiro ou em pedaços menores). Se achar o toucinho muito salgado ao cozinhá-lo, mergulhe toda a carne durante uma noite em água, seque e guarde como antes.

lombinho curado com bordo de stephen harris

Stephen Harris é um dos melhores chefs do país e dono do The Sportsman em Seasalter, Kent (um pub com uma comida excelente). Foi ele que me ensinou a fazer toucinho. Stephen é cozinheiro autodidata e adora aprender novas habilidades, atitude que é muito contagiante.

rende cerca de 2 kg

500 ml de maple syrup (escuro)

2 kg de lombo de porco desossado
550 g de sal grosso

1 Esfregue o maple syrup por toda a carne e coloque-a em um recipiente não reagente. Deixe 3 dias na geladeira, esfregando maple syrup algumas vezes nesse período. Retire a carne do recipiente e esfregue o sal. Coloque-a de volta e deixe de 3 a 4 dias, depois enxágue para retirar o sal e faça como indicado na receita anterior.

2 Se quiser fazer um lombinho com cura doce mais barato, Stephen sugere usar açúcar mascavo. Se achar o lombinho salgado demais, da próxima vez deixe-o no sal um dia a menos.

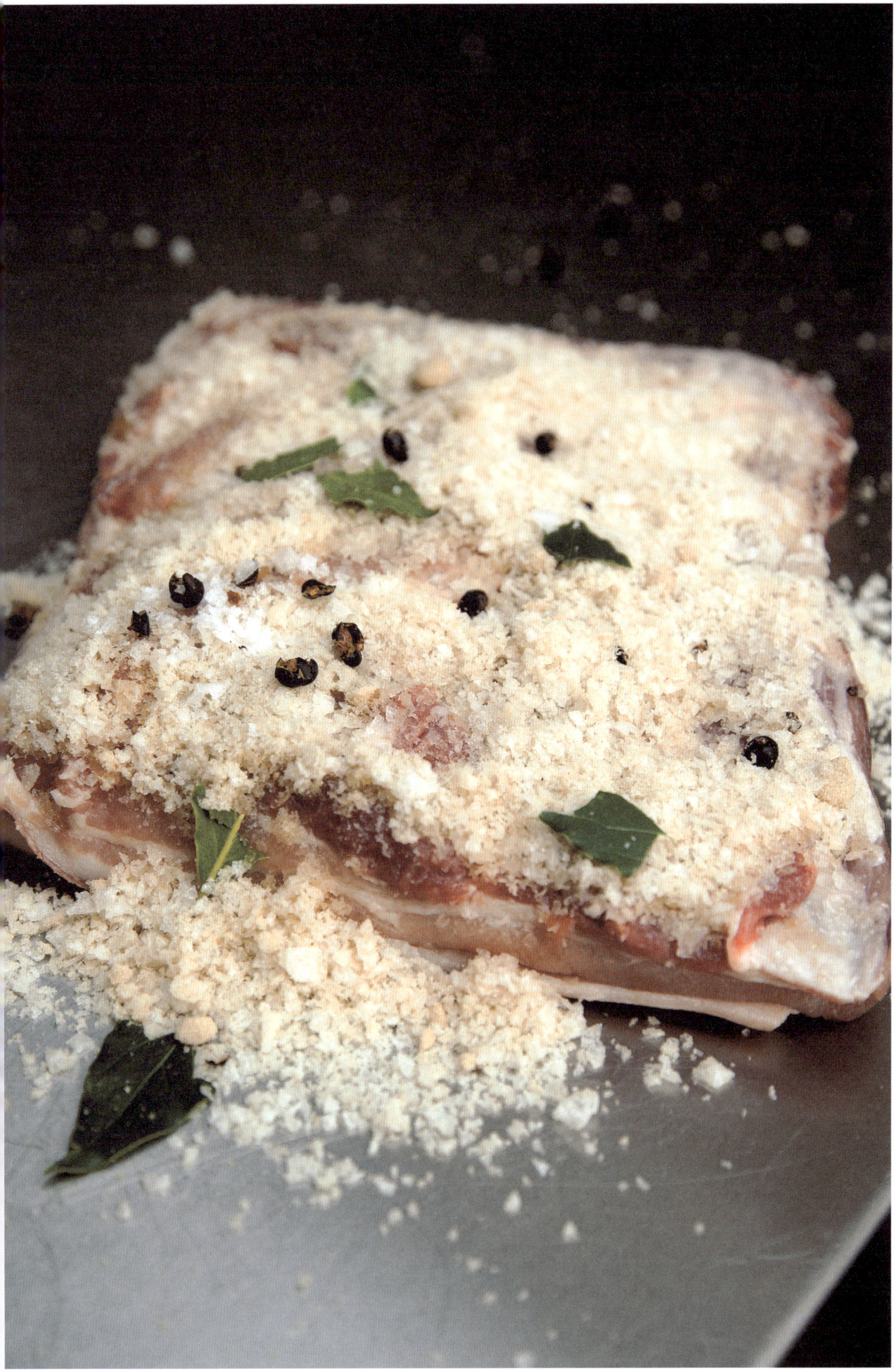

confit de pato

O confit é uma prática antiga surgida na França empregada para conservar carnes gordas, como pato, ganso e porco. E o processo não só conserva, como também intensifica o sabor. Um confit caseiro é um deleite muito especial e bastante fácil de servir, pois tudo o que você precisa fazer no último minuto é fritar as coxas. Eu uso banha para lacrar a conserva, que é mais densa que a gordura de pato ou de ganso.

4 porções
50 g de sal grosso
8 grãos de pimenta-do-reino preta esmagadas
8 bagas de zimbro esmagadas
folha picada de 4 ramos de tomilho

3 folhas de louro amassadas
4 pernas de pato grandes, cerca de 200 g cada
2 kg de gordura de pato (você pode comprar congelada)
banha, para o lacre

1 Misture o sal, a pimenta, o zimbro, o tomilho e o louro. Polvilhe metade dessa mistura em um prato raso e grande de material não reagente e arrume o pato por cima, com o lado da pele virado para baixo. Polvilhe o resto da mistura por cima. Mantenha na geladeira (eu cubro com um pouco de filme plástico) e deixe por 24 horas. Depois, com uma escovinha, retire a mistura de sal e preaqueça o forno a 110°C.

2 Aqueça a gordura de pato ou de ganso em uma panela de fundo grosso onde o pato caiba bem justo. Faça a gordura ferver suavemente — ele deve apenas fremir de leve — e adicione o pato. Deve haver gordura o suficiente para cobri-lo por completo. Cozinhe no forno de 2h30 a 3 horas. O pato deve ficar completamente macio e o caldo que escorre dele ao ser furado com um espeto deve estar transparente.

3 Retire do forno e coloque o pato sobre uma gradinha (com algo embaixo para recolher a gordura que escorrer). Coloque uma peneira sobre uma tigela e coe a gordura, tendo o cuidado de deixar o caldo. Coloque cerca de 2 cm dessa gordura em um frasco esterilizado ou no pote de barro onde você vai guardar o confit. Deixe esfriar e endurecer. Pegue os pedaços de pato com a ajuda de pinças e coloque-os dentro do frasco (eles não devem tocar as bordas). Despeje o resto da gordura por cima para cobrir tudo completamente. Bata firmemente na bancada para remover as bolhas de ar. Mantenha na geladeira por 1 hora para firmar, depois derreta banha o suficiente para fazer um lacre de 1-2 cm, despeje-a por cima e retorne à geladeira. Quando a banha endurecer, coloque um pedaço de papel-manteiga por cima. Cubra, se você usar um pote de barro, ou vede, se usar um frasco de conserva. Mantido assim, o pato pode durar cerca de 2 meses na geladeira.

como usar

Para servir, retire o pato e raspe a maior parte da gordura. Pegue 2 colheres (sopa) da gordura de pato e coloque em uma frigideira. Em fogo médio, esquente bem a gordura e coloque o pato com o lado da pele para baixo. Cozinhe por 4-5 minutos, até dourar bem. Vire para dourar o outro lado, mais 3-4 minutos. O pato deve ficar quente e a pele, crocante.

Sirva com batata sauté (com alho e salsa) e uma salada de agrião. Na primavera, fica delicioso com ervilhas frescas cozidas e cebolinha.

A gordura do confit pode ser reaquecida e filtrada com uma peneira (como na receita) e reutilizada três vezes para fazer mais confit.

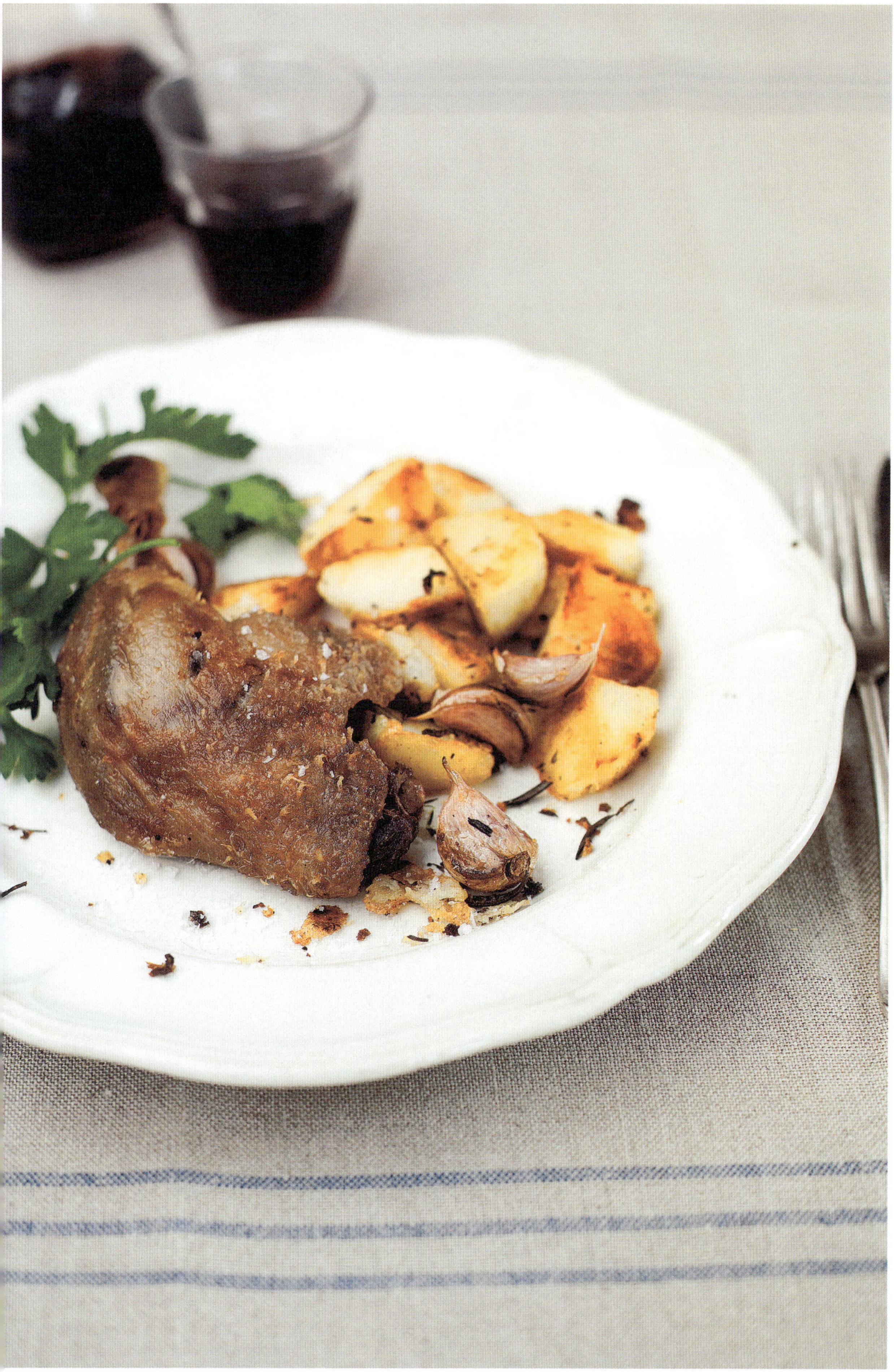

terrine de porco caipira

Essa é a terrine que eu mais faço. A coisa mais difícil é tirar os ingredientes da despensa e da geladeira. O único perigo — e que pode resultar em uma terrine bem decepcionante — é colocar pouco sal e tempero. Pese a mão sem medo! Fora isso, basta arregaçar as mangas e dedicar-se. Faz bastante meleca, mas é gratificante e alimenta muita gente de uma vez só (é maravilhosa para um almoço grande ou quando você recebe amigos no fim de semana).

10 porções

PARA O PATÊ

200 g de fígado de galinha
4 colheres (sopa) de conhaque
25 g de manteiga sem sal e mais um pouco para untar
1 cebola bem picada
250 g de carne de porco moída
250 g de carne de vitela moída
250 g de banha de porco em cubos
175 g de fígado de porco bem picado
4 dentes de alho amassados
¾ de colher (chá) de pimenta-da-jamaica
uma boa pitada de cravo em pó
½ colher (chá) de noz-moscada ralada
2 ovos levemente batidos
sal marinho
pimenta-do-reino moída na hora

PARA MONTAR

250 g de fatias de toucinho, banha ou gordura de pato, para o lacre (opcional)

1 Coloque os fígados de galinha em um prato e despeje o conhaque por cima. Derreta a manteiga e refogue a cebola até ficar macia, mas não corada. Deixe esfriar. Misture com todos os outros ingredientes, exceto os fígados de frango, no conhaque. Mexa com as mãos e tempere bem. Frite um pouco da mistura para verificar o tempero. Preaqueça o forno a 180°C.

2 Forre uma fôrma de terrine ou assadeira de 1½ litro com uma camada dupla de filme de PVC (se você quiser desenformar para servir). Retire a pele do toucinho, estique cada fatia com as costas de uma faca e use para cobrir a base e os lados da terrine; guarde algumas fatias para cobrir. Com uma colher, coloque metade da carne, depois os fígados e tempere. Coloque a outra metade da carne sobre os fígados. Arrume os toucinhos restantes no alto.

3 Cubra com papel-manteiga untado. Coloque a terrine numa assadeira e despeje água fervente até a metade de sua altura. Cozinhe por 1¼ hora, até que o caldo fique transparente e ela esteja firme.

4 Deixe o patê esfriar até ficar morno, depois coloque uma placa (ou um pedaço de papelão cortado do tamanho e coberto com papel-alumínio) por cima. Faça um peso com algo pesado ou latas de conserva. Quando esfriar completamente, mantenha na geladeira. Você deve aguardar 48 horas antes de comer (o sabor fica melhor à medida que amadurece).

5 Se quiser manter a terrine por mais tempo, coloque uma camada de banha derretida ou gordura de pato por cima. Ela dura assim na geladeira (sem cortes) por 1 semana. Sirva à temperatura ambiente.

como usar

Corte em fatias (não muito grossas) e sirva com algumas folhas de salada, uma conserva ácida (eu gosto especialmente das Cerises au vinaigre, p. 239), picles de pepino e um bom pedaço de pão. Retire da geladeira cerca de 45 minutos antes de servir (fica melhor quando não está gelada).

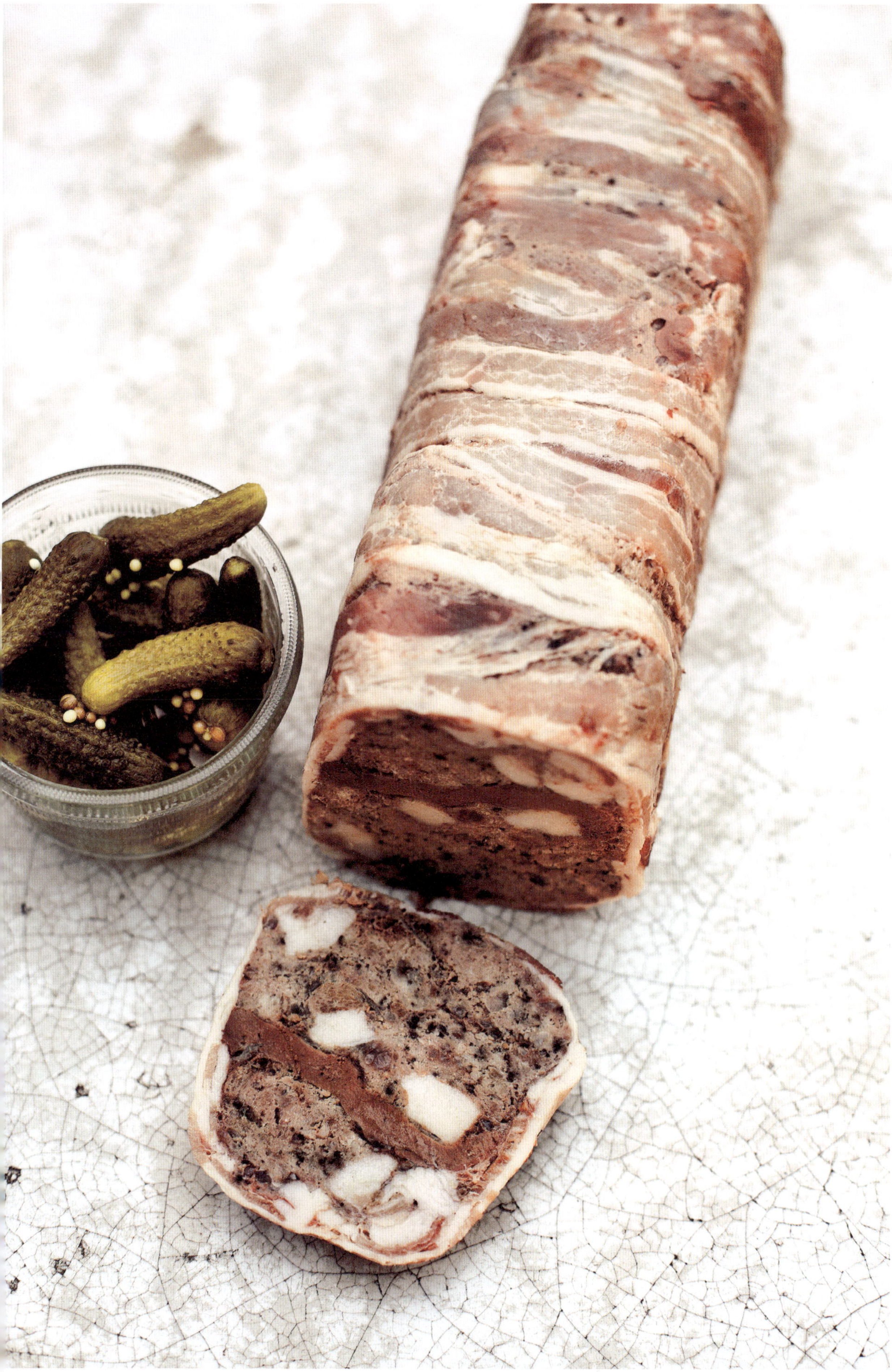

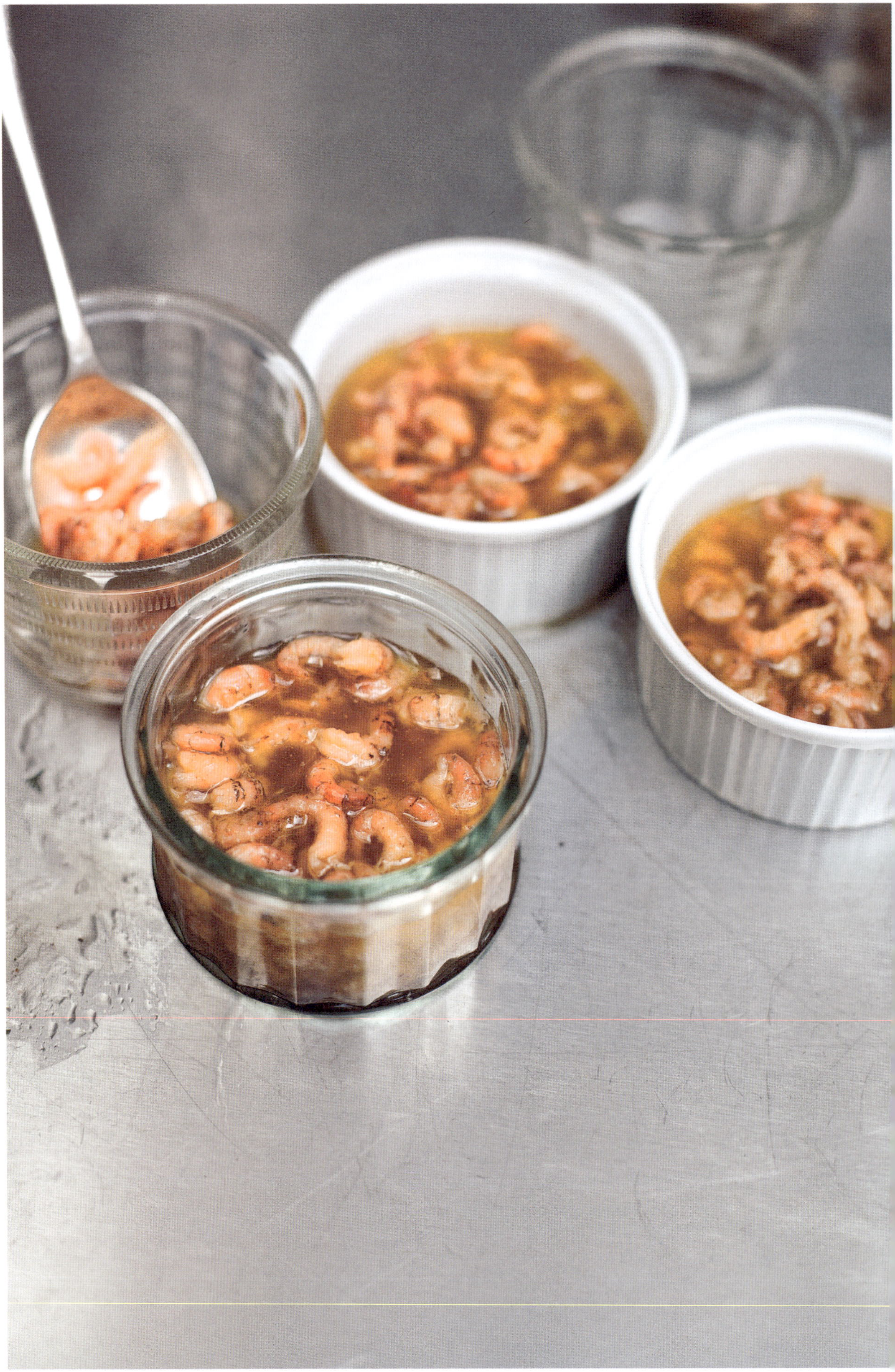

confit de camarão

Se você encontrar um peixeiro que vende camarão cinza limpo, fica tudo muito mais fácil (e mais barato do que comprar pronto).

6 porções
300 g de manteiga sem sal
2 pedaços de macis
uma boa pitada de pimenta-branca
uma boa pitada de pimenta-de-caiena
noz-moscada ralada na hora
300 g de camarão cinza limpo e cozido

1 Derreta a manteiga, retire do fogo e aguarde alguns minutos para que o sedimento se acumule embaixo. Com cuidado, despeje a manteiga dourada clarificada em um prato, descartando o sedimento.

2 Reserve um quarto da manteiga clarificada. Coloque o resto em uma frigideira com os temperos e os camarões e aqueça, mas não deixe a mistura ferver. Retire o macis e divida os camarões entre 6 ramequins. Deixe-os esfriar e depois mantenha na geladeira para endurecer.

3 Despeje o resto da manteiga clarificada por cima (derreta-a suavemente se ela solidificou), cobrindo completamente os camarões; mantenha na geladeira para endurecer mais uma vez. Dura 1 semana na geladeira.

confit de salmão

Uma receita mais prática, já que salmão é mais barato. É também uma boa maneira de aproveitar sobras de peixe cozido (coloque-o na panela junto com a manteiga e cozinhe um pouco). Isso dá uma comida de piquenique deliciosa. Tempere bem: é o tempero que faz a diferença para ter um bom confit de salmão.

8-10 porções
250 g de manteiga sem sal
½ colher (sopa) de azeite
700 g de filé de salmão
um fio de vermute seco
sal marinho
pimenta-do-reino moída na hora
suco de ½ limão-siciliano
½ colher (chá) de pimenta-de-caiena
½ colher (chá) de noz-moscada ralada na hora

1 Aqueça 20 g de manteiga e todo o azeite em uma frigideira e adicione o peixe. Cozinhe em fogo médio por 2 minutos e adicione o vermute. Cubra e cozinhe por 3 minutos, até ficar no ponto.

2 Retire o peixe da panela, remova a pele e desfie a carne com um garfo, deixando algumas partes mais finas e outras mais grosseiras. Misture com o caldo do cozimento, sal e pimenta, o suco de limão, a pimenta-de-caiena, a noz-moscada e mais 20 g de manteiga. Enforme bem em um refratário de terrine (ou um frasco de conserva de 500 ml).

3 Derreta o restante da manteiga e deixe o sedimento afundar. Com cuidado, despeje a manteiga clarificada sobre o salmão, descartando o sedimento, até cobrir. Deixe esfriar e mantenha na geladeira para enrijecer. Dura 1 semana. Tire da geladeira 20 minutos antes de servir.

rillettes de porco

Você pode comprar rillettes prontas, mas as suas serão mais saborosas (e terão uma textura melhor), e elas são baratas de fazer. É bom ter um estoque se você vai receber um batalhão no fim de semana. Para derreter a banha de porco, corte-a em cubos, derreta-a em fogo baixo em uma panela de fundo grosso e passe-a por uma peneira.

cerca de 1 kg de rillettes
500 g de paleta de porco
500 g de barriga de porco desossada e sem pele
350 g de banha de porco derretida e mais um pouco para untar e armazenar
4 raminhos de tomilho
3 folhas de louro
4 cravos
uma pitada bem generosa de tempero misto
uma pitada bem generosa de noz-moscada
sal marinho
pimenta-do-reino moída na hora

1 Corte a paleta de porco em tiras de cerca de 2 cm, no sentido da fibra da carne. Corte a barriga em fatias de cerca de 1 cm de espessura. Coloque a gordura, mais 100 ml de água, em uma panela grande de fundo grosso e leve-a ao fogo bem baixo. Adicione toda a carne. Junte o tomilho, o louro e o cravo em uma trouxinha de musselina (ou use um pano de cozinha descartável novo) e coloque isso na panela também.

2 Cozinhe em fogo bem baixo, apenas para fremir o líquido, sem borbulhar, durante 3 a 4 horas. A carne deve ficar sempre coberta por uma camada de gordura. É mais fácil cozinhar isso no fogão em vez do forno, pois aí você pode ficar de olho. Ela não deve dourar, mas só escaldar. Certifique-se de que não pegou no fundo e vire-a de vez em quando. Está pronta quando estiver totalmente macia e der a sensação de que você pode desmanchá-la facilmente.

3 Quando a carne esfriar um pouco, remova as ervas e especiarias e desfie-a na panela, puxando-a com dois garfos. Passe a carne por uma peneira — para quebrar ainda mais as fibras — e recolha a gordura. Coloque a carne em uma tigela e adicione o tempero misto, a noz-moscada, o sal e a pimenta; é preciso temperar bem para fazer boas rillettes. Adicione gordura o suficiente para tornar a mistura cremosa.

4 Coloque a mistura em tigelinhas e cubra com papel-manteiga untado com banha de porco. Quando firmarem, derreta um pouco mais de gordura de porco e despeje sobre as rillettes. Cubra novamente com o papel e, depois de fria, mantenha na geladeira. As rillettes ficam com um sabor melhor depois de alguns dias na geladeira, mas coma-as em 2 semanas. Depois de começar a comer (e, portanto, de ter quebrado a camada de gordura), você deve consumi-la no prazo de 5 dias. É preciso tirar as rillettes da geladeira 2 horas antes de servir, ou elas ficarão terrivelmente frias e gordurosas.

como usar

Rillettes rendem um ótimo lanche (na verdade, elas são um pouco tentadoras demais) para espalhar sobre uma torrada de pão italiano. Também dão um bom almoço e são maravilhosas para uma mesa grande: sirva com salame, pepino azedo, rabanetes e salada de lentilha e a refeição fará você se sentir um *traiteur*.

bresaola dos sonhos...

Antigamente eu fantasiava em curar carne e, quando finalmente experimentei, descobri que isso dá uma emoção curiosa, diferente da que você sente ao cozinhar. É como se você estivesse cuidando ou cultivando algo... Você usa as forças da natureza em vez do trabalho duro, e só precisa ficar de olho.

As duas versões, abaixo e no verso, têm gostos diferentes, por isso apresento ambas. Tenho uma leve preferência pela Bresaola de salmoura. Se você estiver preocupado em dar errado — e não se deve fazê-la com uma atitude despreocupada — confie no seu nariz. Você sentirá se estiver estragada; se estiver boa, o cheiro será herbáceo e carnudo. O ideal é prepará-la quando estiver bem frio.

Fatiar é um problema. A bresaola deveria ser fina como papel, embora a versão de salmoura possa ser cortada mais grosso que a de cura seca. Eu consegui convencer o proprietário de uma delicatéssen a cortar a minha, mas você pode ter certa dificuldade em conseguir isso também. Você pode, claro, comprar uma máquina de fatiar, mas elas não são baratas...

bresaola na cura seca

Essa versão é ao mesmo tempo mais carnuda e doce que a versão de salmoura. Certifique-se de ler a introdução deste capítulo sobre o sal de cura antes de começar a prepará-la.

rende 1 kg
100 g de sal grosso
100 g de açúcar mascavo
2 colheres (chá) de grão de pimenta-do-reino
5 g de sal de cura
folha de 2 ramos de alecrim
1 colher (sopa) de baga de zimbro
1 peça de lagarto (corte bovino) com cerca de 1½ kg

1 Coloque tudo, exceto a carne, em um processador de alimentos e bata. Transfira para uma tigela (certifique-se de lavar bem o utensílio depois, por causa do sal de cura).

2 Retire a gordura e as fibras brancas da superfície da carne. Esfregue nela metade da cura e coloque-a em um saco de congelar lacrado. Rotule o saco com o peso e a data. Você pode achar que vai se lembrar, mas é muito provável esquecer (sei do que estou falando...). Coloque o resto da cura em um recipiente hermeticamente fechado. Leve o saco à geladeira e deixe por 1 semana, virando-o duas vezes por dia.

3 Retire a carne, enxugue-a com papel-toalha e esfregue o resto da cura. Coloque a carne em outro saco limpo de congelar lacrado, rotule e deixe na geladeira mais 1 semana, virando-a todos os dias.

4 Lave e seque a carne. Envolva-a em uma camada dupla de musselina, amarre-a com barbante para manter a musselina no lugar, etiquete e pendure-a com um gancho na geladeira por 3 semanas. Ela deve ficar firme ao toque e perder cerca de 30% do seu peso (pese-a para verificar). Agora ela vai durar 2 semanas na geladeira. Fatie e sirva com azeite extravirgem, fatias de limão, salada de folhas e lascas de parmesão (não exagere nos acompanhamentos). Ela também pode ser servida pura, como você preferir.

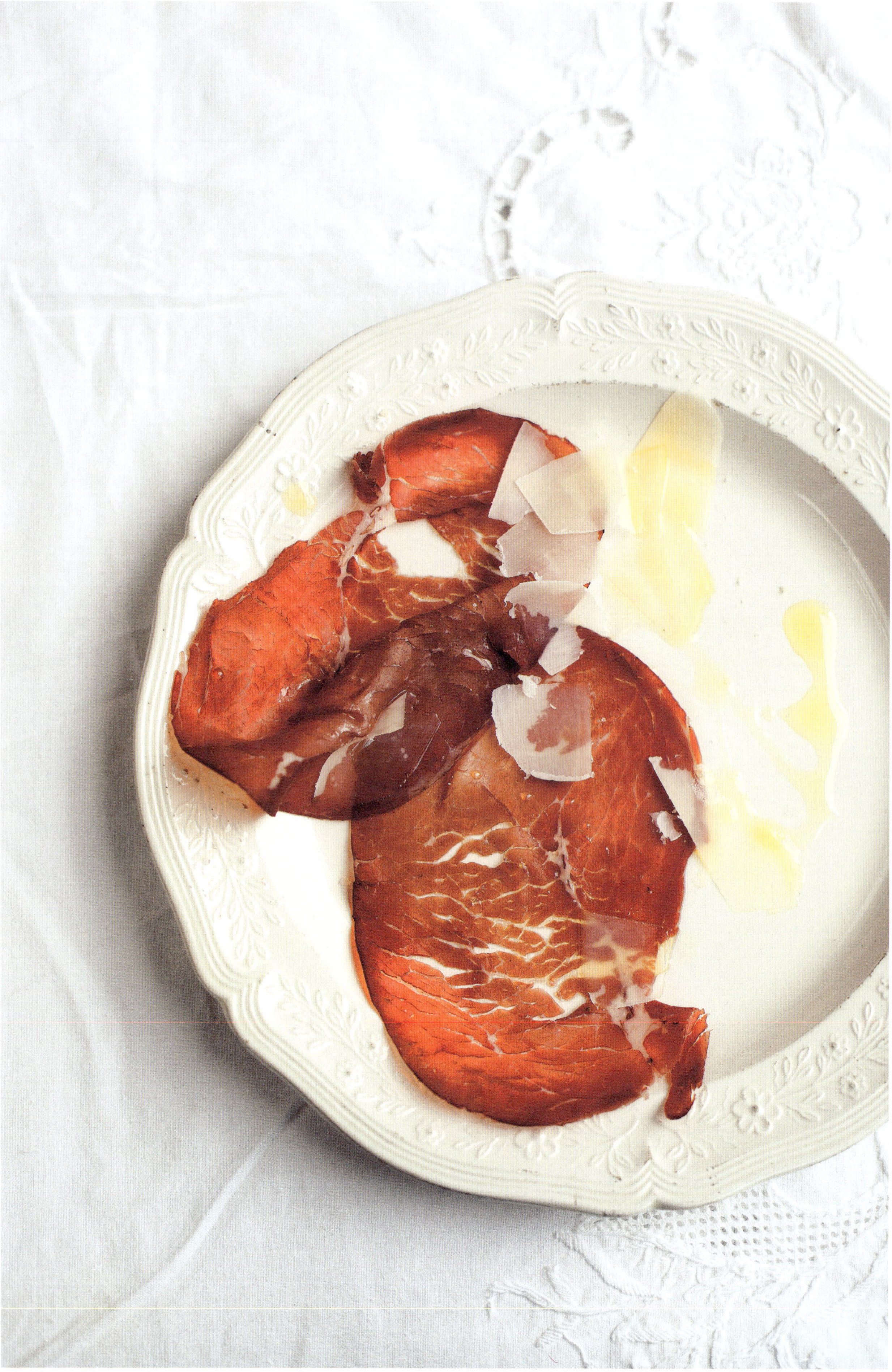

bresaola na salmoura

Essa versão, com base em uma receita de Franco Taruschio usada no restaurante Walnut Tree Inn, no País de Gales, tem um sabor herbáceo e de vinho. Franco escreve que só vale a pena fazer se você curar um pedaço de carne realmente grande (cerca de 3-5 kg), mas eu nunca tenho tanta gente para servir bresaola, e acho que mesmo assim funciona muito bem.

rende 850 g
1½ kg de lagarto
400 g de sal
6 ramos de alecrim
5 folhas de louro
10 cravos
3 dentes de alho amassados
½ colher (sopa) de pimenta-do-reino moída na hora
3 tiras de casca de laranja orgânica
2 garrafas de vinho tinto (um merlot chileno ou similar, nada muito caro)

1 Limpe a carne de toda gordura ou parte fibrosa.

2 Misture todos os outros ingredientes e coloque em um recipiente de plástico onde a carne caiba bem justa. Coloque a carne na cura e vire-a para que fique bem revestida. Cubra-a e deixe na geladeira por 5 dias, virando-a duas vezes ao dia.

3 Retire a carne e seque-a. Amarre-a e deixe-a curar, como descrito na p. 183.

4 Ao desembrulhá-la, você vai ver que a carne tem uma aparência não muito apetitosa do lado de fora, mas deve estar boa por dentro. Você pode encontrar um pouco de mofo: o mofo branco é bom, outros não (se a carne cheirar mal ou tiver algum outro mofo que não o branco, acho melhor você jogar fora, sinto lhe dizer). Se ela tem um mofo branco, basta lavar a carne com um pouco de água salgada ou vinagre e depois secar.

5 Corte a carne em uma espessura muito fina no sentido contrário ao da fibra. A carne fica mais acastanhada nas bordas e rósea no meio, é assim que deve ser. Envolva-a em uma musselina limpa e guarde-a na geladeira (não enrole em filme de PVC ou ela vai suar). Recomendo mantê-la só por mais 10 dias a partir dessa fase (apesar de eu ter comido depois disso, sem efeitos nocivos). Sirva como indicado na p. 183.

petit salé com lentilha

Petit salé é o nome que os franceses dão à barriga de porco curada que é cozida em vez de frita, e que é levemente salgada (daí o "petit salé" ou "um pouco salgada"). Sirva com feijão-branco, purê de ervilhas ou lentilhas ou, no verão, purê de ervilhas frescas ou favas. É um clássico da culinária francesa, um prato à moda antiga. Existem diferentes abordagens para ele. Algumas pessoas gostam de cozinhar as lentilhas na panela com a carne de porco curada, mas eu acho que assim elas geralmente ficam cozidas demais.

6 porções

PARA A CURA
200 g de sal grosso
15 g de açúcar mascavo
2 folhas de louro
1 colher (chá) de cravo
1 colher (chá) de grão de pimenta-da-jamaica
2 colheres (chá) de baga de zimbro

PARA O PORCO
1 kg de barriga de porco (um pedaço com bastante gordura) com a pele
2 cenouras grandes picadas
1 cebola grande picada
4 talos de aipo picados
2 folhas de louro
um punhado de talo de salsa
8 grãos de pimenta-do-reino

PARA AS LENTILHAS
15 g de manteiga sem sal
½ cebola bem picada
1 talo de aipo em cubos
1 dente de alho bem picado
1 cenoura descascada e cortada em cubos
1 folha de louro
1 ramo de tomilho
250 g de lentilha puy bem lavada
1 colher (sopa) de salsa bem picada
pimenta-do-reino moída na hora

1 Para fazer a cura, basta colocar os ingredientes em um processador de alimentos e bater, ou amassar com um pilão. Você precisa salgar a carne de porco por cerca de 4 horas (pode deixar mais tempo, mas prefiro uma salga suave). Coloque-a em um prato não reagente e esfregue nela metade da cura, depois vire-a e massageie o resto do outro lado. Cubra o recipiente e mantenha na geladeira de 4 a 6 horas, depois enxágue.

2 Coloque a carne de porco em uma panela com os legumes, as ervas e os grãos de pimenta e cubra com água fria. Leve à fervura lentamente, removendo as impurezas da superfície com uma escumadeira, depois reduza o fogo e deixe cozinhar suavemente durante 1 a 2 horas ou até que a carne fique totalmente macia. Reserve o líquido do cozimento, mas descarte os vegetais.

3 Para as lentilhas, derreta a manteiga em uma panela e refogue a cebola e o aipo até ficarem macios, mas não corados. Junte o alho e cozinhe por mais 1 minuto, depois adicione a cenoura, o louro, o tomilho, as lentilhas e 600 ml da água de cozimento da carne de porco. Leve à fervura, reduza o fogo e cozinhe até que as lentilhas estejam macias, mas ainda al dente (conte cerca de 15-20 minutos). Fique de olho nelas, pois podem se transformar em um mingau rapidamente. Todo o caldo deve ter sido absorvido. Retire o louro e o tomilho e misture a salsa. Verifique o tempero — você provavelmente não vai precisar de sal, mas coloque um pouco de pimenta.

4 Reaqueça o petit salé suavemente na sua água de cozimento restante, depois corte em fatias e sirva, a cada pessoa, uma concha de lentilhas cobertas por uma fatia grossa — ou alguns pedaços — de petit salé.

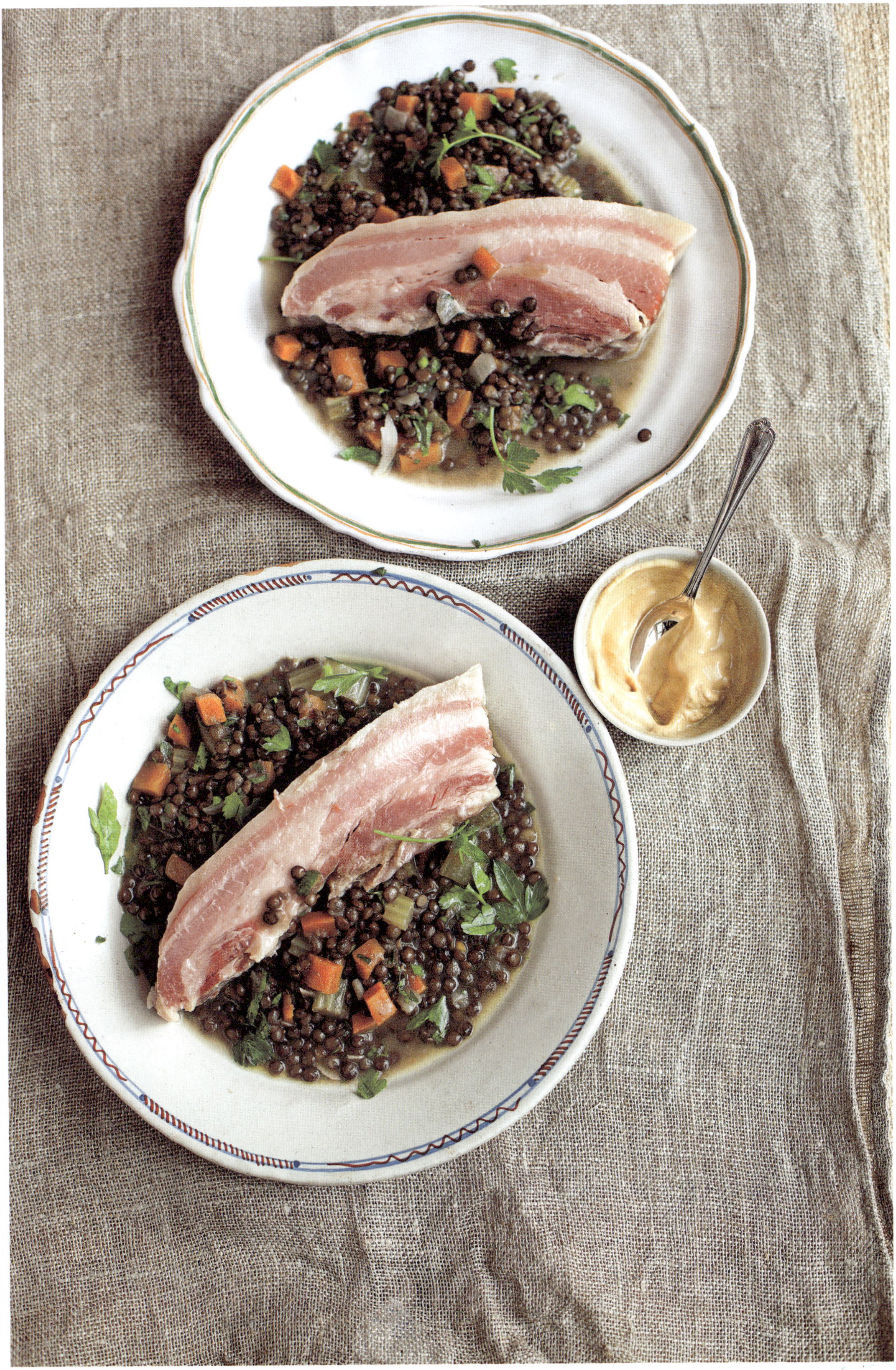

banho de beleza

A salmoura é um dos métodos mais interessantes para se preparar comida que eu descobri nos últimos anos. Foi um livro norte-americano (*In the hands of a chef*, "Nas mãos de um chef", em tradução livre, de Jody Adams) que me lançou nisso. Agora, na minha cozinha, o peru de Natal, as costeletas de porco do dia a dia e o frango inteiro do fim de semana são regularmente mergulhados na água salgada.

Apesar de a salmoura ser uma maneira de preservar a carne, ela pode ser feita apenas para dar mais sabor aos alimentos, o que ocorre de forma brilhante. O sal, o açúcar, as ervas e as especiarias da salmoura chegam até o âmago da carne e também aumentam sua umidade.

O processo funciona por causa da osmose. Se você coloca um pedaço de carne na salmoura, há uma concentração maior de sal fora da carne do que dentro. O sal fluirá de onde ele é mais concentrado (a salmoura) para onde é menos concentrado (as células da carne). Portanto, a salmoura desidrata a carne. Você pode, então, achar que o resultado disso seria uma carne seca. Mas não, porque acontece outra coisa também. O sal altera a forma da proteína da carne. Ele permite que as moléculas da proteína fiquem maiores e mais soltas, portanto elas retêm mais água dentro de cada célula, e não menos. Quando a carne salmourada é exposta ao calor, ela mantêm a umidade — que está trancada lá dentro, na verdade — enquanto cozinha. Portanto, uma carne que passou por uma salmoura é sempre mais úmida do que outra que não passou. Isso é ciência. Mas você só vai ficar convencido mesmo ao descobrir o sabor.

O efeito da salmoura na carne de porco é profundo, especialmente agora que os porcos são criados com menos gordura do que eram no passado. A salmoura também fica muito boa com o peru, que tende a secar no cozimento. Pode parecer uma trabalheira para um frango assado, mas experimente. Você também pode simplesmente salgar o frango um dia antes de cozinhá-lo. Isso dará um efeito semelhante ao da salmoura, embora não faça outros condimentos penetrarem de forma tão eficaz (na Finlândia, há um modo antigo de preparar frangos, esfregando-os com sal e folhas de pinheiro 24 horas antes de cozinhá-los).

Seja com a salmoura ou com o sal seco, você também precisa de açúcar na mistura, cuja presença ajuda a compensar e suavizar alguns dos efeitos mais severos do sal. Ele também dá mais sabor.

Você pode brincar com ervas e especiarias nas salmouras — elas são, afinal, só mais um passo na culinária, muito parecido com uma marinada — mas existem algumas regras. Use a salmoura indicada para cada receita e pelo período de tempo sugerido. Mais sal ou mais tempo na salmoura resultará em uma carne mais salgada. Não deixe de verificar se a sua salmoura está fria ao adicionar a carne. Mantenha a peça submersa (faça um peso com um prato para mantê-la abaixo do nível da salmoura). Após o banho, coloque a carne na geladeira, descoberta, para secar. A solução salina continua a se dispersar na carne quanto maior for a superfície da carne seca.

Meu primeiro teste com salmoura foi com costeletas de porco. Eram boas costeletas, sem dúvida, mas quando meus amigos comeram (com nada muito emocionante além de batatas fritas e salada), eles diziam sem parar "Mas isso aqui é mesmo só costeleta de porco?". Experimente... e vá fundo.

frango na salmoura de chá doce

Li sobre fazer uma salmoura de chá doce em uma revista norte-americana. Parecia uma ótima ideia, e funciona bem com carne de porco e frango. Além de temperar a carne até o âmago, como toda salmoura, o chá dá um sabor herbáceo e frutado. Meus filhos preferem este aqui ao frango assado normal, pois a salmoura garante uma ave bastante úmida e macia. Você pode usar esse método tanto para cortes de frango quanto para um frango inteiro.

6 porções
cerca de 8 saquinhos de chá (eu uso darjeeling)
250 g de açúcar mascavo
100 g de sal marinho
suco e casca de 1 laranja orgânica, com a casca em tiras largas (certifique-se de não deixar a parte branca junto)
1¾ kg de frango, pronto para ir ao forno
25 g de manteiga sem sal

1 Faça um chá bem forte (é mais fácil usar os saquinhos em vez de a granel) em uma panela grande com 2 litros de água fervente. Enquanto o chá ainda está quente, junte o açúcar, o sal, o suco e a casca da laranja. Mexa para ajudar a dissolver o açúcar e o sal e aguarde até esfriar completamente.

2 Fure o frango inteiro com um espeto ou palito. Adicione 2 litros de água fria à salmoura fria. Transfira a salmoura para um recipiente adequado (um balde ou uma caixa grande de plástico) e mergulhe o frango. Faça um peso com um prato de modo que ele fique completamente coberto pela salmoura. Mantenha na geladeira (eu retiro as gavetas de legumes e coloco o frango ali) e deixe por um período de 6 a 8 horas, virando-o algumas vezes.

3 Retire o frango da salmoura e sacuda o excesso de líquido. Enxágue. Seque-o com cuidado com papel-toalha e volte-o à geladeira, descoberto, por 3 horas para secar completamente. Retorne a ave à temperatura ambiente, coloque-a em uma assadeira e preaqueça o forno a 180°C.

4 Calcule o tempo de cozimento para o frango (20 minutos para cada 450 g, mais 10 minutos). Lambuze a manteiga sobre a pele e asse o frango no forno quente. Você vai precisar cobri-lo com papel-alumínio por volta da metade do tempo de cozimento, pois o açúcar da salmoura torna a pele bem escura.

como usar

Como essa é uma ideia norte-americana, eu sirvo este frango com guarnições no mesmo estilo: batata frita ou palha ou cozida, uma boa salada verde com molho ranch (ou outro molho à base de iogurte), e talvez panquecas de milho.

costeleta de porco na salmoura de bordo com relish de pera e zimbro

Essa receita, baseada em outra de Jody Adams, foi a que me conquistou para fazer salmouras. As costeletas ficam suculentas, a carne é temperada por inteiro e o relish ecoa o tempero na carne.

4 porções

PARA O RELISH DE PERA E ZIMBRO
4 peras finas (como a pera-d'água) descascadas, cortadas ao meio e sem miolo
suco de ½ limão-siciliano
2 colheres (sopa) de gim
75 g de açúcar mascavo
2 colheres (sopa) de xarope de bordo
½ colher (chá) de cravo em pó
8 bagas de zimbro esmagadas
1 cebola roxa pequena bem picada
2 dentes de alho amassados
125 ml de vinagre de maçã
1 raminho de alecrim

PARA A SALMOURA
135 g de sal
125 g de açúcar mascavo
200 ml de maple syrup
3 colheres (sopa) de mostarda de Dijon
2 colheres (sopa) de baga de zimbro
12 dentes de alho amassados
folha picada de 4 raminhos de alecrim
um maço pequeno de tomilho

PARA O PORCO
4 costeletas de porco grandes (cerca de 400 g cada)
óleo de girassol ou canola
pimenta-do-reino moída na hora

1 Preaqueça o forno a 180°C. Para fazer o relish, misture as peras com o suco de limão, o gim e 2 colheres (sopa) do açúcar. Coloque tudo em uma assadeira ou prato onde fiquem em uma única camada. Asse no forno por cerca de 40 minutos ou até tudo amolecer (depende de quão maduras estão as peras).

2 Enquanto as peras assam, misture o resto dos ingredientes do relish em uma panela. Leve à fervura lentamente, reduza o fogo e cozinhe por 5 minutos.

3 Pique as peras assadas e adicione-as ao vinagre temperado. Leve à fervura e mexa para que os sabores se misturem. Você pode então só colocar em uma tigela e esperar até a hora de comer, mas eu gosto dele morno, então mantenho na panela até servir as costeletas.

4 Misture todos os ingredientes da salmoura em uma panela grande com 1⅓ litro de água e leve ao fogo até ferver. Mexa para ajudar a dissolver todo o sal e o açúcar. Deixe esfriar completamente e depois transfira para um recipiente não reagente junto com as costeletas de porco. Cubra e mantenha na geladeira por 12 horas, não mais do que isso.

5 Retire a carne de porco da salmoura, enxágue e seque com papel-toalha, depois retorne à geladeira por 2 horas, descoberto, para secar. Volte a carne de porco à temperatura ambiente enquanto você preaquece o forno a 180°C. Aqueça uma grelha até ficar bem quente, pincele as costeletas dos dois lados com óleo e polvilhe com pimenta. Doure-as muito bem de cada lado na grelha, depois leve-as ao forno por 30 minutos. Elas devem ficar cozidas (verifique se a carne não está cor-de-rosa perfurando ao meio de uma costeleta com uma faquinha afiada). Sirva com o relish.

barriga de porco com salmoura de mel e mostarda

Outro grande sabor dos Estados Unidos. Você pode usar a salmoura para outros cortes de carne de porco e para pernil ou paleta de cordeiro também. Esses pedaços grandes podem ser deixados por 24 horas, mais do que as costeletas.

8 porções
PARA A SALMOURA
100 g de sal marinho
190 g de mel líquido
130 g de mostarda de Dijon
um maço pequeno de tomilho

PARA O PORCO
2¼ kg da ponta mais grossa da barriga do porco (peça ao açougueiro as últimas 6 costelas e que ele marque o couro para torresmo)
um maço pequeno de tomilho (14 ramos ou mais)
1 colher (sopa) de azeite
sal grosso
pimenta-do-reino moída na hora

1 Coloque os ingredientes da salmoura em uma panela grande com 2¼ litros de água. Leve à fervura, mexendo para ajudar a dissolver o sal. Deixe esfriar completamente, depois coloque a carne de porco em um recipiente não reagente e despeje a salmoura por cima (talvez você tenha que fazer um peso para mantê-la submersa). Mantenha na geladeira por 24 horas.

2 Enxágue a carne de porco, seque-a bem e retorne à geladeira de 3 a 6 horas. Preaqueça o forno a 220°C. Coloque a carne em uma assadeira. Retire as folhas do tomilho e esfregue-as na pele com o azeite, o sal e a pimenta. Asse por 30 minutos, abaixe o fogo para 180°C e deixe cozinhar por 1 hora. Verifique o caldo, que deve escorrer claro quando a carne for cortada. Se o torresmo puder ficar mais crocante, aumente o fogo a 220°C e verifique após 5 minutos.

3 Retire o torresmo. Sirva cada pessoa com uma boa fatia de carne e um pouco de torresmo.

bacalhau salgado em casa

Não se deixe intimidar pela ideia de salgar seu próprio bacalhau. É algo incrivelmente simples. Você só precisa se lembrar de salgá-lo 2 dias antes de usá-lo.

8 porções como parte de um prato de Aïoli (p. 193)
1½ kg de filé de bacalhau com pele
sal grosso

1 Passe a mão ao longo do peixe, à procura de espinhos. Se houver algum, retire-o com um pinça. Coloque uma camada de 1 cm de sal em um recipiente não reagente onde caiba o bacalhau. Arrume o peixe por cima com o lado da pele para baixo, depois cubra com outra camada de 1 cm de sal.

2 Cubra e mantenha na geladeira por 24 horas. No dia seguinte, retire o bacalhau (o sal terá virado uma salmoura) e lave o peixe em água fria.

3 Cubra com água e deixe de molho por 24 horas, trocando a água três vezes. Está pronto para cozinhar.

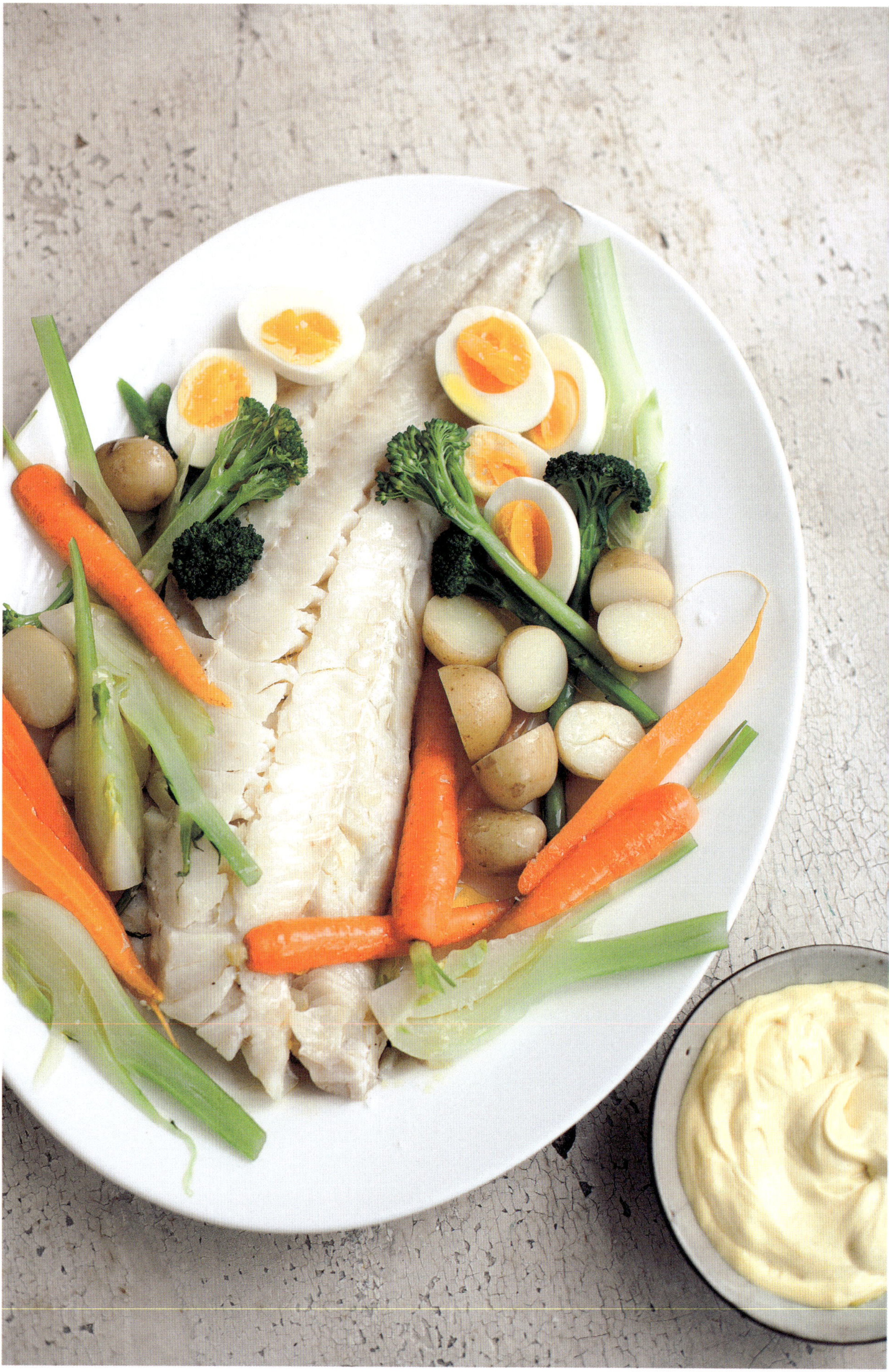

aïoli de inverno

O clássico francês para comer o seu bacalhau salgado em casa, adaptado para os meses frios.

8 porções

PARA O AÏOLI
4 dentes de alho descascados
sal marinho
3 gemas de ovo grande
450 ml de azeite frutado extravirgem
suco de ½ limão-siciliano
pimenta-branca moída na hora

PARA O PEIXE
300 ml de vinho branco seco
1 cebola picada
1 talo de aipo picado
1 maço pequeno de salsa
1 folha de louro
alguns grãos de pimenta-do-reino
1 receita de Bacalhau salgado em casa (p. 191)

PARA OS LEGUMES E PARA SERVIR
8 ovos
16 cenouras médias (não muito grossas)
1 couve-flor
2-3 bulbos de erva-doce
suco de 1 limão-siciliano (opcional)
300 g de brócolis comum
500 g de batata-bolinha com casca
1 maço generoso de agrião
azeite extravirgem, para temperar

1 Para fazer o aïoli, esmague o alho com um pouco de sal e misture com as gemas até ficarem brilhantes. Enquanto bate a mistura com uma colher de pau ou uma batedeira, adicione o azeite em pequenas gotas. Certifique-se de que cada gota foi incorporada antes de juntar a seguinte. Continue batendo e acrescentando o azeite em um fluxo cada vez maior. Se a mistura desandar, comece de novo com outra gema e gradualmente junte a mistura coalhada, indo mais devagar desta vez. Junte o suco de limão pouco a pouco no final, provando antes de adicionar tudo para ter certeza de que você está satisfeito com a quantidade, e tempere com sal e pimenta. Não se preocupe se o aïoli ficar muito grosso, é assim que ele deve ser. Não o chamam de "beurre de Provence" à toa.

2 Faça um court bouillon, colocando bastante água em uma panela especial para peixe ou uma panela grande onde ele caiba inteiro. Adicione o vinho e todos os temperos. Leve à fervura, reduza o fogo e cozinhe por 1 hora. Meia hora antes de servir, leve à fervura novamente, reduza o fogo e deixe chiar de leve. Coloque o bacalhau, tampe e cozinhe por 25 minutos. A carne deve ficar opaca, e não transparente, e bem cozida (verifique na parte mais grossa). Volte à panela se precisar de mais tempo.

3 Enquanto isso, ferva os ovos por 10 minutos e prepare os legumes. Eles devem ficar mornos, então organize o tempo de cozimento para que fique tudo pronto junto com o peixe. Lave as cenouras e corte as folhas, deixando um pedacinho do talo verde, e raspe-as. Retire as folhas da couve-flor e divida-a em floretes. Remova as pontas ásperas da erva-doce, as folhas e partes duras externas (use isso para uma sopa). Corte cada bulbo longitudinalmente em quatro e retire a base, deixando apenas o suficiente para segurar as camadas da erva-doce. Se elas forem muito grandes, corte cada quarto ao meio. Se você fizer isso com antecedência, esprema limão sobre a erva-doce para não escurecer. Limpe o brócolis.

4 Cozinhe os legumes no vapor: as batatas e as cenouras levam 15 minutos; a couve-flor, que deve ficar al dente, leva 8; o brócolis e a erva-doce levam 4. Descasque os ovos e corte-os ao meio. Coloque-os em um prato com os legumes. Tempere com sal. Retire o peixe da panela e remova a pele. Coloque no prato junto com o agrião. Regue tudo com azeite extravirgem e sirva o molho aïoli ao lado.

cavalinha em conserva japonesa

Se você não for comer na hora, remova a carne escura, como indica a receita, pois ela estraga muito rápido.

2 porções
2 filés de cavalinha tinindo de frescos
7 colheres (sopa) de açúcar refinado
4 colheres (chá) de sal marinho em flocos
230 ml de vinagre de arroz
150 ml de mirin

PARA SERVIR
gengibre em conserva ou gengibre fresco ralado
shoyu
wasabi

1 Retire a carne escura que fica na espinha. Polvilhe 4 colheres (sopa) de açúcar e todo o sal. Cubra e mantenha na geladeira por 12 horas. Enxágue e seque. Se um líquido oleoso ficar na superfície, repita o processo.

2 Misture o vinagre, o mirin e o açúcar restante e mexa para ajudar a dissolvê-lo. Coloque os filés em um prato não reagente e despeje a marinada por cima. Deixe descansar 1 hora. Remova a membrana transparente da pele (que contém bactérias parasitas) e fatie.

3 Você pode comer na hora com gengibre, shoyu e wasabi ou colocar o peixe coberto com o vinagre em um frasco esterilizado, vedar e levar à geladeira por 2 semanas.

salmão defumado em conserva

Essa receita tornará seus brunches de fim de semana ainda mais interessantes.

4 porções como entrada
250 ml de vinagre branco comum
125 g de açúcar mascavo
25 g de sal marinho
6 folhas de louro
2 colheres (chá) de semente de coentro
2 colheres (chá) de semente de mostarda amarela
1 colher (chá) de grão de pimenta-do-reino
½ colher (chá) de grão de pimenta-da--jamaica
15 g de endro picado
½ colher (chá) de semente de aipo
500 g de filé de salmão com a pele
1 cebola grande fatiada bem fino

1 Coloque tudo, exceto o salmão e a cebola, em uma panela com 1 litro de água e ferva por 5 minutos. Deixe esfriar. Coloque o salmão e a cebola em um recipiente não reagente e despeje a salmoura por cima.

2 Cubra e mantenha na geladeira por 4 dias ou até 2 semanas; para servir, tire a pele e fatie.

como usar

Misture o salmão fatiado com 250 ml de creme azedo, metade das fatias de cebola e 3-4 colheres (sopa) do líquido da marinada. Junte pepino em conserva suave fatiado, maçã cortada em palitos ou endro picado. Sirva com batatas cozidas.

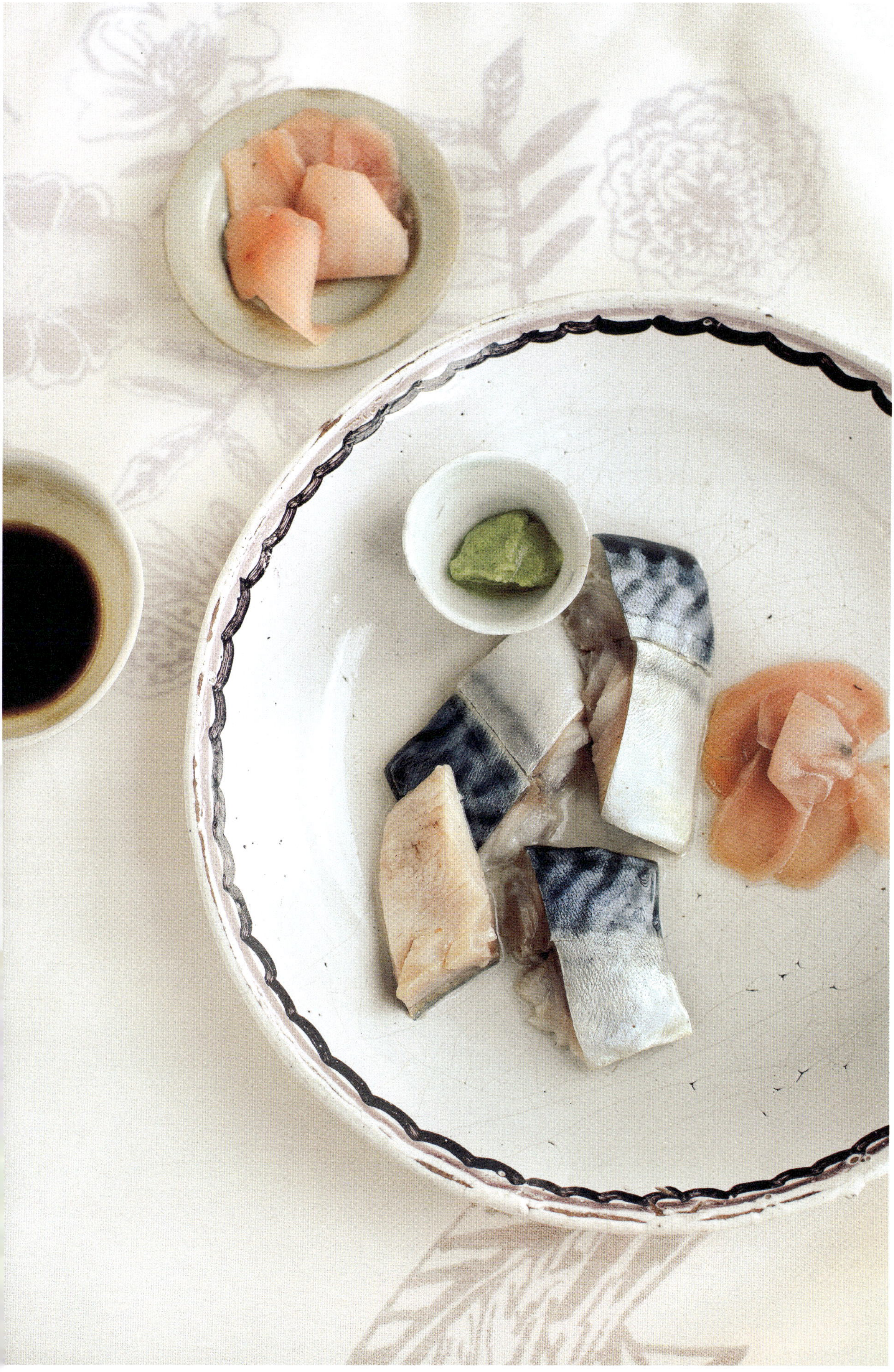

gravlax curado na beterraba

Faço gravlax simples — usando apenas endro, sal e açúcar — há anos, e sempre brinquei com a ideia de fazer uma versão com beterraba. Para ser honesta, a beterraba dá apenas um leve sabor à carne do peixe, mas marca presença com a cor. Um prato de gravlax fatiado, curado na beterraba, é uma alegria de se ver: rolinhos cor de coral com as bordas carmesim. É uma escolha excelente para oferecer a um grande número de pessoas (como no Natal) e não exige muito esforço. Escolha de preferência um bom salmão orgânico ou um salmão selvagem.

cerca de 14 porções
1½ kg de salmão inteiro aberto com pele
6 colheres (sopa) de vodca
125 g de açúcar cristal
100 g de sal marinho em flocos

2 colheres (sopa) de pimenta-do-reino moída grosseiramente na hora
um maço grande de endro picado
400 g de beterraba crua ralada

1 Verifique se o seu peixeiro não esqueceu nenhum espinho no salmão (passe a mão ao longo da carne para encontrá-los). Se houver, remova com uma pinça.

2 Forre um prato grande o suficiente para o salmão com uma camada dupla de papel-alumínio (eu costumo usar uma assadeira). Coloque lá um dos pedaços do salmão, com a pele para baixo. Esfregue-o com metade da vodca. Misture o açúcar, o sal, a pimenta, o endro e a beterraba e espalhe sobre o salmão. Despeje o resto da vodca por cima e cubra com o outro pedaço do salmão (com a pele virada para cima). Feche o papel-alumínio envolvendo o peixe e coloque alguns pesos em cima (como latas, potes de vidro ou uma tábua de cortar pesada). Mantenha na geladeira e deixe curar de 2 a 4 dias, virando de vez em quando. O salmão vai perder um pouco de líquido, que você deve descartar.

3 Retire o papel-alumínio e raspe a cura dos pedaços de peixe. Para servir, fatie como se fosse salmão defumado (remova a pele). Retire a quantidade necessária e mantenha-o envolvido na geladeira por 1 semana.

como usar

Chrain, um relish judaico, vai bem tanto com a Carne curada no sal (p. 173) quanto com um gravlax. Creme de raiz-forte também é ideal com ambos.

CHRAIN
Coloque 4 beterrabas cozidas, descascadas e cortadas em pedaços, em um processador de alimentos com 175 g de raiz-forte ralada, 1 colher (sopa) de vinagre balsâmico (de preferência branco), 2 colheres (sopa) de açúcar refinado e sal a gosto. Bata a mistura no processador e deixe grosso (e não um purê). Rende 6 porções, facilmente dobradas.

CREME DE RAIZ-FORTE
Bata 150 ml de creme de leite, adicione 2½ colheres (sopa) de raiz-forte ralada, ¾ de colher (sopa) de vinagre de vinho branco, 1 colher (chá) de mostarda inglesa, açúcar e sal a gosto e um bom jato de limão. O vinagre e o limão engrossam o creme, por isso não bata demais. Rende 6 porções, facilmente dobradas.

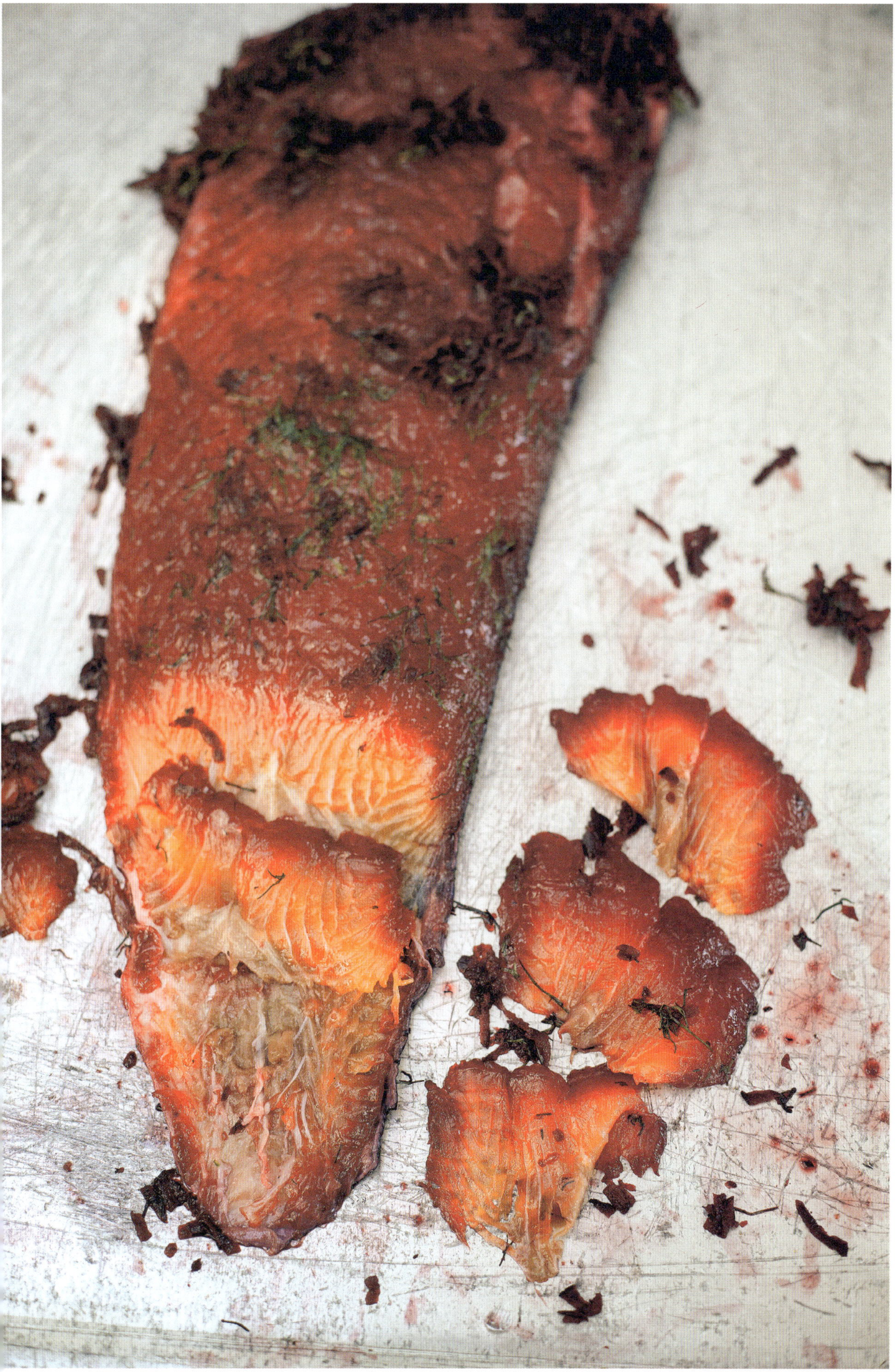

gravlax curado no uísque com açúcar mascavo

Doce e levemente turfado, fiquei muito orgulhosa de ter transformado o gravlax em um prato quase irlandês! Na verdade, eu prefiro este ao gravlax tradicional, com molho de endro e mostarda.

cerca de 14 porções
1¼ kg salmão inteiro aberto com pele
100 ml de uísque turfado
100 g de açúcar mascavo
100 g de sal marinho em flocos
2 colheres (sopa) de pimenta-do-reino moída grosseiramente na hora
um maço grande de endro picado
1 maçã verde grande descascada e ralada grosseiramente

1 Verifique se o seu peixeiro não esqueceu nenhum espinho no salmão (passe a mão ao longo da carne para encontrá-los). Se houver, remova com uma pinça.

2 Forre um prato grande o suficiente para conter o salmão com uma camada dupla de papel-alumínio (eu costumo usar uma assadeira). Coloque lá um dos pedaços do salmão, com a pele para baixo. Esfregue-o com a metade do uísque. Misture o açúcar, o sal e a pimenta, o endro e a maçã em uma tigela e espalhe sobre o salmão. Despeje o resto do uísque por cima e cubra com o outro pedaço do peixe (com a pele virada para cima). Feche o papel-alumínio envolvendo o peixe e coloque alguns pesos em cima (como latas, potes de vidro ou uma tábua de cortar pesada). Mantenha na geladeira e deixe curar de 2 a 4 dias, virando de vez em quando. O salmão vai perder um pouco de líquido, que você deve descartar.

3 Retire o papel-alumínio e raspe a cura dos pedaços de peixe.

4 Para servir, fatie como se fosse salmão defumado (remova a pele). Retire a quantidade necessária e mantenha-o envolvido na geladeira por 1 semana.

como usar

Com essa versão do gravlax, uma salada bem equilibrada entre o doce e o azedo combina surpreendentemente bem, além de ficar muito refrescante.

SALADA DE MAÇÃ AGRIDOCE

Corte ao meio e retire o miolo de 3 maçãs verdes, depois corte-as em palitinhos. Fatie bem fino uma cebola roxa (com um fatiador, se você tiver um). Misture 6 colheres (sopa) de vinagre de arroz com 4 colheres (sopa) de açúcar e mexa até dissolver. Junte a maçã e a cebola a essa mistura imediatamente e coloque 2 colheres (sopa) de endro picado. Rende 6 porções, facilmente dobradas.

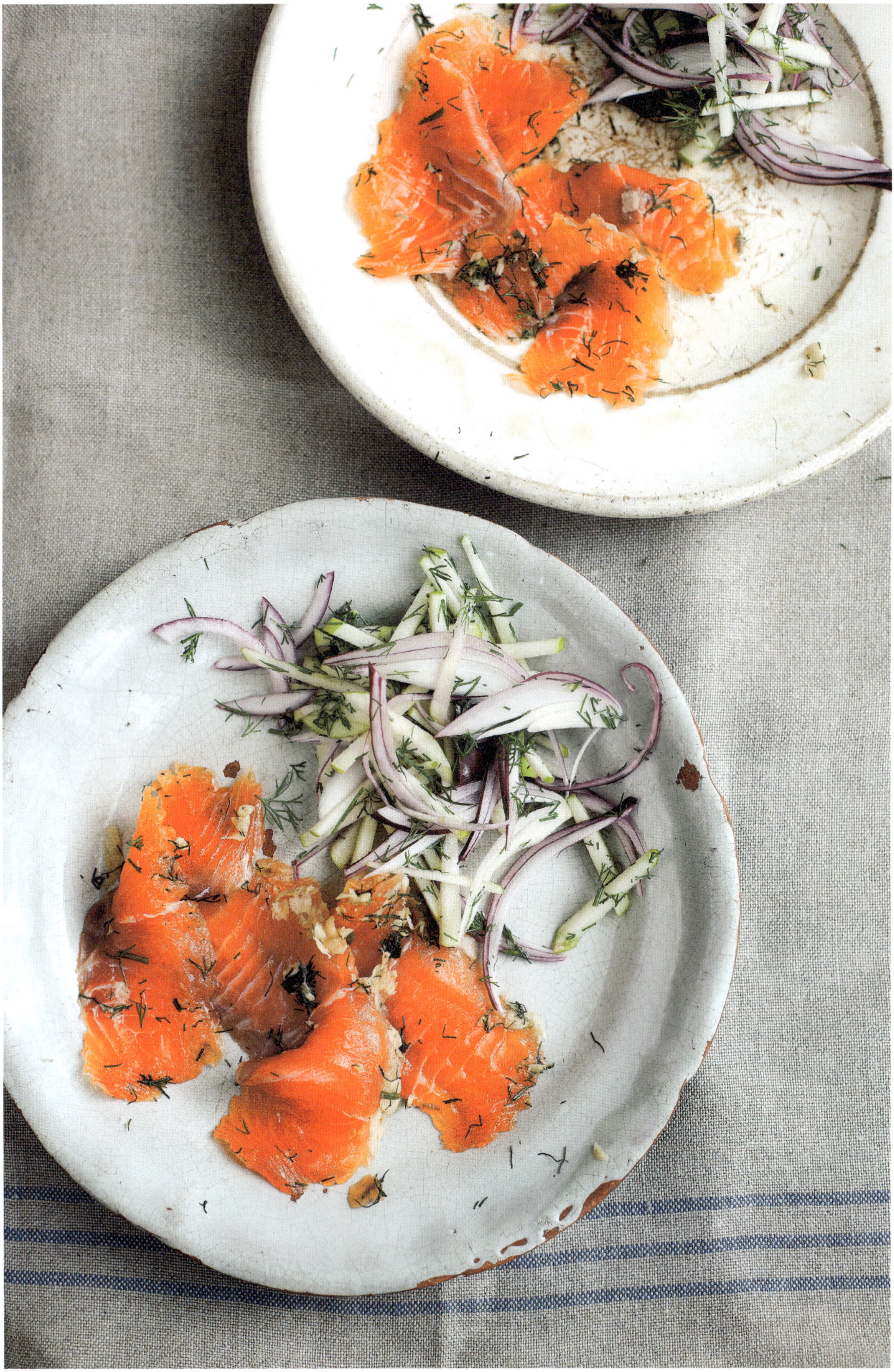

no frio das sombras silenciosas: peixe curado no sal à moda escandinava

No extremo norte — países escandinavos e além —, conservar os peixes com métodos de secagem, defumação ou salga (assim que isso ficou economicamente viável) foi, durante séculos, algo necessário para a sobrevivência. Significava tornar possível comer peixe quando a água estava congelada e as tempestades tornavam impossível pescá-los. O domínio desse tipo de cura pelos escandinavos, além do amor pela comida que produzem, assegurou-lhes a sobrevivência, apesar de já não haver mais necessidade de tratar a comida dessa maneira. O método escandinavo de preparar peixes é um dos mais fáceis para começar a curar em casa.

É também uma das coisas mais relaxantes que você pode fazer na cozinha. Talvez por estar lidando com carne de peixe, que sempre parece tão pura, ou talvez seja a pele prateada. Salgar carne é algo imponente e sério. Mas salpicar um peixe com um punhado de sal — especialmente quando é misturado com endro — faz você se sentir leve, elevado. Na verdade, os escandinavos dizem que o gravlax, grande clássico de salmão curado no sal, deve ser feito "no frio das sombras silenciosas". É uma atividade que promove a contemplação. Ela também encarna o que eu considero ser uma atitude bem escandinava em relação à comida. Eles gostam de trazer o exterior para dentro da cozinha. Querem colocar a floresta e o mar em suas mesas. O superchef dinamarquês René Redzepi, do famoso restaurante Noma, em Copenhague, apesar de cozinhar comidas complicadas, ainda exibe um desejo de colocar coisas selvagens no prato, como folhas de pinheiro, salmão e frutas silvestres.

Gravlax é simples de fazer. Você enche o peixe de sal, açúcar e endro, faz um peso por cima, deixa alguns dias, depois escova a cura fora e come a carne que se tornou firme, salgada e adocicada. Não precisa de calor. Você só pegou um salmão e interrompeu temporariamente sua deterioração. Curar arenque é igualmente fácil, mas um pouquinho mais intimidante, pois há muitas variações. Quando eu era criança, meu pai costumava trazer arenque curado para casa quando ia para o exterior (ele adora arenque). Eu era fascinada pelos frascos onde se entreviam vislumbres prateados nadando no vinagre, temperados com especiarias ou creme azedo e folhas de endro. Parecia comida de um mundo limpo e puro. Comecei a curar arenque, em parte, para recuperar o gosto da infância, e desenvolvi um verdadeiro amor por isso (meu parceiro brinca que não consegue pensar em nenhuma outra mulher capaz de suspirar melancolicamente, murmurando "ai céus, eu realmente adoraria um arenque").

Quando você começar a prestar atenção nas receitas de arenque — e até mesmo naqueles curados nas prateleiras dos supermercados especializados —, talvez fique completamente confuso quanto ao que é o quê. No passado, antes de serem refrigerados, todos os arenques eram salgados antes de passar por outros procedimentos. Hoje, esse nem sempre é o caso, então aqui vão algumas diretrizes sobre o que pode ser feito com esse pescado.

Antes de mais nada, todo arenque pode ser preparado em escabeche; com essa abordagem, eles são cozidos e, em seguida, colocados em uma solução ácida. Em segundo lugar, arenques crus — que não foram salgados — podem ser colocados diretamente em uma solução ácida (que pode ter muitos sabores diferentes, ser salgada ou doce e salgada). Finalmente, arenques frescos podem ser salgados a seco ou salmourados (você pode fazer isso sozinho, seguindo as instruções à direita, ou comprá-los já prontos) e então colocados em soluções de vinagre aromatizadas ou misturados com creme azedo ou molhos aromatizados com mostarda, curry, xerez ou tomate. Existem possibilidades infinitas e centenas de receitas escandinavas usando sabores variados. Além de comer arenques curados frios, você pode fritá-los (passe-os primeiro na farinha de centeio ou na farinha de rosca de centeio) ou colocá--los em camadas em um gratinado de batata (experimente um prato típico escandinavo chamado Janssons frestelse, feito com arenque curado em vez de anchovas: absolutamente delicioso).

ARENQUE DE SALGA RÁPIDA

Sempre achei difícil achar arenque salgado na Grã-Bretanha, então sigo uma receita de Jane Grigson e faço uma salga rápida sozinha. Se você achar arenque salgado, compre, mas fazer o seu é fácil e barato.

Prepare uma salmoura dissolvendo 50 g de sal em 500 ml de água e mergulhe nela 12 filés de arenque por 3 horas (o peixe precisa ficar completamente coberto pela salmoura). Se você for usá-los em receitas, não precisa deixá-los de molho antes de usar, pois eles ficam salgados na medida (nem muito nem pouco) e podem ser usados imediatamente.

ARENQUE DE SALGA COMPLETA

Na Escandinávia, você acha arenque de salga completa que são intercalados com camadas de sal (às vezes sal e temperos) e deixados por 3 meses (ou mais) antes de serem consumidos. A maioria dos escandinavos não se dá o trabalho de fazer arenque de salga completa em casa, mas vale a pena fazer se você achar um lote generoso de peixe bastante fresco (eu já fiz isso algumas vezes e foi um sucesso).

Se quiser fazer, peça ao peixeiro para tirar a barriga e as escamas dos arenques, mas deixar a cabeça. Ao chegar em casa, lave-os muito bem, removendo todo o resto de sangue, e deixe escorrer. Você precisará ou de uma tigela de cerâmica, ou de um recipiente de plástico. Esterilize o recipiente. Misture 500 g de sal grosso, 250 g de açúcar cristal ou açúcar mascavo, 1 colher (sopa) de grãos de pimenta-do-reino esmagados, 1 colher (sopa) de grãos de pimenta-da-jamaica levemente esmagados e um punhado de folhas de louro. Faça uma camada com 2 cm de altura dessa mistura no fundo do recipiente. Disponha os peixes lado a lado, intercalando cabeça e cauda, e adicione o suficiente da mistura de sal para cobrir. Coloque mais peixe e mais sal, em camadas, e finalize com uma camada espessa de sal. Cubra com um pedaço de papel-alumínio e um peso esterilizado (que vai manter os peixes sob a salmoura que se formará em breve). Cubra com uma tampa ou com um filme plástico e guarde em um local fresco. É importante que todos os equipamentos que você usar estejam esterilizados e suas mãos estejam escrupulosamente limpas ao preparar o peixe dessa maneira. O peixe estará pronto para comer em 2 ou 3 meses. Eles precisam ser embebidos em água ou em uma mistura de leite e água antes de serem usados (o tempo de molho depende do tempo que eles foram salgados).

UM BANQUETE DO NORTE

Na Escandinávia, é possível comer peixe salgado ou em conserva em toda refeição. Na verdade, um café da manhã em um antigo hotel escandinavo, onde o arenque curado desempenha um papel central, é algo glorioso (e uma maneira saudável de começar o dia). Para um brunch escandinavo, sirva Arenque curado com endro e zimbro (p. 205) com ovos cozidos, creme azedo, ovas ou caviar, presunto, queijos, pão de centeio e Batida de groselha (p. 143), acrescentando iogurte e migalhas de pão de centeio fritas com manteiga e açúcar. Um banquete do norte. E bem ao seu alcance.

gravlax oriental

Você deve estar revirando os olhos... sim, eu admito, não é uma receita para puristas. Mas gravlax é tão bom e tão fácil de fazer que eu nunca consigo resistir em dar um toque original.

cerca de 14 porções

1¼ kg de salmão inteiro aberto com pele
100 ml de saquê ou xerez seco
100 g de açúcar mascavo
100 g de sal marinho em flocos
2 colheres (sopa) de grãos de pimenta-do-reino moídos grosseiramente
4 cm de gengibre fresco ralado fino
1 maço grande de coentro picado
4 pimentas-dedo-de-moça cortadas ao meio, sem sementes e picadas

1 Verifique se o seu peixeiro não esqueceu nenhum espinho no salmão (passe a mão ao longo da carne para encontrá-los). Se houver, remova com uma pinça.

2 Forre um prato grande o suficiente para conter o salmão com uma camada dupla de papel-alumínio (eu costumo usar uma assadeira). Coloque lá um dos pedaços do salmão, com a pele para baixo. Esfregue-o com a metade do saquê. Misture o açúcar, o sal e os grãos de pimenta-do-reino, o gengibre, o coentro e a pimenta-dedo-de-moça em uma tigela e espalhe sobre o salmão. Despeje o resto do saquê por cima e cubra com o outro pedaço de salmão (com a pele virada para cima). Feche o papel-alumínio envolvendo o peixe e coloque alguns pesos por cima (como latas, potes de vidro ou uma tábua de cortar pesada). Mantenha na geladeira e deixe curar de 2 a 4 dias, virando de vez em quando. O salmão vai perder um pouco de líquido, que você deve descartar.

3 Retire o papel-alumínio e raspe a cura dos pedaços de peixe. Para servir, fatie como se fosse salmão defumado (remova a pele). Retire a quantidade necessária e mantenha-o envolvido na geladeira por 1 semana.

como usar
Sirva com o relish de manga picante abaixo ou com um pouquinho de wasabi e de gengibre em conserva. Uma salada de arroz (ou um arroz quente avinagrado, como o usado para fazer sushi) faz disso um ótimo prato de almoço (e com poucas calorias).

RELISH DE MANGA E PEPINO
É como uma conserva asiática e não precisa de cozimento, deve ser fresca. Faça-a não mais do que 1 hora antes ou a mistura ficará muito mole. Misture o suco de 2 limões com 2 colheres (chá) de açúcar refinado e mexa até dissolver. Descasque 2 mangas não muito maduras e corte a polpa em cubos de 0,5 cm de cada lado. Corte um pepino pequeno ao meio, retire as sementes e corte-o em cubos do mesmo tamanho da manga. Misture a manga e o pepino com o limão, mais as raspas da casca de 1 limão, 2 pimentas-dedo-de-moça sem sementes e cortadas em rodelas, 1 colher (sopa) de óleo de amendoim, 2 dentes de alho bem picados, 3 colheres (sopa) de coentro picado, 6 cebolinhas bem picadas, 5 colheres (chá) de molho de peixe tailandês e tempere a gosto (talvez você nem ache que precisa de sal). Rende 8-10 porções.

arenque curado na sidra

Recebi essa deliciosa receita do chef Mark Hix, campeão de todas as coisas britânicas. É surpreendente (mudei só um pouquinho) e vai alegrar qualquer um.

4 porções

PARA A MARINADA
300 ml de vinagre de maçã
80 g de açúcar refinado
2 colheres (chá) de sal marinho
25-30 pimentas verdes frescas
1 colher (chá) de semente de erva-doce
4 bagas de zimbro
2 folhas de louro
6 echalotas, cortadas em anéis

PARA O PEIXE
16 filés de arenque, sem escamas, sem espinhas e limpos

PARA O MOLHO
6 colheres (sopa) de uma boa maionese (de preferência caseira)
6 colheres (sopa) de creme azedo
1 colher (chá) de mostarda Tewkesbury, mostarda de Dijon ou mostarda com grãos
2 colheres (sopa) de sidra seca de boa qualidade
2 colheres (sopa) de endro ou erva-doce picado

1 Leve à fervura todos os ingredientes da marinada (exceto as echalotas) junto com 300 ml de água, depois deixe esfriar e adicione as echalotas. Junte os filés de arenque, arrume o peixe em um recipiente não reagente e regue a marinada por cima. Mantenha na geladeira por pelo menos 4 ou 5 dias.

2 Para fazer o molho, misture a maionese com o creme azedo e a mostarda, adicione a sidra e a marinada o suficiente para fazer um molho com a consistência de um creme de leite grosso. Junte o endro.

3 Para servir, retire os filés da marinada e seque com um papel-toalha. Dobre-os ao meio com a pele para fora e arrume-os em uma travessa (ou divida entre os pratos), com um pouco das echalotas e da pimenta verde espalhada por cima. Você pode derramar o molho sobre o arenque ou servi-lo separadamente. Devido ao creme, isso deve ser refrigerado e consumido em 48 horas. Sirva com pão de centeio ou batata cozida.

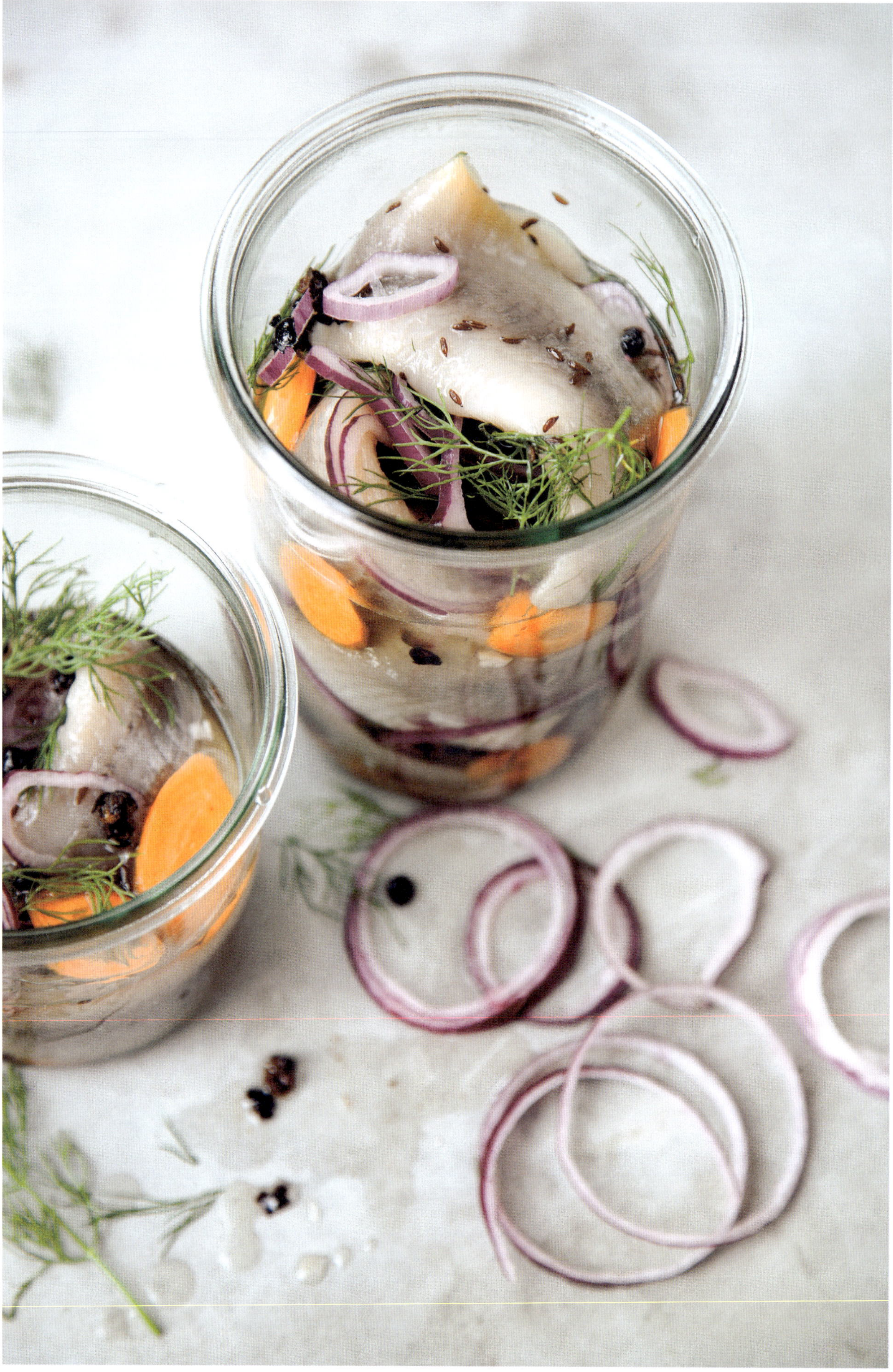

arenque curado com endro e zimbro

Os "rollmops" dos britânicos são às vezes de qualidade duvidosa, muitas vezes curados em vinagre ruim. Os escandinavos fazem versões melhores e existem centenas de variações sobre o tema. Tenha esta receita como modelo e você poderá experimentar vários outros aromas — coentro, sementes de mostarda, um pouco de anis-estrelado, raiz-forte, gengibre fresco — então faça testes. Você também pode reduzir o açúcar, mas eu adoro arenque adocicado.

3-4 porções
12 filés de arenque salgados
1 cenoura raspada e cortada em fatias finas
raminhos de 1 maço pequeno de endro
1 cebola roxa em fatias finas

PARA A SOLUÇÃO DE VINAGRE
200 ml de vinagre de vinho branco
250 g de açúcar cristal
3 folhas de louro
10 grãos de pimenta-do-reino
¾ de colher (sopa) de bagas de zimbro levemente esmagadas
2 colheres (chá) de semente de kümmel esmagada

1 Mergulhe os arenques salgados em água fria por 6 horas, depois escorra e lave novamente em água fria (se você usou o método de salga rápida da p. 201, não há necessidade de molho, pois eles estarão prontos para uso).

2 Coloque todos os ingredientes da solução de vinagre, mais 200 ml de água, em uma panela e leve ao fogo lentamente até ferver, mexendo para ajudar a dissolver o açúcar, depois reduza o fogo e cozinhe por 15 minutos. Retire do fogo e deixe esfriar completamente.

3 Escorra os filés de arenque e deixe-os ou inteiros ou cortados em pedaços de 5 cm. Em um frasco esterilizado, faça camadas deles com a cenoura, os ramos de endro e a cebola. Despeje o vinagre doce e frio por cima, vede com uma tampa resistente a vinagre e aguarde 4 dias antes de comer. Retire o peixe à medida que for consumir (apenas garanta que o peixe restante no frasco estará sempre coberto pela solução de vinagre). Mantenha refrigerado por 1 mês.

experimente também

ARENQUE NO CREME AZEDO

Mergulhe 500 g de filé de arenque salgado em água fria por 6 horas, depois escorra e lave em água fria (se você usou o método de salga rápida da p. 201, eles estarão prontos para o uso imediato). Enrole os arenques em rolinhos e arrume-os em uma tigela larga e rasa. Misture 4 echalotas finamente cortadas, 300 ml de creme azedo, 1 colher (chá) de mostarda sueca, 1 colher (chá) de pimenta-de-caiena, ½ colher (sopa) de açúcar e 3 colheres (sopa) de endro picado e bata bem. Junte ao peixe, cubra e mantenha na geladeira por cerca de 4 horas ou durante uma noite. Não sirva direto da geladeira (o creme pode estar um pouco endurecido), aguarde cerca de 20 minutos antes. Como há creme nesse prato, você deve comê-lo em 48 horas. Rende quatro porções como entrada.

Pickled Grapes

Prunes in Armagnac

chutneys, relishes e picles

Quando tinha 10 anos eu era viciada em cebola em conserva. Podia dar cabo de metade de um pote daquelas pequenininhas durante uma tarde em frente à TV (poderia até comer mais, mas isso levaria mais tarde a um interrogatório). Pescava uma bolotinha na geladeira e voltava, de novo e de novo. As cebolinhas adocicadas e o vinagre azedo (e o frescor de ambos) eram irresistíveis.

Um pote de legumes em conserva com carne ou queijo dá a complexidade e a variedade que constitui uma boa alimentação. Picles e chutneys foram inventados para conservar os alimentos, mas, mesmo quando eram necessários, proporcionavam prazer. Pequenos bocadinhos salgados ou azedos são muito gostosos (veja a nossa adoração moderna pelas batatas chips). Os romanos eram grandes adeptos da arte de preparar legumes em conserva e mergulhavam um monte de coisa (até mesmo alface) no vinagre. E os ingleses, que adoram um gostinho agridoce, adotaram-no com entusiasmo. O grande livro britânico de culinária do século XVII, *Acetaria*, incluiu receitas de conserva de freixo, salicórnia e broto de sabugueiro. Os chutneys, que os ingleses transformaram em algo próprio ao imitar os chutneys frescos da Índia, fazendo uma versão mais gordurosa e adocicada, ficaram populares durante o período do domínio colonial britânico sobre aquele país do Oriente.

Hoje há chutneys e picles bons para comprar, mas os campeões geralmente têm um sabor muito fraco ou muito forte. Eu compartilho das opiniões de Eliza Acton, que preferia os legumes em conserva produzidos em casa e é maravilhosa em plena militância (no livro *Modern cookery for private families*, "Culinária moderna para famílias", em tradução livre, de 1845), censurando fabricantes de picles comerciais pela prática de cozinhar em panelas de latão para produzir uma cor verde (os livros de receitas da época também recomendavam esse método).

Picles e chutneys caseiros são econômicos e há uma emoção real ao criar suas próprias combinações inspiradas no que há de abundante em cada época, em viagens ao exterior ou na sua imaginação. Há tanta coisa deliciosa que não dá para comprar: ruibarbo em conserva para comer com carne de porco ou cereja em conserva para queijo de cabra; relish moldávio de pimentão vermelho e endro para peixe, ou mesmo aqueles pepininhos em conserva que você encontra no mercado.

Inovação e aventura são perfeitamente possíveis com picles e chutneys. Não é necessário muita ciência, só um pouco de jeito. E eles têm um visual lindo, com infinitos formatos e matizes. Arash Saedinia, um poeta norte-americano de origem iraniana, ao lembrar de conservas da infância, escreveu que os potes de legumes "fofocavam no vinagre". Chutneys e picles apresentam um mundo multicultural menos conhecido. Aqui vai, então, um pouco de conhecimento.

CHUTNEYS E RELISHES

São misturas de frutas ou legumes (ou ambos) picados, geralmente cozidos com vinagre, açúcar e temperos (falarei dos chutneys frescos mais adiante). Chutneys precisam de cozimento lento e demorado, enquanto os relishes têm um sabor mais leve e fresco e são cozidos por períodos mais curtos. Relishes podem ser consumidos imediatamente e devem ser refrigerados depois de abertos (alguns devem ser mantidos na geladeira desde o início. A receita dará as indicações).

A matéria-prima usada para os chutneys pode estar já bastante madura, mas remova qualquer pedaço de polpa machucada. Chutneys e relishes devem ser feitos em panelas de aço inoxidável — cobre e latão reagem mal com o vinagre. Além disso, você precisa apenas de uma colher de pau para mexer e potes esterilizados para envasilhar.

Quando comecei a fazer chutneys, eu ficava preocupada se eles não engrossariam o suficiente; daí eu os cozinhava demais e, quando eram envasilhados, ficavam secos. Um chutney estará pronto quando você conseguir ver bem o fundo da panela ao passar a colher de pau, formando uma canal que fica aberto por alguns segundos antes de se fechar novamente. Ao cozinhar, mexa com frequência e o suficiente para que o chutney não grude no fundo da panela.

Envasilhar é importante, como com toda conserva. Encha os potes esterilizados, quentes e secos até 5 mm da boca (não envasilhe em potes quentes demais ou o chutney vai continuar a cozinhar). Gosto de cobri-los com papel-manteiga, pois assim os mantenho úmidos, mas o mais importante é fechar as tampas com força para que o chutney não seque. Use tampas resistentes a vinagre (hoje em dia a maioria das tampas o são), e guarde em um local fresco e escuro. É melhor aguardar alguns meses antes de comer (exceto para os chutneys frescos). Eles podem ter um sabor muito forte antes de amadurecer.

PICLES

O tipo mais comum de picles são os transparentes. Pense em cebolas em conserva. Com esses picles, os ingredientes podem ser salgados usando sal seco ou salmoura, depois lavados e engarrafados em vinagre ou salmoura, a quente ou a frio (vinagre frio deixa mais crocante). O vinagre é muitas vezes aromatizado com temperos ou ervas e pode incluir açúcar. Alguns picles (de frutas, por exemplo) não são salgados, apenas conservados no vinagre (geralmente também adoçado). Alimentos a serem conservados em preparações do tipo picles podem ser crus ou levemente cozidos.

Outra categoria são aqueles chamados na Grã-Bretanha de "picles grosso", um grupo menor, entre os quais o piccalilli é o mais conhecido, no qual frutas ou legumes são cozidos em uma solução de vinagre doce com temperos e depois junta-se farinha ou amido de milho para engrossar a mistura.

Para fazer um bom picles, utilize legumes em condições perfeitas, lave-os e escorra-os bem depois de salgá-los e prepare-os em panelas de aço inoxidável. Na hora de envasilhar, siga a receita e certifique-se de que os picles estejam completamente cobertos pelo líquido.

PICLES RÁPIDOS, PICLES FRESCOS E PICLES RAROS

Aqui algumas receitas que não são propriamente picles (pois precisam ser refrigerados e têm uma vida útil curta). Eles são parte importante na tradição de fazer conservas em certas culturas, e são cada vez mais parte da forma como comemos hoje. Alguns picles do Oriente Médio são mergulhados em salmoura e mantidos na geladeira, asssim como o picles russo, com endro. No sudeste da Ásia, eles não são nada além de ingredientes misturados no vinagre de arroz com açúcar, e há receitas aqui também de chutneys indianos frescos e "picles no óleo" indianos. Picles e chutneys constituem uma enorme paróquia. Explore-os.

INGREDIENTES ESSENCIAIS

O cronista romano Columela escreveu que "vinagre e salmoura forte são essenciais para fazer conservas". Ele acertou na mosca.

VINAGRE

Bactérias e fungos crescem com mais facilidade em soluções neutras ou alcalinas; ao aumentar a acidez, o crescimento delas diminui. O vinagre de conserva requer um teor de ácido acético de pelo menos 5% (todos os tipos principais correspondem a essa proporção). Vinagres diferentes produzem resultados e cores variadas.

VINAGRE DE ARROZ vem do Extremo Oriente, é leve e suave. Muito utilizado para picles rápidos, mantidos na geladeira e consumidos logo após serem feitos.

VINAGRE DE MAÇÃ tem um sabor frutado encantador. Eu uso bastante.

VINAGRE DE MALTE é feito de cevada maltada e tem um sabor agressivo. Ele dominou a produção de picles na Grã-Bretanha por mais de cem anos, mas agora é raramente usado.

VINAGRE DE VINHO é caro (em grandes quantidades), mas às vezes vale a pena pelo sabor mais suave.

VINAGRE DESTILADO é o resultado transparente de quando se destila o vinagre de malte. É menos pungente e realmente útil quando você quiser conservar a cor de um legume em especial.

SAL

O sal conserva e dá sabor e funciona simultaneamente de duas maneiras principais: ele extrai o líquido e, ao mesmo tempo, flui para dentro do alimento. A combinação do sal com a falta de umidade inibe o crescimento de microrganismos, e assim os alimentos são conservados.

Existem três tipos principais: o sal de rocha, que pode ser comprado na forma de cristais não refinados ou como sal de cozinha refinado ou sal comum; o sal marinho, produzido pela evaporação da água do mar; e o sal de mesa, altamente refinado e geralmente misturado com produtos químicos — tente não usá-lo para fazer conservas, pois o sabor é sem graça e os produtos químicos retardam a velocidade com que ele penetra nos alimentos.

A capacidade do sal em extrair a água torna os legumes mais firmes, e assim os picles não se diluem no líquido.

PARA UMA SALGA A SECO, faça uma camada com os legumes escolhidos em uma peneira e polvilhe com sal no decorrer do processo. Use 1 colher (sopa) de sal para cada 450 g de vegetais. Deixe de 2 a 24 horas.

PARA UMA SALMOURA, use 50 g de sal para cada 600 ml de água. Durante a salmoura, coloque um prato por cima para manter os legumes sob o líquido.

AÇÚCAR

O açúcar que você usa tem muito efeito no sabor. Eu uso açúcar do tipo claro para picles transparentes, para que o líquido fique claro, mas em chutneys e relishes você pode usar desde açúcar cristal branco até dourado, demerara e mascavo. Açúcares escuros rendem sabores mais complexos e caramelizados. O mel também pode substituir um pouco do açúcar, mas não é tão usado, por ser muito mais caro.

TEMPEROS

Ao fazer picles transparentes, os temperos devem ser deixados inteiros para o vinagre não ficar turvo. Você pode adicionar as ervas e especiarias no pote ou cozinhá-las junto com o vinagre dentro de um saquinho de musselina, que pode ser removido. As especiarias para chutneys e relishes terão um sabor melhor se forem recém-tostadas e moídas (a exceção é o gengibre; eu quase sempre uso gengibre em pó para chutney).

relish picante de tâmara e confit de limão

Não é muito correto chamar isso de relish, pois ele é mais escuro e grudento que a maioria, mas cozinha muito rapidamente, então não tenho certeza de que se qualifica como chutney! A ideia original veio de um cozinheiro indiano excelente que eu conheci, mas depois (eu, que sempre anseio por confit de limão) acrescentei um toque marroquino. Sugiro quatro limões, mas isso se você for usar versões comerciais (muito menores, pois é usada uma variedade marroquina). Se você usar o seu próprio confit caseiro de limão (p. 256), utilize apenas um limão, depois prove para saber se gostaria de adicionar mais.

3 frascos de 225 g

- 1 colher (sopa) de azeite
- 1 cebola vermelha, cortada em fatias finas
- 4 pimentas-dedo-de-moça sem sementes e cortadas em tiras finas
- ¾ de colher (sopa) de cominho em pó
- 4 cm de gengibre fresco bem picado
- 5 dentes de alho amassados com 1 colher (chá) de sal marinho
- 375 g de tâmara sem caroço e picada
- 2 colheres (sopa) de pasta de tamarindo
- 125 ml de vinagre de maçã
- 70 g de açúcar mascavo
- 1 maço pequeno de coentro picado
- casca picada de 4 limões em conserva
- 2 colheres (sopa) de suco do frasco de confit de limão

1 Aqueça o azeite em uma panela e refogue a cebola só até começar a amolecer. Adicione as pimentas, o cominho, o gengibre e o alho e refogue por mais 1 minuto.

2 Junte as tâmaras, a pasta de tamarindo, o vinagre, 75 ml de água e o açúcar. Leve à fervura e depois reduza imediatamente o fogo, cozinhando de 10 a 15 minutos (você pode cozinhar mais se preferir que fique mais parecido com um purê, as tâmaras vão se desfazer em uma massa caramelizada).

3 Acrescente o coentro, as cascas dos limões em conserva e o suco. Envasilhe em frascos esterilizados e quentes, cubra com um pedaço de papel-manteiga, vede com tampas resistentes a vinagre e deixe esfriar, depois guarde na geladeira. Dura cerca de 6 semanas e tem um gosto melhor depois de 1 semana.

como usar

Fica ótimo com frango grelhado ou cordeiro assado picante com cuscuz. É bom também com um sanduíche frio de cordeiro assado. Uma colher ou duas também fica excelente em um tajine marroquino (especialmente a versão com frutas), pois dá uma boa profundidade de sabor. Assim como a Geleia de berinjela, cardamomo e romã (p. 244), sua doçura vai bem com o azedo de um iogurte grego.

conserva oriental de gengibre

Se você fizer essa conserva com um gengibre novo (procure em uma mercearia asiática), ela pode adquirir um lindo e suave tom cor-de-rosa. Você pode fazer com um gengibre mais velho também, embora não velho demais, pois pode ser muito fibroso.

1 frasco de 500 g
500 g de gengibre fresco, de preferência raízes novas
1 colher (sopa) de sal marinho em flocos
250 ml de vinagre de arroz
125 g de açúcar cristal

1 Se você for usar um gengibre mais velho, terá que descascá-lo; se ele for mais novo, precisará raspar a casca com uma faca sem corte. Se você tiver a sorte de encontrar gengibre bem novo, ele não precisa ser descascado.

2 Corte em fatias muito finas — o jeito mais fácil é usar um fatiador — e misture-o com o sal em uma tigela. Deixe descansar por 1 hora, depois enxágue e seque muito bem com um pano de prato limpo.

3 Transfira para um frasco esterilizado e quente. Aqueça rapidamente o vinagre com o açúcar em uma panela até começar a ferver e a dissolver o açúcar. Despeje imediatamente sobre o gengibre no pote, vede com uma tampa resistente a vinagre e deixe esfriar. Guarde-o na geladeira depois que atingir a temperatura ambiente e use em 6 meses.

picles asiático de cenoura e nabo

Um dos muitos picles rápidos asiáticos de vida útil curta. Pode ser comido como uma salada ou como um relish para sanduíches, como o *banh mi* vietnamita, com carne de porco picante assada na baguete. Junte pedacinhos de pimenta, se quiser, embora o frescor simples desse picles já o torne especial.

1 frasco de 1 litro
225 g de cenoura cortada à juliana
225 g de nabo daikon cortado à juliana
1 colher (sopa) de sal
150 ml de vinagre de arroz
5 colheres (sopa) de açúcar refinado
suco de 2 limões

1 Coloque as cenouras e o nabo em uma peneira, polvilhe o sal e misture delicadamente. Reserve por 30 minutos.

2 Coloque o vinagre, o açúcar e 150 ml de água em uma panela e aqueça até ferver, mexendo um pouco para ajudar a dissolver o açúcar. Adicione o suco de limão. Deixe esfriar completamente.

3 Lave os legumes na água, depois seque-os bem com um pano de prato limpo. Coloque-os em uma tigela. Despeje a mistura de vinagre fria sobre os legumes e misture bem. Deixe descansar por 1 hora antes de servir.

4 Mantenha na geladeira, coberto, por 4 dias, em uma caixa de plástico com tampa ou em uma tigela; certifique-se de que o líquido cobre os legumes. Quando for servir, retire os legumes do vinagre, eles devem ficar só levemente revestidos. Sementes de gergelim preto são uma ótima combinação espalhadas por cima.

conserva escandinava de pepino

Agridoce, crocante e perfumado com endro, é assim que o pepino em conserva escandinavo deve ser (bem diferente dos picles russos e azedos da próxima receita).

1 frasco de 1 litro
suco de 1 limão-siciliano
450 ml de vinagre de vinho branco
200 g de açúcar cristal
1 colher (chá) de sal

10 grãos de pimenta-do-reino
4 pepinos para conserva cortados em fatias de 0,75 cm e mais um pouco para preencher
folhas de 4 ramos grandes de endro sem os talos, em raminhos compridos

1 Coloque todos os ingredientes, exceto o pepino e as folhas de endro, em uma panela e leve à fervura, mexendo um pouco para ajudar a dissolver o açúcar. Deixe esfriar completamente.

2 Coloque os pepinos em um frasco esterilizado, acrescentando as folhas de endro no decorrer. Despeje a solução de vinagre, certificando-se de que os pepinos estão submersos. Cubra com uma tampa resistente a vinagre. Mantenha em algum local escuro e fresco. Os pepinos vão afundar na solução de vinagre — portanto, no dia seguinte, adicione mais pepinos e vede. Depois de aberto, mantenha na geladeira. Consuma em 2 meses.

picles russo crocante com endro

Os norte-americanos chamam isso de *half-sours*. Ele é, para muitos, o picles por excelência. Se você não achar pepinos pequenos (com cerca de 7,5 cm a 12,5 cm), use grandes, cortados em bastonetes de 12,5 cm.

1 frasco de 1 litro
4 colheres (sopa) de sal
600 g de pepino pequeno para conserva, sem as pontas
8 ramos de endro picados
1 colher (sopa) de semente de endro ou kümmel

12 grãos de pimenta-do-reino
2 pedaços de raiz-forte (cada um com 2,5 cm²) descascados e cortados à juliana
6 dentes de alho cortados ao meio longitudinalmente
1 fatia grossa de pão de centeio

1 Aqueça 700 ml de água com o sal em uma panela até o sal dissolver. Deixe esfriar. Lave e seque os pepinos. Arrume-os em um pote grande de boca larga, adicionando as ervas, os temperos, a raiz-forte e o alho no decorrer, depois despeje a salmoura. Ela deve cobrir os pepinos completamente. Ponha o pão sobre os pepinos e coloque um pires com um peso por cima.

2 Cubra com uma camada dupla de musselina úmida amarrada com um barbante. Deixe em algum local seco e quente por 2 dias, depois retire as impurezas. Retire o pão, coloque o peso novamente, cubra com uma musselina úmida limpa e deixe por mais 3 dias, retirando as impurezas todos os dias. Bolhas subirão depois de 3 dias. Isso acaba em certo momento e os pepinos ficam com uma cor verde pálida. Quando isso acontecer, transfira os pepinos para um frasco esterilizado, ferva a salmoura, deixe esfriar e despeje-a no frasco. Vede com uma tampa resistente a vinagre e mantenha na geladeira. Os pepinos ficarão crocantes e bons por 4 semanas.

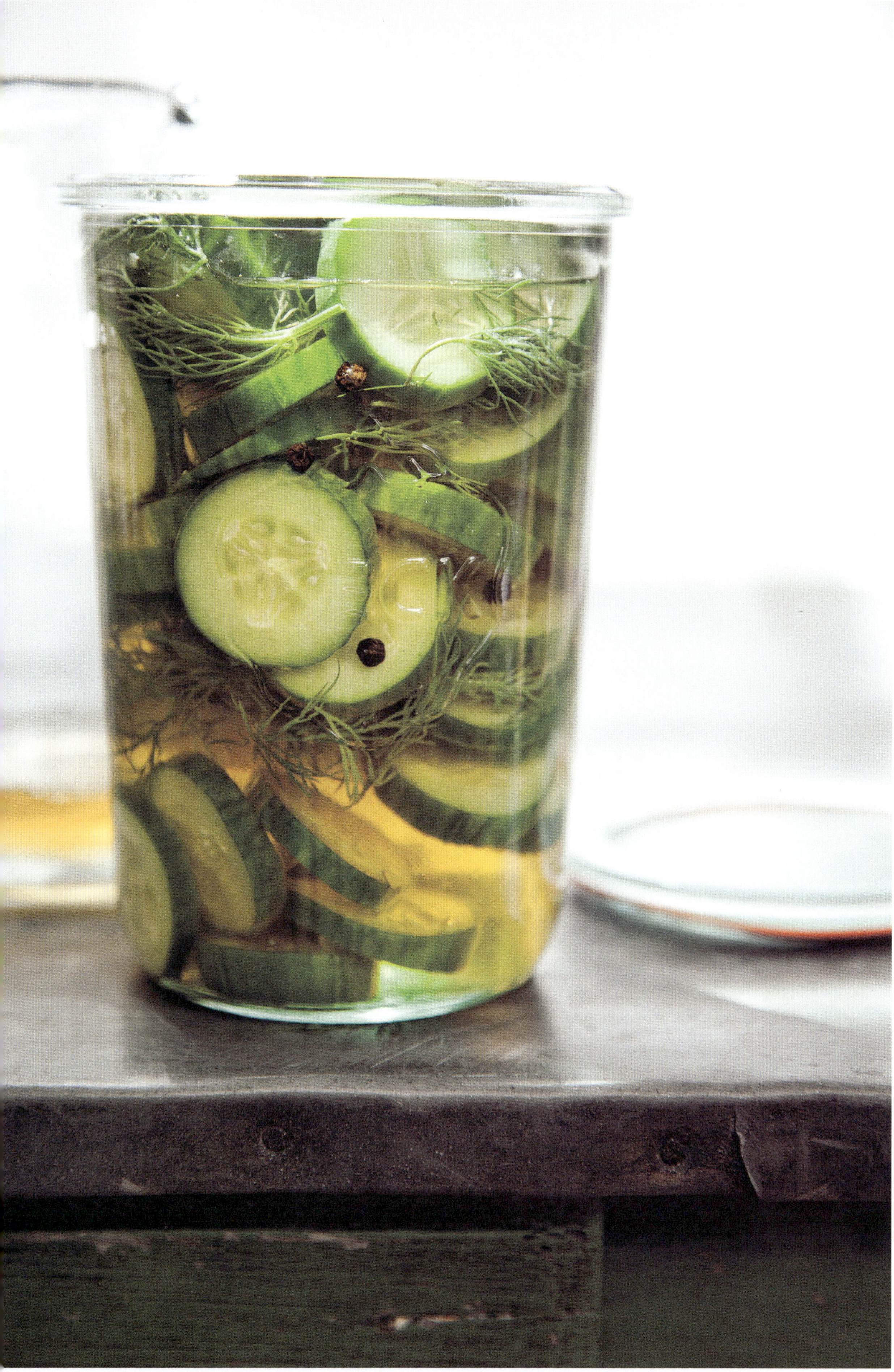

conserva de manga verde com soja e gengibre

É ótimo um picles rápido, e eu prefiro assim que fica pronto. Os sabores frutados e picantes ficam ótimos com uma carne de porco assada ou peixes gordurosos.

1 frasco de 500 g
100 ml de shoyu light
125 ml de mirin
125 ml de vinagre de vinho branco
125 ml de suco de laranja
2 cm de gengibre fresco descascado e bem picado
1 pimenta-dedo-de-moça seca e esmagada
3 colheres (sopa) de açúcar refinado
2 mangas verdes descascadas

1 Coloque todos os ingredientes, exceto as mangas, em um pote esterilizado de boca larga e misture. Corte as metades de cada manga e fatie-as no sentido do comprimento. Ponha a manga no líquido e coloque um pires por cima, com um peso, para manter as mangas submersas.

2 Vede com uma tampa resistente a vinagre e mantenha na geladeira de 12 a 24 horas. Você pode comer logo depois — depende de quanto do sabor você quer que penetre nas mangas — ou aguardar de 2 a 3 dias. O sabor é melhor se consumido em 1 semana. As mangas devem sempre ficar cobertas pelo líquido.

relish de maçã com tempero oriental

Mesmo os relishes, primos mais vibrantes do chutney, muitas vezes ficam com um gosto cozido demais e não fresco o suficiente. Mas este aqui é vivo, ácido e, devido à cor, absolutamente lindo. E também dura muito tempo na geladeira. Sirva com carne de porco e cavalinha grelhada — ele não precisa acompanhar apenas pratos asiáticos.

1 frasco de 500 g
200 ml de vinagre de maçã
300 g de açúcar cristal
2 anises-estrelados
um pedaço de gengibre cristalizado em calda picado
1 pimenta-dedo-de-moça pequena sem sementes e picada
1 cebola roxa cortada em fatias bem finas
350 g de maçã cortada em pedaços

1 Coloque o vinagre e o açúcar em uma panela e leve ao fogo até ferver, mexendo de vez em quando para ajudar a dissolver o açúcar. Junte os anises, o gengibre e a pimenta, abaixe o fogo e cozinhe por 10 minutos. Adicione a cebola e cozinhe, fervendo a descoberto, por mais 10 minutos. A cebola vai amolecer e a mistura vai engrossar.

2 Depois adicione a maçã e deixe ferver suavemente durante mais 4 minutos ou até que fique macia. Não cozinhe demais, a maçã deve ficar com o formato intacto, pois você não está fazendo um chutney. Deixe esfriar. A mistura vai engrossar.

3 Envasilhe em frascos esterilizados, cubra com um pedaço de papel-manteiga, vede com tampas resistentes a vinagre e mantenha na geladeira. Você pode comer imediatamente, mas ele dura cerca de 3 meses (embora fique mais grosso).

picles malaio de pepino e cenoura

Uma das vantagens dos chutneys e dos picles é que eles conseguem nos levar para outro clima, sem precisarmos cozinhar uma refeição inteira de outro país. Eu sirvo com frango assado e arroz simples (às vezes com arroz de coco, que o acompanha na Malásia). Na verdade, eu como tigelas de arroz só com esses picles para uma refeição completa. É muito viciante. Lamento que a receita esteja tão longa, não é tão complicado quanto parece.

1 frasco de 750 g
300 g de cenoura descascada
300 g de pepino
3 cebolas pequenas cortadas em fatias finas longitudinais
2 pimentas-dedo-de-moça sem o talo, cortadas na diagonal
2 colheres (chá) de sal marinho
5 colheres (sopa) de óleo de amendoim
½ colher de (chá) de semente de mostarda preta

4 colheres (sopa) de vinagre de arroz
4 colheres (sopa) de açúcar refinado
PARA A PASTA
4 cebolas pequenas picadas grosseiramente
2 dentes de alho bem picados
3 macadâmias sem sal
5 cm de gengibre fresco cortado à juliana bem fino
3 pimentas-dedo-de-moça pequenas e secas
1 colher (chá) de cúrcuma

1 Corte as cenouras em palitos de 5 cm de comprimento e 4 mm de largura. Corte os pepinos pela metade no sentido do comprimento e retire as sementes. Corte em palitinhos do mesmo tamanho que as cenouras. Coloque as cenouras, os pepinos, as cebolas e as pimentas em uma tigela e misture com o sal. Reserve por 2 horas.

2 Coloque todos os ingredientes para a pasta em um processador de alimentos (um pequeno facilita) e bata até obter uma pasta totalmente lisa. Se você estiver usando um processador grande e precisar de líquido para ajudar a formar uma pasta, junte 2 colheres (sopa) de água. Continue raspando as laterais até que tudo esteja devidamente transformado em purê.

3 Aqueça o óleo de amendoim em uma frigideira em fogo alto até ficar quente, mas sem sair fumaça. Junte as sementes de mostarda e deixe até começarem a estourar (aproximadamente 30 segundos). Tire do fogo e deixe esfriar por cerca de 1 minuto. Volte a panela ao fogo médio. A pasta deve chiar suavemente ao ser adicionada, então teste a temperatura, colocando um pouquinho na panela. Quando o calor estiver no ponto, junte toda a pasta e cozinhe em fogo médio por cerca de 5 minutos, mexendo-a bem ao redor da panela com uma espátula de madeira. O cheiro do gengibre e da cebola cozida deve lhe dizer quando a pasta está no ponto (o sabor também, você vai saber quando não estiver mais crua). Reduza o fogo, acrescente o vinagre e o açúcar e misture tudo, mexendo para ajudar a dissolver o açúcar. Tire a panela do fogo.

4 Lave os legumes em uma peneira com água fria. Prove-os: devem estar um pouco salgados, mas, se parecem salgados demais, coloque-os de molho em uma bacia de água por 30 minutos. Escorra e pressione-os suavemente em uma toalha limpa. Espalhe os legumes sobre um papel-toalha para secar ainda mais por 15 minutos.

5 Junte a pasta aos legumes, certificando-se de que eles estão cobertos. Você pode comer em cerca de 1 hora ou colocar em um pote, cobrir com uma tampa resistente a vinagre e manter na geladeira. Esse picles dura 5 dias e ficará com o sabor mais forte ao longo desse tempo.

parceiros perfeitos: possibilidades surpreendentes de uma tábua de queijos

Neste livro existem potes com acompanhamentos doces e salgados capazes de transformar uma fatia de queijo em uma refeição ou simplesmente dar-lhe outros ares, fazendo você notar coisas sobre ele que, de outra forma, seriam difíceis de perceber. Eu raramente preparo uma tábua de queijos, pois acho um certo exagero a perspectiva de ter vários ao final de uma refeição. Mas eu gosto de comer apenas um queijo com algo original. E dois ou três, com acompanhamentos inesperados, rendem um belo almoço de sábado. Pense nas seguintes combinações...

Queijos azuis ficam excelentes com frutas doces em conserva, então experimente marmelos e maçãs selvagens em conserva com eles. Ameixas secas em conserva — e mesmo ameixas no armagnac — ficam deliciosas com roquefort ou gorgonzola, e pêssegos em conserva são ótimos com uma mistura de gorgonzola e mascarpone. Marmelada e doce de ameixa também combinam brilhantemente com os azuis (e com o queijo manchego espanhol, uma combinação clássica). Queijos de mofo branco (como camembert e brie) vão bem com peras e maçãs que ainda não passaram muito tempo envasilhadas; geleia fina de cidra e maçã também é boa companheira.

Queijos de casca lavada — aqueles fedorentos e fortes, com massa macia e cremosa e casca levemente pegajosa, como o époisses, o reblochon e o vacherin — revelam-se com geleias feitas de groselha-branca, ameixa e marmelo. O taleggio é outro que fica bom com elas. Eu também provei um lindo prato com fontina (ou gruyère), castanhas e geleia de rosa-mosqueta no norte da Itália.

Um francês especialista em queijos me convenceu a experimentar geleia de pimenta com um queijo forte de cabra. Funciona (fica bom com vários queijos fortes), mas deve ser comido sozinho. Frutas em conserva mais leves — como cerejas, groselhas, ruibarbo e groselhas-vermelhas — também combinam bem, assim como a geleia de maçã. O banon fica bom com geleia de pera e castanha-portuguesa. As compotas — com cerejas, damascos e figos das p. 137-8 — podem ser servidas com um queijo mizithra grego (é difícil encontrá-lo fora da Grécia, mas você pode usar ricota fresca). Mizithra curado (melhor com cerejas) pode ser substituído por pecorino. Não é tradição, mas eu também gosto de compota de cereja com queijo feta, contanto que não seja muito salgado.

O labneh, queijo de iogurte do Oriente Médio (há uma receita de como fazê-lo na p. 98), não é servido como um prato de queijo, mas rende um lanche ou mezze maravilhosos, ou então, sem tempero, um doce delicioso. Espalhe um pouco em um pão torrado ou sirva em uma tigelinha sozinho. Sua acidez leve e pura combina com muitas outras comidas. Experimente-o com azeitonas persas e marroquinas, caquis, pimentas ou cerejas persas em conserva, relish de tâmara e confit de limão, geleia de berinjela ou um pouco de pasta turca de pimentão (cuidado, pois isso é quente...). Quanto aos doces, geleia de maçã e rosa ou figo e romã são ótimas parceiras.

Os deliciosos chutneys britânicos, ao contrário de suas versões indianas, vão bem com um cheddar e um lancashire, mas experimente com eles também a conserva norte-americana de nozes-pecãs, aqui à direita. Viu só? Há mais possibilidades para um queijo e uma conserva do que imagina nosso vão sanduíche com queijo e picles...

conserva de nozes-pecãs de ozarks

Essa é bastante incomum. Achei a ideia no livro *Wild foods field guide and cookbook* ("Livro de culinária e guia dos alimentos silvestres", em tradução livre), de Billy Joe Tatum. Fica bom com panquecas ao estilo norte-americano e toucinho curado com bordo ou com queijo, maçãs salteadas em fatias e um bom pão ou torradas de centeio, como uma espécie de prato de queijo refinado.

1 frasco de 700 g

250 g de açúcar mascavo
125 g de mel
250 ml de vinagre de maçã
raspas da casca de 1 laranja orgânica
¾ de colher (chá) de pimenta-da-jamaica moída
½ colher (chá) de gengibre em pó
½ colher (chá) de canela em pó
½ colher (chá) de mostarda amarela em grão
¼ de colher (chá) de cravo em pó
½ colher (chá) de sal
250 g de nozes-pecãs levemente tostadas
75 ml de bourbon

1 Coloque tudo, exceto as nozes-pecãs e o bourbon, em uma panela com 250 ml de água e leve à fervura. Reduza o fogo para apurar e cozinhe por 10 minutos. Junte as nozes e cozinhe por mais 10 minutos. O xarope deve ficar mais espesso. Não cozinhe demais, você precisa de quantidade suficiente para cobrir as nozes no pote.

2 Quando estiver frio, misture o bourbon e coloque em um frasco esterilizado. Vede com uma tampa resistente a vinagre e aguarde 1 semana antes de servir. Dura 6 meses; mantenha na geladeira depois de aberta.

relish de milho para tardes de verão

Ah, churrasco! Toda aquela carne de porco, e o molho, e o chá gelado... um sonho no jardim durante o verão. Sirva isso enquanto o sol se põe. Verão, churrasco, relish... ah, que alegria.

3 frascos de 500 g

2 colheres (chá) de cúrcuma
3 colheres (chá) de mostarda em pó
3 colheres (sopa) de farinha de trigo
1 cebola cortada em fatias finas
1 pimentão vermelho dividido ao meio, sem sementes e cortado em cubos
1 pimentão verde dividido ao meio, sem sementes e cortado em cubos
2 talos de aipo em cubos
1 pimenta verde e 1 pimenta-dedo-de-moça sem semente e fatiadas
8 dentes de alho bem picados
250 g de açúcar mascavo
500 ml de vinagre de maçã
2 colheres (sopa) de semente de mostarda amarela
1 colher (chá) de semente de aipo
1½ colher (chá) de sal marinho
400 g de grão de milho verde, cortado de 4 a 5 espigas

1 Coloque o cúrcuma, a mostarda e a farinha em uma xícara e misture com 2 colheres (sopa) de água fria para obter uma pasta lisa. Coloque todos os outros ingredientes em uma panela e junte a mistura de mostarda. Leve à fervura lentamente, mexendo para ajudar a dissolver o açúcar. Reduza o fogo para apurar e cozinhe por 20 minutos. A mistura deve ficar homogênea, mas não espessa como um chutney.

2 Envasilhe em frascos esterilizados e quentes, cubra com um pedaço de papel-manteiga e vede com tampas resistentes a vinagre. Dura 3 meses; mantenha na geladeira depois de aberto.

conserva de abóbora

Sirvo essa receita com frango frito e panqueca de milho, mas também fica uma delícia com frango assado ou carne de porco, ou como parte de uma salada com queijo de cabra e lentilha. Use uma boa abóbora (moranga, pescoço ou japonesa).

1 frasco de 1 litro

1 ⅓ kg de abóbora (para cerca de 750 g limpa)
475 ml de vinagre de maçã
375 g de açúcar cristal
1 colher (sopa) de sal
10 bagas de pimenta-da-jamaica
1 canela em pau
12 grãos de pimenta-do-reino
3 pimentas-dedo-de-moça secas
2 cm de gengibre fresco picado
2-4 colheres (sopa) de xerez médio ou doce (opcional)

1 Corte a abóbora ao meio e retire as sementes. Corte a polpa em fatias com cerca de 1,5 cm de espessura na parte mais grossa e descasque cada fatia.

2 Coloque tudo, exceto o xerez, em uma panela com 475 ml de água e leve lentamente à fervura, mexendo sempre para ajudar a dissolver o açúcar. Junte a abóbora e misture tudo muito bem. Reduza o fogo para apurar e cozinhe até a abóbora ficar completamente mole.

3 Transfira a abóbora para um frasco esterilizado e quente, despeje a calda com especiarias por cima. Junte o xerez, se você for usar; ele dá um belo toque. Vede com uma tampa resistente a vinagre e guarde por 6 meses. Mantenha na geladeira depois de aberto.

picles pão com manteiga

Um dos picles norte-americanos por excelência; tão bons que foram até considerados tudo o que se precisava para colocar no pão. Eu não iria assim tão longe, mas são mesmo deliciosos.

2 frascos de 500 g

450 g de pepino
315 g de cebola
2 colheres (sopa) de sal
500 ml de vinagre de maçã
250 g de açúcar mascavo
2 colheres (chá) de cúrcuma
½ colher (sopa) de semente de mostarda amarela
2 colheres (chá) de semente de endro

1 Fatie o pepino em rodelas de 5 mm de espessura. Corte as cebolas em fatias com metade dessa espessura. Coloque ambos em uma tigela de vidro com o sal, misture, cubra com um pano de prato limpo e deixe descansar por uma noite.

2 Lave e escorra. Prove o pepino. Se estiver muito salgado, deixe de molho por 15 minutos. Lave e escorra novamente.

3 Coloque todos os outros ingredientes em uma panela. Ferva, mexendo sempre para dissolver o açúcar e deixe por 10 minutos. Junte o pepino e a cebola e volte a ferver. Transfira para frascos esterilizados e quentes e vede com tampas resistentes a vinagre. Dura 1 ano; mantenha na geladeira depois de aberto.

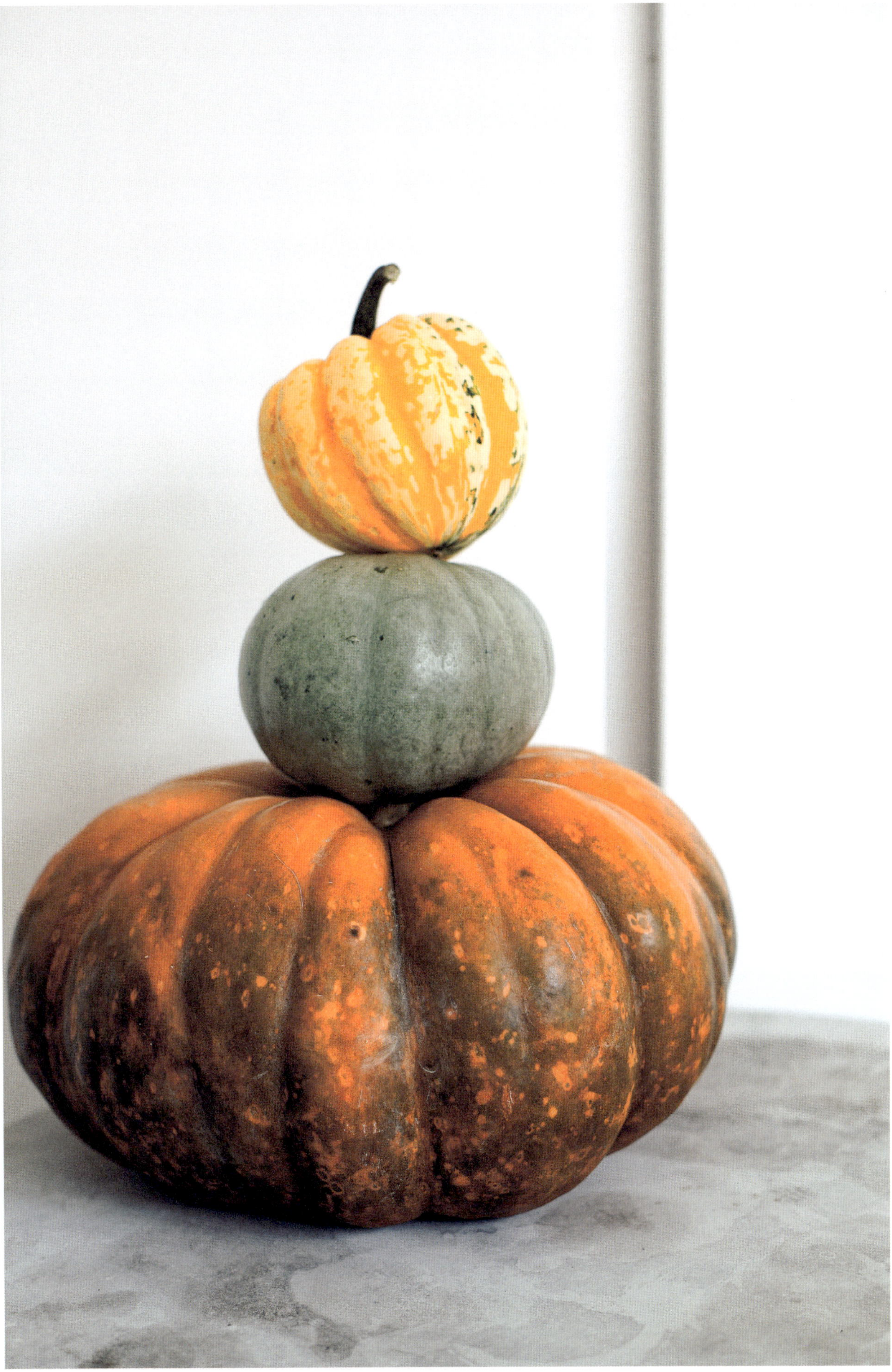

duas conservas de uva

Eu tinha começado a fazer uma versão mais ácida dessa ao ler alguns livros sobre o Oriente Médio, mas com a minha queda por doces (e aquela preferência britânica pela mistura de doce com salgado), o resultado acabou assim. Você pode mudar as especiarias (anis-estrelado, canela e gengibre são todos uma boa ideia). No começo as uvas só enrugam um pouquinho no xarope, mas, quanto mais tempo você guardar, mais elas encolhem. Eu prefiro após cerca de 1 semana.

CONSERVA PERFUMADA DE UVA VERDE
1 frasco de 1 litro
550 g de uva verde
300 g de açúcar cristal
250 ml de vinagre de vinho branco
350 ml de vinho branco riesling
1 folha de louro
10 grãos de pimenta-branca

CONSERVA CONDIMENTADA DE UVA VERMELHA
1 frasco de 1 litro
550 g de uva vermelha sem semente
500 g de açúcar cristal
500 ml de vinagre de vinho branco ou de maçã
10 grãos de pimenta-do-reino
10 bagas de zimbro levemente amassadas
1 pimenta-dedo-de-moça seca (opcional)
½ canela em pau

1 Nas duas receitas, puxe os cachinhos de uvas do cacho principal. Coloque tudo em uma panela e leve à fervura, mexendo sempre para ajudar a dissolver o açúcar. Ferva por cerca de 4 minutos, depois deixe esfriar completamente.

2 Lave e seque as uvas e coloque-as em um frasco esterilizado e quente. Despeje o vinagre por cima e vede com uma tampa resistente a vinagre. Você pode comer imediatamente. Quanto mais tempo as uvas ficarem no vinagre, mais enrugadas elas ficam e mais ácido será seu gosto. Dura 1 ano.

como usar

Essas conservas são feitas para comer com carne de porco assada — barriga ou lombo — e dão um visual maravilhoso com os cachinhos servidos ao lado de fatias de carne gordurosa. Mas elas também ficam deliciosas com patês (como um de fígado de galinha), terrinas e a maioria dos queijos.

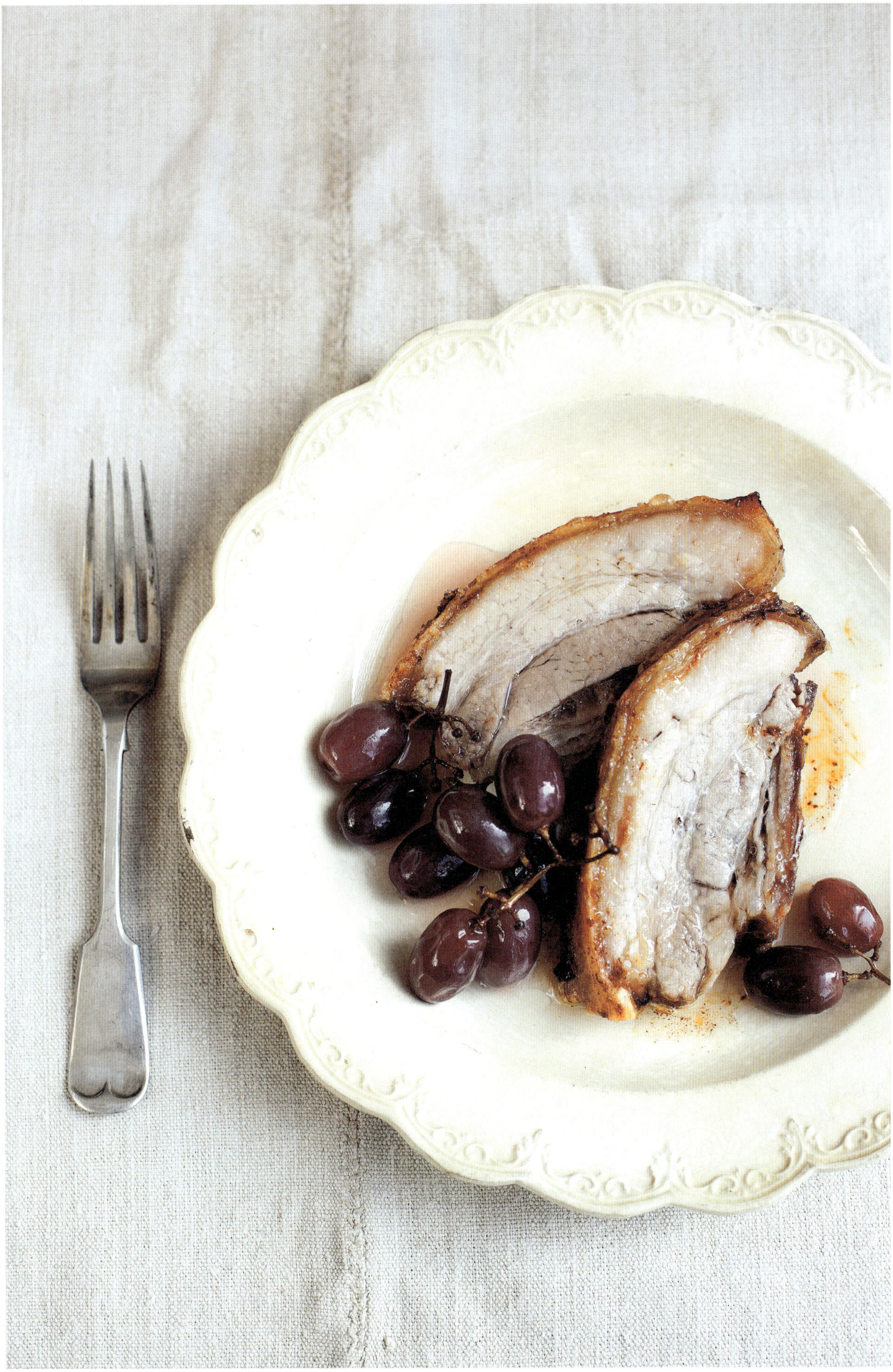

é de pequenino que se torce o pepino: conservas norte-americanas

Os Estados Unidos parecem ser dois países. Muitos o consideram uma espécie de banquinha de *fast-food* barata, lar de tudo o que condenamos, como hambúrgueres gordurosos e baldes monstruosos repletos de refrigerante de cola. Mas isso é um esnobismo e deixa muita coisa de fora. A preocupação dos norte-americanos com o frescor, a produção local e a sazonalidade, como é o caso de expoentes como a chef Alice Waters, mãe da cozinha californiana, gerou consequências no modo como os britânicos comem (e como os chefs cozinham) muito maiores do que se pode imaginar, e vários norte-americanos levam a arte da conserva caseira muito a sério. Eles adoram os seus hambúrgueres e seus sanduíches de carne salgada, então as conservas e os condimentos são vitais para eles. Passei dias viajando pela Nova Inglaterra, seduzida por barracas de beira de estrada e lojas de fazenda, comprando potes de picles pão com manteiga, geleia de ameixa da praia e conserva de vagem.

Em Vermont, observei pessoas fervendo suco de maçã para fazer xarope de sidra para engarrafar e deixar na reserva; vi avisos para jantares da igreja com um menu de presunto assado, batata cozida e abóbora em conserva; participei de festinhas de "açúcar na neve", para celebrar a época do maple syrup, nas quais a doçura do xarope era cortada pelos bocados de picles azedo. Não se enganem, a arte norte-americana das conservas não é só um folclore romântico: é uma arte bem viva e cada vez mais popular.

Os índios nativos norte-americanos já faziam alguns tipos de conserva, principalmente secagem; depois, os primeiros colonos europeus levaram todo tipo de habilidade doméstica consigo, especialmente conservas em salmoura e vinagre. Desde então, ondas de imigrantes da Itália, Alemanha, Polônia, Grécia e Coreia do Sul, além dos judeus de toda a Europa, importaram suas tradições.

Na escola, eu adorava as histórias de Laura Ingalls Wilder e seu livro *Uma casa na floresta*. Fiquei surpresa ao relê-lo depois de adulta, porque percebi que ele ainda concentrava minha atenção, pois, em grande parte, é fruto de relatos dos preparativos realizados para colocar a comida do inverno "na reserva". A comida conservada era crucial para sobreviver durante os meses frios. Em áreas onde as nevascas fortes eram comuns, onde não se podia nem sair de casa, a família teria morrido de fome sem alimentos que tivessem sido conservados, engarrafados, secos, salgados ou defumados.

Os estados do sul não têm invernos com tanta neve, mas as conservas são uma grande tradição por lá também, devido ao desejo de não desperdiçar a abundância. Você nem consegue ler livros com histórias que se passam no sul norte-americano profundo sem sentir um desejo de cozinhar: a literatura sulista é salpicada pela fome e os modos de contorná-la.

Poucos países tiveram um líder capaz de escrever o seguinte: "em um dia quente na Virgínia, não sei de nada mais reconfortante que um bom picles temperado, pescado como uma truta das profundezas cristalinas de um pote perfumado embaixo das escadas da adega da tia Sally". E ele é Thomas Jefferson. Então, encontre comigo ali na varanda. E me traga uma jarra de limonada. Tenho que tirar o caroço de um monte de pêssego.

conserva de gengibre e melão-cantalupo

Essa conserva é um desbunde de tão gostosa. Você talvez ache que não pode cozinhar melão por tanto tempo (leva cerca de 1 hora até chegar ao ponto certo), mas a polpa torna-se translúcida, quase cristalizada, como uma mostarda italiana infundida em gengibre. Fica ótima com pato ou frango defumado e presunto cru ou serrano. Eu também gosto com um queijo bem gordo e leitoso. Nos Estados Unidos, no entanto, isso é para refeições estivais com presunto cozido frio. Experimente acrescentar ainda algumas lascas de pimenta-dedo-de-moça. Você gela e salga o melão para mantê-lo tão firme quanto possível — lembre-se, isso era originalmente feito em cozinhas muito quentes — mas mesmo em um clima mais temperado, essa etapa parece ajudar a manter a fruta em perfeitas condições.

3 frascos de 500 g

2 melões-cantalupo de 1½ kg
3 colheres (sopa) de sal grosso
1 kg de açúcar cristal
750 ml de vinagre de maçã
75 g de gengibre em conserva ralado
1 canela em pau dividida ao meio

1 Divida os melões ao meio, retire as sementes, corte-os em fatias e descasque cada uma. Corte a polpa em cubos. Você deve obter cerca de 1¾ kg.

2 Coloque o melão em uma peneira e cubra a polpa completamente com cubos de gelo. Polvilhe uma camada de sal por cima do gelo. Reserve em temperatura ambiente (coloque algo por baixo para conter o líquido). Quando a metade do gelo tiver derretido e o restante parecer quebradiço, lave e escorra o melão.

3 Coloque a fruta em uma tigela e acrescente o açúcar, o vinagre e o gengibre. Misture delicadamente para dissolver o açúcar. Faça uma peso para manter a fruta sob o vinagre (use um prato), cubra com um pano de prato e deixe por 12 horas.

4 Coloque o melão e a calda em uma panela e junte 125 ml de água, mais a canela. Leve à fervura, reduza o fogo para baixo e cozinhe até o líquido ter reduzido e os pedaços de melão parecerem transparentes. Isso demora de 45 minutos a 1 hora. Não cozinhe muito mais que isso, deve restar líquido o suficiente para cobrir os pedaços de melão ao envasilhar. Retire a canela.

5 Transfira para frascos esterilizados e quentes — certifique-se de que as frutas estão cobertas pela calda — e vede com tampas resistentes a vinagre. Dura 6 meses; mantenha na geladeira depois de aberto.

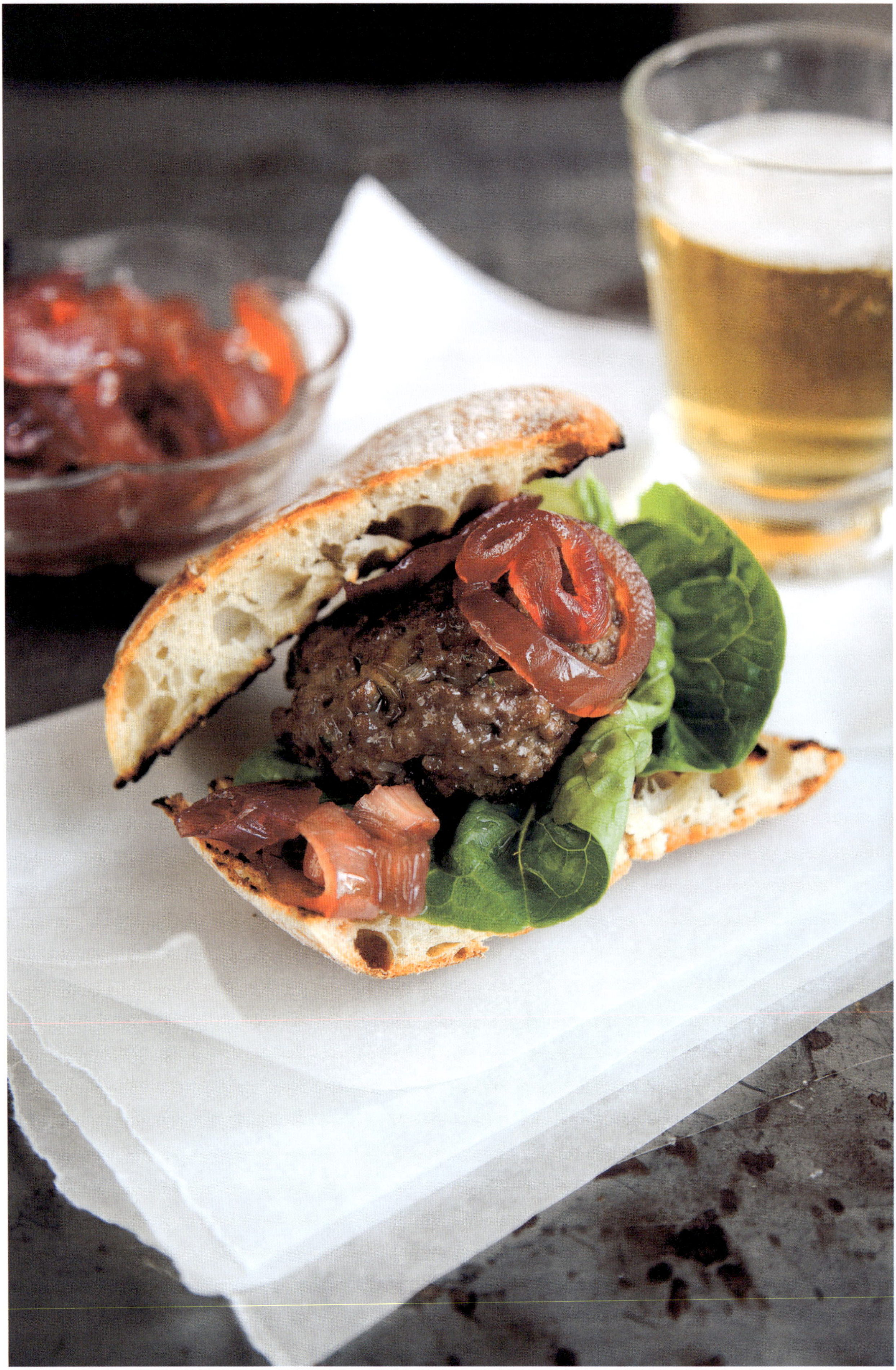

conserva de cebola roxa do café zuni

Essa é uma adaptação de uma receita de Judy Rodgers do *Zuni café cookbook* ("Livro de culinária do café Zuni", em tradução livre). Seu café em São Francisco é um dos meus lugares preferidos para comer, e esse livro é excepcional: dedicado, original e delicioso. Rodgers é absolutamente brilhante em matéria de comida descontraída. Ela não instrui a ferver a solução de vinagre, e essa é a minha alteração na receita dele.

1 frasco de 1 litro

1 kg de cebola roxa firme e descascada
1¼ litro de vinagre branco comum
750 g de açúcar cristal
2 canelas em pau divididas ao meio
6 cravos
8 bagas de pimenta-da-jamaica
2 pimentas-dedo-de-moça pequenas e secas
2 anises-estrelados
4 folhas de louro
8 grãos de pimenta-do-reino

1 Apare as pontas das cebolas e corte-as em fatias de 1 cm. Separe as fatias em anéis.

2 Coloque todos os outros ingredientes em uma panela e leve à fervura, mexendo para ajudar a dissolver o açúcar. Quando começar a borbulhar, junte cerca de um terço dos anéis de cebola e misture-os com o líquido. Assim que começar a ferver novamente, mexa as cebolas novamente, então retire a panela do fogo e remova as cebolas com uma escumadeira. Disponha-as em uma superfície plana onde possam esfriar. Repita o procedimento com o resto das cebolas.

3 Isso pode parecer trabalhoso, mas passe pelo mesmo processo mais duas vezes, sempre mergulhando as cebolas no líquido fervente e depois removendo-as quando o líquido voltar a ferver. Depois de fazer isso pela terceira vez, ferva o líquido até reduzir pela metade e depois resfrie-o completamente. Como explica a chef do café Zuni, Judy Rodgers, embora essa seja uma maneira tediosa para fazer picles, o sabor é salgado e azedo, e eles ficam bem crocantes. A cor, por sua vez, fica de um tom rosa fúcsia bem vivo.

4 Coloque as cebolas em um frasco esterilizado e despeje a solução de vinagre por cima. Vede com uma tampa resistente a vinagre e guarde na geladeira por 1 ano.

como usar

Fica fabuloso com hambúrguer de carne bovina, mas eu também gosto muito com uma truta ou salmão defumado e batata cozida com endro. Combina muito bem com comida escandinava.

conserva de marmelo

Eu adoro frutas em conserva, pois tenho uma verdadeira queda por doce e azedo misturados. Eles combinam perfeitamente com frios, patês, terrines e queijos. Você também pode servi-los com pratos quentes, como porco ou pato assado, presunto cozido ou caça. As conservas são feitas quase sempre usando a mesma técnica — a fruta é cozida numa solução de vinagre doce e depois envasilhada — mas a proporção de vinagre e açúcar depende da doçura da fruta, e as especiarias também variam. Você pode fazer peras em conserva da mesma forma, mas cozinhe por menos tempo, só até ficarem moles.

1 frasco de 1 litro
600 ml de vinagre de maçã
425 g de açúcar cristal
6 cravos
6 bagas de zimbro
12 grãos de pimenta-do-reino
1 canela em pau dividida ao meio
4 tiras da casca de 1 limão orgânico
1 kg de marmelo

1 Coloque todos os ingredientes, exceto os marmelos, em uma panela grande e leve à fervura. Reduza o fogo para apurar e mexa um pouco até dissolver o açúcar. Reserve.

2 Descasque e corte os marmelos ao meio. Remova os miolos com uma faquinha afiada. Corte cada metade de marmelo em quatro no sentido do comprimento. Aqueça a solução de vinagre novamente e junte as frutas. Tampe e cozinhe até ficar mole, o que deve levar cerca de 20 minutos, mas pode demorar mais (marmelos são difíceis).

3 Com uma escumadeira, transfira os marmelos para um frasco esterilizado e quente. Ferva o vinagre até reduzir para cerca de 450 ml. Coe com uma peneira de náilon por cima dos marmelos enquanto tudo ainda estiver quente. Junte os temperos da peneira, mas descarte as cascas de limão. Vede com uma tampa resistente a vinagre e guarde por até 1 ano.

experimente também

CONSERVA DE MAÇÃ SELVAGEM

Faça como indicado acima, usando 1 kg de maçã selvagem e alterando as especiarias: use uma canela em pau, 25 g de gengibre fresco fatiado e 2 colheres (chá) de grão de pimenta-da-jamaica levemente esmagado, mais 750 ml de vinagre de maçã e 800 g de açúcar cristal (precisa ficar mais doce, porque as maçãs são ácidas). Lave as maçãs, fure cada uma com um espeto e cozinhe-as por 3 minutos, até ficarem moles. Transfira com uma escumadeira para um frasco esterilizado e quente, depois conclua como acima. Rende 1 frasco de 1 litro.

CONSERVA NORTE-AMERICANA DE PÊSSEGO

Faça como acima, mas use 750 g de açúcar cristal e 450 ml de vinagre, 1 colher (chá) de grãos de pimenta-da-jamaica, 6 cravos, 2 cm de gengibre fresco fatiado e 2 canelas em pau. Retire o caroço de 1½ kg de pêssego ainda um pouco verdes e corte-os em fatias. Junte-os à calda e cozinhe, até ficarem moles. Coloque em um frasco esterilizado e quente e conclua como acima. Ficará melhor após algumas semanas. Rende 1 frasco de 1½ litro.

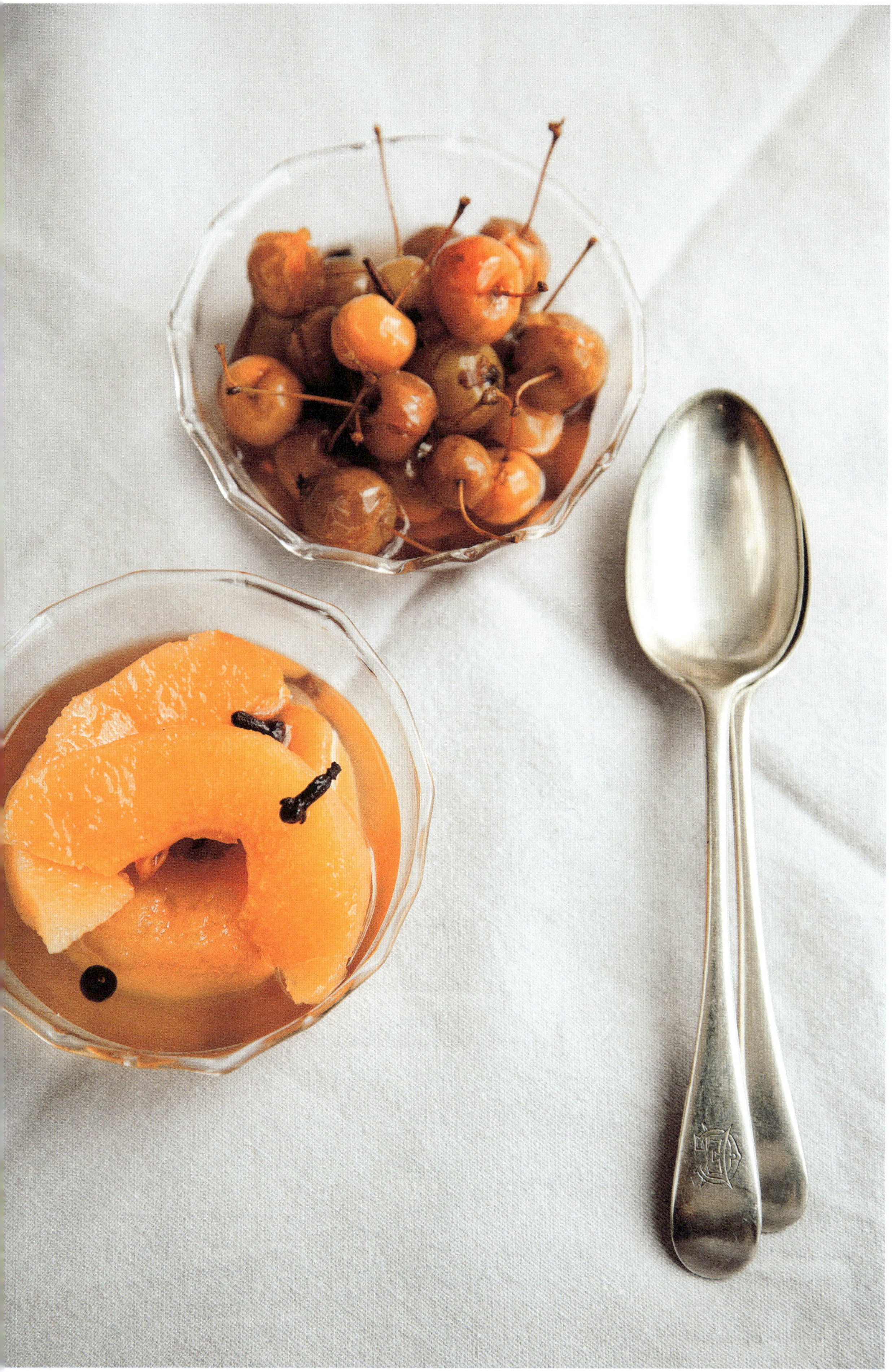

cogumelo marinado à moda russa

A primeira vez que comi esse cogumelo eu não estava na Rússia, e sim na casa de um amigo na Irlanda do Norte quando tinha uns 15 anos. Um visitante australiano bastante viajado tinha preparado um bufê de comida russa. Eu, que já era fã de estragão mas apenas engatinhava nos cogumelos, achei aquilo o suprassumo da sofisticação. São algo ótimo de se ter na geladeira. E muito saudáveis, também. Se você não tiver vinagre de estragão, use vinagre de vinho branco e folhas de 4 ramos de estragão fresco.

2 frascos de 500 g

650 g de champignon fresco, os menores que você encontrar
suco de 3 limões-sicilianos
1 colher (sopa) de sal
400 ml de vinagre de estragão
8 grãos de pimenta-do-reino
1 colher (sopa) de açúcar refinado
4 dentes de alho cortados em fatias muito finas
6 ramos de endro picados grosseiramente
4 colheres (sopa) de azeite

1 Limpe os cogumelos cuidadosamente com um papel-toalha ou uma escovinha. Apare a ponta da haste de cada um. Divida ao meio ou em quatro aqueles muito maiores que os outros. Misture-os com o suco de limão e reserve por 15 minutos.

2 Coloque os cogumelos em uma panela com 1¼ litro de água. Eles devem ficar cobertos, então junte mais água, se precisar. Adicione o sal, leve à fervura, reduza o fogo e cozinhe, sem tampa, por 10 minutos. Retire os cogumelos com uma escumadeira e passe-os sob a água fria. Coe a água salgada com uma peneira forrada com uma musselina. Você precisa de 400 ml; descarte o excedente.

3 Volte o líquido à panela com o vinagre, a pimenta e o açúcar. Leve à fervura, mexendo um pouco para ajudar a dissolver o açúcar, abaixe o fogo, tampe a panela e cozinhe por 5 minutos. Deixe esfriar.

4 Transfira os cogumelos para frascos esterilizados, distribuindo o alho e o endro no decorrer, depois despeje o líquido já frio por cima. Cubra com uma camada de azeite, vede com tampas resistentes a vinagre e mantenha na geladeira. Estarão prontos para comer em cerca de 6 horas, e duram, refrigerados, 1 mês.

como usar

Você pode servi-los puros, direto do pote, ou juntar a um pouco de creme azedo ou creme de leite. Coma com pão preto ou pão de centeio, ou sirva como parte de um zakuski (veja à direita). Não se esqueça da vodca...

da rússia, com amor: alegrias de uma mesa zakuski

Imagine uma mesa posta com uma toalha de linho, coberta de tigelinhas e pratinhos com todas as delícias que a Rússia e a Europa Oriental têm a oferecer: arenque curado, peixe defumado, pepino e pimentão em conserva, rabanetes cor-de-rosa bem ardidos, creme azedo frio, queijos, cogumelos em conserva, caviar, carne malpassada com raiz-forte, purê de beterraba, ameixas em conserva e pão de centeio. Essa é uma mesa zakuski — a mesa de aperitivos — a versão russa do mezze do Oriente Médio, das tapas espanholas e dos antepastos italianos.

Muitos dão crédito a Pedro, o Grande, por levar esse jeito de comer à Rússia. Ele certamente tinha visto muitos smörgåsbords escandinavos (com o qual a mesa zakuski se assemelha) durante viagens e guerras, então adotou a ideia. Essa mesa de abundância diz muito sobre a hospitalidade russa. É sabido que, mesmo em tempos de miséria (e eles tiveram muitos desses por lá), os anfitriões russos empregam todos os esforços para fazer um banquete. Uma mesa zakuski pode incluir os itens mais luxuosos (em *Almas mortas*, de Gogol, o chefe de polícia oferece delícias que incluem uma torta incrível feita com a cabeça e as bochechas de 150 kg de um esturjão) ou pode ser limitada ao mais frugal: alguns arenques, uns rabanetes, pão preto e pepino azedo.

A mesa zakuski ficou especialmente popular no século XIX e era servida seguindo diretrizes rígidas. O livro *Classic russian cooking* ("Culinária russa clássica", em tradução livre), de Elena Molokhovets (a bíblia da culinária e da gestão doméstica russa, publicado em 1861) contém ilustrações que mostram como organizar os vários elementos. O mais importante era servir zakuski em uma mesa oval ou redonda ou ao lado da mesa de jantar principal, ou ainda em uma antessala. A mesa tinha que ser colocada longe da parede, de modo que os convidados pudessem caminhar em volta dela. As garrafas de vodca ficavam no centro, cercadas de pão e de muita manteiga sem sal, e os vários zakuski eram colocados ao longo das bordas.

Estou contando sobre o zakuski porque há um monte de pratos neste livro ideais para esse tipo de refeição. Além das comidas da Rússia e do Leste Europeu, há também alguns pratos do Oriente Médio perfeitos — nabo rosa em conserva, cereja persa com estragão, berinjela recheadas em conserva — além de carne curada italiana, e também o feijão-preto com molho de ameixa georgiano. Todos combinam, sem notas dissonantes, mesmo vindos de culturas diferentes. Você também vai encontrar receitas para outro grande item essencial do zakuski: a vodca aromatizada (p. 154-5).

Além dos pratos caseiros, junte alguns produtos comprados e coisas simples — presunto, linguiça picante seca, ovos cozidos, batata quente — e você terá um banquete perfeito tanto para o inverno quanto para a primavera. Escolha os pratos de acordo com a época e, nos meses mais frios, junte alguns pratos quentes, como barriga de porco assada e tortas quentes.

Você não precisa dispor o seu zakuski segundo a tradição, basta fazer a sua mesa rica e variada, escolher a toalha de mesa e as louças mais bonitas e encher o freezer de vodca. Comida é, em parte, uma questão de fantasiar e romancear, e não há nada de errado em ser Anna Karenina por uma noite...

relish de pimentão moldávio

Essa é a adaptação de uma receita de um livro norte-americano maravilhoso sobre a culinária russa, de Anya von Bremzen e John Welchman, chamado *Please to the table* ("Agradeça à mesa", em tradução livre). Ele é cheio de combinações de sabores um pouco incomuns. Eu adoro esta, porque nosso paladar acostumado com o Mediterrâneo supõe que é possível combinar pimentão com manjericão ou orégano, mas não com endro. Ele é rápido de fazer e dura só 1 mês, mas você vai comê-lo bem antes.

1 frasco de 1 litro

- 3 pimentões vermelhos cortados ao meio e sem sementes (ou de cores misturadas)
- 500 ml de vinagre de maçã ou e vinho branco
- 4 folhas de louro
- 4 colheres (sopa) de açúcar refinado
- 20 grãos de pimenta-do-reino
- 2 colheres (sopa) de sal
- 2 cebolas cortadas em fatias finas
- 6 dentes de alho cortados em fatias muito finas
- 8 ramos de endro picados
- 3 colheres (sopa) de azeite e mais, se necessário

1 Escalde os pimentões em água fervente por 5 minutos, depois enxágue sob água fria. Corte em fatias finas.

2 Coloque 300 ml de água, o vinagre, as folhas de louro, o açúcar, os grãos das pimentas e o sal em uma panela e leve à fervura. Ferva por 3 minutos.

3 Coloque todos os outros ingredientes, exceto o azeite, em um frasco esterilizado e quente, despeje o líquido quente por cima. Deixe esfriar. Coloque o azeite (a conserva deve ficar completamente coberta por uma camada de azeite, então coloque mais, se necessário) e vede com uma tampa resistente a vinagre. Mantenha na geladeira e espere por 12 horas antes de comer. Refrigerado, o relish dura até 1 mês.

como usar

Os pimentões estão presentes em uma infinidade de formas nas mesas da Moldávia, e esse relish é muitas vezes comido com peixe, mas eu gosto bastante com kebabs de frango. Você também pode servi-lo como parte de uma seleção de entradas de inspiração russa — como o zakuski (p. 229) — com peixes e carnes curados e defumados, pepinos com endro, creme azedo e pão preto ou de centeio.

relish condimentado de beterraba com gengibre e raiz-forte

Feito apenas com a raiz-forte, esse relish fica bom com um rosbife frio, mas com o gengibre ele vira um grande parceiro para uma cavalinha grelhada. Use os dois sabores ou apenas um. Também é bom só com anis-estrelado.

1 frasco de 500 g

400 ml de vinagre de maçã
600 g de açúcar cristal
2 pedaços de gengibre cristalizados em calda cortados em pedaços
1 colher (chá) de gengibre em pó
4 cebolas roxas cortadas em fatias muito finas
700 g de beterraba cozida cortada em pedaços
2 maçãs verdes pequenas descascadas e cortadas em pedaços pequenos
1 colher (sopa) de raiz-forte fresca ralada

1 Coloque o vinagre e o açúcar em uma panela e leve ao fogo até ferver, mexendo sempre para ajudar a dissolver o açúcar. Junte os dois tipos de gengibre, reduza o fogo e cozinhe por 10 minutos. Adicione a cebola e cozinhe, com a panela borbulhando descoberta, por 10 minutos. As cebolas vão amolecer e a mistura ficará espessa.

2 Acrescente a beterraba e as maçãs e deixe cozinhar mais por cerca de 15 minutos ou até que as maçãs estejam moles e a mistura esteja bem grossa, colocando a raiz-forte só nos últimos 5 minutos. Envasilhe em um frasco esterilizado e quente, cubra com um pedaço de papel-manteiga e vede com uma tampa resistente a vinagre. Dura 3 meses; mantenha na geladeira depois de aberto.

relish de cranberry e raiz-forte

Ao observar os molhos da Rússia, dos estados da ex-União Soviética e do Leste Europeu, fiquei fascinada com o quanto as suas combinações de sabores são diferentes daquelas que usamos. A raiz-forte é usada com a carne de porco e muitas vezes misturada com frutas; as frutas podem ser combinadas com carne de porco, boi ou caça. Esse tipo de descoberta abre a sua mente. Na Rússia, isso é feito com amora alpina crua e esmagada.

1 frasco de 225 g

250 g de cranberry desidratada
3 colheres (sopa) de vinagre de vinho tinto
100 g de açúcar cristal
3 colheres (sopa) de raiz-forte fresca, ralada

1 Coloque as cranberries e o vinagre em uma panela e leve ao fogo baixo. Ao aquecer e amolecer, as frutas produzirão um caldo que vai se misturar ao vinagre. Aumente o fogo para médio e cozinhe até as frutas ficarem moles e começarem a estourar (aproximadamente 10 minutos).

2 Junte o açúcar e a raiz-forte e mexa. Cozinhe até o açúcar se dissolver e todos os sabores se misturarem. Transfira para um frasco esterilizado e quente, cubra com um pedaço de papel-manteiga. Vede com uma tampa resistente a vinagre. Quando o relish esfriar, mantenha na geladeira. Refrigerado, dura 1 mês.

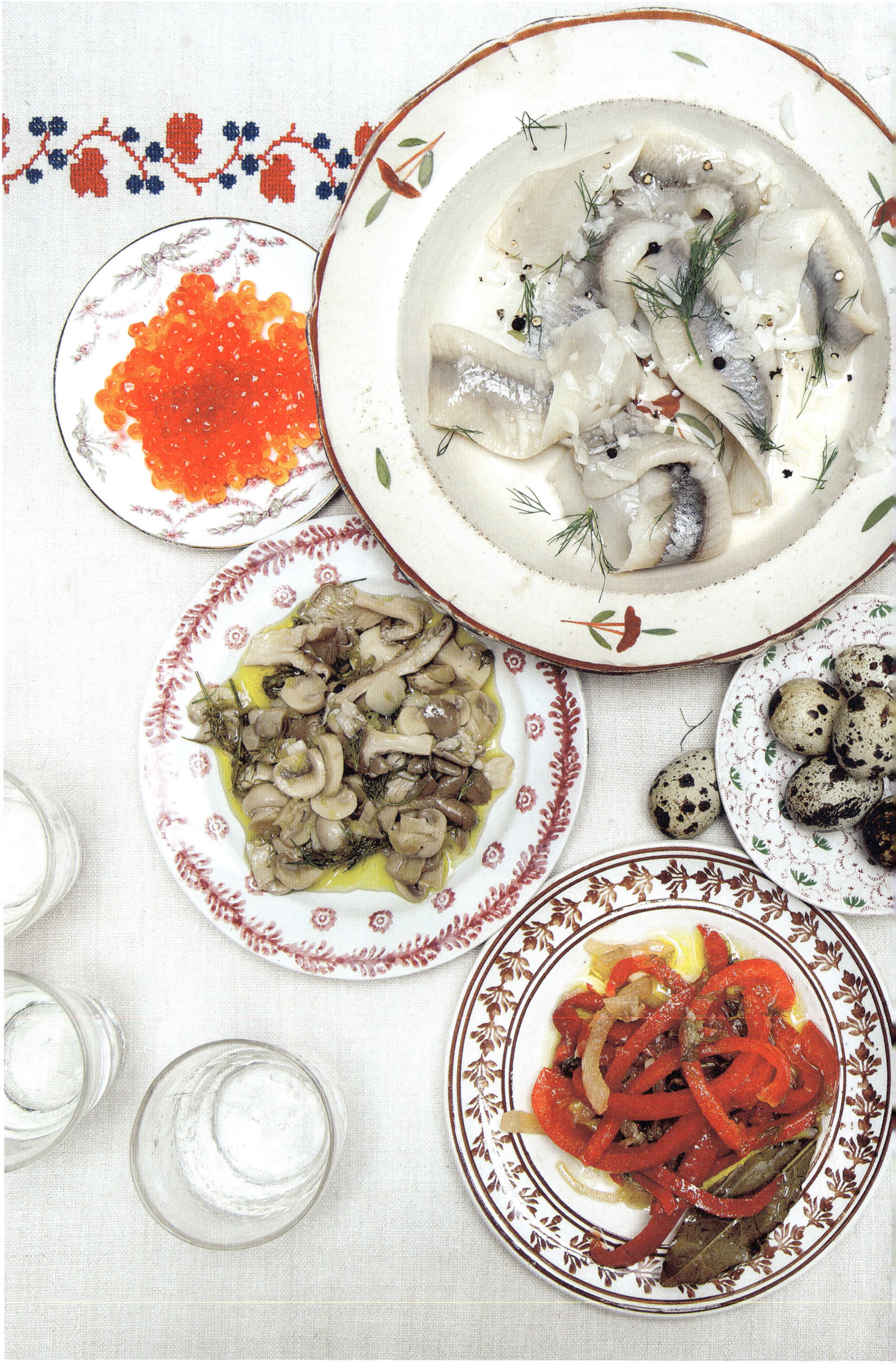

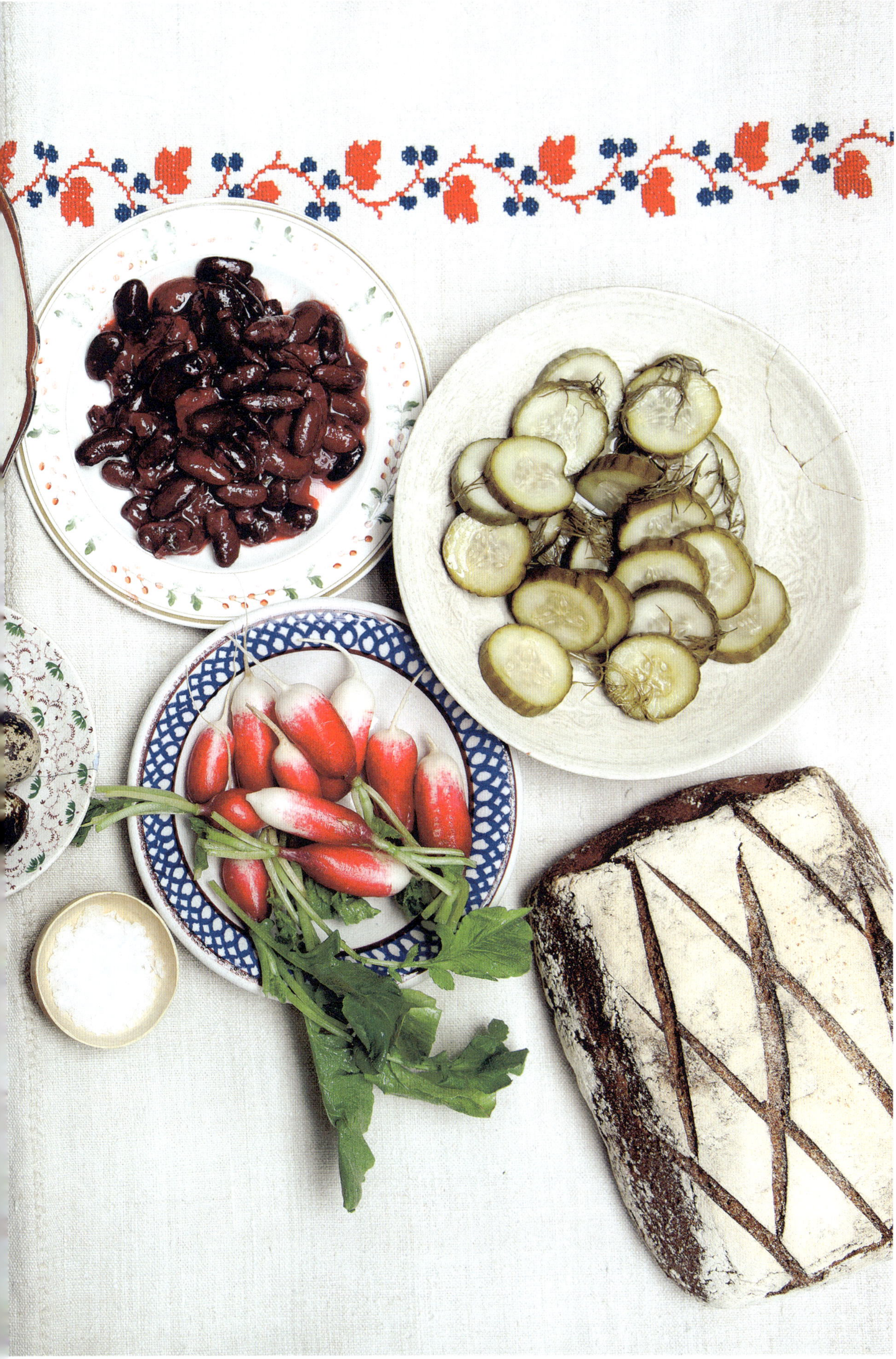

conserva da horta de verão

É lindo de se ver, com tantas cores e variedade de formas. Varie os ingredientes de acordo com o que você tiver, e deixe-o mais doce, se quiser (com mel fica bom).

2 frascos de 1 litro

4 talos de aipo (com as folhas)
6 cenouras pequenas
200 g de abobrinha italiana (pequenas)
1 cebola roxa cortada em pétalas
100 g de vagem cortada ao meio
150 g de rabanete cortado ao meio
1 pimentão vermelho fatiado
125 g de sal
200 g de tomate-cereja firme em rama
1⅓ litro de vinagre de vinho branco
125 g de açúcar cristal
1 folha de louro
8 grãos de pimenta-da-jamaica
10 grãos de pimenta-do-reino
um pedaço de macis
2 cravos
uma boa pitada de açafrão (opcional)
2 colheres (sopa) de endro picado
6 colheres (sopa) de azeite, para lacrar

1 Corte o aipo na diagonal em pedaços de 2 cm. Divida as cenouras menores ao meio e as maiores em rodelas na diagonal com 0,5 cm de espessura. Fatie as abobrinhas em rodelas. Disponha todos os vegetais em camadas junto com o sal, adicione 1⅓ litro de água, coloque um prato por cima e deixe durante uma noite.

2 No dia seguinte, lave os legumes em água fria e seque-os. Fure os tomates com um palito.

3 Coloque o vinagre, o açúcar e as especiarias em uma panela. Ferva por 5 minutos. Coloque os legumes em frascos esterilizados e quentes, acrescente o endro no decorrer, depois despeje o vinagre por cima. Junte o azeite e vede com tampas resistentes a vinagre. Dura 1 ano; mantenha na geladeira depois de aberto.

conserva italiana de pimentão

Antonio Carluccio me contou sobre os pimentões que a sua mãe fazia (essa receita é baseada naquela, só que mais picante). Ela os fritava com linguiça condimentada e alho para o jantar. Eu também faço isso, mas junto brócolis.

1 frasco de 1 litro

3 pimentões vermelhos grandes
3 pimentões amarelos grandes
600 ml de vinagre de vinho branco
60 g de açúcar cristal
20 g de sal
2 pimentas-dedo-de-moça secas
2 folhas de louro
3 dentes de alho
4 cravos
10 grãos de pimenta-do-reino
azeite, para lacrar

1 Corte os pimentões em quartos e retire as sementes. Coloque o resto dos ingredientes, exceto o azeite, junto com 300 ml de água em uma panela e leve à fervura, mexendo sempre. Reduza o fogo para apurar e adicione o pimentão. Cozinhe até ficar macio.

2 Ponha os pimentões em um frasco esterilizado. Ferva o vinagre até reduzir a 500 ml, retire o alho e despeje no frasco. Cubra com azeite e uma tampa resistente a vinagre; use em 3 meses. Mantenha na geladeira depois de aberto.

conserva agridoce de cebola

Cebolas em conserva com sabor agridoce da Sicília. Você pode usar cebolas pequenas para conserva, echalotas ou aquelas cebolas italianas achatadas e pequeninas — *cipolline* — se encontrar.

1 frasco de 1 litro
650 g de cebola para conserva
40 g de sal
450 ml de vinagre balsâmico
150 g de açúcar mascavo
1 colher (chá) de pimenta-preta
2 colheres (chá) de grão de pimenta-da-jamaica
1 canela em pau
2 pimentas-dedo-de-moça secas
50 g de uva-passa
azeite, para lacrar

1 Não descasque as cebolas ainda; branqueie-as primeiro, será muito mais fácil. Só corte a ponta de cima e de baixo, coloque as cebolas em uma tigela grande e cubra completamente com água fervente. Deixe 40 segundos, escorra e passe sob a água fria corrente. As cascas sairão com relativa facilidade.

2 Coloque as cebolas descascadas em um prato grande e raso e polvilhe o sal. Deixe por uma noite.

3 Despeje o vinagre em uma panela com 100 g do açúcar e todos os temperos e deixe ferver, mexendo um pouco para ajudar a dissolver o açúcar. Adicione as uvas-passas, reduza o fogo e cozinhe por mais 10 minutos. Deixe por mais uma noite.

4 No dia seguinte, lave as cebolas em água fria e seque-as com cuidado. Coloque o açúcar restante em uma panela de base larga (ou em uma frigideira) e aqueça gentilmente até que fique um ou dois tons mais escuro. Pouco antes de começar a borbulhar, coloque as cebolas e mexa para misturar no açúcar. Retire a cebola com uma escumadeira e transfira para um frasco esterilizado e quente. Retire a canela da mistura de vinagre com uvas-passas, aqueça-a e despeje sobre as cebolas no pote. Junte uma fina camada de azeite por cima. Vede com uma tampa resistente a vinagre e aguarde 6 semanas antes de comer. Dura 1 ano; mantenha na geladeira depois de aberta.

como usar

Sirva como parte de um seleção de antepastos (ficam especialmente bons com salame) ou com frios, patês e queijos. Você também pode usá-las como base para uma boa salada: fatie as cebolas e misture com um pouco do seu vinagre, mais azeite extravirgem, folhas de rúcula e pinholes tostados.

conserva de erva-doce

Esse sabor é mesmo muito delicado, então até quem não é muito fã de erva-doce, vai gostar. Você pode adicionar endro picado se quiser acentuar o sabor de anis, principalmente para servir com peixe.

1 frasco de 1 litro
1 colher (sopa) de sal
1 kg de bulbo pequeno de erva-doce
800 ml de vinagre de maçã
1½ colher (sopa) de mistura de pimenta-
   -preta, pimenta-branca e pimenta-rosa
100 g de açúcar cristal
raspas da casca de 1 limão orgânico
1 colher (chá) de semente de erva-doce
azeite, para lacrar

1 Encha uma panela grande com água e adicione o sal. Leve à fervura. Enquanto isso, corte as folhas da erva-doce (reserve-as), retire as folhas de fora mais duras e apare as pontas. Corte no sentido do comprimento em fatias com cerca de 2-3 mm de espessura. Escalde as fatias por 30 segundos — não mais, você precisa trabalhar rápido — e retire com uma escumadeira. Coloque em uma peneira e passe sob a água fria corrente. Seque bem.

2 Coloque todos os outros ingredientes, exceto o azeite, em uma panela e deixe ferver lentamente, mexendo para ajudar a dissolver o açúcar. Ferva por 10 minutos.

3 Coloque a erva-doce em um frasco esterilizado e quente, arrume algumas folhas de erva-doce entre as fatias. Despeje a solução de vinagre e especiarias por cima. Junte azeite o suficiente para cobrir completamente. Vede com uma tampa resistente a vinagre. Dura 1 ano; mantenha na geladeira depois de aberta.

como usar
Conserva de erva-doce é uma delícia com peixe, tanto do tipo gorduroso, como a cavalinha e o salmão, quanto com peixe branco. Eu até misturo erva-doce picada em conserva com cerefólio ou endro e maionese para fazer um molho de verão para peixes. Também fica bom com salame — especialmente aqueles com sementes de erva-doce como tempero — e porco ou leitão assado.

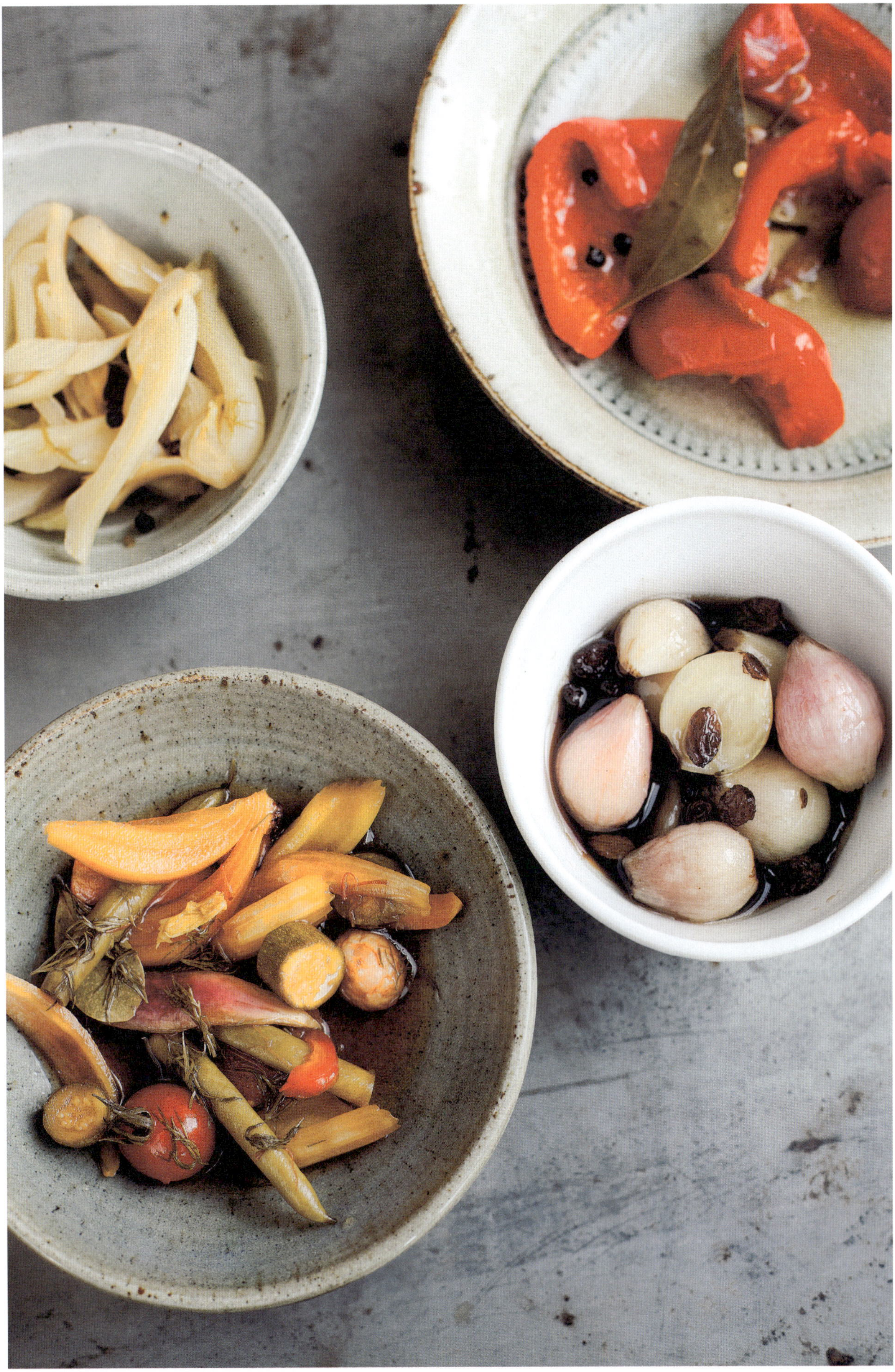

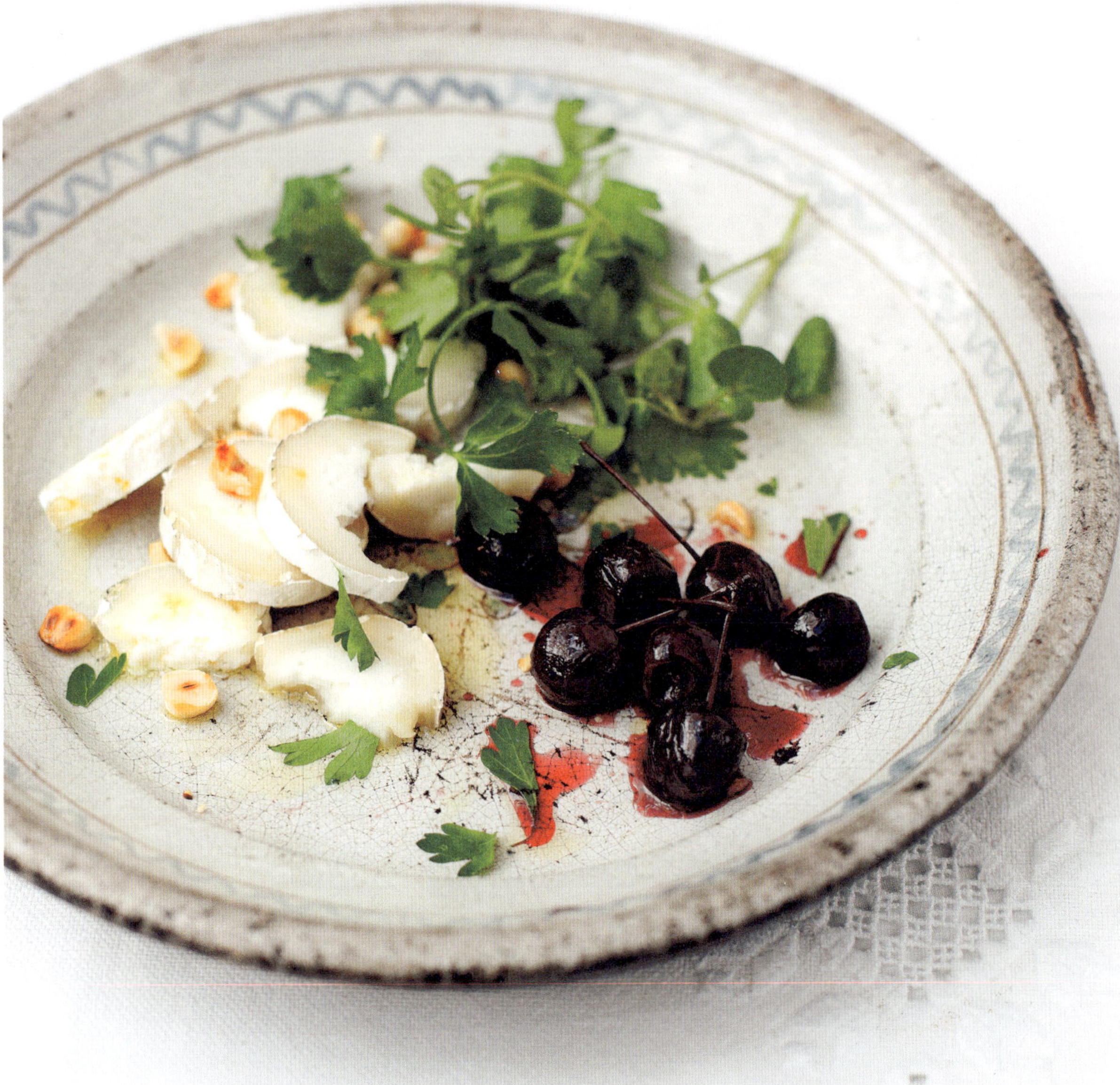

cerises au vinaigre

Provei essa receita durante a minha primeira viagem à França, quando eu tinha 15 anos, e adorei com rillettes e patês (eu não resisto à combinação de fruta e carne, qualquer que seja a cozinha). São bem fáceis de fazer, duram séculos e são muito mais baratas do que qualquer coisa que você possa comprar.

1 frasco de 1 ½ litro
600 ml de vinagre de vinho branco
900 g de açúcar cristal

1 canela em pau pequena
4 cravos
900 g cereja

1 Aqueça o vinagre com o açúcar e os temperos em uma panela, mexendo um pouco para ajudar a dissolver o açúcar.

2 Fure cada cereja com um palito (para ajudá-las a não estourar), mas deixe os cabinhos, ficam lindos. Junte-as ao vinagre doce e cozinhe por cerca de 4 minutos. Faça isso com cuidado, para não quebrar as frutas. Transfira as cerejas com uma escumadeira para um frasco esterilizado, quente e seco.

3 Retire os temperos e deixe ferver o vinagre até ficar viscoso (vai engrossar ainda mais depois de frio). Quando esfriar, despeje sobre as cerejas e vede com uma tampa resistente a vinagre. Dura 1 ano.

experimente também

PICLES DE GROSELHA

Faça como acima, com muito cuidado para escaldar as groselhas rapidamente — de 1 a 2 minutos é o suficiente. Use fatias de gengibre fresco em vez de cravo e canela. Transfira as groselhas para um frasco esterilizado com uma escumadeira e cubra. Reduza a calda de vinagre e, quando estiver fria, despeje sobre as frutas e vede (as groselhas podem se desmanchar se forem deixadas no líquido quente). Isso fica maravilhoso com queijo de cabra, quiche com queijo de cabra e cavalinha grelhada. Rende 1 frasco de 1 litro.

PICLES DE RUIBARBO

Corte um ruibarbo em pedaços de 5 cm de comprimento e faça como acima (mas você precisará de mais 200 g de açúcar, pois o ruibarbo é azedo, e fatias de gengibre fresco ficam melhores que cravo e canela). Escalde o ruibarbo brevemente e com cuidado. Eu fico de olho o tempo todo, pois ele pode ficar muito mole bem rápido. Depois siga a receita do Picles de groselhas (acima). Fica ótimo com patês, carne de porco e cavalinha. Na Dinamarca eu comi até com frango assado (e uma salada verde com molho de manteiga, um prato memorável e incomum). Rende 1 frasco de 1 litro.

PICLES DE GROSELHA-VERMELHA

Faça como na primeira receita, mas cozinhe suavemente durante cerca de 40 segundos. Depois siga a receita para o Picles de groselha. Fica lindo se você mantiver algumas groselhas-vermelhas no cacho (o que também torna tudo mais fácil). Preste atenção para não usar frutas estragadas. Rende 1 frasco de 1 litro.

conserva persa de cereja com estragão

Pode parecer estranho fazer uma conserva de frutas sem açúcar, mas as próprias cerejas já são doces. Elas também são uma deliciosa surpresa junto com o estragão.

1 frasco de 1 litro
500 ml de vinagre de vinho branco
3 colheres (sopa) de sal
12 grãos de pimenta-do-reino levemente amassados
400 g de cereja
5 raminhos de estragão

1 Aqueça o vinagre com o sal e a pimenta até ferver, depois deixe esfriar.

2 Coloque as cerejas em um frasco esterilizado com o estragão e despeje o vinagre para cobrir completamente. Vede com uma tampa resistente a vinagre. Aguarde 2 semanas antes de comer. Guarde por 1 ano.

como usar

Mantendo o tema persa, isso fica excelente com sabzhi khordan. Trata-se simplesmente de uma mistura de ervas — hortelã, coentro, salsa e estragão — servida com um pedaço de queijo feta (ou queijo-de-minas curado) e pão sírio. Também fica muito bom com uma salada de frango. Misture frango frio com agrião, amêndoas fatiadas e um molho vinagrete cremoso (feito com vinagre de estragão). Espalhe algumas das cerejas em conserva por cima.

conserva de alho

Use um alho fresco para isso, pois é mais suave. A conserva suaviza o sabor e você pode comê-lo direto do pote, como se fosse uma cebola em conserva. Eu sirvo com bebida, azeitonas e amêndoas salgadas. Deixe-o mais agridoce aumentando o açúcar ou junte uma pimenta-dedo-de-moça seca.

3 frascos de 225 g
500 g de alho fresco
200 ml de vinagre de vinho branco
50 g de açúcar granulado
6 grãos de pimenta-branca
6 grãos de pimenta-do-reino
6 folhas de louro

1 Separe os dentes de alho e descasque cada um cuidadosamente. Ao fazer isso, coloque-os em frascos esterilizados e quentes.

2 Coloque o vinagre, o açúcar, os grãos de pimenta e o louro em uma panela e leve à fervura, mexendo um pouco para ajudar a dissolver o açúcar. Ferva por 2 minutos, depois despeje sobre o alho (ele precisa ficar completamente coberto). Vede com tampas resistentes a vinagre. Dura 1 ano; mantenha na geladeira depois de aberta.

conserva dinamarquesa de ameixa seca

Meu primeiro gostinho da Escandinávia foi a comida do serviço de quarto quando cheguei a Copenhague em meio a uma tempestade de neve. Eles levaram porco assado, pepino em conserva com endro, pão de centeio e essas ameixas... eu sabia que ia passar um bom momento ali. Você pode fazer a mesma coisa com damascos secos sem caroço.

1 frasco de 1 litro
500 g de ameixa seca de boa qualidade, com caroço
chá darjeeling quente
450 ml de vinagre de vinho branco ou de maçã
350 g de açúcar mascavo
1 canela em pau
6 bagas de zimbro esmagadas
6 grãos de pimenta-do-reino
tira da casca de 1 laranja orgânica

1 Coloque as ameixas em uma panela com o chá, o suficiente para cobrir. Leve à fervura, depois abaixe o fogo para apurar e cozinhe por 10 minutos. Tire do fogo e deixe de molho durante uma noite. Escorra, reservando o caldo.

2 No dia seguinte, coloque os outros ingredientes em uma panela e aqueça suavemente, mexendo até dissolver. Adicione 250 ml do caldo de molho da ameixa seca, deixe ferver, abaixe o fogo e cozinhe por 4 minutos. Coloque as ameixas em um frasco esterilizado e quente, e despeje o líquido por cima. Vede com uma tampa resistente a vinagre. Dura 1 ano.

conserva de caqui do oriente médio

Essa receita é diferente das anteriores, pois a fruta não é cozida, e sim deixada crua e envasilhada em uma solução de vinagre. É uma receita do Oriente Médio, mas você também pode conservar fatias de caqui usando a receita de pêssego em conserva (p. 226), escaldando-os apenas por alguns instantes.

1 frasco de 1 ½ litro
1 kg de caqui não muito maduro (firme e não mole)
2 confit de limão
2 colheres (chá) de baga de cardamomo
3 colheres (chá) de semente de mostarda branca
2 colheres (chá) de grão de pimenta-do-reino
3 colheres (chá) de semente de coentro tostada
1 canela em pau dividida ao meio
700 ml de vinagre de vinho branco
1 colher (chá) de sal
200 g de açúcar cristal

1 Corte os caquis ao meio e corte cada metade — no sentido do comprimento — em fatias com cerca de 1 cm de espessura na parte mais grossa. Corte o confit de limão em pedaços. Retire as sementes das bagas de cardamomo (basta esmagá-las e abri-las com a unha, as sementes vão sair facilmente). Coloque-as em um pilão com todos os outros temperos (exceto a canela) e quebre ligeiramente.

2 Faça camadas intercalando o caqui com as especiarias em um frasco esterilizado e quente. Coloque o vinagre, o sal e o açúcar em uma panela e aqueça, mexendo para dissolver o açúcar. Despeje a mistura de vinagre quente sobre o caqui até cobrir e vede com uma tampa resistente a vinagre. Deixe descansar por 1 semana antes de usar. Dura 3 meses; mantenha na geladeira depois de aberta.

picles de nabo do oriente médio

Torshi left é um dos picles mais populares do Oriente Médio e é muito mais delicioso do que parece (eu consigo até ouvir você resmungando "hein, nabos em conserva? Ahã..."). Eles também ficam com um visual espetacular: os nabos brancos adquirem uma cor rosa com o suco de beterraba, processo que você pode ver acontecendo como uma aquarela tingindo o céu.

1 frasco de 1 ½ litro
1 kg de nabo branco pequeno
um punhado de folha de aipo
4 dentes de alho

1 fatia pequena de beterraba crua picada
300 ml de vinagre de vinho branco
90 g de sal

1 Descasque os nabos e divida-os ao meio ou em quatro (ou deixe-os bem pequenos, inteiros). Coloque-os em um frasco esterilizado com as folhas de aipo e o alho, distribuindo a beterraba entre eles.

2 Misture o vinagre e o sal em uma vasilha até que o sal se dissolva. Adicione 1 litro de água e despeje sobre os nabos. Vede com uma tampa resistente a vinagre e deixe em um lugar quente (um peitoril de janela é um bom lugar). Aguarde cerca de 10 dias. Dura 6 semanas; mantenha na geladeira.

picles misto do oriente médio

Este aqui, *torshi meshakel*, pode ser comido antes de uma refeição ou consumido como parte de uma seleção de antepastos árabes. Você pode adaptar a receita, deixando-o menos picante ou juntar açafrão ou harissa.

3 frascos de 1 litro
7½ colheres (sopa) de sal
450 ml de vinagre de vinho branco
1 couve-flor pequena separada em floretes
250 g de cenoura fina, pequena e nova
1 cebola roxa cortada em pétalas
100 g de pepino pequeno para conserva cortado em rodelas de 2 cm
6 dentes de alho cortados em quatro no sentido do comprimento
2 pimentas-dedo-de-moça cortadas em rodelas
2 pimentas verdes cortadas em rodelas
1 pimentão vermelho pequeno cortado ao meio, sem semente e fatiado
40 g de vagem, a parte de cima aparada
3 colheres (chá) de semente de endro
9 ramos de endro
12 grãos de pimenta-do-reino

1 Aqueça 1½ litro de água com o sal para dissolver. Deixe esfriar. Junte o vinagre.

2 Lave e prepare todos os legumes, depois arrume-os em frascos esterilizados com as sementes, as folhas de endro e os grãos de pimenta-do-reino. Despeje a solução de vinagre por cima (faça mais, se não for o suficiente para cobrir).

3 Vede com tampas resistentes a vinagre e deixe em um lugar quente por umas 2 semanas, quando então os picles estarão prontos para comer. Dura 2 meses; mantenha na geladeira.

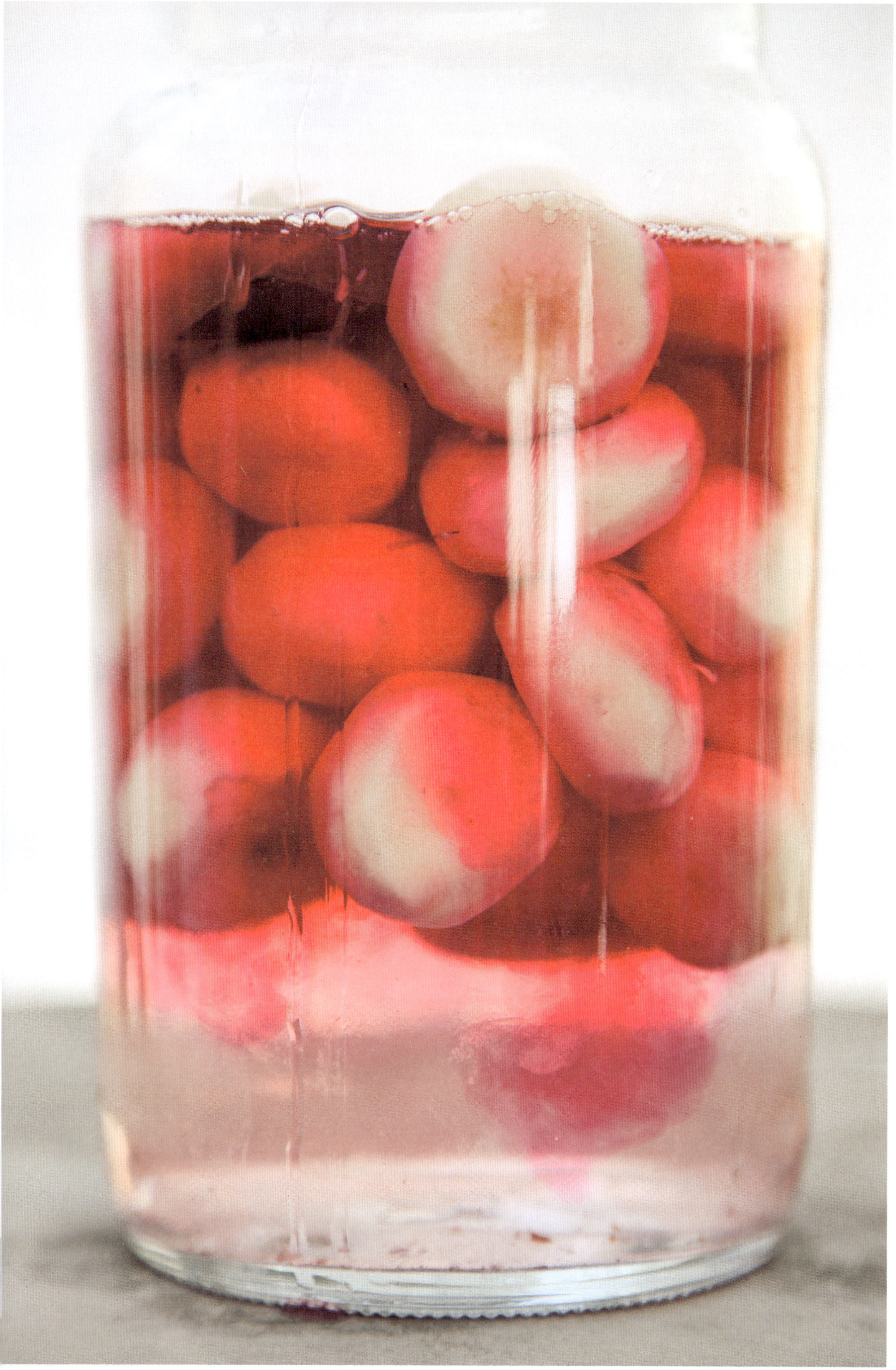

geleia de berinjela, cardamomo e romã

Você, de fato, encontra geleia de berinjela no Oriente Médio, mas ela é mesmo doce, e não um chutney agridoce (o sabor das berinjelas lembra um pouco banana)... mas isso me fez pensar. Eu queria um relish de berinjela — leve, não muito espesso — com o sabor do Oriente Médio. Aqui está o resultado. Faço em quantidades pequenas (apenas um ou dois potes) e recorro a ele quando quero uma solução rápida para dar um toque das arábias. Fica bom como parte de uma seleção de mezze, misturado com todo tipo de outros sabores (fica gostoso junto com coisas de sabor suave, como feijão e lentilha). Você pode juntar coentro ou hortelã antes de servir e polvilhar sementes de romã frescas por cima.

2 frascos de 225 g

500 g de berinjela (cerca de 2 grandes)
4 colheres (sopa) de azeite
200 g de tomate picado
2 pimentas-dedo-de-moça sem semente e picada
semente de cerca de 15 bagas de cardamomo esmagada
1½ colher (chá) de gengibre em pó
1 colher (chá) de canela em pó
suco de 1 limão-siciliano
50 ml de vinagre de xerez
35 ml de melaço de romã
200 g de açúcar mascavo

1 Retire o chapéu das berinjelas e corte a polpa em cubos com cerca de 1,5 cm. Aqueça o azeite em uma frigideira e refogue as berinjelas em lotes até dourarem. Reduza o fogo e acrescente todos os outros ingredientes. Cozinhe em fogo brando, mexendo um pouco para ajudar a dissolver o açúcar. Continue a cozinhar até a mistura ficar macia e espessa, como uma geleia fluida.

2 Envasilhe em frascos esterilizados e quentes, cubra com um pedaço de papel-manteiga e vede com tampas resistentes a vinagre. Essa geleia tem pouco vinagre, portanto, assim que os frascos esfriarem, mantenha na geladeira e consuma em até 1 semana.

como usar

Como a inspiração veio do Oriente Médio, esse geleia fica melhor se usada com pratos cujas raízes também venham de lá. Sirva com um pernil de cordeiro assado com especiarias ou almôndegas de cordeiro, com pão sírio e iogurte (a doçura desse relish fica perfeita com a acidez do iogurte natural), ou com labneh (queijo de iogurte, p. 98). Rende um ótimo sanduíche combinado com cordeiro assado frio ou linguiças merguez quentes.

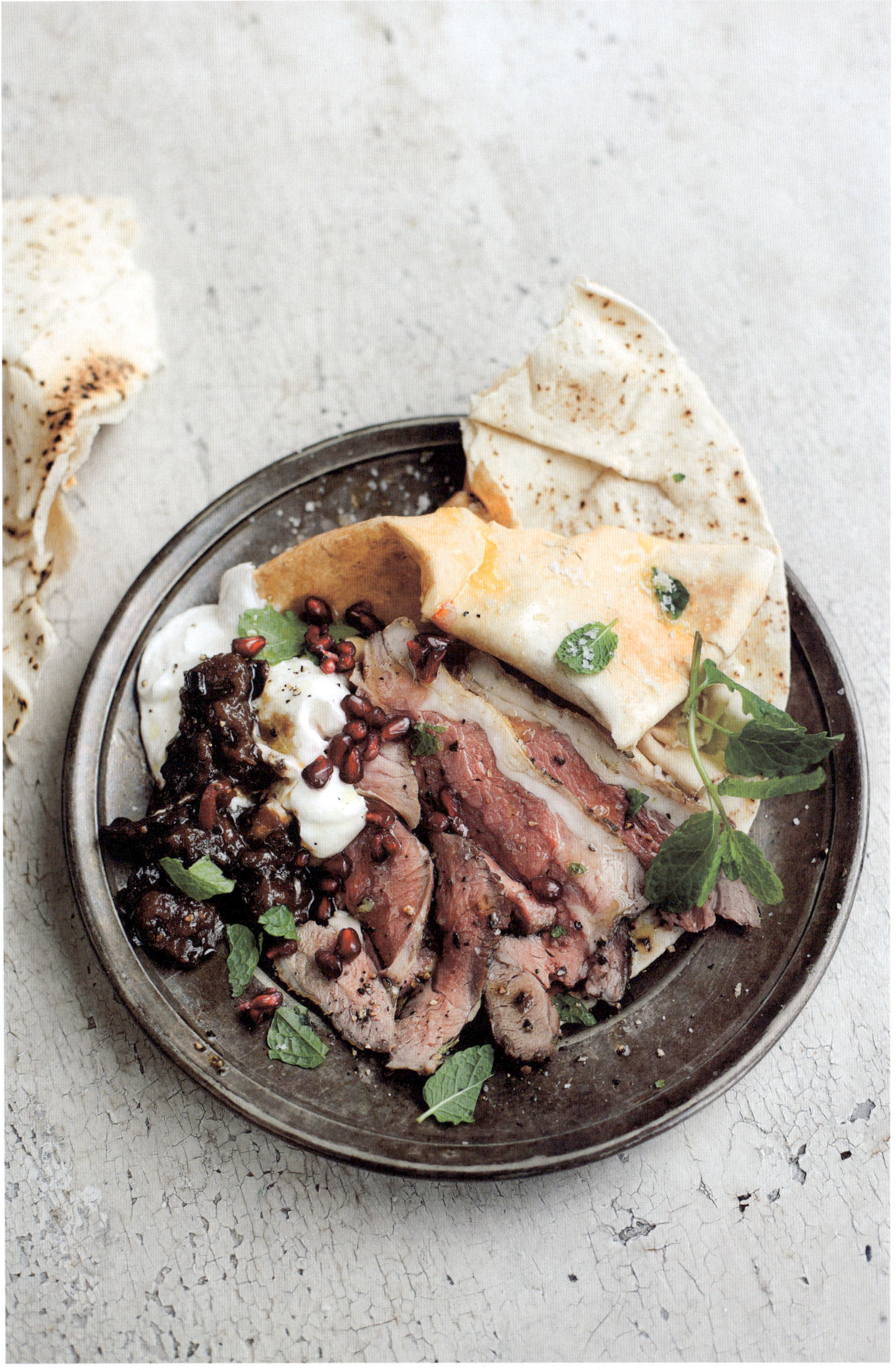

conserva de berinjela do oriente médio

Um prato dessa receita — parecem minipantufas roxas recheadas — é uma delícia. Existem várias versões pela Grécia e em partes do Oriente Médio (às vezes as berinjelas são amarradas com tiras de aipo para mantê-las inteiras), mas essa versão não é muito trabalhosa. Não é tão fácil encontrar miniberinjelas, procure em supermecados, sacolões e feiras. Para torná-las mais agridoces, aumente a quantidade de mel na solução de vinagre.

1 frasco de 1 litro
500 g de miniberinjela
350 ml de vinagre de vinho branco
1 colher (sopa) de sal marinho
5 grãos de pimenta-da-jamaica
8 grãos de pimenta-do-reino
½ canela em pau
2 colheres (sopa) de mel
3 pimentas-dedo-de-moça frescas cortadas ao meio longitudinalmente

PARA O RECHEIO
3 dentes de alho bem picados
35 g de nozes picadas grosseiramente
1 pimenta-dedo-de-moça sem semente e bem picada
1 cenoura descascada e ralada grosso
1 colher (sopa) de salsa picada
1 colher (sopa) de folha de hortelã picada
sal
pimenta-do-reino moída na hora
½ colher (sopa) de azeite e mais para lacrar

1 Lave as berinjelas e corte os chapéus se eles forem muito compridos. Faça um corte longitudinal em cada berinjela para abri-las de lado, como um bolso. Cozinhe-as no vapor por 5 minutos, até amaciarem. Retire-as com cuidado e seque delicadamente com papel-toalha (seque por dentro e por fora).

2 Para fazer o vinagre temperado, coloque em uma panela 225 ml de água, o vinagre, o sal, os grãos das pimentas, a canela e o mel. Leve à fervura, reduza o fogo e cozinhe por 5 minutos. Deixe esfriar.

3 Para o recheio, amasse o alho e metade das nozes em um pilão. Misture isso com o resto dos ingredientes, dando liga com o azeite. Recheie as berinjelas com a mistura, depois arrume-as em um frasco esterilizado e quente, espalhando as pimentas-dedo-de-moça cortadas ao meio. Despeje o vinagre temperado por cima — que deve cobrir quase tudo — e depois encha o pote até a boca com azeite. Vede com uma tampa resistente a vinagre.

4 Guarde na geladeira. Elas duram bem lá por 1 semana, mas você pode comê-las depois de alguns dias.

como usar

Sirva como parte de uma seleção de mezze. Ela impressiona tanto que você pode oferecer coisas mais prosaicas ao lado — como homus, feta, coalhada seca e azeitonas.

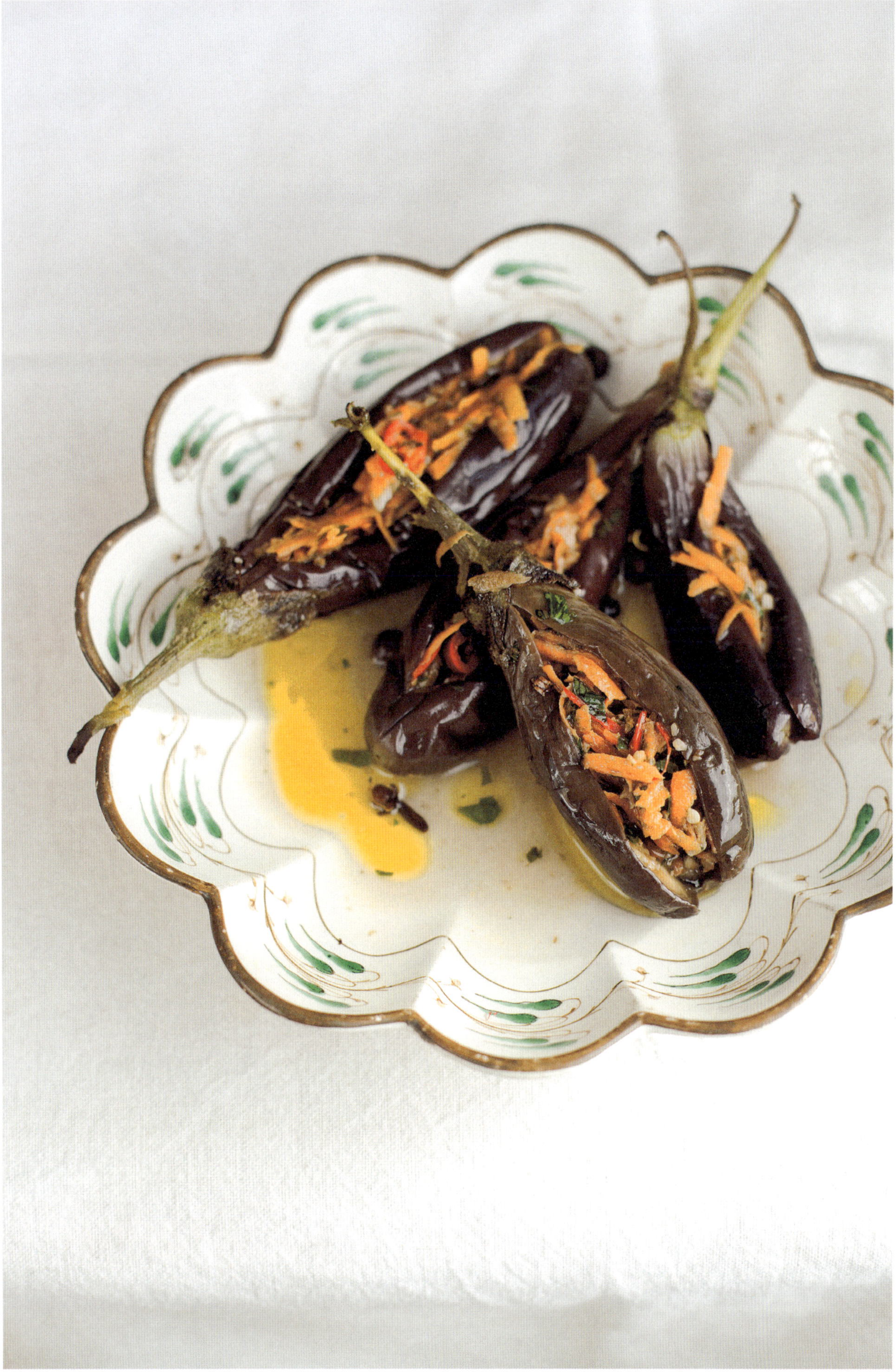

relish de cenoura e coentro

Resultado de uma memória de gosto. Provei um relish delicioso em uma festa em uma cidadezinha e tentei voltar lá para pedir a receita... mas a vendedora tinha ido embora e me restou só um lindo pote e nenhuma ideia de como reproduzi-lo. Mas minha receita está quase lá. É bem fresco e nada parecido com um chutney escuro.

2 frascos de 500 g

500 g de cenoura ralada grosso
3 cm² de gengibre fresco bem picado
1 colher (chá) de semente de mostarda
1 pimenta-dedo-de-moça sem semente e em fatias finas
1 colher (sopa) de semente de coentro tostada e moída
raspas da casca e suco de 1 limão
50 ml de suco de maçã
uma boa pitada de sal
8 dentes de alho picados
150 ml de vinagre de maçã
175 g de açúcar mascavo
10 g de folha de coentro picada (opcional)

1 Misture tudo, exceto as folhas de coentro, em uma panela. Leve à fervura lentamente, mexendo para ajudar a dissolver o açúcar, depois reduza o fogo para apurar e cozinhe por 10 minutos, até a cenoura ficar mole. Aumente um pouco o fogo e deixe cozinhar por 15 minutos, até obter uma mistura macia, em que as cenouras pareçam quase cristalizadas e o líquido tenha reduzido bastante. Mexa para se certificar de que não grudou na panela.

2 Retire do fogo e acrescente o coentro, se for usar (se sim, consuma em 5 dias). Envasilhe em frascos esterilizados e quentes, cubra com um pedaço de papel-manteiga e vede com tampas resistentes a vinagre. Guarde por 3 meses, mas mantenha na geladeira depois de aberto e use em 5 dias. Se você envasilhar sem coentro, misture a erva antes de servir.

chutney de coco e coentro

Tão irresistível que eu como de colher direto do pote (maus modos, eu sei). Tem todos aqueles sabores que todo mundo tanto adora na comida indiana.

1 frasco de 225 g

½ colher (chá) de semente de cominho
50 g de folha de coentro
100 g de leite de coco ou coco fresco ralado
2 pimentas verdes sem semente e picadas
3 dentes de alho picados
2½ cm² de gengibre fresco picado
raspas da casca de 1 limão e suco de 2
sal
3 colheres (chá) de açúcar refinado, para uma versão doce (ou a gosto)

1 Coloque as sementes de cominho em uma panela e toste-as até ficarem perfumadas (cerca de 40 segundos). Coloque tudo, exceto o açúcar, em um processador de alimentos e bata até formar uma pasta. Para uma versão doce, bata novamente com o açúcar.

2 Transfira para um frasco esterilizado (se você for comer no mesmo dia, pode colocá-lo em uma tigela e cobrir com filme plástico). É delicioso fresco, mas pode ser armazenado por 4 dias na geladeira.

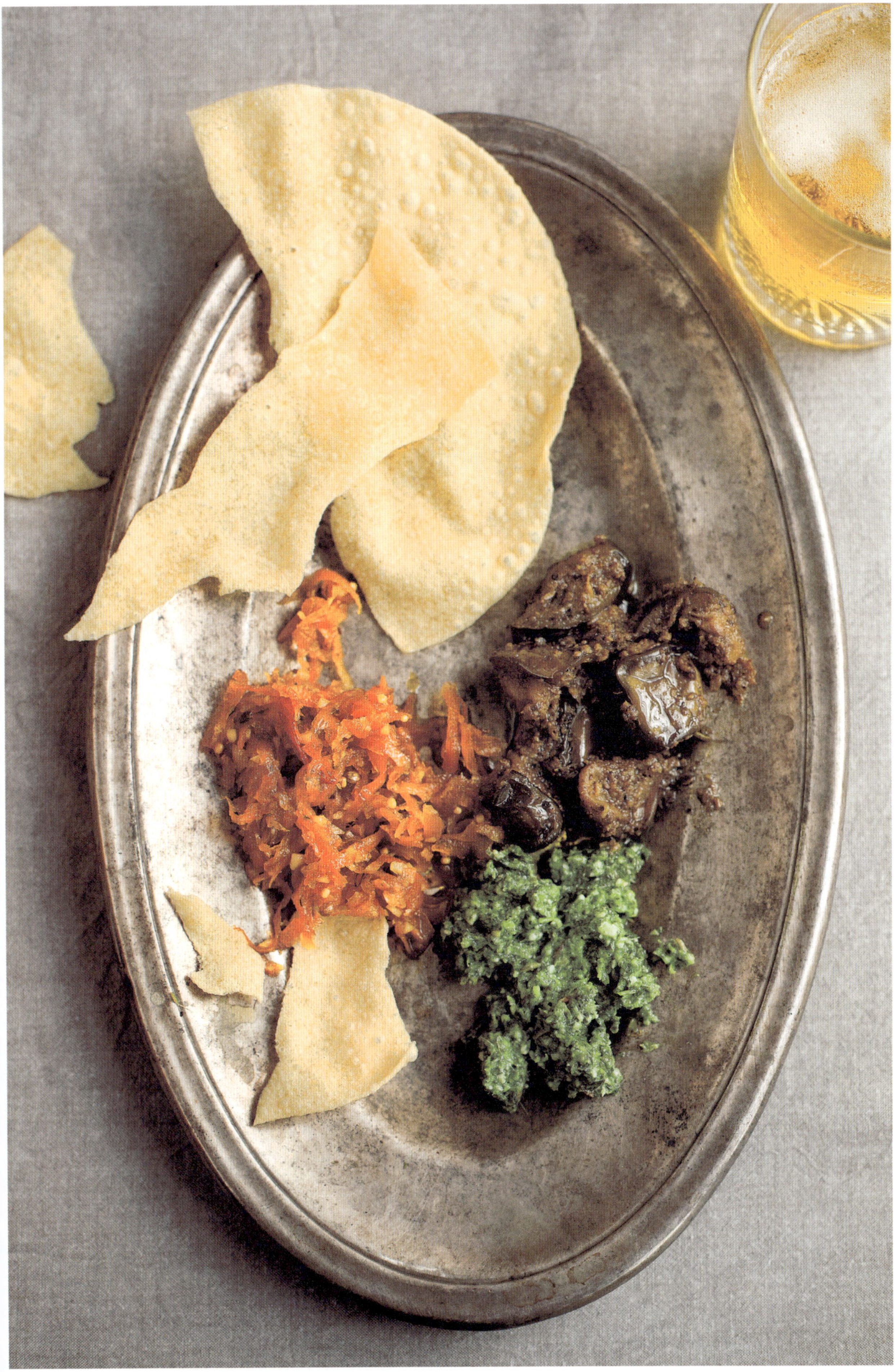

picles de berinjela do geeta

Esses picles são complexos e têm um sabor quase de carne, nada parecido com os chutneys doces comerciais de berinjela que você pode comprar por aí. É uma receita de Geeta Dhingra, de Déli. Assim como a Conserva de limão da Roopa, ao lado, e o Achar de abóbora (p. 253), esse é um picles indiano à base de óleo. Prove-o depois de vários meses, e você ficará surpreso com sua mudança e desenvolvimento.

3 frascos de 225 g

- 2 berinjelas em cubos de 1 cm
- 2 colheres (sopa) de sal
- 1 colher (chá) de semente de mostarda
- 1 colher (chá) de semente de erva-doce
- 1 colher (chá) de semente de cominho
- uma pitada de semente de feno-grego
- ¾ de colher (chá) de cúrcuma
- 1 colher (chá) de pimenta em pó
- 150 ml de óleo vegetal e mais para lacrar
- 6 dentes de alho amassados
- 5 cm de gengibre fresco ralado fino
- 100 ml de vinagre de maçã ou de malte
- 2 colheres (sopa) de pasta de tamarindo
- 2 colheres (sopa) de açúcar refinado
- um punhado de folhas de curry frescas ou secas

1 Coloque as berinjelas em uma tigela grande e, com as mãos, misture-as com o sal. Deixe descansar por uma noite.

2 No dia seguinte, aqueça uma frigideira pesada e toste as sementes de mostarda, de erva-doce, de cominho e de feno-grego por 30 segundos ou até você sentir o perfume delas. Usando um pilão, moa até formar um pó e misture com o cúrcuma e a pimenta em pó.

3 Escorra e descarte o líquido das berinjelas. Esprema pequenos punhados de pedaços de berinjela para extrair o máximo de umidade possível.

4 Aqueça o óleo em uma frigideira grande ou em um wok. Frite as berinjelas em fogo médio, de 3 a 4 minutos, até ficarem bonitas e douradas. Escorra em papel-toalha.

5 Junte o alho, o gengibre e o vinagre ao óleo na mesma panela e frite durante cerca de 5 minutos, até a maior parte do vinagre evaporar. Reduza o fogo e misture as especiarias moídas, seguidas do tamarindo, do açúcar e das folhas de curry.

6 Volte as berinjelas à panela, mexa bem para misturar tudo e transfira o picles para frascos esterilizados. Deixe esfriar completamente. Despeje uma camada de 1 cm de óleo sobre as berinjelas, de modo que a conserva fique completamente submersa, e vede com tampas resistentes a vinagre. O sabor fica melhor se deixado amadurecer de 3 a 4 dias antes de comer. Dura 6 meses.

conserva de limão da roopa

Essa é da minha amiga Roopa Gulati, uma cozinheira indiana maravilhosa. É feita à maneira antiga, deixada cozinhar ao sol quente (mas, quando ela está na Inglaterra, Roopa também usa o micro-ondas para ajudá-la).

1 frasco de 500 g
500 g de limão
10 dentes de alho bem grandes descascados
1 colher (chá) de pimenta em pó
125 g de sal grosso

PARA O REFOGADO
1 colher (chá) de semente de mostarda
¼ de colher (chá) de semente de feno-grego
1 anis-estrelado
1 colher (chá) de páprica
75 ml de óleo vegetal, e mais um pouco se necessário
5 cm de gengibre fresco bem picado
3 pimentas verdes sem semente e picadas
50 ml de vinagre de maçã
3 colheres (sopa) de açúcar refinado

1 Faça um corte em cruz na base de cada limão que atravesse três quartos do seu comprimento (se você preferir uma conserva em pedaços menores, pode cortar os limões até o fim). Esmague o alho até obter uma pasta e misture com a pimenta em pó e o sal. Usando uma colher de chá, coloque a mistura de alho picante sobre os cortes feitos nos limões. Coloque os limões e qualquer sobra da mistura em uma tigela e ponha para cozinhar em potência alta no micro-ondas por cerca de 4½ minutos ou até que as peles fiquem macias.

2 Transfira os limões para um frasco esterilizado e deixe esfriar. Vede com uma tampa resistente a vinagre e deixe em um lugar quente por cerca de 2 semanas (o parapeito da janela durante o verão ou em um guarda-roupa durante os meses mais frios, são ambos ideais). Dê uma boa sacudida no pote todos os dias.

3 O sal vai extrair um pouco do suco do limão e as cascas ficarão mais moles. Jogue os limões em uma peneira e guarde todo o suco em uma tigela. Reserve enquanto você prepara o refogado condimentado.

4 Aqueça uma frigideira de fundo grosso em fogo médio e toste as sementes de mostarda, de feno-grego e o anis-estrelado por cerca de 40 segundos, mexendo sem parar. Quando elas escurecerem e exalarem seus aromas, jogue-as em um pilão e triture-as até ficar um pó. Acrescente a páprica e reserve.

5 Em uma panela, aqueça o óleo e frite o gengibre e a pimenta verde de 2 a 3 minutos. Junte as especiarias moídas, seguidas do vinagre, açúcar e o suco dos limões que estava separado. Cozinhe por 2 minutos e em seguida coloque os limões na panela. Mexa bem para misturar tudo e deixe esfriar.

6 Envasilhe em um frasco esterilizado. Empurre os limões para baixo para ficarem completamente embebidos no óleo. Junte um pouco mais de óleo, se necessário (os limões têm de ficar cobertos). Vede com uma tampa resistente a vinagre e aguarde de 3 a 4 dias antes de comer. Dura 6 meses.

chutney de amendoim e hortelã

Receita da sogra da minha amiga Roopa Gulati. É costume, na Índia, as sogras darem suas receitas de picles e chutneys para as noras (isso garante que elas continuarão a ser feitas), portanto Roopa herdou várias.

Esse é um chutney fresco, picante, adocicado e perfumado. Você também pode fazer uma variação com coco fresco ralado ou trocar o amendoim por castanha-de-caju ou amêndoas.

1 frasco de 225 g
100 g de amendoim sem pele
2 pimentas verdes sem semente e picadas
4 cm² de gengibre fresco picado

suco de 2 limões
1½ colher (chá) de açúcar refinado ou a gosto
50 g de folha de hortelã picada

1 Preaqueça o forno a 170°C. Coloque os amendoins em uma assadeira e asse até ficarem cor caramelo-clara, cerca de 10 a 15 minutos. Deixe esfriar.

2 Coloque a pimenta, o gengibre, o suco de limão e o açúcar em um processador de alimentos e pulse para misturar. Adicione o amendoim e a hortelã e bata novamente, juntando algumas colheres de água se precisar, até obter uma pasta grossa.

3 Transfira para um frasco esterilizado e vede com uma tampa resistente a vinagre (se for comer no mesmo dia, você pode colocá-lo em uma tigela e cobrir com filme de PVC). Esse chutney é exuberante enquanto fresco, mas pode ser armazenado por 5 dias na geladeira.

como usar

Perfeito com paparis, um tipo de pão chato crocante, mas eu gosto especialmente com cordeiro assado (o que me faz muito britânica, eu sei). Deixe marinar um pernil de cordeiro em uma mistura de iogurte, suco de limão, pimenta-de-caiena e um monte de alho esmagado por 24 horas (faça pequenos cortes por toda a carne para que a marinada possa realmente penetrar). Retire o cordeiro da marinada, sacuda o excesso, depois asse e sirva com este chutney e arroz. Uma deliciosa alternativa ao assado clássico de domingo...

achar de abóbora

O achar é uma espécie de picles indiano cuja conserva é feita com óleo aromático. Ele era completamente desconhecido para mim até eu começar a trabalhar neste livro, e foi uma das descobertas mais deliciosas. Essa receita é uma adaptação de uma que eu vi sendo feita na série de televisão *River cottage* por Pam Corbin, a especialista local em geleias, chutneys e picles. Você precisa de cerca de 100 ml de suco de limão; esses limões variam muito na quantidade de suco que possuem.

2 frascos de 700 g

- 750 g de abóbora-moranga ou japonesa
- 1 cebola grande picada
- 25 g de gengibre fresco
- 2 pimentas-dedo-de-moça cortadas ao meio sem semente e fatiadas
- 6 dentes de alho
- 200 ml de óleo de girassol e mais, se necessário
- 1 colher (sopa) de cúrcuma
- 3 colheres (chá) de mostarda em pó
- 3 colheres (chá) de semente de mostarda amarela
- 2 colheres (chá) de grão de pimenta-do-reino levemente esmagado
- raspas da casca de 4 limões e suco de 6 a 8 (leia a introdução da receita)
- 225 ml de vinagre de maçã
- 300 g de açúcar granulado
- 1 colher (sopa) de sal

1 Descasque a abóbora, retire as sementes e corte a polpa em pedaços de 1½ cm. Reserve.

2 Coloque a cebola, o gengibre, a pimenta-dedo-de-moça, o alho e 150 ml do óleo em um processador de alimentos e bata. Aqueça o restante do óleo em uma frigideira e acrescente o purê de cebola. Cozinhe suavemente durante 10 minutos, depois junte o cúrcuma, a mostarda em pó, a semente de mostarda e os grãos de pimenta-do-reino. Cozinhe por mais 5 minutos, prestando atenção e mexendo de vez em quando para evitar que a mistura grude e queime.

3 Junte as raspas e o suco de limão, o vinagre, o açúcar e o sal. Continue a cozinhar em fogo brando, mexendo um pouco para ajudar a dissolver o açúcar. Retire do fogo e deixe esfriar.

4 Prepare uma panela de água fervente e mergulhe a abóbora. Volte à fervura e, quando tiver fervido por 1½ minuto, retire e escorra a abóbora, passe sob a água fria e seque com um pano de prato limpo. Misture com o molho condimentado e deixe ferver.

5 Envasilhe em frascos quentes esterilizados e agite-os para se certificar de que não há bolhas de ar. O molho deve ficar por cima da abóbora. Se isso não acontecer, junte uma camada fina de óleo. Vede imediatamente com tampas resistentes a vinagre. Dura 1 mês; mantenha na geladeira depois de aberto.

como usar

Você pode comer com curry ou com qualquer outra comida indiana, mas eu também gosto com algumas coxas de frango assado levemente temperadas. Deixe as coxas marinarem em uma mistura de iogurte, alho esmagado, pimenta-dedo-de-moça picada ou pimenta-de-caiena, suco de limão e sal, depois asse por 40 minutos. Fica bom também com um frango assado simples ou carne de porco assada.

chutney de manga muito picante

O chutney de manga é provavelmente aquele que comemos com mais frequência junto com curry. A versão apresentada aqui é mais picante que o chutney de manga normal e tem um sabor mais vivo (reduza a quantidade de pimenta, se preferir, embora o gengibre também dê um bom ardido). Se eu acho que ele vai ser consumido rapidamente, faço uma quantidade pequena e junto folhas de coentro picadas no final, junto com o limão. Fica delicioso.

3 frascos de 225 g
350 g de cebola bem picada
400 ml de vinagre de malte branco
3 pimentas-dedo-de-moça sem semente e picadas
3 pimentas verdes sem semente e picadas
1½ colher (chá) de semente de mostarda preta

1½ kg de manga descascada, sem caroço e fatiada
250 g de maçã verde descascada, sem caroço e picada
450 g de açúcar cristal
2 colheres (chá) de gengibre em pó
½ colher (chá) de pimenta-da-jamaica
½ colher (chá) de cravo em pó
raspas e suco de 2 limões

1 Coloque a cebola em uma panela grande com o vinagre e as pimentas frescas e cozinhe por 10 minutos, até as cebolas ficarem quase macias.

2 Toste as sementes de mostarda em uma frigideira seca até elas começarem a estourar. Junte as sementes de mostarda, as mangas e as maçãs à cebola na panela e cozinhe por cerca de 15 minutos, até as frutas ficarem macias.

3 Adicione o açúcar, o gengibre, a pimenta-da-jamaica, o cravo e as raspas de limão e leve à fervura lentamente, mexendo sempre para ajudar a dissolver o açúcar. Reduza o fogo e deixe apurar até a mistura ficar espessa como uma geleia, mexendo de vez em quando para não deixar queimar no fundo. Junte o suco de limão e misture bem (isso só dá um toque de frescor no final).

4 Enquanto ainda estiver quente, envasilhe o chutney em frascos esterilizados, quentes e secos, cubra com um pedaço de papel-manteiga e vede com tampas resistentes a vinagre. Dura 1 ano.

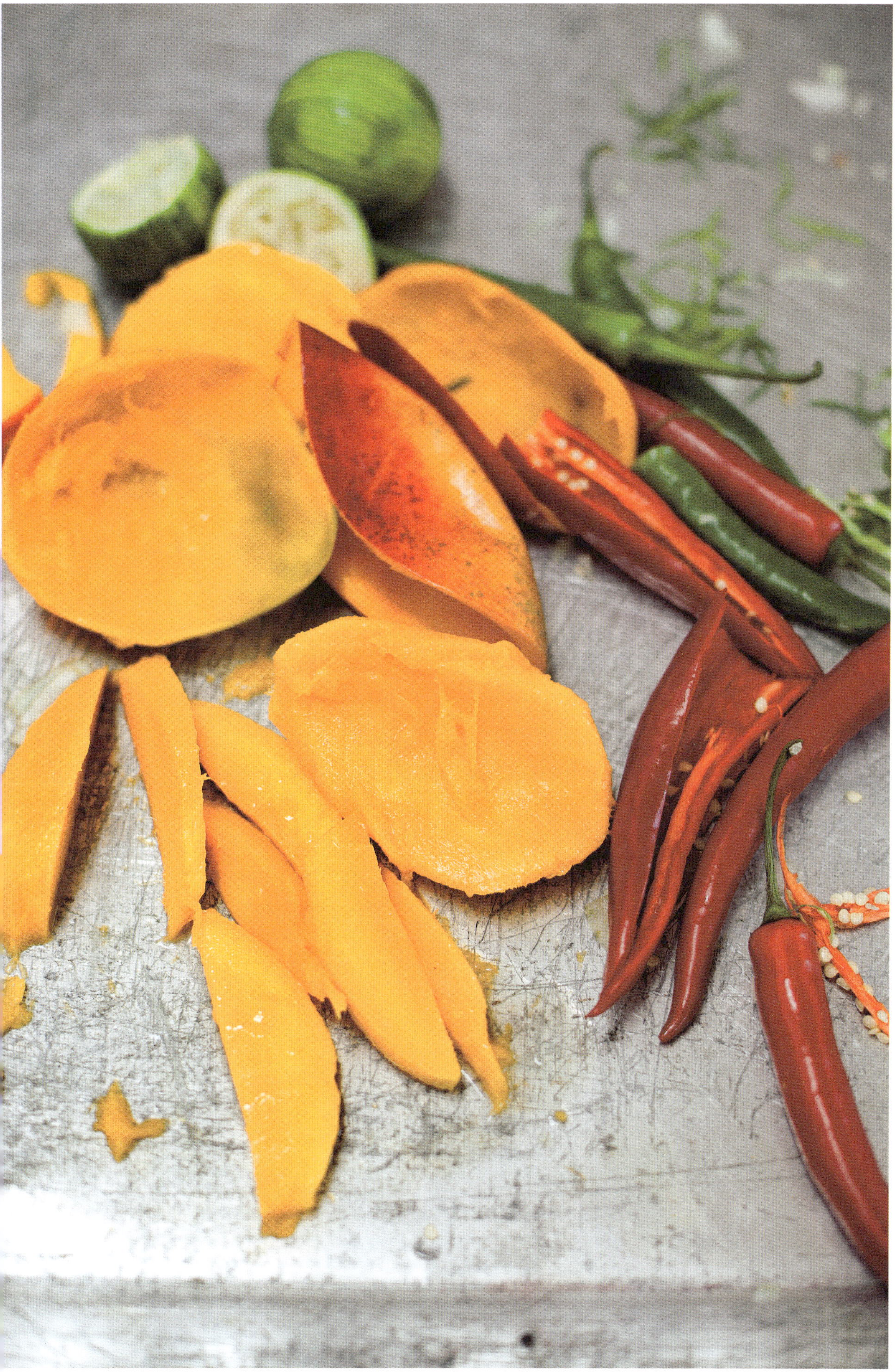

conserva de limão doce e picante

Use essa conserva com curry ou coloque algumas fatias sobre um filé de peixe ou de frango e leve para assar.

2 frascos de 500 g

1½ kg de limão
175 g de sal grosso
semente moída de 1½ colher (chá) de baga de cardamomo
2 colheres (chá) de semente de cominho
6 cravos
4 pimentas-dedo-de-moça secas
1 colher (chá) de cúrcuma
75 g de gengibre fresco, descascado e bem picado
700 g de açúcar cristal branco ou mascavo

1 Coloque os limões em uma tigela e cubra com água fria. Deixe de molho por uma noite e depois escorra. Corte fora a parte superior e inferior de cada limão e descarte. Corte os limões em fatias com cerca de 3 mm de espessura. Disponha-os em camadas em uma tigela, polvilhando sal no decorrer. Cubra com um pano de prato e deixe por uma noite.

2 No dia seguinte, coe os limões. Coloque o líquido em uma panela com as especiarias e o açúcar, leve à fervura lentamente, mexendo para ajudar a dissolvê-lo e cozinhe por 1 minuto. Deixe esfriar.

3 Adicione os limões, misture-os ao líquido temperado, volte a ferver, reduza o fogo e cozinhe por 2 minutos. Envasilhe em frascos esterilizados e vede com tampas resistentes a vinagre. Deixe em local ensolarado de 4 a 5 dias antes de guardar. Os limões estarão prontos em 4 semanas. Dura 1 ano.

confit de limão

Ao ler sobre confit de limão no livro *Entre dois palácios*, do escritor egípcio Naguib Mafouz, fiquei com água na boca. Mafouz descreve-os no café da manhã com queijo, pimentão, ovos cozidos e pão sírio quente. Os meus são macios e suaves, mas salgados, e combinam muito bem com comidas de sabor neutro.

1 frasco de 1 litro

6 limões-sicilianos orgânicos (os menores são melhores), mais 3-4 para o suco
100 g de sal grosso
1 colher (chá) de semente de coentro
1 colher (chá) de grão de pimenta-do-reino
3 folhas de louro
azeite, para lacrar

1 Lave os limões muito bem e faça um corte em cruz em cada um longitudinalmente, separando-os em quatro; não corte até o fim, os limões devem ficar abertos como flores.

2 Pegue cada limão e, segurando-o semiaberto, coloque cerca de 2 colheres (chá) de sal dentro dele. Aperte-o para fechá-lo e coloque-o em um frasco esterilizado. Faça isso com todos os limões, depois coloque um peso — como uma pedra esterilizada — por cima e deixe em algum local quente por alguns dias enquanto sai o caldo.

3 Retire o peso e acrescente as sementes de coentro, a pimenta e o louro. Esprema suco de limão fresco até cobrir completamente, depois despeje uma camada de azeite. A fruta deve ficar coberta. Vede com uma tampa resistente a vinagre. Eles estarão prontos para usar em 1 mês. Dura 1 ano.

picles de manga e semente de mostarda

Uma versão estilosa especial do picles indiano conhecido como "picles no óleo" (embora minha versão seja bastante britânica). O óleo é um conservante e também um meio para o sabor. Eu gosto de um pouco de doçura, mas, para uma versão totalmente salgada, deixe o açúcar de fora. Fica fantástico com presunto cozido ou cavalinha grelhada condimentada. Ninguém come só uma colherzinha, mas sim grandes colheradas, como se fosse uma salada.

3 frascos de 500 g

2 mangas verdes firmes
raspas da casca e suco de 2 limões
200 g de gengibre fresco ralado
15 dentes de alho amassados
2½ colheres (sopa) de semente de mostarda preta
225 ml de óleo de girassol e mais um pouco para lacrar
2 colheres (chá) de mostarda forte (eu uso mostarda com grãos)
2 pimentas verdes sem semente e cortadas ao meio em fatias bem finas
2 pimentas-dedo-de-moça sem semente e cortadas ao meio em fatias bem finas
1 colher (chá) de sal
pimenta-do-reino moída na hora
1-2 colheres (sopa) de açúcar refinado (opcional)

1 Descasque as mangas e retire cuidadosamente a polpa ao redor do caroço. Corte a polpa em fatias com aproximadamente 0,25 cm de espessura, coloque em uma tigela e polvilhe com as raspas e o suco de limão. Deixe descansar por 1 hora, misturando as fatias de manga com o suco de limão uma vez ou outra.

2 Coloque o gengibre, o alho e 50 ml de água em um processador de alimentos e bata até obter uma pasta. Reserve.

3 Coloque as sementes de mostarda em uma frigideira seca e toste-as, sacudindo a panela frequentemente, até começarem a estourar e pular. Isso levará cerca de 2 minutos. Junte o óleo e a mistura batida e cozinhe por cerca de 5 minutos em fogo brando. Retire do fogo e adicione a mostarda. Misture isso com as mangas, as pimenta frescas, o sal, a pimenta-do-reino e o açúcar, se for usar. Transfira para frascos esterilizados e despeje uma fina camada de óleo por cima. Vede com tampas resistentes a vinagre. Você pode comer assim que ficar pronto, se quiser, mas fica mais suave e com um sabor mais profundo com o tempo... é ótimo observar como muda. Mantenha na geladeira e coma em 1 mês. Mexa de vez em quando para deixar homogêneo novamente. Às vezes eu misturo algumas folhas de coentro antes de servir em uma tigela.

como usar

Eu sempre acho que é mais do que um picles. Como é feito com fatias compridas de manga, ele dá a sensação de ser uma salada forte em vez de só um condimento, por isso não tenha medo de dar-lhe um papel de protagonista. Obviamente fica bom com curry, mas eu sirvo mais frequentemente em churrascos com frango, carne de porco ou salmão. No inverno, é um belo pote com ar de verão, disposto sobre a mesa para comer com um frango assado picante e arroz.

as conservas na índia e na grã-bretanha: freixos e mangas no telhado

O high tea, uma refeição bastante britânica, é o que eu comia na casa da minha bisavó no domingo. Consistia em frios, pão branco, tomates, um bloco bem grande de manteiga gelada, ovo cozido, alface de folhas macias e toda uma variedade de potes. Cada um tinha a sua própria colher e havia também um garfo especial para picles. Os britânicos adoram seus frascos de conservas. O básico de uma refeição — a carne ou a torta — pode até ser uma massa pesadona e desinteressante, mas somos muito bons em acompanhamentos ou nas pequenas porções que são servidas à parte.

Houve um crescimento enorme na variedade de picles e chutneys artesanais, e há um número crescente de bons pequenos produtores. Mas havia todo um mundo de chutneys e picles antes das variedades comerciais dominarem. As despensas dos séculos XVI e XVII na Inglaterra deviam ser lugares maravilhosos para xeretar. Os ingleses têm feito conservas desde a invasão romana, mas elas ficaram mais populares durante o período elisabetano, por um lado porque uma variedade maior de frutas e legumes tornou-se disponível, por outro, porque os elisabetanos se preocupavam bastante com a apresentação da comida. Eles usavam picles delicados, até mesmo flores em conserva para decorar saladas. Na verdade, quase tudo tinha potencial para conserva. Escritores como Gervase Markham, Robert May e John Evelyn descreveram conservas de sementes de freixo e botões de giesta, além de alface e pepino.

Uma espécie de mania por acompanhamentos pegou quando picles e chutneys exóticos começaram a chegar da Companhia das Índias Orientais na Inglaterra no final do século XVII (chutney vem da palavra hindu *chatni*, que significa um relish forte e doce). Os cozinheiros britânicos tentaram imitar os "catsup" (origem do ketchup), molhos de tomate chineses e malaios, feitos com peixe fermentado, com versões de cogumelo, anchova e nozes, e também usaram melão, pepino e pêssego para imitar manga. A primeira receita de piccalilli (que não é tão britânico assim) apareceu de fato em 1694, com o título "como fazer picles de flor de lilás, um picles indiano".

Eliza Acton, no seu *Modern cookery for private families* ("Culinária moderna para famílias", em tradução livre), publicado em 1845, traz uma seção curta de chutneys e picles, mas escreve instruções muito claras. Há receitas de "chatneys" orientais para serem comidos com curry e frios, outras que remetem à época elisabetana e várias de frutas em conserva (o que não é de se surpreender, já que ficam excelentes com os queijos ingleses tradicionais fortes e tortas recheadas).

Havia uma infinidade de picles e chutneys comerciais na era vitoriana, todos fortemente temperados com as especiarias que os ingleses passaram a adorar. Chutneys com nomes gloriosos, como Major Grey e Bengal Club, ecoavam os dias do domínio colonial sobre a Índia, os festivais de tênis, a limonada cor-de-rosa e o sol ardente. Nossas versões britânicas tinham um mérito próprio, mas eram muito mais doces e nunca tão vivas — em matéria de cor e sabor — quanto os originais indianos que serviram de inspiração.

Na Índia, os picles e chutneys têm um papel mais central na refeição, e também na vida. "Na Índia, picles é poder", diz Roopa Gulati. Roopa, criada na Índia e na Cúmbria, região noroeste da Inglaterra, ficou chocada ao descobrir, quando começava sua vida de casada em Déli, o quanto o senso de autoestima de uma mulher indiana está ligado à sua habilidade de fazer chutneys e picles. "A comida é uma arma e uma maneira de cuidar. As mulheres são tão possessivas com suas receitas e métodos de fazer conserva que não as entregam para as filhas, pois assim as tradições culinárias sairiam da família. Elas dão às noras, para que fiquem perto de casa." A própria sogra de Roopa ficava tanto de olho nas suas conservas que ela passou a guardá-las no quarto. "Nem a babá das crianças dava suas receitas!", sussurrou-me Roopa. "Eu costumava dizer que o chutney de manga dela era o melhor que eu já tinha provado e perguntava o que havia nele. Ela só sorria e dizia 'ah, isso e aquilo'. Durante todos os anos em que ela viveu com a gente, ela se levantava cedo para preparar seus chutneys, para que pudesse fazê-los sozinha."

A bandeja de relish é tão importante em uma família indiana quanto a refeição principal. Eles são muito mais do que apenas condimentos. Alguns, especialmente os chutneys frescos, podem ser consumidos em grandes quantidades, como se fossem saladas, e decidir qual receita preparar a cada dia é sempre uma grande preocupação. Não é de surpreender, pois a variedade de picles e chutneys na Índia é imensa. Existem picles picantes, azedos, no óleo e até o "picles de água", com salmoura, que duram no máximo 2 semanas. Depois, há os chutneys, que são mais doces que os picles e com pedaços menores. Muitos chutneys são feitos para serem consumidos frescos, outros são feitos para durar anos, desde que bem armazenados, envelhecendo e amadurecendo como vinhos. Para dar o sabor doce aos chutneys usa-se rapadura, e a acidez vem do tamarindo e do limão, além do vinagre.

Os picles no óleo — conhecidos como "achar" — são um tipo muito popular na Índia, mas relativamente desconhecido na Grã-Bretanha fora das famílias nativas. Na Índia, para se fazer um achar, usa-se óleo de mostarda, óleo virgem de gergelim e óleo vegetal, e até mesmo carne e peixe, além de frutas e legumes. Esses picles devem ficar sempre protegidos por uma boa camada de óleo e precisam marinar por bastante tempo.

Chutneys e picles não são servidos com alimentos gordurosos ou delicados, como os kormas cremosos, mas com arroz simples, sopas de leguminosas e pães. Dharamjit Singh, no livro *Indian cookery* ("Culinária indiana", em tradução livre), sugere comer arroz branco e legumes com raita (acompanhamento feito de pepino e iogurte) e no máximo uma dúzia de picles e chutneys para experimentá-los corretamente.

Normalmente, chutneys e picles são feitos por grupos de mulheres, principalmente de uma mesma família. "Nas zonas rurais, em especial, você sabe quando as conservas estão sendo feitas", diz Roopa. "Dá para ver os ingredientes secando na parte de fora. As mangas no telhado." Isso é porque muitos chutneys e picles são cozidos no calor do sol. "Para fazer conserva de limão verde, você corta uma cruz no alto de cada fruta, enche com pimenta, temperos e sal, coloca em potes cobertos com musselina e deixa no telhado. Todos os dias eles têm de ser mexidos com uma colher de pau. Depois de 2 semanas no sol, os limões ficam macios e salgados. Quando eu era criança na Cúmbria fazíamos a mesma coisa, mas colocávamos ao lado da lareira para cozinhar."

As receitas de conserva que Roopa me deu (p. 250-252) não são nem um pouco parecidas com aquelas que você encontra na maioria dos restaurantes indianos da Grã-Bretanha. Elas são vibrantes e vivas, o ardor inicial amadurece e se torna mais harmônico. E os sabores são muito profundos. A receita que ela me deu da conserva de berinjela (p. 250) é tão complexa e consistente como um bom refogado de carne. Isso ajuda a entender por que os indianos consideram picles e chutneys muito mais do que acompanhamentos. E é por isso que este versinho indiano da época colonial ainda é tão válido: "frango e cordeiro, eu bem sei, é muito melhor com um chutney".

conserva de ovo roxo

Maluco mas maravilhoso… e é tão bom poder perguntar: "mais um ovo roxo aí, quem vai querer?".

1 frasco de 1 litro
14 ovos
1 litro de vinagre de vinho branco
1 beterraba descascada e fatiada

100 g de açúcar cristal
2 colheres (sopa) de semente de coentro
½ canela em pau
3 pimentas-dedo-de-moça secas

1 Ferva os ovos por 10 minutos, depois escorra, passe sob a água fria e descasque. Faça alguns furos em cada ovo com um espeto fino ou um palito. Reserve.

2 Misture todos os demais ingredientes em uma panela e leve à fervura. Reduza o fogo e deixe apurar por cerca de 15 minutos. Coloque os ovos em um frasco esterilizado e despeje o vinagre quente sobre eles. Vede com uma tampa resistente a vinagre e mantenha na geladeira depois de frio. Os ovos têm um sabor melhor depois de alguns dias. Eles duram — cobertos com o vinagre — cerca de 1 mês.

conserva de repolho roxo

Eu não sou lá muito fã de conserva de repolho roxo no vinagre. Essa versão é mais doce (e picante). É tradicionalmente servida com carne de cordeiro e batatas, mas também fica ótima com presunto cozido (era assim que comíamos na Irlanda). Você vai devorar direto do pote.

2 frascos de 500 g
1 repolho roxo
75 g de sal grosso
325 ml de vinagre de maçã
125 ml de vinagre balsâmico
500 ml de vinho tinto
325 g de açúcar cristal

2 anises-estrelados
1 colher (chá) de grão de pimenta-do-reino
2 pimentas-dedo-de-moça secas inteiras
20 bagas de zimbro
1 canela em pau dividida em três
6 cravos

1 Corte o repolho em fatias finas e descarte o miolo, mais duro. Disponha as fatias em camadas em uma tigela, polvilhando sal no decorrer e deixe por 4 horas. Lave e escorra o repolho e seque com um pano de prato limpo.

2 Coloque o vinagre, o vinho e o açúcar em uma panela e leve ao fogo até ferver, mexendo sempre para ajudar a dissolver o açúcar, e deixe apurar até reduzir pela metade. Coloque todos os temperos, exceto a canela e o cravo, em um pilão e moa até obter uma mistura grossa, depois junte isso ao vinagre com o cravo e a canela e deixe por 30 minutos.

3 Coloque o repolho em frascos esterilizados e coe o vinagre por cima com uma peneira de náilon. Vede com tampas resistentes a vinagre. Deixe esfriar, refrigere e aguarde 2 semanas antes de comer. Dura 3 meses na geladeira.

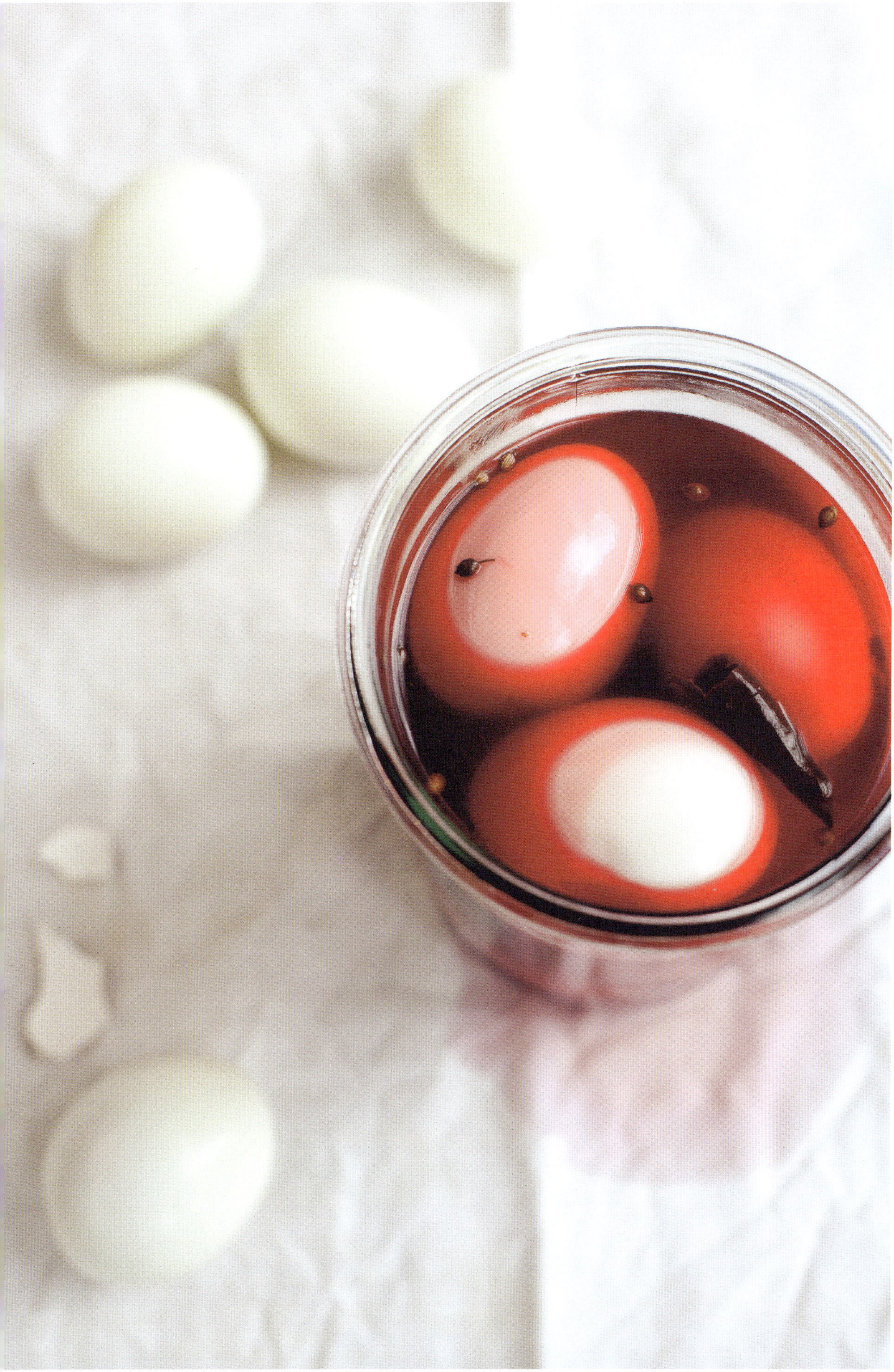

chutney de tâmara e maçã da teresa

Todos os anos, o National Trust organiza um festival e uma competição em Barrington Tribunal, Dorset, para celebrar os picles e chutneys. Quando eu os visitei em 2010, este foi o chutney vencedor. Não me surpreendi com o prêmio, ele tem um sabor fabuloso, profundo, escuro e doce. A receita é de Teresa Hann, que a herdou de sua avó, e todos os anos ela faz quilos e quilos dele, geralmente com maçãs presenteadas por vizinhos. Teresa tritura as maçãs, tâmaras e cebolas, por isso fica tudo bem homogêneo. Outra coisa importante é que ela cozinha as frutas sem açúcar na primeira hora. Ela diz que o açúcar endurece a fruta, e ela quer que o chutney amacie bem antes. Um cozimento lento e demorado é fundamental; esse é o conselho de Teresa para um chutney de sucesso.

2 frascos de 500 g

1½ kg de maçã verde descascada, sem caroço e picada bem fino ou cortada em pedaços pequenos
500 g de cebola bem picada
500 g de tâmara sem caroço e bem picada
½ colher (sopa) de sal
2 colheres (chá) de gengibre em pó
2 colheres (chá) de canela em pó
½ colher (chá) de pimenta-de-caiena
500 g de açúcar demerara
300 ml de vinagre de malte

1 Coloque todos os ingredientes em uma panela, exceto o açúcar e metade do vinagre. Acenda o fogo médio e deixe cozinhar, mexendo de vez em quando. As maçãs logo começarão a soltar um caldo e darão umidade suficiente para manter tudo nos trinques. Reduza o fogo para muito baixo e deixe cozinhar por 1 hora, até tudo ficar bem mole.

2 Adicione o açúcar e o resto do vinagre e mexa bem. Continue a cozinhar, mexendo de vez em quando e prestando atenção, por mais 1h30 a 2 horas. O chutney deve ficar grosso, escuro e muito macio. Está pronto para envasilhar quando der para ver bem o fundo da panela ao passar a colher de pau. Não cozinhe muito além disso, para que ele fique ainda úmido.

3 Envasilhe em frascos esterilizados e quentes, cubra com um pedaço de papel-manteiga e vede com tampas resistentes a vinagre. Aguarde pelo menos 2 semanas antes de comer, ou mais, de preferência. O sabor fica melhor com o tempo. Dura 1 ano.

picles de maçã, pepino e hortelã

Você vai desejar um cordeiro ao cozinhar isto aqui.

4 frascos de 225 g

- 2 cebolas pequenas cortadas em fatias finas
- 400 g de pepino japonês descascado, cortado ao meio, sem semente e fatiado
- 400 g de maçã verde descascada, sem caroço e fatiada
- 2 colheres (sopa) de sal
- 600 ml de vinagre de vinho branco
- 550 g de açúcar cristal
- 1 colher (sopa) de semente de mostarda
- 2 pimentas-dedo-de-moça pequenas e secas
- 2 colheres (chá) de grão de pimenta-branca
- 3 ramos de hortelã

1 Coloque os legumes e as frutas em uma tigela com o sal. Deixe por uma noite. No dia seguinte, lave e seque. Coloque o vinagre em uma panela com o açúcar, as sementes de mostarda, a pimenta-dedo--de-moça, os grãos de pimenta-branca e os ramos de hortelã. Leve à fervura mexendo sempre, reduza o fogo e cozinhe por alguns minutos. Tire do fogo e deixe em infusão por 30 minutos.

2 Retire a hortelã, coloque a maçã e leve à fervura. Reduza imediatamente o fogo para muito baixo e cozinhe só até ficar mole. Junte as cebolas e os pepinos e cozinhe por mais 1 minuto.

3 Envasilhe as frutas e legumes em frascos esterilizados. Despeje a solução de vinagre e especiarias por cima. Vede com tampas resistentes a vinagre. Dura 6 meses; mantenha na geladeira depois de aberto.

chutney de damasco com tempero marroquino

Por anos eu fiz um prato de frango com damasco, mel e água de flor de laranjeira. Aqui está a receita do molho em forma de chutney. A água de flor de laranjeira dá um toque oriental bem voluptuoso...

2 frascos de 500 g

- 500 g de damasco seco picado
- 500 g de maçã verde descascada, sem caroço e bem picada
- 250 g de tomate picado
- 1 cebola bem picada
- 300 ml de vinagre de vinho branco
- 100 g de uva-passa branca
- suco de 1 limão-siciliano
- suco de 1 laranja
- 3 colheres (chá) de gengibre em pó
- 1 canela em pau dividida ao meio
- ¾ de colher (sopa) de pimenta-de-caiena
- 250 g de açúcar cristal dourado
- 7 colheres (sopa) de mel (de preferência de flor de laranjeira)
- 1 colher (chá) de água de flor de laranjeira ou a gosto

1 Coloque tudo, exceto o mel e a água de flor de laranjeira, em uma panela e ferva, mexendo para ajudar a dissolver o açúcar. Reduza o fogo e cozinhe por 1h30, mexendo para não grudar no fundo.

2 Junte o mel e cozinhe por mais 15 minutos. Adicione a água de flor de laranjeira e prove. Você pode querer mais, mas não exagere, deve ficar só um leve perfume. Envasilhe em frascos esterilizados e quentes, cubra com papel-manteiga e vede com tampas resistentes a vinagre. Dura 1 ano.

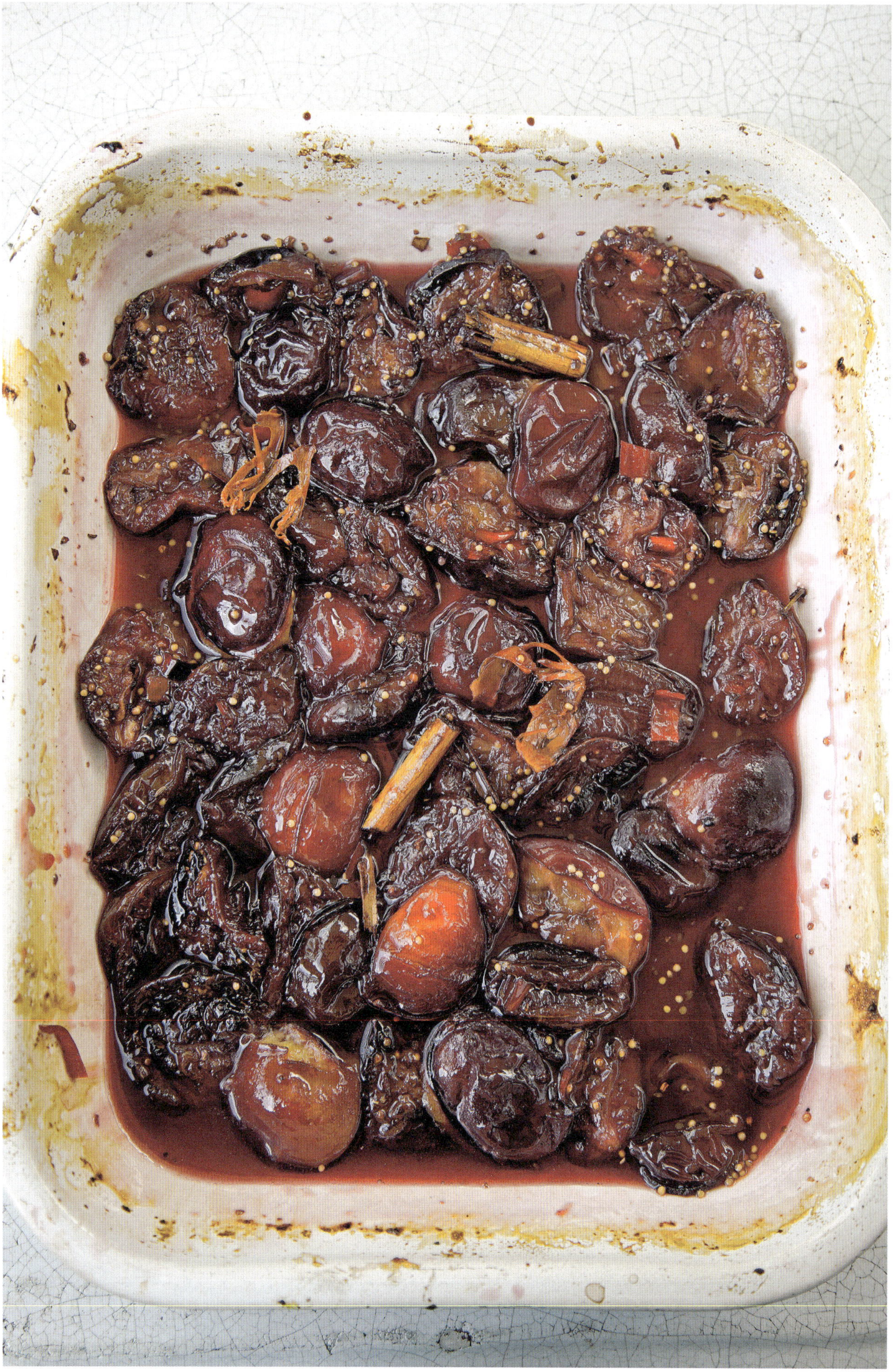

chutney de ameixa assada e alcaçuz da camilla

Esse chutney — cuja receita é bem pouco ortodoxa — é de uma cozinheira dinamarquesa fantástica chamada Camilla Plum. Eu alterei a original só um pouco. Cozinhar lentamente um chutney no forno torna o sabor mais profundo e rico. Camilla faz uma geleia de geladeira com o mesmo método (mas deixa de fora o vinagre, muda os temperos e adiciona mais açúcar, claro). Ajuste o açúcar desse chutney a seu gosto. Você pode usar tiras de alcaçuz de lojas de doces, basta cortá-las e adicioná-las inteiras para derreter. O livro de Camilla sobre comida nórdica, *The Scandinavian kitchen* ("A cozinha escandinava", em tradução livre), é o melhor sobre o assunto, cheio de prazeres inesperados (e outras conservas).

3 frascos de 225 g

1¼ kg de ameixa
200 ml de vinho branco ou de maçã
200 ml de vinho tinto
500 g de açúcar cristal, mascavo ou a gosto
½ colher (sopa) de semente de coentro esmagada
½ colher (sopa) de semente de mostarda amarela
1 canela em pau dividida ao meio
3 pedaços de macis
sementes de 8 bagas de cardamomo moídas
2 pimentas-dedo-de-moça sem semente e cortadas ao meio em fatias finas
2,5 cm de tiras de alcaçuz picadas

1 Preaqueça o forno a 160°C. Corte as ameixas ao meio, retire os caroços e coloque-as em uma assadeira (ou algo similar) com todos os outros ingredientes. As ameixas têm de ficar em uma única camada. Leve ao forno e cozinhe por cerca de 45 minutos. Aí, dê uma olhada e prove. Você pode querer ajustar o açúcar (dependendo de quão ácidas forem suas ameixas).

2 Volte a assadeira ao forno e cozinhe até a mistura ficar brilhante e os pedaços macios de ameixas cercados por uma calda bonita e espessa, o que pode levar de 1h30 a 3 horas, dependendo de quão maduras e suculentas estão as frutas. Você precisa verificar de vez em quando para saber como vai o seu chutney. Lembre-se de que os xaropes doces engrossam mais ao resfriar. Mas, se você achar que as ameixas estão muito escuras (já ficando queimadas) e ainda há muito líquido, retire a maior parte dele, reduza-o fervendo e devolva-o às ameixas.

3 Envasilhe em frascos esterilizados e quentes, cubra com um pedaço de papel-manteiga e vede com tampas resistentes a vinagre. Dura 6 meses; mantenha na geladeira depois de aberto.

como usar

Esse chutney fica diferente dos outros, pois é bem molhado, parece mais com um molho. A textura o torna perfeito para servir com pratos quentes, como coxa de pato ou carne de porco assada. Às vezes eu até o aqueço — só um pouquinho — antes de servir.

chutney de natal

Você pode comê-lo o ano inteiro, mas é legal ter um chutney para comer só no Natal. Eu faço mais ou menos ao mesmo tempo que o bolo de Natal, e o perfume que os dois deixam na casa ao cozinhar é maravilhoso. Fica bom com todos os pratos de costume natalino, carnes frias e queijos.

3 frascos de 500 g

- 100 g de cranberry seca
- 100 g de cranberry fresca
- 100 g de cereja seca
- 100 g de tâmara sem caroço e picada
- 175 g de ameixa seca picada
- 100 g de uva-passa preta
- 100 g de uva-passa branca
- 450 g de maçã doce (4 de tamanho médio) descascada e em pedaços pequenos
- 275 g de cebola bem picada
- 475 ml de vinagre de maçã
- 500 g de açúcar mascavo
- ½ colher (chá) de gengibre em pó
- ½ colher (chá) de canela em pó
- ½ colher (chá) de noz-moscada
- 2-3 colheres (sopa) de conhaque ou vinho do Porto

1 Coloque todos os ingredientes, exceto o conhaque, em uma panela grande de fundo grosso. Leve à fervura e mexa para ajudar a dissolver o açúcar. Reduza o fogo para baixo e deixe apurar lentamente por cerca de 2 horas.

2 Experimente passar uma colher de pau no fundo da panela para verificar se está no ponto. Se der para ver bem o fundo, o chutney estará pronto (mas não deixe secar demais).

3 Junte o conhaque ao chutney quente e envasilhe a mistura imediatamente em frascos esterilizados, quentes e secos. Cubra com um pedaço de papel-manteiga e feche com tampas resistentes vinagre. Dura 1 ano.

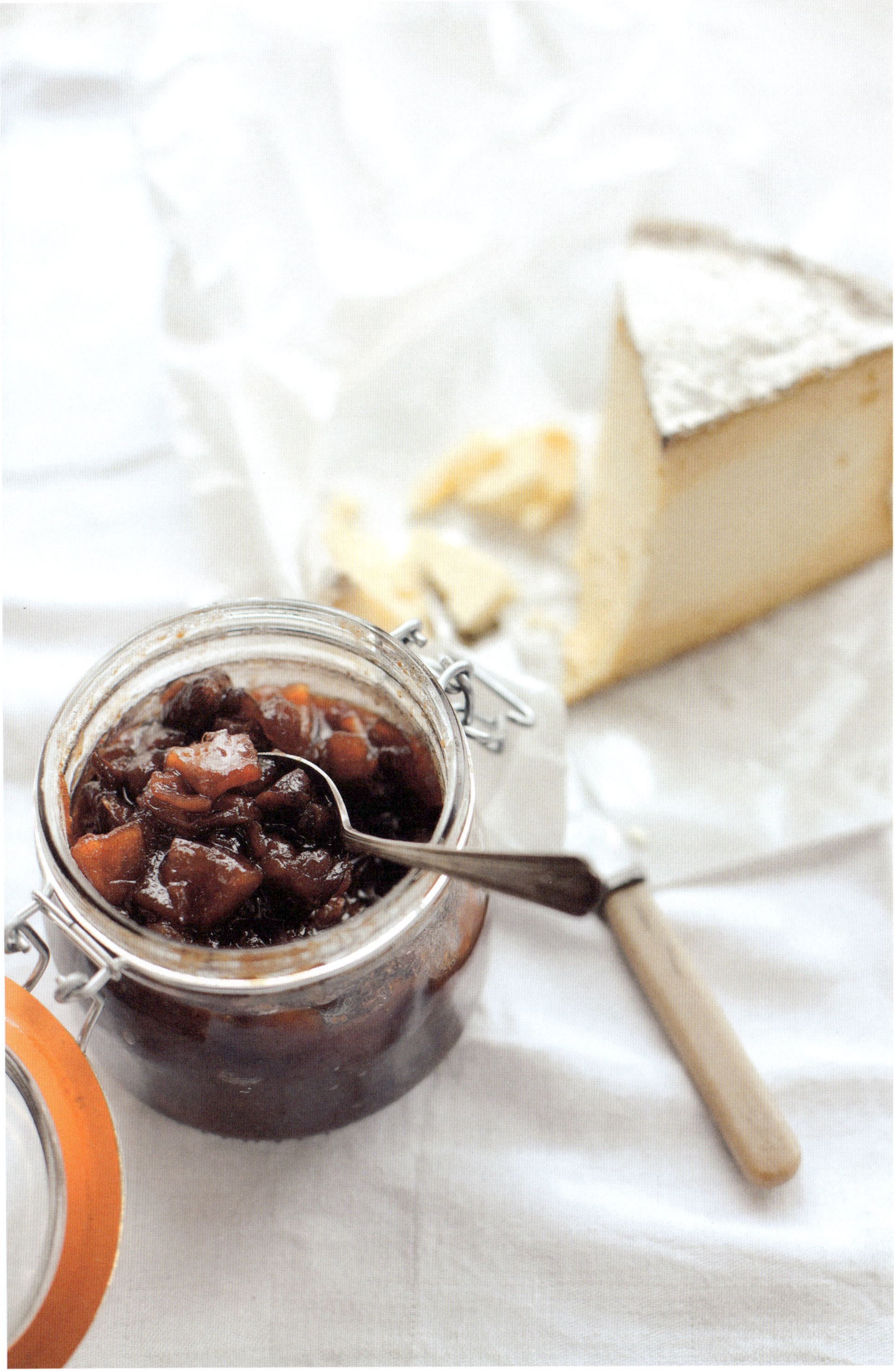

tabela de validade

Como neste livro existem conservas de muitas culturas do mundo, é melhor seguir as indicações de data de validade indicadas em cada receita. Alguns picles do Oriente Médio e da Ásia duram um período curto, enquanto certas receitas norte-americanas, chamadas de "picles de geladeira", devem ser refrigeradas e consumidas rapidamente. Essa tabela é mais uma orientação geral; sempre use o seu nariz como árbitro final para as conservas. Geralmente, é bastante óbvio quando a comida estragou ou fermentou. Se ela cheira mal ou está com uma cara feia, provavelmente está estragada, então jogue fora.

GELEIAS TRADICIONAIS
consuma em 1 ano

GELEIAS COM BAIXO TEOR DE AÇÚCAR
consuma em 9 meses e leve à geladeira depois de abertas

GELEIAS DE FRUTAS CÍTRICAS
consuma em 2 anos

GELEIAS FINAS
consuma em 1 ano

CREMES
armazenados na geladeira, duram 2 semanas, mas, depois de abertos, coma em 3 dias

RELISHES
use em 1 ano e leve à geladeira depois de abertos

CHUTNEYS TRADICIONAIS
aguarde de 4 a 10 semanas antes de usar, e consuma em 1 ou 2 anos

PICLES
a maioria vai durar 1 ou 2 anos, mas armazene e use como indicado em cada receita

CONSERVAS ALCOÓLICAS
consuma em 2 anos

VEGETAIS EM ÓLEO
podem diferir tanto que é mais seguro seguir as diretrizes em cada receita

índice

abóbora
  achar de abóbora 253
  conserva de abóbora 218
abrunho
  liqueur de blosses 156
  sloe gin 151
achar 259
  achar de abóbora 253
açúcar 209
adobo 78
aïoli de inverno 193
álcool 129-30, *ver também* vodca
alho
  aïoli de inverno 193
  conserva de alho 240
ameixa
  aguardente de ameixa e amêndoa 131
  chutney de ameixa assada e alcaçuz da Camilla 265
  geleia de ameixa, laranja e cardamomo 29
  licor russo de ameixa 146
  molho de ameixa à moda chinesa 92
  molho georgiano de ameixa 69
amora
  geleia de amora e pinot noir 28
  geleia de Somerset 20
anchoïade 94
aperitivos 148
arenque
  aranque curado na sidra 203
  arenque curado com endro e zimbro 205
  arenque de salga 201
  arenque no creme azedo 205
azeitona
  azeitona ao sabor marroquino 100
  azeitona marinada à moda persa 102
  azeitona provençal 102
  azeitona verde temperada 100
  tapenade 93

bacalhau curado em casa 191
bacon *ver* porco
banho de beleza 188
berinjela
  conserva de berinjela do Oriente Médio 246
  berinjela grelhada no azeite 109
  picles de berinjela do Geeta 250
bresaola 183, 185

camarão, confit de 181
carne: carne curada no sal 173
  ver também bresaola
cavalinha
  cavalinha defumada a quente com aromas espanhóis 116
  cavalinha em conserva japonesa 194
  cavalinha em conserva japonesa 194

cebola
  conserva agridoce de cebolas 235
  conserva de cebola roxa do café Zuni 225
cenoura
  cenoura 215
  cenoura e coentro 248
  cerises au vinaigre 239
  picles asiático de cenoura e nabo 211
  picles malaio de pepino e cenoura 215
  relish de cenoura e coentro 248
  relish de nabo 211
cereja
  cereja em aguardente de Somerset 140
  cerises au vinaigre 239
  cerises au vinaigre 239
  compota de cereja 138
  conserva persa de cereja com estragão 240
  geleia de cereja da rainha Catarina de Bragança 14
sharbat de ginja 162
chrain 196
chutney de coco e coentro 248
chutney de ameixa assada e alcaçuz da Camilla 265
chutney de damasco com tempero
chutney de natal 266
chutney de tâmara e maçã da Teresa 262
cogumelo marinado à moda russa 228
cogumelo
  cogumelo marinado à moda russa 228
  cogumelo no azeite 106
compota 35-7, 38
confit de camarão 181
confit de salmão 181
confiture de vieux garçon 132
conserva da horta de verão 234
conserva de berinjela do Oriente Médio 246
conserva de caqui do Oriente Médio 241
conserva de cebola roxa do café Zuni 225
conserva de erva-doce 236
conserva de gengibre e melão--cantalupe 223
conserva de limão da Roopa 251
conserva de maçã selvagem 226
conserva de manga verde com soja e gengibre 214
conserva de marmelo 226
conserva de nozes-pecãs de Ozarks 217
conserva de ovo roxo 260
conserva dinamarquesa de ameixa seca 241
conserva escandinava de pepino 212
conserva italiana de pimentão 234
conserva oriental de gengibre 211
conserva persa de cereja com estragão 240

cranberries
  chutney de Natal 266
  relish de cranberry e raiz-forte 231
  mostarda doce de cranberry de Nova York 82
crème de cassis 131
creme de raiz-forte 196
curd raj nimboo 45
curde de pitanga 45

damascos
  chutney de damasco com tempero marroquino 263
  compota de damasco 138
  damasco ao moscatel 140
  geleia de damasco e baunilha 25
  geleia de damasco e lavanda 25
  licor de damasco 149
  schnapps de damasco 152
  defumados 113-5
  doce de ameixa 64
  doces de colher 137, 165
  doces de frutas 44, 64

falsa geleia sueca 27
feta temperado no azeite 110
figo
  compota de melão e figo com malva-de-cheiro 137
  geleia de figo roxo e romã 16
  vinagre de figo roxo 90
foudjou 108
framboesas
  geleia de cereja da rainha Catarina de Bragança 14
  geleia de framboesa de Kiev 19
  geleia de framboesa e violeta 19
  geleia de frutas vermelhas 26
  geleia de pêssego branco e framboesa 14
  xarope de framboesa e rosa 160
frango
  frango defumado com bordo e bourbon 127
  frango na salmoura de chá doce 189
  frango defumado no carvalho com salada de manga e coentro ao molho de gengibre 124

geleia 9-11
geleia de ameixa e gim 21
geleia de ameixa e zimbro 58
geleia de ameixa-amarela gewürztraminer 21
geleia de bom dia de café da manhã do Nick 35
geleia de cereja da rainha Catarina de Bragança 14
geleia de chá de Earl Grey 60
geleia de chá-verde 60
geleia de espumante 53
geleia de figo roxo e romã 16
geleia de franboesa de Kiev 19
geleia de frutas vermelhas 26
geleia de laranjinha kinkan e maracujá 39
geleia de nêspera 53

geleia de pétala de rosa 54
geleia de pimenta com flocos dourados 58
geleia de pimentão e pimenta vermelha 40
geleia de rosa-mosqueta 48
geleia de Somerset 20
geleia de uva verde 56
geleias 43
gengibre
  conserva de gengibre e melão cantalupo 223
  conserva de manga verde com soja e gengibre 214
  conserva oriental de gengibre 211
  geleia de melão, limão e gengibre 30
gim de ameixa 151
grapefruit
  galeia de bom dia de café da manhã do Nick 35
  geleia de grapefruit 37
gravlax
  gravlax 200, *ver* salmão
  gravlax curado na beterraba 196
  gravlax curado no uísque com açúcar mascavo 198
  gravlax oriental 202
  relish condimentado de beterraba com gengibre e raiz-forte 231
groselha
  batida de groselha 143
  crème de cassis 131
  geleia de cereja da rainha Catarina de Bragança 14
  geleia de frutas vermelhas 26
  geleia de groselha e sabugueiro 28
  picles de groselha 239
  vinagre doce de groselha 88
  xarope de groselha 156

harissa 70

labneh no azeite 98
laranja
  curd de laranja-sanguínea 46
  falsa geleia sueca 27
  geleia de ameixa, laranja e cardamomo 29
  geleia de bom dia de café da manhã do Nick 35
  geleia de laranja e água de flor de laranjeira 29
  vin d'orange de Colette 149
licor russo de ameixa 146
limão
  conserva de limão 256
  conserva de limão doce e picante 256
  conserva de limão da Roopa 251
  curd Raj nimboo 45
  geleia de limão com cachaça 36
  geleia de manga, maracujá e limão 26
  geleia de melão, limão e gengibre 30
  limonada da minha mãe 161
linguiça defumada a quente 121

liqueur de blosses 156
lombinho curado com bordo de Stephen Hharris 174

maçã
  chutney de damasco com tempero marroquino 263
  chutney de tâmara e maçã da Teresa 262
  falsa geleia sueca 27
  geleia ao pé da lareira 51
  geleia de chá Earl Grey 60
  geleia de chá-verde 60
  geleia de maçã 59
  geleia de maçã e alecrim 51
  geleia de maçã e lavanda 51
  geleia de maçã e sálvia 51
  geleia de maçã e tomilho 51
  geleia de maçã, rosa e cardamomo 32
  geleia de pétala de rosa 54
  geleia de pimenta com flocos dourados 58
  geleia de Somerset 20
  picles de maçã 239
  picles de maçã, pepino e hortelã 263
  relish de maçã com tempero oriental 214
  salada de maçã agridoce 198
  sharbat de maçã 162
  xarope de maçã da sra. Leyel 160

manga
  chutney de manga muito picante 254
  conserva de manga verde com soja e gengibre 214
  geleia de manga, maracujá e limão 26
  picles de manga e semente de mostarda 257
  relish de manga e pepino 202

maracujá
  curd de maracujá 46
  geleia de laranjinha kinkan e maracujá 39
  geleia de manga, maracujá e limão 26
  geleia de maracujá 59
  geleia de morango e maracujá 12

marmelo
  conserva de marmelo 226
  geleia de marmelo e anis-estrelado 63
  marmelada 64
  ratafia de marmelo 144
  sharbat de marmelo 162

mel
  barriga de porco com salmoura de mel e mostarda 191
  salmão defumado a quente com soja, mel e cinco especiarias chinesas 120
  vodca polonesa krupnik 80

melão
  compota de melão e figo com malva-de-cheiro 137
  conserva de gengibre e melão cantalupo 223
  geleia de melão, limão e gengibre 30

milho
  relish de milho para tardes de verão 217
molho chipotle 72
molho de ameixa à moda chinesa 92
molho de pimenta doce tailandês 73
molho de pimenta-malagueta 77
molho georgiano de ameixa 69
molho picante à moda do oeste indiano 72
morango
  geleia de frutas vermelhas 26
  geleia de morango e maracujá 12
  geleia de morango tradicional 13
  geleia falsa de morango 12
mostarda criola doce e picante 81
mostarda de anchova 81
mostarda de grãos com mel 80
mostarda di frutta 85
mostarda doce de cranberry de Nova York 82
mostardas 80-2

nabos
  picles de nabo do Oriente Médio 242
  no azeite 97

ovo
  conserva de ovo roxo 260
pasta de curry da selva tailandesa 75
pasta de curry verde tailandesa 74
pasta de pimentão turca 73
pastas de curry 74-5
pato
  confit de pato 176
  peito de pato curado 170
  peito de pato defumado a quente 126
pepino
  conserva escandinava de pepino 212
  picles de maçã, pepino e hortelã 263
  picles malaio de pepino e cenoura 215
  picles pão com manteiga 218
  picles russo crocante com endro 212
pera
  geleia de pera e castanha--portuguesa 22
  pera williams doce 144
pêssego
  conserva norte-americana de pêssego 226
  geleia de pêssego branco e framboesa 14
  pêssego no conhaque 134
  petit salé aux lentilles 186
  schnapps de pêssego ou damasco 152
  socorro sulista caseiro 134
  vin de pêches 146
picles 207, 208, 25-59
picles asiático de cenoura e nabo 211

picles de berinjela do Geeta 250
picles de nabo do Oriente Médio 242
picles malaio de pepino e cenoura 215
picles misto do Oriente Médio 242
picles pão com manteiga 218
picles russo crocante com endro 212
pimenta
  adobo 78
  conserva italiana de pimentão 234
  geleia de pimenta com flocos dourados 58
  geleia de pimentão e pimenta vermelha 40
  harissa 70
  molho chipotle 72
  molho de pimenta--malagueta 77
  molho de pimenta tailandês 73
  molho picante à moda do oeste indiano 72
  pasta de pimentão turca 73
  pimenta em conserva 70
  pimentão assado no azeite 103
  relish de pimentão moldávio 230
  vodca de pimenta 155
  xerez de pimenta de Constance Spry 77
porco
  barriga de porco com salmoura de mel e mostarda 191
  costeleta de porco na salmoura de bordo com relish de pera e zimbro 190
  lombinho curado com bordo de Stephen Harris 174
  petit salé aux lentilles 186
  rillettes de porco 182
  terrine de porco caipira 178
  toucinho 174

queijo de cabra
  foudjou 108
  queijo de cabra no azeite 108
relish de maçã com tempero oriental 214
relish de milho para tardes de verão 217
relish de pimentão moldávio 230
relishes 207, 208
repolho: conserva de repolho roxo 260

sabugueiro
  geleia de groselha e sabugueiro 28 vinagre de sabugueiro 87
  xarope de sabugueiro 159
salgados/curados 167-8, 200-1, 209 ver também salmoura
salmão
  confit de salmão 181
  gravlax curado na beterraba 196
  gravlax curado no uísque com açúcar mascavo 198

gravlax oriental 202
salmão defumado a quente comsalmão defumado a quente no bordo 120
salmão defumado a quente no carvalho 119
salmão defumado em conserva 194
soja, mel e cinco especiarias chinesas 120
salmão defumado em conserva 194
schnapps 152
sekanjabin 164
sharbats 162, 165
socorro sulista caseiro 134

tâmara
  chutney de tâmara e maçã da Teresa 262
  relish picante de tâmara e confit de limão 210
tapenade 93
terrine de porco caipira 178
tomate seco ao forno 105
toucinho 174
truta
  truta defumada com açúcar 122   truta defumada no wok com endro 122
  truta defumada com açúcar 122
  truta defumada no wok com endro 122

uvas
  conserva condimentada de uva vermelha 220
  conserva perfumada de uva verde 220

vieiras defumadas a quente 121
vin d'orange de colette 149
vin de pêches 146
vinagre de estragão 87
vinagres 67, 86-90, 209
vodca 130, 154
  vodca de kümmel 155
  vodca de pimenta 155
  vodca Gdansk 155
  vodca polonesa krupnik 154

xarope de bordo
  costeletas de porco na salmoura de bordo com relish de pera e zimbro 190
  lombinho curado com bordo de Stephen Harris 174
  salmão defumado a quente no bordo 120
  vinagre doce de groselha 88
  frango defumado com bordo e bourbon 120
xarope de fruto de roseira 161
xarope de maçã da Sra. Leyel 160
xarope de rosa 164
xaropes 130, 156, 159, 160
xerez de pimenta de Constance Spry 77

zakuski 229
zhoug 92

agradecimentos

Para o meu pai, que come qualquer coisa (mas que gosta especialmente de arenque curado), com muito amor.

Muita gente me ajudou, me ensinou habilidades novas e compartilhou generosamente seus conhecimentos enquanto eu trabalhava neste livro. Gostaria de agradecer em especial ao jornalista gastronômico norte-americano Michael Ruhlman. Ele é um mestre da charcutaria (o seu livro *Charcuterie*, "Charcutaria", em tradução livre, em coautoria com Brian Polcyn, é um trabalho magnífico; você deve comprá-lo imediatamente se quiser saber mais sobre o assunto além de curar toucinho e fazer confit de pato). Ele foi generoso com seu tempo e seus conselhos, respondeu a perguntas no meio do caminho e leu o capítulo sobre cura e salga.

Nick Selby, da delicatéssen londrina Melrose and Morgan, me ensinou a fazer marmelada e respondeu a todas as minhas questões sobre o assunto. Ele também me deixou usar duas receitas suas.

O maravilhoso Stephen Harris, chef e coproprietário do The Sportsman em Seasalter, permitiu que eu o importunasse sobre várias coisas e, ao fim, me deu a receita de Toucinho curado com bordo (o que foi uma conquista da minha parte, pois ele está sempre ocupado demais cozinhando para escrever qualquer coisa).

Jo Hampson e Georgina Perkins, de Smoky Jo's, em Shap, Cúmbria, me ensinaram uma ou duas (ou três) coisas, responderam perguntas intermináveis e leram o capítulo sobre defumação. Obrigado, pessoal, vocês quase me transformaram em uma profissional.

Roopa Gulati conversou comigo sobre os chutneys indianos — praticamente todos os dias por cerca de um ano —, respondeu a cada e-mail que eu enviava com dúvidas, testou e pesquisou receitas e me deu uma formação geral sobre a comida indiana. Ela também me deu algumas das melhores receitas do livro.

Pam Corbin (também conhecida por "Pam, a geleia"), do River Cottage, me ajudou com questões sobre a pectina e me permitiu usar uma versão da sua deliciosa receita de Achar de abóbora.

James Swift, da Trealy Farm, no País de Gales (onde ele faz uma charcutaria soberba) me ajudou a compreender a ciência do seu ofício.

Os chefs Mark Hix, Camilla Plum e a extraordinária produtora de chutney caseiro Teresa Hann cederam-me gentilmente suas receitas (que entraram para o meu repertório principal). Judy Rodgers, chef do amado Zuni café, em São Francisco, permitiu que eu usasse uma versão alterada da sua receita de cebolas em conserva (e há outro livro que você deve arranjar, com receitas de conservas e muitas outras coisas: *The Zuni Café cookbook*).

Julian Henson e Mark Bruce, da Henson's, fabricantes de carne curada no sal, me falaram bastante sobre esse tipo de carne (mas não me deram a receita de cura deles!).

A ajuda para tudo, do Schnapps à Batida de groselha, veio de Kimiko Barber, Shirley Booth, Fiona Burrell, Sally Butcher, Katie Drummond, Hattie Ellis, Trine Hahnemann, Alice Hart, Signe Johansen, Keiko Okawa, Camilla Plum, Elfreda Pownall, Joanna Simon, Matt Tebbutt e Bee Wilson.

Meus amigos colheram frutas e transportaram um monte delas até a minha panela em Londres. Gostaria de agradecer especialmente a Jenny Abbott, Mary Fysh, Fiona Cairns e Justine Pattison. Obrigada também ao meu peixeiro Purkis em Muswell Hill, por me fornecer os peixes que eu precisava na hora certa, e Bifulco Butchers, por fazer o mesmo com as carnes.

Justine Pattison, Jane Gwillim e Lauren Spicer foram maravilhosos na cozinha em dias de caça, preparando uma comida linda de olhar e juntando-se nas discussões sobre os pratos...

De volta ao básico, Denise Bates fez o que uma grande diretora-editora deve fazer: dirigiu com mão leve e confiou em mim e na designer Miranda Harvey para produzir o livro que tínhamos em mente, e nos apoiou a cada passo do caminho. O diretor de arte Jonathan Christie fez o mesmo. Obrigada por nos dar todo o espaço para isso.

Finalmente, e é um grande finalmente, um trio: a editora Lucy Bannell, a designer Miranda Harvey e a fotógrafa Laura Edwards estiveram comigo neste projeto do começo ao fim. Elas analisaram listas enormes de receitas, textos abreviados, provaram coisas, fizeram compras comigo, brigaram comigo, recortaram fotos, se preocuparam com o papel e invadiram meus armários atrás de panos e pratos. Elas fizeram desse período um dos mais criativos e agradáveis da minha vida. Vocês são, simplesmente, uma equipe brilhante.
E eu agradeço a vocês do fundo do coração.

sobre a autora

Diana Henry foi nomeada Jornalista Gastronômica do Ano pela associação dos escritores gastronômicos The Guild of Food Writers em 2009 e em 2007 pela sua coluna na revista *Stella*, do *Sunday Telegraph*. Além de escrever uma coluna semanal na revista, Diana é autora de vários livros de receitas, incluindo *Crazy water*, *Pickled lemons*, *Cook simple* e *Food from plenty*. Ela também escreve para várias revistas, como *Red*, *Delicious*, *Olive*, *House & Garden* e *Country Living*. Diana mora em Londres com a família.

Título original: *Salt, sugar, smoke*

Copyright © 2012 Octopus Publishing Group
Copyright do texto © 2012 Diana Henry
Copyright das fotos © 2012 Laura Edwards
Copyright © 2013 Publifolha – Divisão de Publicações da Empresa Folha da Manhã S.A.

Publicado originalmente na Grã-Bretanha em 2012 pela Mitchell Beazley, uma marca da Octopus Publishing Group Limited, Endeavour House 189, Shaftesbury Avenue, London WCSH 8JY.

Todos os direitos reservados. Nenhuma parte desta obra pode ser reproduzida, arquivada ou transmitida de nenhuma forma ou por nenhum meio sem a permissão expressa e por escrito da Empresa Folha da Manhã S.A., por sua divisão de publicações Publifolha.

Proibida a comercialização fora do território brasileiro.

Coordenação do projeto: Publifolha
Editor assistente: Thiago Barbalho
Coordenadora de produção gráfica: Mariana Metidieri
Produtora gráfica: Samantha R. Monteiro

Produção editorial: Página Viva
Coordenação: Luciane Helena Gomide
Tradução: Laura Schichvarger
Consultoria: Adriana Barretto Figueiredo
Preparação de texto: Adriane Piscitelli
Revisão: Ana Paula Perovano e Denise R. Camargo
Diagramação: Ana Muriel

Edição original: Octopus Publishing Group
Diretora editorial: Denise Bates
Fotografia: Laura Edwards
Editora: Lucy Bannell
Diretor de arte: Jonathan Christie
Designer: Miranda Harvey
Produção: Peter Hunt

Dados Internacionais de Catalogação na Publicação (CIP)
(Câmara Brasileira do Livro, SP, Brasil)

Henry, Diana
Salgado, doce, defumado : frutas e vegetais em conserva; carnes e peixes curados / Diana Henry ; [tradução Laura Schichvarger]. – 1. ed. – São Paulo : Publifolha, 2013.

Título original: Salt, sugar, smoke.
ISBN 978-85-7914-503-2

1. Culinária (Receitas) 2. Doces (Culinária) 3. Salgados (Culinária) I. Título.

13-11717   CDD-641.5

Índices para catálogo sistemático:
1. Receitas culinárias : Economia doméstica 641.5

Este livro segue as regras do Acordo Ortográfico da Língua Portuguesa (1990), em vigor desde 1º de janeiro de 2009.

Impresso na 1010 Printing UK Ltd., China.

PUBLIFOLHA

Divisão de Publicações do Grupo Folha
Al. Barão de Limeira, 401, 6º andar
CEP 01202-900, São Paulo, SP
Tel.: (11) 3224-2186/2187/2197
www.publifolha.com.br

Nota do editor

Apesar de todos os cuidados tomados na elaboração das receitas deste livro, a Mitchell Beazley não se responsabiliza por erros ou omissões decorrentes da preparação dos pratos.

Pessoas com restrições alimentares, grávidas e lactantes devem consultar um médico especialista sobre os ingredientes de cada receita antes de prepará-la.

As fotos deste livro podem conter acompanhamentos ou ingredientes meramente ilustrativos.

Observações, exceto se orientado de outra forma:
• Use sempre ingredientes frescos.
• O forno deve ser preaquecido na temperatura indicada na receita.

Equivalência de medidas:
• 1 colher (chá) = 5 ml
• 1 colher (sopa) = 15 ml
• 1 xícara (chá) = 250 ml